第2版

実務裁判例

借地借家契約における各種特約の効力

伊藤秀城【著】

日本加除出版

第 2 版　は し が き

　本書を上梓してから 6 年が経過しており，その間，「民法の一部を改正する法律」が平成 29 年 5 月 26 日に成立し，同年 6 月 2 日に公布され，一部を除いて，2020 年 4 月 1 日に施行される。

　そして，第 7 節の賃貸借についても，これまでの判例の内容に基づいたものに改正されているが，借地借家契約において，この改正内容に反する特約を設けた場合には，その特約の効力が問題となるであろう。

　ところで，今回の改訂版は，さらに必要と思われる判例を加えるとともに，特に，サブリース契約における原賃貸借契約と転貸借契約の関連する問題や，原賃貸借契約の更新拒絶と正当事由というような問題について，若干の判例を示し，サブリース契約において実際に行われているフリーレント（賃料の一定期間免除）についても判例を挙げてみた。

　サブリース契約については特約条項が設けられることが多く，まだまだ様々な問題が生じてくるのではないかと考えているが，紛争解決の端緒になればと思う次第である。

　また，末尾に和解条項及び調停条項の例をさらに加え，実務において作成する際の参考になればと考えるものである。

　最後に，本書の改訂版を上梓するに当たっては，日本加除出版株式会社編集部の前田敏克さんに大変お世話になり，心からお礼申し上げます。

平成 30 年 3 月

伊　藤　秀　城

初版　はしがき

　様々な民事調停事件の中で，借地借家法（旧借地法，旧借家法）に関する調停事件を担当していると，賃貸借契約締結時に色々な特約を設けていることがあり，その多くは賃借人のいわば負担となるようなものである。そして，当該特約の効力が問題になった場合，どのような方向性を定めて事件を解決していけばよいのかを考えているうち，特約の効力について判例等を知る必要性に迫られ，できる限りの判例をまとめてみようと思うに到った。そして，色々な特約を調べているうち，同じ特約でも借地と借家は分けて考える必要があるのではないかと思い，その意味において，本書は，基本的には，借地と借家の判例を区分している。

　実際の訴訟事件や調停事件では，特に，土地の賃貸借契約において，先代から契約を更新してきてはいるが，契約書というものがないといった例が結構あり，事件をきっかけに改めて契約書を作成するということもある。また，建物の賃貸借契約において，作成された賃貸借契約書をみると，色々な特約が設けられており，今までの判例からすると，無効とされる可能性の高い特約もある。さらに，特約により，契約を解除できる様々な事由を特約で規定しているが，やはり無効ではないかと思われる事由が規定されていたり，抽象的で曖昧な事由が入っていることもある。

　また，敷引契約や建物の賃貸借における更新料の問題については，既に最高裁の判決が出されているが，すべての事案に当てはまるというものでもないし，これまでの下級裁判例の中には，今後の訴訟事件や調停事件の解決に参考となる判例も多くあると思われる。

　本書の末尾には，和解条項と調停条項を若干挙げているが，実務で条項を作成する場合の参考となれば幸いである。

　最後に，本書の出版に当たっては，日本加除出版株式会社企画部の渡邊宏美さんに大変お世話になり，深く感謝するとともに心から御礼申し上げます。

平成 24 年 3 月

伊　藤　秀　城

凡　例

文中に掲げる裁判例については次の略記とする。

(裁判例)
最判平成 23 年 7 月 12 日（判時 2128 号 33 頁，金判 1378 号 28 頁）
　→　最高裁判所判決平成 23 年 7 月 12 日判例時報 2128 号 33 頁，金融・商事判例 1378 号 28 頁
東京地八王子支判昭和 40 年 1 月 27 日（判タ 174 号 155 頁）
　→　東京地方裁判所八王子支部判決昭和 40 年 1 月 27 日判例タイムズ 174 号 155 頁

民　　録	大審院民事判決録	判　　タ	判例タイムズ
民　　集	最高裁判所民事判例集	判　　時	判例時報
大審院民集	大審院民事判例集	ジュリ	ジュリスト
新　　聞	法律新聞	金　　法	金融法務事情
裁判集民	最高裁判所裁判集民事	金　　判	金融商事判例
下　　民	下級裁判所民事裁判例集	民商法	民商法雑誌
東高時報民	東京高等裁判所民事判決時報		
評　　論	法律学説判例評論全集	その他，最高裁判所ウェブサイト，判例秘書，市民と法，NBL，消費者法ニュース等	

(その他)
　本書で引用されている裁判例につき，登場する人名等を便宜アルファベット等で振り直す等の取扱いをしている。
　編注部分等については裁判例中，〔　〕で示している。

(参考文献)
　内田貴『民法Ⅱ〔第 3 版〕債権各論』（東京大学出版会，2011 年）
　稲本洋之助，澤野順彦編『コンメンタール借地借家法　第 3 版』（日本評論社，2010 年）
　澤野順彦『判例にみる借地・借家における特約の効力』（新日本法規，2004 年）
　内田勝一，山﨑敏彦編『借地・借家の裁判例〔第 3 版〕』（有斐閣，2010 年）
　渡辺晋『最新　借地借家法の解説』（住宅新報社，2010 年）
　荒木新五『実務借地借家法（新訂第 2 版）』（商事法務，2006 年）
　水本浩，田尾桃二編『現代借地借家法講座　(1)　借地法／(2)　借家法』（日本評論社，1985／1986 年）
　安達敏男監修，古谷野賢一，酒井雅男，井原千恵，宅見誠『Q&A借地借家の法律と実務（第 3 版）』
　　（日本加除出版，2017 年）
　幾代通，広中敏雄編『新版　注釈民法(15)・債権(6)』（有斐閣，1989 年）
　我妻榮『債権各論　中巻一（民法講義Ⅴ 2）』（岩波書店，1957 年）
　星野英一『借地・借家法（法律学全集　第 26）』（有斐閣，1969 年）
　小川浩「建物賃貸借の法定更新をめぐる二つの問題」判例タイムズ 964 号 11 頁（1998 年）
　山下寛ほか「賃料増減請求訴訟をめぐる諸問題（上）（下）」判例タイムズ 1289-1290 号（2009 年）
　松波重雄　平成 15 年度（下）最高裁判所判例解説民事編

目　次

第1編　借地契約における各種特約の効力 ―――――――――― 1

　はじめに　1

第1　存続期間に関する特約 ――――――――――――――― 1

　　（借地借家法と現存借地権） ………………………………………………… 1
　　（借地借家法25条の「一時使用」）………………………………………… 1
　　（一時使用であると判断した事例等）
　　　　　　　1　最判昭和32.7.30，民集11－7－1386　　2
　　　　　　　2　最判昭和32.11.15，民集11－12－1978，判タ77－29　　2
　　　　　　　3　最判昭和33.11.27，民集12－15－3300　　3
　　　　　　　4　最判昭和36.7.6，民集15－7－1777，民商法46－2－97　　3
　　　　　　　5　最判昭和37.2.6，民集16－2－233，判時288－21　　3
　　　　　　　6　最判昭和39.7.3，判タ165－69　　3
　　　　　　　7　最判昭和43.3.28，民集22－3－692，判時518－50，判タ221－125　　4
　　　　　　　8　最判昭和43.11.19，判時545－61，判タ229－148　　4
　　　　　　　9　最判昭和44.7.31，判時568－46，金判180－7　　5
　　　　　　 10　最判昭和45.3.12，判時593－39　　5
　　　　　　 11　東京高判昭和49.11.12，判時768－42　　5
　　　　　　 12　東京地判昭和60.3.18，判時1168－87，判タ565－120　　6
　　　　　　 13　東京高判昭和63.5.24，判タ695－194　　6
　　　　　　 14　東京地判平成元.5.25，判時1349－87，金判841－30　　6
　　　　　　 15　東京地判平成3.3.27，判時1392－104，判タ754－213　　7
　　　　　　 16　東京地判平成5.9.24，判時1496－105　　7
　　　　　　 17　東京高判平成5.12.20，判タ874－199　　7
　　　　　　 18　東京地判平成6.7.6，判時1534－65，判タ880－227　　8
　　（一時使用ではないと判断した事例等）
　　　　　　 19　最判昭和45.7.21，民集24－7－1091，判時601－57，判タ252－148　　8
　　　　　　 20　東京高判昭和51.4.13，判時819－43，判タ340－169　　9
　　　　　　 21　名古屋高判昭和52.12.20，判時893－51，判タ366－209　　9
　　　　　　 22　東京地判昭和58.2.16，判タ498－121　　10
　　　　　　 23　大阪地判昭和60.3.29，判時588－78　　10
　　　　　　 24　東京高判昭和61.10.30，判時1214－70，判タ640－179　　10

第2　賃貸借期間と借地法2条，11条 ―――――――――― 11

　　（借地法2条と存続期間） ……………………………………………………… 11
　　（借地法11条との関係） ……………………………………………………… 11
　　（借地法2条と11条の存続期間の関係） …………………………………… 11
　　（借地借家法3条の存続期間）
　　　　　　 25　最判昭和45.3.24，判時593－37，判タ247－174　　12

第3　期限付合意解約 ――――――――――――――――― 12

　　（特約が有効であるとした事例等）
　　（贈与契約と借地法11条）
　　　　　　 26　最判昭和31.6.19，民集10－6－665　　12
　　　　　　 27　名古屋高判金沢支判昭和31.12.5，下民7－12－3562　　13

　　　　28　山口地判昭和 34.4.30，判時 189-23，判タ 90-72　*13*
　　　　29　岐阜地判昭和 40.3.8，判時 406-65，判タ 174-127　*14*
　　　　30　最判昭和 44.5.20，民集 23-6-974，判時 559-42，判タ 236-117　*14*
　　　　31　最判昭和 47.6.23，判時 675-51，金判 324-2　*14*
　　　　32　東京地判昭和 50.6.26，判時 798-61　*14*
　　　　33　東京地判昭和 52.11.7，判時 892-82，判タ 365-285　*15*
　　　　34　東京地判昭和 57.6.25，判時 1067-66，判タ 482-104　*15*
　　　　35　横浜地判昭和 62.4.20，判時 1256-71，判タ 657-229　*16*
　　（特約が無効であるとした事例等）
　　　　36　最判昭和 33.1.23，判時 140-14，判タ 79-91　*16*
　　　　37　東京高判昭和 53.9.21，判時 907-59，判タ 373-67　*16*
　　　　38　東京高判昭和 54.12.12，判時 958-68，判タ 413-114　*17*
　　　　39　大阪高判昭和 55.11.14，判タ 444-128　*17*
　　（不確定期限付合意解約）
　　　　40　東京地判昭和 57.3.25，判タ 478-86　*17*
　　　　41　東京高判昭和 58.3.9，判時 1078-83，判タ 497-120　*17*
　　　　42　東京地判平成 3.7.31，判タ 774-195　*18*
　　　　43　最判昭和 52.12.19，判時 877-41，金判 540-20　*18*
　　（更新請求権の放棄特約）
　　　　44　東京高判昭和 54.12.12，判時 958-68，判タ 413-114　*18*

第4　更新料に関する特約等 ─────────────── 18

1　更新料の性質 ……………………………………………………………… 19
　　（法定更新の場合に更新料支払義務を認めた事例）
　　　　45　東京地判昭和 49.1.28，判時 740-66，判タ 308-235　*19*
　　（法定更新の場合に更新料支払義務を認めなかった事例等）
　　　　46　東京高判昭和 45.12.18，判時 616-72，判タ 260-216　*20*
　　　　47　東京地判昭和 46.1.25，判時 633-81，判タ 263-299　*20*
　　　　48　東京地判昭和 48.1.27，判時 709-53　*20*
　　　　49　東京地判昭和 50.9.23，判時 814-127　*21*
　　　　50　最判昭和 51.10.1，判時 835-63，金判 516-42　*21*
　　　　51　東京高判昭和 58.12.23，判時 1105-53　*21*
　　　　52　東京地判昭和 59.6.7，判時 1133-94，判タ 549-215　*22*
　　（更新料の返還請求）
　　　　53　東京地判平成 10.12.18，金判 1077-49　*22*
　　　　54　東京地判平成 15.12.25，判例秘書 L 05835435　*23*
　　　　55　東京地判平成 16.10.28，判例秘書 L 05934321　*23*
　　　　56　東京地判平成 20.12.25，判例秘書 L 06332566　*24*

2　更新料支払義務と契約解除 ……………………………………………… 24
　　（賃貸借契約の解除を認めた事例）
　　　　57　東京高判昭和 54.1.24，判タ 383-106　*25*
　　　　58　東京高判昭和 58.7.19，判時 1089-49，判タ 509-139　*25*
　　　　59　最判昭和 59.4.20，民集 38-6-610，判時 1116-41，判タ 526-129　*25*
　　（賃貸借契約の解除を認めなかった事例）
　　　　60　東京高判昭和 45.12.18，判時 616-72，判タ 260-216　*26*

第5　増改築禁止特約等と契約解除 ───────────── 26
　　（特約違反等による契約解除を認めた事例）
　　　　61　最判昭和 31.6.26，民集 10-6-730　*27*
　　　　62　名古屋高判昭和 53.1.31，判時 902-72，金判 549-45　*27*
　　　　63　東京高判昭和 54.7.30，判タ 400-163　*27*

(特約違反等による契約解除を認めなかった事例)
      64 最判昭和 36.7.21, 民集 15-7-1939　*28*
      65 東京地八王子支判昭和 39.1.13, 判タ 157-125　*28*
      66 最判昭和 41.4.21, 民集 20-4-720, 判時 447-57, 判タ 191-82　*28*
      67 最判昭和 44.1.31, 判時 548-67, 金判 153-9　*29*
      68 東京地判昭和 51.5.13, 判時 843-79　*29*
      69 最判昭和 51.6.3, 金法 803-31　*30*
      70 東京高判昭和 54.7.11, 東高時報民 30-7-194　*30*
      71 東京高判昭和 59.4.26, 判時 1118-186　*30*
      72 大阪地判昭和 60.2.8, 判タ 611-75　*31*
      73 札幌高判昭和 60.6.25, 判タ 565-116　*31*
      74 東京地判昭和 63.5.31, 判時 1300-68　*32*
      75 東京地判平成 15.2.26, 判例秘書 L 05830799　*32*

第6　原状回復義務特約 ── 32

(賃貸人の修繕義務)
      76 福岡地小倉支判昭和 47.3.2, 判タ 277-229　*32*
      77 東京地判昭和 61.7.28, 判タ 624-186　*33*
      78 最判平成 17.3.10, 判時 1895-60, 判タ 1180-187　*34*

第7　有益費等償還請求 ── 34

      79 大判大正 9.10.16, 民録 26-1530　*34*
      80 東京高判昭和 50.7.17, 判タ 333-194　*34*

第8　賃料改定に関する特約 ── 35

1 地代等増減請求権 …… 35
2 地代等増減請求権の要件 …… 35
 (1) 地代等が諸事情の変化により客観的に不相当になったこと …… 35
 (2) 地代等を増額しない特約がないこと …… 35
(増額請求しない旨の特約と事情変更の原則)
      81 横浜地判昭和 39.11.28, 判タ 172-212　*36*

3 賃料支払額と債務不履行 …… 36
(相当と認める額) 82 最判平成 5.2.18, 判時 1456-96, 判タ 816-189　*36*
      83 最判平成 8.7.12, 民集 50-7-1876, 判時 1579-77, 判タ 922-212　*37*
      84 東京地判平成 9.10.29, 判タ 981-281　*37*

4 地代等増額特約の効力 …… 37
(増額特約の効力を認めた事例等)
      85 札幌高判昭和 54.10.15, 判タ 403-120　*38*
      86 大阪地判昭和 62.4.16, 判時 1286-119　*38*
      87 東京地判平成元.8.29, 判時 1348-96　*39*
      88 神戸地判平成元.12.26, 判時 1358-125, 判タ 734-176　*39*
      89 東京地判平成 6.11.28, 判時 1544-73, 判タ 886-183　*39*
      90 大阪高判平成 15.2.5, 金判 1201-25　*39*
(増額特約の効力を認めなかった事例等)
      91 最判昭和 44.9.25, 判時 574-31, 金判 186-4　*40*
(増額特約と事情変更の原則)
      92 札幌地判昭和 52.3.30, 判タ 365-306　*40*
(賃料の協議特約等と増減請求)
      93 最判昭和 41.11.22, 裁判集民 85-243, 金判 47-8　*40*

　　　　　　　　94　最判昭和 56.4.20，民集 35－3－656，判時 1002－83，判タ 442－99　　*41*
　　　　　　　　95　大阪高判昭和 57.6.9，判タ 500－152，金判 682－22　　*41*
　　　　　　　　96　名古屋地判昭和 58.3.14，判時 1084－107　　*42*
　　　　　　　　97　最判平成 15.6.12，民集 57－6－595，判時 1826－47，判タ 1126－106　　*42*
　　（増額請求をしない旨の特約）
　　　　　　　　98　横浜地小田原支判昭和 45.6.10，判タ 253－193　　*43*
　　（減額請求をしない旨の特約）
　　　　　　　　99　最判平成 16.6.29，判時 1868－52，判タ 1159－127　　*43*

第9　使用目的，用途等に関する特約 ──────────── 44

　　（特約に基づく解除を認めた事例）
　　　　　　　100　最判昭和 38.11.14，民集 17－11－1346，判時 359－20　　*44*
　　　　　　　101　最判昭和 39.6.19，民集 18－5－806，判タ 165－65　　*45*
　　　　　　　102　横浜地判昭和 40.2.9，判タ 176－139　　*45*
　　　　　　　103　東京高判昭和 48.10.30，判時 728－52　　*45*
　　　　　　　104　東京地判昭和 50.3.31，判時 795－58　　*45*
　　　　　　　105　東京地判昭和 50.6.30，判タ 327－233　　*46*
　　　　　　　106　東京高判昭和 51.3.30，判時 813－38　　*46*
　　　　　　　107　名古屋地判昭和 58.4.22，判時 1085－107　　*46*
　　　　　　　108　東京地判平成元.12.27，判時 1361－64，金判 854－34　　*46*
　　　　　　　109　東京地判平成 6.1.25，判時 1517－78，判タ 872－229　　*47*
　　（特約に基づく解除を認めなかった事例）
　　　　　　　110　東京地判昭和 32.7.17，判時 123－14　　*47*
　　　　　　　111　東京地判昭和 44.12.24，金判 471－14　　*47*
　　　　　　　112　最判昭和 47.11.16，民集 26－9－1603，判時 689－70，判タ 286－223　　*47*
　　　　　　　113　東京地判昭和 48.3.20，判時 724－50　　*48*
　　　　　　　114　東京高判平成 2.4.26，判時 1351－59　　*49*
　　　　　　　115　東京地判平成 4.7.16，判時 1459－133　　*49*
　　　　　　　116　東京地判平成 28.6.15，判例秘書 L 07131391　　*50*

第10　賃料不払いと無催告解除特約 ──────────── 51

　　（特約に基づく無催告解除を認めた事例）
　　　　　　　117　最判昭和 40.7.2，民集 19－5－1153，判時 420－30，判タ 180－95　　*51*
　　　　　　　118　東京高判昭和 50.8.22，金判 482－7　　*52*
　　　　　　　119　最判昭和 50.11.6，金法 782－27　　*52*
　　　　　　　120　東京地判平成 15.8.28，判例秘書 L 05833467　　*52*
　　（特約なし，無催告解除を認めた事例）
　　　　　　　121　千葉地判昭和 61.10.27，判時 1228－110　　*53*
　　　　　　　122　東京地判平成元.3.6，判時 1343－75　　*53*
　　　　　　　123　松山地判平成 5.10.26，判時 1524－113　　*54*
　　（特約に基づく無催告解除を認めなかった事例）
　　　　　　　124　大阪高判昭和 48.8.20，判時 719－47，判タ 300－218　　*54*
　　　　　　　125　最判昭和 51.12.17，民集 30－11－1036，判時 848－65，判タ 348－191　　*55*
　　　　　　　126　東京地判昭和 52.11.29，判時 894－92　　*55*
　　　　　　　127　東京高判昭和 53.12.18，判時 919－65，判タ 378－98　　*55*
　　　　　　　128　東京高判昭和 61.9.17，判時 1210－54，判タ 629－164　　*55*
　　　　　　　129　東京高判平成 8.11.26，判時 1592－71　　*56*
　　（特約なし，無催告解除を認めなかった事例）
　　　　　　　130　最判昭和 35.6.28，民集 14－8－1547　　*56*
　　　　　　　131　最判昭和 53.11.30，判時 914－54　　*56*
　　　　　　　132　東京高判昭和 54.12.18，判時 956－65，判タ 407－85　　*56*

第11 賃借権の譲渡，転貸禁止等特約 ────── 57

(特約による解除を認めた事例)
   133 東京地判平成 18.3.15，判例秘書 L 06130250 *57*

(特約による解除を認めなかった事例)
   134 最判昭和 44.1.31，判時 548－67，金判 153－9 *57*

(特段の事情と主張・立証責任)
   135 最判昭和 44.2.13，民集 23－2－316，判時 551－46，判タ 233－77 *58*
   136 最判昭和 44.2.18，民集 23－2－379，判時 550－58，判タ 233－78 *58*

(借地上の建物が第三者の所有に属したときは，賃借権は当然に消滅する旨の特約)
   137 最判昭和 40.6.4，裁判集民 79－323 *58*

(抵当権設定禁止特約の有効性)
   138 東京地判昭和 44.3.27，判時 568－57，判タ 237－284 *59*

(借地人所有の建物が競売に付された場合には，即時，賃貸借契約を解除できる旨の特約)
   139 東京地判昭和 47.2.15，金判 317－15 *59*
   140 浦和地判昭和 60.9.30，判時 1179－103，判タ 570－57 *60*

(賃貸人の承諾なしに借地上の建物に抵当権等の物権を設定してはならない旨の特約)
   141 東京地判平成 25.8.8，判例秘書 L 06830628 *60*

(賃借権の無断譲渡と信頼関係の破壊)
   142 最判昭和 28.9.25，民集 7－9－979，判時 12－11，判タ 34－45 *61*
   143 最判昭和 39.6.30，民集 18－5－991，判時 380－70，判タ 164－94 *61*
   144 最判昭和 40.6.18，民集 19－4－976，判時 418－39，判タ 179－124 *62*
   145 最判昭和 40.9.21，民集 19－6－1550，判時 426－35，判タ 183－101 *62*
   146 最判昭和 41.7.15，判時 455－38，判タ 195－78 *62*
   147 東京高判昭和 43.6.28，判時 542－60 *63*
   148 最判昭和 44.4.24，民集 23－4－855，判時 556－45，判タ 235－111 *63*

(賃借権の譲渡が賃貸人に対抗できない場合)
   149 広島地判昭和 50.3.27，判タ 325－252 *63*

(賃借地の一部転貸)
   150 東京地判昭和 50.7.28，判時 807－61 *64*
   151 東京地判昭和 56.6.17，判時 1027－88 *64*
   152 東京高判平成 2.4.26，判時 1351－59 *65*
   153 東京地判平成 5.3.29，判タ 871－252 *66*

(法人格の同一性と賃借権の譲渡)
   154 最判平成 8.10.14，民集 50－9－2431，判時 1586－73，判タ 925－176 *66*
   155 最判平成 9.7.17，民集 51－6－2882 *66*

(土地賃借人が，他の債務のため，財産の強制執行，仮差押え及び仮処分等の保全処分を受け，もしくは競売，破産等の申立てを受けたとき等の事由があるときは，土地賃貸人は無催告で賃貸借契約を解除できる旨の特約)
   156 大阪地判昭和 60.2.8，判タ 611－75 *67*

第2編　借家契約における各種特約の効力 ────── 69

はじめに *69*

第1　借地借家法 30 条及び 37 条の趣旨 ────── 69

適用の判断基準 70

(1) 個別判断説 70

   157 東京地判昭和 11.10.27，評論 26－諸法 291 *70*

(2) 総合判断説 70
　　　　　　　158　最判昭和 31.6.19，民集 10−6−665　*70*
　　　　　　　159　最判昭和 44.10.7，判時 575−33，判タ 241−70　*70*

第 2　更新料に関する特約 ───────────────────────────── 71

1　更新料の性質 71

2　更新料支払特約の有効性と消費者契約法 10 条 72
　　（更新料支払特約を有効とした事例）
　　　　　　　160　東京地判平成 10.3.10，判タ 1009−264　*72*
　　　　　　　161　東京地判平成 17.10.26，判例秘書 L 06033987　*72*
　　　　　　　162　東京地判平成 18.12.19，判例秘書 L 06135135　*73*
　　　　　　　163　京都地判平成 20.1.30，判時 2015−94，判タ 1279−225　*73*
　　　　　　　164　大阪高判平成 21.10.29，判時 2064−65，金法 1887−130　*74*
　　　　　　　165　京都地判平成 22.10.29，判タ 1334−100　*74*
　　（更新料支払特約を無効とした事例）
　　　　　　　166　京都地判平成 21.7.23，判時 2051−119，判タ 1316−192　*75*
　　　　　　　167　大阪高判平成 21.8.27，判時 2062−40，金判 1327−26　*75*
　　　　　　　168　京都地判平成 21.9.25，判時 2066−81，判タ 1317−214　*75*
　　　　　　　169　大阪高判平成 22.2.24，金判 1372−14，消費者法ニュース 84−233　*76*
　　（最高裁平成 23 年 7 月 15 日判決）
　　　　　　　170　最判平成 23.7.15，民集 65−5−2269，金判 1372−7，市民と法 72−34　*76*

3　更新料支払特約と法定更新 78
　　（法定更新にも適用があるとした事例）
　　　　　　　171　東京高判昭和 53.7.20，判時 904−68，判タ 370−77　*78*
　　　　　　　172　東京地判昭和 57.10.20，判時 1077−80，判タ 489−83　*79*
　　　　　　　173　東京地判平成 2.11.30，判時 1395−97　*79*
　　　　　　　174　東京地判平成 4.1.23，判時 1440−109　*80*
　　　　　　　175　東京地判平成 5.8.25，判時 1502−126，判タ 865−213　*80*
　　　　　　　176　東京地判平成 9.6.5，判タ 967−164　*81*
　　　　　　　177　東京簡判平成 17.3.11，裁判所ウェブサイト，判例秘書 L 06060059　*81*
　　　　　　　178　東京地判平成 17.4.26，判例秘書 L 06031683　*81*
　　（法定更新には適用がないとした事例）
　　　　　　　179　東京高判昭和 54.2.9，判時 927−200，金判 576−45　*82*
　　　　　　　180　東京高判昭和 56.7.15，東高時報民 32−7−166　*82*
　　　　　　　181　東京地判平成 2.7.30 昭 63（ワ）12161 号，判時 1385−75　*83*
　　　　　　　182　東京地判平成 3.5.9，判時 1407−80　*83*
　　　　　　　183　東京地判平成 4.1.8，判時 1440−107，判タ 825−260　*83*
　　　　　　　184　東京地判平成 9.1.28，判タ 942−146　*84*
　　　　　　　185　京都地判平成 16.5.18，判例秘書 L 05950267　*85*
　　　　　　　186　東京地判平成 16.7.14，判例秘書 L 05932960　*85*
　　　　　　　187　東京地判平成 21.12.16，判例秘書 L 06430689　*86*
　　　　　　　188　東京地判平成 23.2.24，判例秘書 L 06630142　*86*

4　更新料支払特約と相当な更新料の額 87
　　　　　　　189　東京地判昭和 50.9.22，判時 810−48　*87*
　　　　　　　190　東京地判昭和 54.9.3，判タ 402−120　*87*
　　　　　　　191　東京地判昭和 56.11.24，判タ 467−122　*87*
　　　　　　　192　東京地判昭和 61.10.15，判時 1244−99，判タ 645−203　*87*
　　　　　　　193　東京地判平成 4.9.25，判タ 825−258　*88*

	5	更新料支払義務と契約解除	88

(賃貸借契約の解除を認めた事例)
- 194 東京地判昭和 57.10.20, 判時 1077-80, 判タ 489-83　*89*
- 195 東京地判平成 5.8.25, 判時 1502-126, 判タ 865-213　*89*

(賃貸借契約の解除を認めなかった事例)
- 196 東京高判昭和 45.12.18, 判時 616-72, 判タ 260-216　*90*
- 197 東京地判昭和 50.9.22, 判時 810-48　*90*

第3 敷金に関する特約 ───── 90

1 敷引特約 ───── 90

2 敷引特約と消費者契約法 10 条 ───── 91

(特約は有効であるとした事例)
- 198 神戸地判平成 14.6.14, 裁判所ウェブサイト, 判例秘書 L05750702　*91*
- 199 横浜地判平成 21.9.3, 判例秘書 L06450542　*91*

(特約は無効であるとした事例)
- 200 神戸地判平成 17.7.14, 判時 1901-87　*92*
- 201 大阪地判平成 19.3.30, 判タ 1273-221　*92*

(最高裁平成 23 年 3 月 24 日判決)
- 202 最判平成 23.3.24, 判時 2128-33, 判タ 1356-87, 金判 1378-41,
　　　NBL 952-10・954-13, 市民と法 70-33,
　　　消費者法ニュース 88-228, 230　*93*

(最高裁平成 23 年 7 月 12 日判決)
- 203 最判平成 23.7.12, 判時 2128-43, 判タ 1356-87, 金判 1378-41,
　　　市民と法 70-33　*95*

3 保証金等償却費に関する特約 ───── 97

- 204 最判昭和 43.6.27, 民集 22-6-1427, 判時 523-37, 判タ 224-145　*97*
- 205 東京地判昭和 45.2.10, 判時 603-62　*97*
- 206 東京高判昭和 49.8.29, 判時 759-37, 判タ 316-197　*98*

(敷金不返還特約)
- 207 東京地判昭和 50.1.29, 判時 785-89　*98*
- 208 浦和地判昭和 59.1.31, 判時 1124-202, 判タ 527-126　*99*
- 209 東京地判昭和 60.4.25, 判時 1176-110, 判タ 574-70　*99*
- 210 浦和地判昭和 60.11.12, 判タ 576-70　*100*
- 211 東京地判平成 4.7.23, 判時 1459-137　*100*
- 212 東京地判平成 5.5.17, 判時 1481-144, 判タ 840-140　*100*
- 213 東京地判平成 19.4.13, 判例秘書 L06231760　*101*

4 礼金, 定額補修費分担特約等と消費者契約法 10 条 ───── 102

- 214 東京簡判平成 16.7.5, 裁判所ウェブサイト, 判例秘書 L05960011　*102*
- 215 京都地判平成 20.4.30, 判時 2052-86, 判タ 1281-316　*103*
- 216 京都地判平成 20.9.30, 裁判所ウェブサイト, 判例秘書 L06350391　*103*
- 217 大阪高判平成 22.2.24, 金判 1372-14, 消費者法ニュース 84-233　*104*
- 218 さいたま地判平成 22.3.18, 裁判所ウェブサイト, 判例秘書 L06550508　*104*
- 219 東京地判平成 23.2.24, 判例秘書 L06630142　*105*
- 220 大阪簡判平成 23.3.18, 消費者法ニュース 88-276　*105*

5 災害等と敷引特約の適用 ───── 106

(敷引特約の適用を認めた事例)
- 221 神戸地判平成 7.8.8, 判時 1542-94, 判タ 896-168　*106*
- 222 大阪高判平成 9.5.7, 民集 52-6-1488　*107*

(敷引特約の適用を認めなかった事例)
　　　　　223　大阪地判平成 7.2.27，判時 1542-104，判タ 894-187　　107
　　　　　224　大阪地判平成 7.10.25，判時 1559-94，判タ 898-236　　107
　　　　　225　最判平成 10.9.3，民集 52-6-1467，判時 1653-96，判タ 985-131　　108

第4　賃貸借契約の終了と特約 ―――――――――――――――――――――― 109

(期間満了後，家屋を明け渡さないときは違約金を支払う旨の特約)
　　　　　226　佐賀地判昭和 28.3.7，下民 4-3-348　　109
(賃貸人の要求があるときは，いつでも即時明け渡す旨の特約)
　　　　　227　神戸地判昭和 31.10.3，下民 7-10-2806　　109
(期間の更新又は延長について合意が成立しない場合は，借家契約が期間満了と同時に終了する旨の特約)
　　　　　228　松山地判昭和 36.9.14，判時 276-22　　110
(建物の短期賃貸借において建物が競落されて他に所有権が帰属した場合，賃貸借は終了する旨の特約)
　　　　　229　最判昭和 41.4.5，裁判集民 83-27　　110
(借家人が差押えを受け又は破産宣告の申立てを受けたときは，賃貸人は直ちに契約を解除することができる旨の特約)
　　　　　230　最判昭和 43.11.21，民集 22-12-2726，判時 542-51，判タ 229-149　　110
(賃借人に対する破産手続開始の申立てと契約解除条項)
　　　　　231　東京地判平成 21.1.16，金法 1892-55　　110
(借家人が一定の期間内に賃貸家屋を買い受けないときは，賃貸借契約を終了する旨の特約)
　　　　　232　京都地判昭和 46.1.28，判時 637-80，判タ 261-230　　111
(賃借建物の敷地の一部分を賃貸人の請求があり次第明け渡す旨の特約)
　　　　　233　最判昭和 47.3.30，民集 26-2-294，判時 663-62，判タ 276-143　　111
(借主は貸主の要求あり次第，直ちに家屋を明け渡す旨の特約)
　　　　　234　東京高判昭和 51.8.31，判タ 344-202　　111
(解約権留保特約)　235　東京地判昭和 55.2.12，判時 965-85，判タ 416-154　　111

第5　社宅に関する特約 ―――――――――――――――――――――――― 112

(従業員資格を失ったときは社宅を明け渡す旨の特約)
　　　　　236　最判昭和 29.11.16，民集 8-11-2047，判時 40-9，判タ 45-31　　112
　　　　　237　最判昭和 30.5.13，民集 9-6-711，判タ 50-21　　112
(使用料を払って住んでいる会社の寮を，解雇後3か月以内に明け渡すべき旨の特約)
　　　　　238　最判昭和 31.11.16，民集 10-11-1453，判タ 66-55　　112
　　　　　239　千葉地判昭和 46.1.21，判例秘書 L02650023　　113

第6　住宅公団等に関する特約 ―――――――――――――――――――――― 113

(知事が住宅の管理上必要があると認めたときは，知事は住宅の使用許可を取り消すことができる旨の特約)
　　　　　240　東京地判昭和 40.6.15，判時 410-6，判タ 176-222　　113
　　　　　241　東京高判昭和 40.12.25，判タ 187-173　　113
　　　　　242　最判昭和 55.5.30，判時 971-48，判タ 417-81　　114
　　　　　243　最判昭和 59.12.13，民集 38-12-1411，判時 1141-58，判タ 546-85　　114

第7　一時使用目的の建物賃貸借契約 ――――――――――――――――――― 115

(一時使用であるとした事例)
　　　　　244　東京地判昭和 31.3.14，判時 81-13　　115
　　　　　245　最判昭和 36.10.10，民集 15-9-2294　　116
　　　　　246　最判昭和 41.10.27，判時 467-36，判タ 199-127　　116
　　　　　247　最判昭和 43.1.25，判時 509-34　　116

　　　　　　　　　　248　東京地判昭和 43.5.31, 判時 534−58　　*116*
　　　　　　　　　　249　東京高判昭和 60.10.30, 判時 1172−66　　*117*
　　　　　　　　　　250　東京地判平成 2.12.25, 判タ 761−215　　*117*
　　　　　　　　　　251　横浜地判平成 4.5.8, 判タ 798−190　　*117*
　　　　　　　　　　252　東京地判平成 14.10.18, 判例秘書 L 05730361　　*117*
　　　　　　　　　　253　東京地判平成 16.8.20, 判例秘書 L 05933337　　*118*
　　　　　　　　　　254　東京地判平成 16.10.12, 判例秘書 L 05934068　　*118*
　　　　　　　　　　255　東京地判平成 16.12.7, 判例秘書 L 05934949　　*119*
　　（一時使用ではないとした事例）
　　　　　　　　　　256　東京高判昭和 29.12.25, 東高時報民 5−13−309　　*119*
　　　　　　　　　　257　東京地判昭和 33.2.21, 判時 151−26　　*119*
　　　　　　　　　　258　東京地判昭和 54.9.18, 判時 955−99, 判タ 416−167　　*120*
　　　　　　　　　　259　東京地判昭和 55.2.12, 判時 965−85, 判タ 416−154　　*120*
　　　　　　　　　　260　東京地判平成 2.7.30 平元（ワ）3598 号, 判時 1389−102　　*121*
　　　　　　　　　　261　東京地判平成 3.7.25, 判時 1416−98　　*121*
　　　　　　　　　　262　高松高判平成 4.6.29, 判時 1446−67, 判タ 799−191　　*122*
　　　　　　　　　　263　東京高判平成 5.1.21, 判タ 871−229　　*122*

第 8　期限付合意解約 ─────────────────────── 123

　　（特約の効力を認めた事例）
　　　　　　　　　　264　最判昭和 27.12.25, 民集 6−12−1271, 判タ 27−51　　*123*
　　　　　　　　　　265　最判昭和 28.5.7, 民集 7−5−510, 判タ 31−61　　*123*
　　　　　　　　　　266　最判昭和 31.10.9, 民集 10−10−1252, 判タ 65−81　　*124*
　　　　　　　　　　267　最判昭和 32.6.6, 判タ 72−58　　*124*
　　　　　　　　　　268　最判昭和 35.5.19, 民集 14−7−1145　　*124*
　　　　　　　　　　269　東京地判昭和 41.11.11, 判タ 202−181　　*124*
　　　　　　　　　　270　東京高判昭和 42.9.29, 東高時報民 18−9−142　　*125*
　　　　　　　　　　271　東京地判昭和 55.8.28, 判時 992−87, 判タ 440−121　　*125*
　　　　　　　　　　272　東京地判平成 5.7.28, 判タ 861−258　　*125*
　　（特約の効力を認めなかった事例）
　　　　　　　　　　273　名古屋地判昭和 25.5.4, 下民 1−5−678　　*126*
　　　　　　　　　　274　東京高判昭和 29.12.25, 東高時報民 5−13−309　　*126*
　　（期限付合意解除と一時使用）
　　　　　　　　　　275　長野地判昭和 38.5.8, 判時 340−43, 判タ 147−120　　*126*
　　　　　　　　　　276　大阪地判昭和 40.1.21, 判タ 172−149　　*127*
　　　　　　　　　　277　東京高判昭和 40.7.8, 下民 16−7−1193　　*127*
　　　　　　　　　　278　東京高判昭和 49.6.27, 判時 753−21　　*128*
　　（最高裁昭和 44 年 5 月 20 日判決）
　　　　　　　　　　279　最判昭和 44.5.20, 民集 23−6−974, 判時 559−42, 判タ 236−117　　*128*
　　　　　　　　　　280　最判昭和 47.6.23, 判時 675−51, 金判 324−2　　*128*

第 9　造作買取請求権に関する特約 ─────────────────── 129

　　　　　　　　　　281　大判昭和 13.3.1, 大審院民集 17−318　　*129*
　　　　　　　　　　282　岐阜地大垣支判昭和 28.3.5, 下民 4−3−335　　*129*
　　　　　　　　　　283　最判昭和 29.3.11, 民集 8−3−672, 判タ 39−53　　*129*
　　　　　　　　　　284　最判昭和 33.3.13, 民集 12−3−524, 判時 147−22　　*129*
　　　　　　　　　　285　最判昭和 33.10.14, 民集 12−14−3078, 判時 165−26　　*130*
　　（造作の具体例） ･･･ 130
　　　　　　　　　　286　最判昭和 37.4.10, 裁判集民 60−41　　*130*
　　　　　　　　　　287　大阪地判昭和 58.5.31, 判タ 503−92　　*130*

（造作買取請求権等の放棄特約）
　　　　　288　大阪高判昭和 63.9.14，判タ 683－152　*131*

第 10　必要費償還請求権及び有益費償還請求権の放棄特約 ─────── 131
　　　　　289　東京地判昭和 46.12.23，判タ 276－308　*132*
　　　　　290　最判昭和 49.3.14，裁判集民 111－303　*132*
　　　　　291　東京地判昭和 61.11.18，判時 1250－55　*132*

第 11　原状回復義務特約等 ─────────────────────── 133
（雨漏り等の修繕は賃貸人がすべきであるが，営業上必要な修繕は賃借人がすべきである旨の特約）
　　　　　292　最判昭和 29.6.25，民集 8－6－1224，判時 31－5，判タ 41－33　*134*
（入居後の大小修繕は賃借人がする旨の特約）
　　　　　293　最判昭和 43.1.25，判時 513－33　*134*
（賃貸人の修繕義務）　294　東京高判昭和 51.9.14，東高時報民 27－9－208，判タ 346－193　*134*
　　　　　295　東京高判昭和 56.2.12，判時 1003－98，判タ 441－123　*135*
　　　　　296　東京地判平成 3.5.29，判時 1408－89，判タ 774－187　*135*
　　　　　297　東京高判昭和 60.7.25，東高時報民 36－6・7－132　*136*
　　　　　298　東京地判平成 12.12.18，判時 1758－66　*136*
（賃借人の大修繕義務特約）
　　　　　299　東京地判平成 27.2.4，判例秘書 L 07030397　*137*
（新築オフィスビルと原状回復義務特約）
　　　　　300　東京高判平成 12.12.27，判タ 1095－176　*137*
（原状回復義務特約と消費者契約法 10 条）
　　　　　301　大阪高判平成 15.11.21，判時 1853－99　*138*
　　　　　302　大阪高判平成 16.12.17，判時 1894－19　*138*
（最高裁平成 17 年 12 月 16 日判決）
　　　　　303　最判平成 17.12.16，判時 1921－61，判タ 1200－127　*139*
（ハウスクリーニング特約と日割計算排除特約）
　　　　　304　東京地判平成 18.8.30，判例秘書 L 06133407　*139*
（賃借人が賃貸借契約を中途解約したときは，保証金の 30 パーセント相当額が償却される旨の中途解約償却特約）
　　　　　305　東京地判平成 24.6.8，判タ 1392－355　*140*

第 12　賃料等に関する特約 ───────────────────────── 142
1　賃料増減請求と調停前置主義 ……………………………………………………… 142
2　賃料増減請求権の要件 ……………………………………………………………… 142
(1)　賃料が諸事情の変化により客観的に不相当になったこと　*142*
（賃料増減額請求と一定期間の経過）
　　　　　306　最判平成 3.11.29，判時 1443－52，判タ 805－53　*142*
　　　　　307　東京地判平成 13.2.26，判タ 1072－149　*143*
(2)　賃料等を増額しない特約がないこと　*143*
　　　　　308　横浜地判昭和 39.11.28，判タ 172－212　*143*
3　賃料増額特約 ………………………………………………………………………… 143
（増額特約を有効とした事例等）
　　　　　309　大阪高判昭和 53.10.5，判タ 375－93　*144*
　　　　　310　東京高判昭和 56.10.20，判タ 459－64　*144*
　　　　　311　京都地判昭和 60.5.28，金判 733－39　*145*
　　　　　312　東京地判平成元.1.26，判時 1329－170　*145*

　　　　　　　　　313　東京地判平成元.9.5，判時1352-90　*145*
　　　　　　　　　314　東京高判平成11.10.6，金判1079-26　*146*
　　（増額特約を無効とした事例）
　　　　　　　　　315　大阪地判昭和50.8.13，判タ332-303　*146*
　　　　　　　　　316　東京地判昭和56.7.22，判時1030-60，判タ465-135　*146*

4　賃料増減請求権行使の効果 …………………………………………………………… 146
　　　　　　　　　317　最判昭和32.9.3，民集11-9-1467　*147*
　　　　　　　　　318　最判昭和33.9.18，民集12-13-2040　*147*
　　　　　　　　　319　最判昭和36.2.24，民集15-2-304　*147*
　　　　　　　　　320　松山地判昭和37.1.17，判時306-22　*147*
　　　　　　　　　321　東京地判平成18.3.17，判タ1257-316　*148*
　　（賃料相当額）　322　東京地判平成6.10.20，判時1559-61　*148*
　　　　　　　　　323　東京地判平成9.10.29，判タ981-281　*148*
　　　　　　　　　324　東京地判平成10.5.29，判タ997-221　*149*
　　　　　　　　　325　東京高判平成10.6.18，判タ1020-198　*149*

5　賃料減額請求等 ………………………………………………………………………… 149
　　（賃貸人の修繕義務と減額請求）
　　　　　　　　　326　名古屋地判昭和62.1.30，判時1252-83　*149*
　　（賃料自動増額特約と特別の事情，賃貸人の修繕義務と減額請求）
　　　　　　　　　327　東京地判平成9.1.31，判タ952-220　*150*
　　　　　　　　　328　東京地判平成10.9.30，判時1673-111　*150*
　　　　　　　　　329　東京地判平成13.3.7，判タ1102-184　*150*
　　　　　　　　　330　東京地判平成14.10.25，判例秘書L05730493　*151*
　　　　　　　　　331　東京地判平成15.6.26，判例秘書L05832618　*151*
　　（不減額特約等）332　最判平成16.6.29，判時1868-52，判タ1159-127　*152*
　　　　　　　　　333　東京地判平成16.7.20，判例秘書L05933036　*152*
　　（直近合意賃料と減額請求）
　　　　　　　　　334　最判平成20.2.29，判時2003-51，判タ1267-161　*152*

6　サブリース契約 ………………………………………………………………………… 153
　(1)　サブリース契約と借地借家法の適用及び同法32条1項の適用について　153
　　ア　借地借家法32条1項の適用を肯定した事例　153
　　　　　　　　　335　東京地決平成7.10.30，判タ898-242　*153*
　　　　　　　　　336　東京地判平成8.6.13，判時1595-87，判タ933-266　*154*
　　（借地借家法32条1項の適用を肯定した上で，本件の場合には，借賃減額請求をすることは，信義
　　　則に違反するとした事例）
　　　　　　　　　337　東京地判平成10.3.23，判時1670-37，判タ980-188　*154*
　　（本件契約は，建物の賃貸借契約であるから，借地借家法が適用され，同法32条の規定も適用され
　　　るが，建物の使用収益の開始前に，同条により当初賃料の額の増減を求めることはできない。）
　　　　　　　　　338　最判平成15.10.21 平12(受)123，裁判集民211-55，判時1844-50，
　　　　　　　　　　　判タ1140-75　*155*
　　　　　　　　　339　最判平成15.10.23，裁判集民211-253，判時1844-54，判タ1140-79，
　　　　　　　　　　　金判1187-21，金法1844-54　*156*
　　　　　　　　　340　最判平成16.11.8，裁判集民215-555，判時1883-52，判タ1173-192　*157*
　　（大型スーパーストアの店舗であっても，通常の建物賃貸借契約と異なるものではなく，賃料減額
　　　請求の当否を判断するに当たっては，諸般の事情を総合的に考慮すべきであり，賃借人の経営状
　　　態など特定の要素を基にした上で，当初の合意賃料を維持することが公平を失し，信義に反する
　　　というような特段の事情があるか否かを見るなどの独自の基準を設けて，これを判断することは
　　　許されない。）
　　　　　　　　　341　最判平成17.3.10，裁判集民216-389，判時1894-14，判タ1179-185，
　　　　　　　　　　　金判1226-47，金法1746-126　*157*

(いわゆるサブリース契約において，賃貸人と賃借人の間では，従前から，協議により，増額だけではなく，賃料の据え置き及び減額もされてきたとして，賃借人（転貸人）からの賃料減額請求の一部を認めた事例）
　　　　　　342　東京地判平成18.9.8，判例秘書 L 06133585　*158*

イ　借地借家法32条1項の適用を否定した事例　159

(サブリース事業において，賃料自動増額特約とともに，経済事情の変動があったときは，双方で利害調整をすることを予定していたものであり，このような場合には，借地借家法32条の適用を排除していたということができるとした事例）
　　　　　　343　東京地判平成10.8.28，判時1654-23，判タ983-291　*159*

(事業受託方式によるサブリース契約において，賃料値上げ条項と賃料見直し条項の合意は，経済事情の変動があったときにも，両条項に基づいて利益調整を予定していたものであり，借地借家法32条による賃料増減請求をする可能性を排除していたものと認定した事例）
　　　　　　344　東京高判平成15年2月13日（判タ1117-292，金判1164-42，
　　　　　　　　　金法1672-32）　*161*

(2)　サブリース契約の終了と転貸借　161

ア　期間満了の場合　162

(いわゆるサブリース契約も，その本質において，賃貸借契約であるから，通常の賃貸借契約ないし転貸借と同様に取り扱われるべきであり，信義則上，転貸借契約を終了させるのを相当としない特段の事情がないとして，賃貸人は建物の賃貸借の終了を転借人に対抗できるとした事例）
　　　　　　345　東京高判平成11.6.29，判時1694-90，金判1151-10　*162*

イ　賃借人の債務不履行　163

(賃借人がその債務不履行により，賃貸人から賃貸借契約を解除されたときは，転貸借契約は当然にその効力を失うことはないが，賃貸人には対抗できず，賃貸人から返還請求があれば，転貸人は応じなければならず，結果的に，転貸人は義務の履行が不能となり，転貸借契約は当然に終了する。）
　　　　　　346　最判昭和36.12.21，民集15-12-3243　*163*

(賃貸人が，賃借人の賃料延滞を理由として，催告及び契約解除の手続をする場合，転借人に対しても催告をして，賃料支払いの機会を与えなければならないものではない。）
　　　　　　347　最判昭和37.3.29，民集16-3-662，裁判集民59-671　*164*
　　　　　　348　最判平成6.7.18，裁判集民172-1007，判時1540-38，判タ888-118，
　　　　　　　　　金判984-18，金法1435-44　*164*

(賃借人の債務不履行による賃貸人の賃貸借契約の解除は，いわゆるサブリース契約であっても，転借人に対抗できるとした事例）
　　　　　　349　東京地判平成19.12.25，判例秘書 L 06235830　*165*

ウ　賃借権の放棄　165

(借地権者が，自ら借地権を放棄したとみるべき場合において，一般に権利の放棄は，正当に成立した他人の権利を害する場合には許されるべきではないとして，借地権の放棄が地上建物の賃借人（転借人）に対抗できないとした事例）
　　　　　　350　広島地判昭和47.2.18，判時668-71，判タ277-294，金判314-13　*165*

エ　合意解除　166

(賃貸人と賃借人との間で，借地契約を合意解除しても，特段の事情がない限り，土地の賃貸人は合意解除の効果を建物の賃借人に対抗し得ない。）
　　　　　　351　最判昭和38.2.21，民集17-1-219，裁判集民64-505，判時331-23，
　　　　　　　　　判タ144-42　*167*

(借地契約において，借地人が土地の無断転貸をしても，賃貸人に対する背信行為と認めるに足りない特段の事情があるときは，賃貸人は借地契約の合意解除をもってしても，転借人に対抗できない。）
　　　　　　352　最判昭和62.3.24，裁判集民150-509，判時1258-61，判タ653-85，
　　　　　　　　　金判785-21，金法1177-47　*167*

(事業用ビルの賃貸借契約において，賃貸人は再転貸借を承諾したにとどまらず，再転貸借契約の締結に加功し，再転借人の占有の原因を作出したものというべきであるから，賃借人の方から賃貸人に対して，更新拒絶の通知をし，元の賃貸借契約が期間満了により終了しても，賃貸人は，信義則上，賃貸借契約の終了をもって，再転借人に対抗できない。）
　　　　　　353　最判平成14.3.28，民集56-3-662，判時1787-119，判タ1094-111，
　　　　　　　　　金判1151-3，金法1655-41　*168*

(3)　サブリース契約と正当事由　169

ア　正当事由あり　169

（転貸目的の賃貸借において，賃貸借が終了しても，賃貸人が転貸借契約を承継して，転借人が建物の使用を従前どおり継続できる場合は，賃貸人の解約申入れには，特別の事情がない限り，正当事由が肯定されるとした事例）
　　　　　354　東京高判平成 14.3.5，判時 1776-71，判タ 1087-280，金判 1138-20，
　　　　　　　金法 1642-60　*169*

（いわゆるサブリース契約において，当該契約が終了した場合，賃貸人は，転貸人としての地位を承継することが約定されていることなどを考慮すると，賃貸人の更新拒絶には，正当事由が具備されているとした事例）
　　　　　355　東京地判平成 15.11.17，判例秘書 L 05834736　*170*

（賃貸人が主張するいわゆるサブリース契約も建物の賃貸借契約であるから，借地借家法の適用対象にほかならず，同法 28 条も当然適用されるとして，賃貸人が 50 万円の立退料を支払うことにより，正当事由が補完されるとして，指図による占有移転を命じた事例）
　　　　　356　東京地判平成 27.8.5，判時 2291-79　*171*

イ　正当事由なし　172

（いわゆるサブリース契約において，本件賃貸借契約は 20 年間で満了することが従前合意した賃料値下げの前提条件であるということをうかがわせるものは一切なく，借家法が適用される本件契約においては，法定更新があり得るのは当然であり，諸般の事情を総合勘案しても，賃貸人の更新拒絶には，正当事由が認められないとした事例）
　　　　　357　東京地判平成 19.5.16，判例秘書 L 06232148　*172*

（いわゆるサブリース契約も建物の賃貸借契約であることが明らかであるから，借地借家法が適用され，同法 28 条も適用されるが，一切の事情を勘案しても，賃貸人から契約書上の違約金相当額が供託されただけであるとして，賃貸人からの解約には正当事由はないとした事例）
　　　　　358　東京地判平成 19.12.7，判例秘書 L 06235507　*173*

（いわゆるサブリース契約にも借地借家法の適用はあり，本件賃貸借契約の特約の内容が，期間満了の 1 か月前までの賃貸人の更新拒絶を容認する結果をもたらす規定となっており，賃貸人に不利益であることが明らかであるから，借地借家法 30 条により無効であるとし，他の更新拒絶の理由も正当事由には当たらないとした事例）
　　　　　359　東京地判平成 20.4.22，判例秘書 L 06331238　*173*

（サブリース事業を目的とする賃貸借契約にも借地借家法は適用され，賃貸借期間内に解約を認める特約については，正当事由がある場合に限り，解約を認めるものであるなどとして，結果的に，賃貸人の解約申入れには，正当事由はないとした事例）
　　　　　360　東京地判平成 20.8.29，判例秘書 L 06332337　*174*

（いわゆるサブリース契約についても，その契約の性質は建物の賃貸借契約であるから，借地借家法が適用され，同法 28 条の規定も適用されると解すべきであり，結果的に，賃貸人の更新拒絶には正当事由はないとした事例）
　　　　　361　札幌地判平成 21.4.22，判タ 1317-194　*175*

（いわゆるサブリース契約についても，借家法 1 条の 2 が適用されるべきであり，賃貸人の建物使用の必要性は賃借人よりも低いことなどから，賃貸人の更新拒絶には正当事由があるとはいえないとした事例）
　　　　　362　東京地判平成 24.1.20，判時 2153-49　*177*

(4)　その他の問題（フリーレント（賃料の一定期間免除）について）　178

（いわゆるサブリース契約において，賃借人（転貸人）が転借人に対し，賃料を一定の期間免除するフリーレントは，賃貸人に著しい不利益が生じない限り，賃貸人に対し，対抗できるとした事例）
　　　　　363　東京地判平成 18.8.31，金判 1251-6　*178*

第13　賃料不払いと無催告解除特約 ── 180

（特約なし，無催告解除を認めた事例）
　　　　　364　最判昭和 27.4.25，民集 6-4-451　*180*
　　　　　365　最判昭和 47.2.18，民集 26-1-63，判時 661-37，判タ 275-203　*180*
　　　　　366　最判昭和 49.4.26，民集 28-3-467，判時 742-55，判タ 310-143　*180*

（特約に基づく解除を認めた事例）
　　　　　367　最判昭和 37.4.5，民集 16-4-679，判タ 130-58　*181*
　　　　　368　最判昭和 43.11.21，民集 22-12-2741，判時 542-48，判タ 229-145　*181*
　　　　　369　最判昭和 48.3.22，金法 685-26　*181*
　　　　　370　東京地判平成 16.9.17，判例秘書 L 05933797　*181*
　　　　　371　東京地判平成 16.12.7，判例秘書 L 05934949　*182*

（特約に基づく解除を認めなかった事例）

xx　目　次

　　　　　　　　372　最判昭和 51.12.17, 民集 30－11－1036, 判時 848－65, 判タ 348－191　　*182*
　　　　　　　　373　東京地判平成 14.11.28, 判例秘書 L 05731131　　*183*
　　　　　　　　374　東京地判平成 18.9.29, 判例秘書 L 06133989　　*183*
　　　　　　　　375　東京地判平成 19.6.27, 判例秘書 L 06232804　　*183*
　　　（信頼関係破壊理論）　376　東京地判昭和 37.6.26, 判時 312－31　　*184*
　　　　　　　　377　最判昭和 39.7.28, 民集 18－6－1220, 判時 382－23, 判タ 165－76　　*184*
　　　　　　　　378　名古屋高判昭和 59.2.28, 判時 1114－56, 判タ 525－122　　*185*
　　　　　　　　379　東京地判昭和 63.6.28, 判タ 687－184　　*185*
　　　　　　　　380　東京地判平成 17.8.30, 判例秘書 L 06033183　　*186*
　　　　　　　　381　東京地判平成 18.3.23, 判例秘書 L 06130359　　*186*
　　　　　　　　382　東京地判平成 19.7.3, 判例秘書 L 06232947　　*186*

第14　使用目的や用法等に関する特約　　187

　　　（特約なし，解除を認めた事例）
　　　　　　　　383　最判昭和 27.4.25, 民集 6－4－451　　*187*
　　　　　　　　384　最判昭和 38.9.27, 民集 17－8－1069, 判時 354－28　　*188*
　　　　　　　　385　最判昭和 40.8.2, 民集 19－6－1368, 判時 424－34, 判タ 181－114　　*188*
　　　　　　　　386　東京地判昭和 62.2.25, 判タ 657－134　　*188*
　　　（特約なし，解除を認めなかった事例）
　　　　　　　　387　名古屋高判昭和 50.5.29, 金判 488－37　　*189*
　　　　　　　　388　東京地判平成 17.10.21, 判例秘書 L 06033895　　*189*
　　　　　　　　389　東京地判平成 18.5.18, 判例秘書 L 06132001　　*190*
　　　（特約違反による解除を認めた事例）
　　　　　　　　390　最判昭和 29.12.21, 民集 8－12－2199, 判タ 46－28　　*190*
　　　　　　　　391　最判昭和 42.4.20, 裁判集民 87－229　　*190*
　　　　　　　　392　東京高判昭和 49.10.30, 判時 767－35　　*190*
　　　　　　　　393　最判昭和 50.2.20, 民集 29－2－99, 判時 770－42, 判タ 319－132　　*191*
　　　　　　　　394　東京地判昭和 51.5.27, 判時 844－48　　*191*
　　　　　　　　395　東京地判昭和 54.10.3, 判時 962－89, 判タ 403－132　　*192*
　　　　　　　　396　名古屋地判昭和 59.9.26, 判タ 540－234　　*192*
　　　　　　　　397　東京地判昭和 60.1.30, 判時 1169－63, 判タ 554－227　　*192*
　　　　　　　　398　東京高判昭和 60.3.28, 判タ 571－73　　*193*
　　　　　　　　399　東京地判昭和 60.10.9, 判タ 610－105　　*193*
　　　　　　　　400　宇都宮地判昭和 62.11.27, 判時 1272－116　　*193*
　　　（特約違反による解除を認めなかった事例）
　　　　　　　　401　最判昭和 36.7.21, 民集 15－7－1939　　*194*
　　　　　　　　402　京都地判昭和 41.1.26, 判時 447－84, 判タ 187－147　　*194*
　　　　　　　　403　東京地判昭和 56.3.26, 判タ 454－123　　*194*
　　　　　　　　404　東京高判昭和 56.9.22, 判時 1021－106　　*195*
　　　　　　　　405　東京地判平成 3.12.19, 判時 1434－87　　*195*
　　　　　　　　406　東京地判平成 5.9.27, 判時 1494－119, 判タ 865－216　　*195*
　　　　　　　　407　東京地判平成 6.12.16, 判時 1554－69　　*196*

第15　ペットの飼育禁止特約　　196

　　　（特約違反に基づく解除を認めた事例）
　　　　　　　　408　東京高判昭和 55.8.4, 判タ 426－115　　*196*
　　　　　　　　409　東京地判昭和 58.1.28, 判時 1080－78, 判タ 492－95　　*197*
　　　　　　　　410　東京地判昭和 59.10.4, 判時 1153－176　　*197*
　　　　　　　　411　名古屋地判昭和 60.12.20, 判時 1185－134, 判タ 588－81　　*197*
　　　　　　　　412　新宿簡判昭和 61.10.7, 判時 1221－118, 判タ 624－189　　*198*
　　　（ペット飼育と用法違反）
　　　　　　　　413　東京地判昭和 62.3.2, 判時 1262－117　　*198*

　　　　　　　　　414　東京地判平成 7.7.12，判時 1577－97　　*198*
　　　　　　　　　415　東京地判平成 8.7.5，判時 1585－43　　*198*
　　（特約違反に基づく解除を認めなかった事例）
　　　　　　　　　416　東京北簡判昭和 62.9.22，判タ 669－170　　*199*

第16　賃借権の譲渡，転貸に関する特約 ———————————————— 199
　　（特約がある場合）　417　最判昭和 41.7.1，判時 457－35，判タ 195－78　　*199*
　　　　　　　　　418　最判昭和 44.2.13，民集 23－2－316，判時 551－46，判タ 233－77　　*200*
　　　　　　　　　419　大阪高判平成 5.4.21，判時 1471－93　　*200*
　　　　　　　　　420　東京地判平成 18.5.15，判時 1938－90　　*201*
　　（特約がない場合）　421　最判昭和 28.9.25，民集 7－9－979，判時 12－11，判タ 34－45　　*201*
　　　　　　　　　422　最判昭和 30.9.22，民集 9－10－1294，判タ 52－42　　*201*
　　　　　　　　　423　最判昭和 31.5.8，民集 10－5－475　　*202*
　　　　　　　　　424　最判昭和 36.4.28，民集 15－4－1211　　*202*
　　　　　　　　　425　最判昭和 39.11.19，民集 18－9－1900，判時 396－37，判タ 170－122　　*202*
　　　　　　　　　426　東京地判平成 17.1.25，判例秘書 L 06030204　　*203*

第17　その他の特約 ———————————————————————— 203
　　（店舗の変更等に関し，「本契約時の本店舗の位置，面積などが建物の設計・店舗レイアウト，法規
　　制などの関係上変更の必要が生じたときは，賃貸人は，位置，面積，賃貸借料，共益費，建設協
　　力預託金，敷金などの額を改定するものとし，賃借人はこれに対し異議を述べない」旨の特約）
　　　　　　　　　427　名古屋高判平成 9.6.25，判時 1625－48，判タ 981－147　　*203*
　　（賃借人は騒音をたてたり風紀を乱すなど近隣の迷惑となる一切の行為をしてはならない旨の特
　　約）　　　　　　　428　東京地判平成 10.5.12，判時 1664－75　　*204*
　　（賃借人は，近隣の迷惑となる行為をしてはならない旨の特約）
　　　　　　　　　429　東京地判平成 17.2.28，判例秘書 L 06030847　　*204*
　　（乙は他の入居者の営業に支障を及ぼすような宣伝・広告・装飾および陳列をしてはならない。甲
　　において乙が前項の規定に違背すると認めるときは直ちにこれを中止，変更又は撤去させること
　　ができる旨の特約）　430　東京地判平成 18.6.9，判時 1953－146　　*204*
　　（賃借人は，年末年始を除き，連続 3 日間を超えて本件建物における営業を休業するときは，予め
　　賃貸人に対し書面で申入れをし，賃貸人の書面による承諾を得なければならず，賃借人がこれに
　　反した場合，賃貸人は通知催告することなく本件賃貸借契約を解除することができる旨の特約）
　　　　　　　　　431　東京地判平成 22.10.28，判時 2110－93　　*205*

第18　自力救済と特約 ——————————————————————— 205
　　（自力救済を認めた事例）
　　　　　　　　　432　東京地八王子支判昭和 40.1.27，判タ 174－155　　*205*
　　　　　　　　　433　東京高判昭和 41.9.26，判時 465－46，判タ 202－177　　*205*
　　　　　　　　　434　東京高判昭和 51.9.28，判タ 346－198　　*206*
　　（自力救済を認めなかった事例）
　　　　　　　　　435　東京地判昭和 47.3.29，判時 679－36　　*206*
　　　　　　　　　436　東京地判昭和 47.5.30，判時 683－102　　*206*
　　　　　　　　　437　大阪高判昭和 62.10.22，判時 1267－39，判タ 667－161　　*207*
　　　　　　　　　438　大阪簡判平成 21.5.22，判時 2053－70，判タ 1307－183　　*207*
　　　　　　　　　439　姫路簡判平成 21.12.22，消費者法ニュース 83－60　　*207*
　　（特約あり，自力救済を認めなかった事例）
　　　（賃貸借終了後，借主が建物内の所有物件を貸主の指定する期限内に搬出しないときは，
　　　貸主はこれを搬出保管又は処分の処置をとることができる旨の特約）
　　　　　　　　　440　東京高判平成 3.1.29，判時 1376－64　　*208*

(賃借人が本契約の各条項に違反し賃料を1か月以上滞納したとき又は無断で1か月以上不在のときは，敷金保証金の有無にかかわらず，本契約は何らの催告を要せずして解除され，賃借人は即刻室を明け渡すものとする。明渡しできないときは室内の遺留品は放棄されたものとし，賃貸人は，保証人又は取引業者立会いの上，随意遺留品を売却処分のうえ債務に充当しても異議がない旨の特約）
　　　　　　　　　441　浦和地判平成 6.4.22，判タ 874−231　　*208*

(賃借人が賃借料の支払いを7日以上怠ったときは，賃貸人は，直ちに賃貸物件の施錠をすることができる。また，その後，7日以上経過したときは，賃貸物件内にある動産を賃借人の費用負担において賃貸人が自由に処分しても，賃借人は，異議の申立てをしないものとする旨の特約）
　　　　　　　　　442　札幌地判平成 11.12.24，判時 1725−160，判タ 1060−223　　*209*

(被告は本ビル又は本物件の保安管理上その他の必要ある場合には，事前に通告し，原告又は原告の使用人の立会いのもとに本物件内に立ち入り，点検または必要な措置を講ずることができる。緊急の必要がある場合には，被告は事前の通告なしに本物件内に立ち入ることができるものとし，この場合には被告は事後原告に報告する旨の特約）
　　　　　　　　　443　東京地判平成 16.6.2，判時 1899−128　　*210*

(賃借人が賃料を滞納した場合，賃貸人は，賃借人の承諾を得ずに本件建物内に立ち入り適当な処置をとることができる旨の特約）
　　　　　　　　　444　東京地判平成 18.5.30，判時 1954−80　　*210*

第19　特約の承継等 ─────────────────── 211

　　　　　　　　　445　大判昭和 10.3.16，新聞 382 号 7 頁　　*211*
　　　　　　　　　446　大判昭和 11.11.28，新聞 407 号 9 頁　　*211*
　　　　　　　　　447　大判昭和 12.6.5，新聞 415 号 4 頁　　*211*
(家屋の賃借人が賃貸人に支払うべき賃料を，賃貸人の当該敷地の大家に対し，賃借人が支払う旨の特約）
　　　　　　　　　448　大判昭和 15.8.5，大審院民集 19−1320　　*211*
(賃料前払いという内容の承継）
　　　　　　　　　449　最判昭和 38.1.18，民集 17−1−12，判時 330−36，判タ 142−49　　*211*
(建物の賃貸借契約において，賃借権の譲渡，転貸を許容する旨の特約）
　　　　　　　　　450　最判昭和 38.9.26，民集 17−8−1025，判時 353−26，判タ 154−59　　*212*
(建物の賃貸人の交替と有益費償還義務）
　　　　　　　　　451　最判昭和 46.2.19，民集 25−1−135，判時 622−76，判タ 260−207　　*212*
(賃貸借契約に基づく賃借人の一切の権利を第三者に譲渡してはならない旨の特約）
　　　　　　　　　452　東京高判平成 7.7.27，判タ 910−157　　*212*
(敷金の承継)　　　453　最判昭和 39.6.19，民集 18−5−795，判時 379−27，判タ 166−103　　*213*
　　　　　　　　　454　最判昭和 44.7.17，民集 23−8−1610，判時 569−39，判タ 239−153　　*213*
　　　　　　　　　455　最判昭和 48.2.2，民集 27−1−80，判時 704−44，判タ 294−337　　*213*
　　　　　　　　　456　最判昭和 48.3.22，金法 685−26　　*214*
　　　　　　　　　457　最判昭和 53.12.22，民集 32−9−1768，判時 915−49，判タ 377−78　　*214*
　　　　　　　　　458　東京地判平成 2.11.5，金判 871−21　　*214*

参考　和解条項例，調停条項例 ─────────────── 217

和解条項 1　建物賃貸借契約の合意解除，敷金返還請求権の放棄の例 ……………218
和解条項 2　未払賃料の支払と賃料相当損害金の免除の例 …………………………219
和解条項 3　引換給付，賃借人からの供託金の取戻しの例 …………………………220
和解条項 4　建物賃貸借契約の合意解除，未払賃料債務と敷金返還債務との相殺の例 ………221
和解条項 5　建物賃貸借契約存続の確認，賃料不払と無催告解除特約の例 ………222

調停条項1	賃料増額の確認条項，不増額特約，賃料額差額分の免除の例	223
調停条項2	形成条項，差額分の利息の免除，賃貸人からの供託金の還付請求の例	224
調停条項3	給付条項，賃料等差額分の支払，合意による更新料の支払の例	225
調停条項4	地代の増額改定，更新料の支払義務がない例	226
調停条項5	建物賃貸借契約の合意解除，立退料と建物明渡しとの引換給付，未払賃料と賃料相当損害金の免除の例	227
調停条項6	建物賃貸借契約の一部解除と保証金の改定の例	228
調停条項7	土地賃貸借契約の更新と更新料の支払，新築及び増改築時の承諾料の支払の例	229

判例索引　*231*
著者略歴　*243*

第1編

借地契約における各種特約の効力

はじめに

　建物の賃貸借契約において，法定更新料支払特約の有効，無効が議論され判例も出ているが，借地契約においても，最近の民事事件で，法定更新料の支払いを巡って色々と問題が生じている。また，賃料改定に関する特約についても，地代増減請求という形での民事調停の申立てが多くなされている（調停前置主義，民事調停法24条の2）。そこで，民事訴訟や民事調停事件の解決の方向性の定めに資すればという趣旨で，最高裁までの判例を詳細に調べてみた。

第1　存続期間に関する特約

（借地借家法と現存借地権）
　平成4年8月1日に施行された現行の借地借家法（平成3年10月4日法律第90号）は，その附則4条ただし書において，「附則第2条の規定による廃止前の建物保護に関する法律，借地法及び借家法の規定により生じた効力を妨げない。」と規定する。そして，現存する借地権の中には，更新されてきたか新法施行前に成立した借地権が多くあることに注意しなければならない。
　その意味において，旧借地法における堅固建物と非堅固建物の存続期間は，現時点でも生きており，存続期間の定めのない場合には，堅固建物は60年で，更新によって30年になり，非堅固建物は30年で，更新によって20年になる（旧借地2条1項，5条1項）。

（借地借家法25条の「一時使用」）
　ところで，借地借家法25条は，「第3条から第8条まで，第13条，第17条，第18条及び第22条から前条までの規定は，臨時設備の設置その他一時使用のために借地権を設定したことが明らかな場合には，適用しない。」としている。この規定は，旧借地法9条を踏襲した

ものであるが,「一時使用」目的の借地契約かどうかの基準については,次のような見解があった。

　1　「一時使用のための借地権を設定したものであることの判定は単に物理的な時の長短だけを要素とするものではなく,諸般の事情を考慮の上決せられるべきものであ〔り〕,借地法第9条に該当するかどうかの判断上もっとも肝要なことは,建物使用の目的,態様からみて,借地人を賃貸借の期間の上から保護する必要のないことが,積極的に社会観念上明白に認められる場合でなければならない。」(大阪高判昭和29年9月3日,判時37号12頁)とする見解と,

　2　「借地法第9条にいわゆる一時使用のために借地権を設定したことが明かな場合というのは賃貸借の動機,目的,態様その他諸般の事情から賃貸借を短期間に限って存続させる合意があったと認むべき相当の理由がある場合を指称するものと解すべき〔である。〕」(大阪高判昭和31年5月22日,下民7巻5号1325頁)とする見解があったが,最高裁は,

　3　「その目的とされた土地の利用目的,地上建物の種類,設備,構造,賃貸期間等,諸般の事情を考慮し,賃貸借当事者間に短期間にかぎり賃貸借を存続させる合意が成立したと認められる客観的合理的な理由が存する場合にかぎり,右賃貸借が借地法9条にいう一時使用の賃貸借に該当するものと解すべく,かかる賃貸借については,同法11条の適用はないと解するのが相当である。」(最判昭和43年3月28日,民集22巻3号692頁,判時518号50頁,判タ221号125頁,金判109号6頁)とした。

　賃貸借が一時使用であるかどうかは,当事者にとって大きな問題になってくるが,判例はその判断基準について,通常の借地契約と異なる条件があるかどうか,借地法の趣旨を潜脱する意図があるかどうかなども,その判断基準としている。以下のような判例がある。

(一時使用であると判断した事例等)

　裁判例 1　最判昭和32年7月30日(民集11巻7号1386頁)

　「原判決は,論旨の指摘する,本件賃貸借の成立に至る経緯,その契約条項,地上建物の使用目的,その規模構造等のほか賃料改定の有無等の事情について,これを判示のように認定し,これ等の点をも綜合考察の上,本件賃借権を借地法9条にいわゆる一時使用のために設定されたものと判断したのであることは原判文上明らかである。そして原判決の挙示の証拠によれば,前記判示事実の認定は十分可能であり,またこの判示事実に基づいてなした右の判断は結局正当であると認められる。」

　参考裁判例　高松高判昭和31年12月15日(下民7巻12号3634頁)
　　　　　　最判昭和32年2月7日(民集11巻2号240頁,判タ68号85頁)

　裁判例 2　最判昭和32年11月15日(民集11巻12号1978頁,判タ77号29頁)

　「しかして,右原判決の判文に徴すれば,被上告人は上告人の借地権を認めずその明渡を要求し,上告人はこれを争う調停事件において,互に譲歩して改めて賃借権を設定し,その間に存

する争を止めることを約したものであって，しかもその新たに設定した賃貸借については，被上告人の土地使用の必要性を明示して，これを上告人に諒解せしめ，特に賃貸期間を7年に限定した旨の事実を認定したものであることが窺われるから，このような賃貸借は，借地法9条の所謂一時使用のため借地権を設定したことの明な場合に該当するものと解するを相当とする。そして本件のような場合においては，その土地に既に工場の存する一事を以て右一時使用賃貸借の成立を妨げる理由となすことはできないものと解すべく，されば此点に関する原審の判断は結局正当に帰し，所論は理由がない。」

参考裁判例　札幌高判昭和33年5月21日（判時157号20頁）

裁判例3　最判昭和33年11月27日（民集12巻15号3300頁）

「しかし，原判決がその挙示の証拠に基づいて認定した判示の如き事情の下で，本件賃貸借は一時使用の為め借地権を設定したこと明らかな場合に該当するものとした判断は当裁判所もこれを正当として是認する。そして右判断に至る過程において所論経験則に違背するかどうかを見出し得ない。所論はひっきょう原審がその専権に基づいてなした自由な事実認定を非難するものでしかない。」

裁判例4　最判昭和36年7月6日（民集15巻7号1777頁，民商法46巻2号97頁）

「原判決認定のような事実関係の下において本件賃貸借は借地法9条にいわゆる臨時設備其の他一時使用のため借地権を設定したること明なる場合に該当するものとした原審の判断は，当裁判所もこれを正当として是認する。そして右のような場合，所論のような権利金の授受があり，且つ，賃料の増額があったとしても，右判断に消長がないものと解すべきである。」

裁判例5　最判昭和37年2月6日（民集16巻2号233頁，判時288号21頁）

「原審確定の右事実関係の下においては，被上告人の長男が医学修業中であり，卒業後本件土地にて医家の業務を開始することを予定して居ったので，地主であり，賃貸人である被上告人が，このことを考慮し，賃貸借の期間を右医業開始確定の時までとするため，本件土地上に建築せらるべき建物を戦災復旧用建坪15坪のバラック住宅と限定し，特に条件を一時使用とする旨を契約書に明記してなされた本件土地の賃貸借契約は，たとえ右医家開業の時期が明確に定って居らなかったため，一応，賃貸借期間を3年と定め，その後医業開始に至らなかったので，その期間を更新し或はその間に賃料を増額した事跡があったとしても，これを一時使用のためのものとなすに妨げない。」

裁判例6　最判昭和39年7月3日（判タ165号69頁）

「しかし，原判決〔略〕挙示の証拠によると，原判決の認定した事実を肯認することができ，

右認定事実によると，上告人らが本件土地を昭和24年11月より35年3月末日まで11年間にわたって適法に使用していたのであるが，本件土地の借地契約は当初A市内に散在していた露天商を一時整理収容するために市役所等のあっせんにより期間を1年とかぎって成立し，その後上告人らの申出によって期間をかぎって契約が更新された経緯，その後の使用の態様，合意の内容その他原判決の認定の事情のもとにおいては，本件土地の借地契約が一時使用の目的でなされた旨の原判決の判断を是認しえないわけではない。」

裁判例 7　最判昭和43年3月28日（民集22巻3号692頁，判時518号50頁，判タ221号125頁）

「しかしながら，賃貸借契約が裁判上の和解により成立した一事をもって，右契約に同条〔借地法11条〕の適用がないとするのは相当ではなく，裁判上の和解により成立した賃貸借についても，その目的とされた土地の利用目的，地上建物の種類，設備，構造，賃貸期間等，諸般の事情を考慮し，賃貸借当事者間に短期間にかぎり賃貸借を存続させる合意が成立したと認められる客観的合理的な理由が存する場合にかぎり，右賃貸借が借地法9条にいう一時使用の賃貸借に該当するものと解すべく，かかる賃貸借については，同法11条の適用はないと解するのが相当である。」

裁判例 8　最判昭和43年11月19日（判時545号61頁，判タ229号148頁）

「本件建物は訴外Aが本件土地を被上告人から一時使用の目的で賃借した当時に建築した仮設建物であり，右建物を上告人が買い受けるとともに，同訴外人から本件土地の賃借権の譲渡を受けたが，この賃借権の譲渡については被上告人は承諾しなかった。その後，被上告人は，当時居住していた疎開先からB市に帰るについて，家屋の建築費用および長男の教育費等を捻出するため，上告人との間に，被上告人は，本件土地のうち，115.702平方メートル（35坪）を上告人に売り渡し，その余の部分を上告人は3年以内に被上告人に明け渡す旨の契約が成立したが，上告人は所定どおりに売買代金を支払わなかったため，被上告人によって売買契約は解除され，当事者間で本件土地の明渡の期日について話合いがされ，被上告人は5年以内に明け渡すことを求めたのに対し，上告人は7年間の猶予を希望し，いったん7年の猶予で明け渡すことに両者の間で合意ができたが，その後，上告人は期間の延長を申し入れ，被上告人もやむなくこれを了承し，ここに期間を10年とする賃貸借契約が締結されるに至った旨の原審の認定は，原判決挙示の証拠関係に照らして首肯できないものではない。そして，右のような本件賃貸借契約締結の経緯に徴すれば，本件建物の外観がバラックとは認められず，上告人が本件建物において茶商を営み，そこを生活の本拠にしており，右10年の期間中に本件土地の賃料が逐次値上げされたとの事情を勘案しても，なお本件貸貸借契約は一時使用のためされたものと解するのが相当であるとの原審の判断は正当で，首肯できる。」

| 裁判例 9 | 最判昭和44年7月31日（判時568号46頁，金判180号7頁） |

「もし右のような事実が認定されるとすれば，このように，土地賃貸借契約のさい，都市計画事業の施行による区画整理が予定され，賃貸人においてその実施後の土地を自ら使用する計画を有し，賃借人もこれを諒承し，地上に仮設建物のみを所有しうる一時使用のための賃貸借であることを公正証書に明記して，契約を締結した場合においては，一時使用目的による賃貸借をする合理的理由があり，借地法の規定の適用を潜脱する目的に出たものとはいえないから，一時使用のため借地権を設定したことが明らかな場合にあたるものと認めて妨げないものと解すべきであり，原判決の掲げる前示のような事実関係をもってしては，いまだこのように認めることを妨げるには足りないものというべきである。しかるに，原判決は，右事実関係を理由に，たやすく本件各賃貸借が一時使用のためのものとは認められないとして，上告人の請求を排斥しているのであって，ひっきょう，借地法9条の規定の解釈を誤り，経験則に反し，審理を尽さなかった違法があるものといわなければならない。」

| 裁判例 10 | 最判昭和45年3月12日（判時593号39頁） |

「そして，このような事実関係のもとにおいては，被上告人には，戦災後の緊急状態に即応した暫定的なものとして，短期間に限って本件土地を賃貸する合理的理由があったものということができ，賃借人側もその事情を諒承し，当時，その時日は確定していなかったにせよ遠からず終了することの予想されていた前記停止期間内に限って賃貸借をする旨の明示の合意をしたものであるから，本件賃貸借が借地法9条所定の一時使用のための賃貸借にあたると認めた原判決の判断は正当ということができる。右事実認定および判断に所論の違法はなく，論旨は採用することができない。」

参考裁判例　最判昭和47年2月10日（判時662号42頁，金判308号2頁）

| 裁判例 11 | 東京高判昭和49年11月12日（判時768号42頁） |

「而して，以上認定の事実によれば，被控訴人は控訴人の承諾を得ないで本件土地の賃借権を譲受けたものであって，控訴人に対抗し得べきなにらの権利を有するものではなく，また控訴人は被控訴人との間に借地契約を結ぶ意思がなく，却って本件土地の明渡を実現するために本件調停を申立てたものであるが，調停主任裁判官及び調停委員らの説得により，期間経過後は確実に本件土地を明渡して貰えるものと信じ，即時明渡の要求を譲歩して暫時の間被控訴人のために借地権を存続せしめることを承諾したものであって，控訴人としては右調停により被控訴人との間に通常の借地契約を締結する意思を有していなかったことが明らかというべきであるから，右調停の趣旨は，被控訴人のために借地法第9条の規定する一時使用のための借地権を設定したものと解するのが相当である。」

参考裁判例　名古屋地判昭和50年9月19日（判時809号77頁，判タ333号280頁）

裁判例 12　東京地判昭和60年3月18日（判時1168号87頁，判タ565号120頁）

「従って，このように，本件賃貸借の当初から，原告らの近い将来の病院建設までの間の賃貸借であることについて当事者が相互に了解し，一時使用の目的であることが明示され，その後特段にそれが変更されることもなく更新されてきた場合において，たとえそれが約15年にわたり，更新回数12回に及び，途中からはほぼ機械的に1年毎に更新するような形となっており，土地の一部に居住用建物が，契約後間もなく設置され，被告Yが居住し始めたのに対し，原告側がそれを阻止したり，強く異議を述べたりするなどの措置をとらなかったことなど原告側にある程度のうかつさがあったことを考慮しても，なお，原告らと被告会社との間の本件賃貸借は，一時使用の目的のものであることを維持しているものというべきであり，少なくとも，契約開始間もなくのころから明示の契約内容に違反して，（登記をせぬまま，固定資産税も支払ってこない状態の簡易なものではあるが）居住用建物を建築し，原告ら側の好意的あるいはうかつな態度によって，それに対して特段の異議も述べられなかったことを奇貨として，借地法の適用のある建物所有を目的とする賃貸借であると主張することは，信義則上も許されないというべきである。」

参考裁判例　大阪地判昭和61年10月14日（判タ652号161頁）

裁判例 13　東京高判昭和63年5月24日（判タ695号194頁）

「その結果，昭和51年7月1日弁護士が立会って作成された前記契約書に，本件土地の賃貸借が一時使用の目的のものであることを，その地上施設の具体的な種類，態様（それは当時の現状に大凡見合うものであることを注意すべきである。）を明らかにして，これ以上ない程に明記し，被控訴人代表者はこれを了解のうえ，同契約書に署名，押印したのである。このことは，従来，いささか実態上あいまいさを帯びていた本件土地の賃貸借の一時使用目的たることを，あらためて相互に確認しあったもの以外の何ものでもないというべきである。」

裁判例 14　東京地判平成元年5月25日（判時1349号87頁，金判841号30頁）

「借地法上の借地権の制度の下では，賃貸期間が長期であるほか，期間満了時においても土地が返還されない可能性が高いので，借地権を設定する場合には，一般に土地の時価を基準に高率の権利金を徴収するのを常とするが，本件のような地価の高い土地で，高額の権利金を支払って営業しようとすると，投下資金の大部分が権利金として長期間固定することとなり，資金の短期的な回収を前提とする営業は成り立たなくなり，本件のような業種の営業を阻害する結果となること。右に指摘したところから考えると，本件の賃貸借契約で，原被告が，高額の権利金等を授受しないこととし，他面賃貸期間を短期間に限定する合意をしたことには，合理的な理由が存在するものと判断される。そうであれば，本件の賃貸借契約は，借地法の規定する一時使用を目的とするものと評価することができ，この判断を動かすべき証拠はない。」

裁判例 15　東京地判平成 3 年 3 月 27 日（判時 1392 号 104 頁，判タ 754 号 213 頁）

「右認定事実によると，被告と補助参加人との間の本件土地賃貸借は，当初から，被告が請負う特定の工事に伴う下請業者の臨時作業員宿舎並びに材料置場及び駐車場として一時使用の目的をもって賃貸されるものであり，借地法の適用をうけない契約であることを当事者双方が承認する旨を明示して締結されたものであることが明らかであって，それが借地法の規定の適用を潜脱する意図に出たものとも認められないから，被告において特に短期間に本件土地の返還を受けなければならない事情は見当たらず，結果的には約 25 年の長きにわたって更新が繰り返されたとしても，借地法 9 条にいう『一時使用ノ為借地権ヲ設定シタルコト明ナル場合』というを妨げないというべきである。」

裁判例 16　東京地判平成 5 年 9 月 24 日（判時 1496 号 105 頁）

「右各認定事実に基づき検討するに，被告代表者は，本件賃貸借契約を締結するに先立ち，原告に対し，賃借期間は短期間でよい旨を告げ，原告も短期間であるなら賃貸借契約を締結してもよいと考えたことから，両者の意向が一致して本件賃貸借契約が成立するに至っていること，本件賃貸借契約を締結するに際し作成された契約書の冒頭には，『一時使用土地賃貸借契約書』という表題が付され，右契約書の条項中にも，賃貸借の契約期間を 2 年間という一時的なものとすることが明記されていること，本件賃貸借契約の締結に際しては，権利金，敷金の授受はされておらず，賃料の増額は，昭和 48 年 6 月ころに 1 か月 14 万 6000 円となった以後は一度もなされていないこと，以上に指摘した事実に照らすと，原告は，被告の本件土地使用を平成 4 年 3 月 14 日までの長期にわたって了承していたとの事実や，本件各建物は，建築以後現在に至るまでの間の長期にわたる使用に耐えうるものであったとの事実を考慮してもなお，本件賃貸借契約については，当事者間に短期間に限り，賃貸借を存続させる客観的合理的理由が存したというべきである。したがって，本件賃貸借契約は，一時使用目的とするものと認めることができ，右認定を覆すに足りる証拠はない。」

裁判例 17　東京高判平成 5 年 12 月 20 日（判タ 874 号 199 頁）

「(七)　控訴人は，本件土地に隣接する土地部分について，A 建設との間の賃貸借契約が一時使用目的のものであることを明確にするため，平成元年 2 月 27 日に A 建設との間で，右土地部分の賃貸借が A 建設の作業用資材及び車両の置場並びに仮設事務所及び宿舎の敷地として使用する一時使用の賃貸借契約であることを確認する旨の条項を含む即決和解を成立させている。

2　右認定の事実によると，本件土地の賃貸借契約が最初に締結された昭和 48 年当時 B にアパート建築の予定があったかどうかは明らかではないが，当時 77 歳であった B（明治 28 年 2 月生まれ）としては，本件土地を控訴人に相続させる意思を有しており，賃貸人にとって将来負担とならないように，一時使用のための賃貸借であることを明確にするために公正証書の作成を指示していることから，通常の非堅固建物所有目的の 30 年間の賃貸借契約を締結する意思

はなかったものと解される。そして，そのために，当事者間に取り交わされた賃貸借契約書には『土地一時使用賃貸借契約書』との表題が付され，本件賃貸借契約が作業場及び資材置場としての一時使用目的のものであることが明記され，被控訴人が設置することができるのは組立式の仮設物及び仮設便所だけであって，それ以外の建物その他の工作物の建設及び設置が禁止されていた。本件賃貸借契約が締結された当初設置された構築物はいつでも撤去可能な仮設建物であり，後に建てられた本件建物も組立式で，その構造，規模及び設置工事に掛かった費用の額からして，仮設建物であり，その構造・設備等を考慮すると，解体，移転，撤去は比較的容易であるとみられる。また，借地法上の借地権を設定する場合においては，賃貸期間が長期に及ぶほか，期間満了時においても土地が返還されない可能性が高いことから，一般に賃貸人が土地の時価を基準にして権利金を収受するのを常とするところ，本件賃貸借においては権利金，敷金等賃料以外の金銭の授受が行われなかった。これらの事情を考慮すると，Bと被控訴人との間の本件賃貸借契約の主たる目的は当初から一貫して，作業場及び資材置場として一時的に使用することにあったものであって，普通建物の所有を目的とするものではないと認めるのが相当であり，ただ，その目的を実現するに必要な限度でその付随的施設として前記のような仮設の構築物の設置が許容されたものと認めるのが相当である。

そして，本件賃貸借契約は期間満了の都度毎年更新され，その都度契約書には一時使用の目的であることが明示され，その後それが変更されることもなく更新されてきたものであるが，たといそれが約15年間にわたり，当初の仮設の構築物が5回にわたって増築され，その一部には人の居住が可能な施設が設けられ，現実に被控訴会社の代表者家族がこれに居住したことがあったということを考慮しても，控訴人と被控訴人との間に存続してきた本件賃貸借契約は，一時使用の目的を維持しているものというべきである。」

裁判例 18 東京地判平成6年7月6日（判時1534号65頁，判タ880号227頁）

「以上認定の事実によれば，原告とA（ひいては，被告）との間の本件賃貸借契約は，当初から，暫定的に原告が倉庫，作業所を建築使用するために，一時使用の目的で締結されたものであることが明らかであり，Aらが借地法の規定を潜脱する意図に出たものとは到底認められないから，本件賃貸借関係が結果的には20年余の長きにわたって継続してきたものではあるが，借地法9条にいう『一時使用ノ為借地権ヲ設定シタルコト明ナル場合』に該当するということができる。」

参考裁判例　東京地判平成16年11月19日（判例秘書L05934665）
　　　　　　東京地判平成17年11月30日（判例秘書L06034580）

（一時使用ではないと判断した事例等）

裁判例 19 最判昭和45年7月21日（民集24巻7号1091頁，判時601号57頁，判タ252号148頁）

「しかしながら，土地の賃貸借が借地法9条にいう一時使用の賃貸借に該当し，同法11条の適用が排除されるものというためには，その対象とされた土地の利用目的，地上建物の種類，

設備，構造，賃貸期間等諸般の事情を考慮し，賃貸借当事者間に，短期間にかぎり賃貸借を存続させる合意が成立したと認められる客観的合理的理由が存することを要するものである。そして，その期間が短期というのは，借地上に建物を所有する通常の場合を基準として，特にその期間が短かいことを意味するものにほかならないから，その期間は，少なくとも借地法自体が定める借地権の存続期間よりは相当短かいものにかぎられるものというべく，これが右存続期間に達するような長期のものは，到底一時使用の賃貸借とはいえないものと解すべきである。けだし，本来借地法の認めるような長期間の賃貸借を，右にいう一時使用の賃貸借として，同法11条の規定を排除しうべきものとするならば，その存続期間においては同法の保護に値する借地権において，更新その他個々の強行規定の適用を事前の合意により排除しうる結果となり，同法11条の適用を不当に免れるおそれなしとしないからである。したがって，本件のように，賃貸借期間が20年と定められた場合においては，それが裁判上の和解によって定められたとか，右契約締結前後の事情いかんなどは，賃貸借期間満了の際，更新拒絶の正当事由があるか否かの判断にあたり，その一資料として考慮するのは格別，それらの事情のみから，右賃貸借を一時使用のためのものと断ずることはできない。」

参考裁判例 大阪高判昭和29年9月3日（判時37号12頁）

裁判例 20　東京高判昭和51年4月13日（判時819号43頁，判タ340号169頁）

「このようにして，本件賃貸借契約は，普通建物所有を目的として締結されたものであって，一時使用を目的とするものではないことになるから，賃貸期間については借地法2条2項所定の20年を下ることが許されないのはいうまでもなく，したがって，これを7年と定めた部分及び都市計画の公示があったときは改めて賃貸借関係を協議すべきものとするとともに協議できないか控訴人が賃貸借の存続に同意しないなどその意思いかんによっては賃貸借契約そのものが終了する余地を認めた部分は借地権者たる被控訴人に不利益なものとして借地法11条によりこれを定めざりしものとみなすほかはない。しかして，約定が無効な場合の賃貸期間については借地法2条1項が適用されることになるから（最高裁判所昭和44年11月26日判決・民集23巻11号2221頁参照），本件賃貸借契約は，なお有効に存していることになり，控訴人は本件土地ないしその仮換地について占有すべき権原を有することになるので，賃貸期間の満了により右権原が消滅したことを理由とする控訴人の本訴請求はすべて失当といわざるをえない。」

裁判例 21　名古屋高判昭和52年12月20日（判時893号51頁，判タ366号209頁）

「しかして，調停により成立した建物所有を目的とする土地賃貸借の期間が，借地法2条2項の期間よりも短いものについては，右の調停条項の内容，すなわち目的とされた土地の利用目的，地上建物の種類，設備，構造，賃貸期間等諸般の事情を考慮し，賃貸借当事者間に短期間にかぎり賃貸借を存在させる合意が成立したと認められる客観的合理的な理由が存する場合にかぎり，右賃貸借が借地法9条にいう一時使用の賃貸借に該当するものと解すべきである。」として，民事調停で合意した賃貸借期間が12年6月という長期間であり，賃借人が当該家屋を生

活の本拠としていたことなどを理由に，土地の賃貸借が一時使用ではないとした事例

裁判例 22　東京地判昭和 58 年 2 月 16 日（判タ 498 号 121 頁）

　「契約書に一時使用の文言が使用され，かつ，契約の一方当事者たる原告が右のような認識を抱いていたということから，直ちに本件賃貸借契約が借地法 9 条にいう『一時使用のために借地権を設定したことが明らかな場合』にあたるとはいえないのであって，一時使用か否かは，本件賃貸借契約を短期間に限って存続せしめる旨の合意が成立したことを首肯させるに足りる客観的な事情の有無に基づいて決すべきものである。」として，賃借人は，本件土地を輸入自動車販売業の本拠とするために賃借し，直ちに同地を整地，造成して，営業用建物として建物を築造し，これについて賃貸人は木造建物を築造することは了承していること，本件賃貸借契約は 2 回更新されており，更新の都度，賃貸人は賃料増額の意思表示をしていることから，本件賃貸借契約の 2 年という期間は，一面において，賃料据置期間の意味を有していることなどを理由に，一時使用の借地権であることを否定した事例

裁判例 23　大阪地判昭和 60 年 3 月 29 日（判タ 588 号 78 頁）

　土地の賃貸借契約について，即決和解が成立したが，一時使用のために賃貸借期間を 3 年とすることに合意したものとは認め難いとして，当該和解条項による強制執行を許さなかった事例

裁判例 24　東京高判昭和 61 年 10 月 30 日（判時 1214 号 70 頁，判タ 640 号 179 頁）

　「右認定の事実関係からすれば，控訴人は契約当初から短期間に限って本件土地を借り受ける意思であったものではなく，一方 A や被控訴人においても早期に本件土地の返還を受けるべき予定も必要もなかったもので（なお，被控訴人の前記発言は賃貸人側の一応の希望として述べられたものにすぎず，これをもって本件賃貸借の性格を決定する趣旨のものとも，これを条件としなければ契約を締結しないとするまでの意思表明であったとも認めることはできない。），その後の本件建物の建築及び土地の使用状況とこれに対する A 及び被控訴人の態度等を考え合わせれば，双方とも短期間で契約を終了させる意思の下に，すなわち一時使用の目的で本件契約を締結したことが明らかであると認めることはできない。」

　参考裁判例　東京高判平成 8 年 11 月 13 日（判時 1589 号 50 頁，判タ 940 号 200 頁）

第2　賃貸借期間と借地法2条, 11条

(借地法2条と存続期間)

　借地法2条1項は,「借地権ノ存続期間ハ石造, 土造, 煉瓦造又ハ之ニ類スル堅固ノ建物ノ所有ヲ目的トスルモノニ付テハ60年, 其ノ他ノ建物ノ所有ヲ目的トスルモノニ付テハ30年トス但シ建物カ此ノ期間満了前朽廃シタルトキハ借地権ハ之ニ因リテ消滅ス」と規定し, 堅固の建物については60年, 非堅固建物については, 30年を法定存続期間とし, 朽廃による存続期間の満了について規定している。

　そして, 2項で「契約ヲ以テ堅固ノ建物ニ付30年以上, 其ノ他ノ建物ニ付20年以上ノ存続期間ヲ定メタルトキハ借地権ハ前項ノ規定ニ拘ラス其ノ期間ノ満了ニ因リテ消滅ス」と規定し, 当事者間の合意した存続期間を認めている。

(借地法11条との関係)

　ところで, 当事者が堅固建物で30年以下の, 非堅固建物で20年以下の存続期間を定めた場合は, 借地法11条(強行規定)との関係でどうであろうか。11条は,「第2条, 第4条乃至第8条ノ2, 第9条ノ2 (第9条ノ4ニ於テ準用スル場合ヲ含ム) 及前条ノ規定ニ反スル契約条件ニシテ借地権者ニ不利ナルモノハ之ヲ定メサルモノト看做ス」と規定している。この点について, 我妻説は,「当事者の契約で期間を定めるときにも, 最短期の制限がある。すなわち, 堅固な建物につき30年以上, その他の建物 (非堅固建物) につき20年以上でなければならない (2条2項)。これより短い期間を定めた場合には, 当事者はできるだけ短期を約束する趣旨とみるべきだから, 原則として, 右の最短期まで延長すべきである。」とする (『債権各論　中巻一』487頁)。

(借地法2条と11条の存続期間の関係)

　しかし, 最高裁は,「〔借地法2条1項本文及び同2項の〕趣旨は, 借地権者を保護するため, 法は, 借地権の存続期間を堅固の建物については60年, その他の建物については30年と法定するとともに, 当事者が, 前者について30年以上, 後者について20年以上の存続期間を定めた場合に限り, 前記法定の期間にかかわらず, 右約定の期間をもって有効なものと認めたものと解するのが, 借地権者を保護することを建前とした前記法条の趣旨に照らし, 相当である。したがって, 当事者が, 右2項所定の期間より短い存続期間を定めたときは, その存続期間の約定は, 同法2条の規定に反する契約条件にして借地権者に不利なものに該当し, 同法11条により, これを定めなかったものとみなされ, 当該借地権の存続期間は, 右2条1項本文所定の法定期間によって律せられることになるといわなければならない。

　これを本件についてみるに, 原審の適法に認定したところによれば, 所論転貸借は, 契約において期間を3年と定めていたというのであるから, 右に説示したところにより, 右転貸借の存続期間は, 契約の時から30年と解するほかなく, これと同趣旨の原審の判断は正当で

ある。」と判示し，借地法2条1項が適用されるとした（最判昭和44年11月26日，民集23巻11号2221頁，判時578号20頁，判タ242号123頁）。

（借地借家法3条の存続期間）

　借地借家法は，堅固建物，非堅固建物を問わず，その3条において，「借地権の存続期間は，30年とする。ただし，契約でこれより長い期間を定めたときは，その期間とする。」とした。したがって，30年を大幅に超えた存続期間を当事者の合意で定めることができると解されている。

> **裁判例 25**　最判昭和45年3月24日（判時593号37頁，判タ247号174頁）
>
> 　「いわゆる普通建物の所有を目的とする土地の賃貸借契約において期間を10年と定めた場合には，右存続期間の約定は，借地法11条により，その定めがなかったものとみなされ，右賃貸借の存続期間は，同法2条1項本文により，契約の時から30年と解すべきであることは，当裁判所の判例とするところである〔略〕。」

第3　期限付合意解約

　土地あるいは家屋の賃貸借契約における期限付合意解約は，場合によっては，賃貸借の存続期間，更新，解約制限等に関する借地法又は借家法（借地借家法）の規定を潜脱する目的に利用されるおそれがあるため，借地法11条又は借家法6条（借地借家法9条又は30条）により，賃借人に不利な特約として無効とされるのではないかが問題になる。しかし，借地権設定者と借地権者の双方が納得して期限付合意解約を締結した場合にも，無効と言えるのかどうか，そして，そのような当事者間の合意解約に関し，有効か無効かを判断するについての基準がどのようなものか問題となってくる。また，一時使用との関係でも，期限付合意解約なのか一時使用なのか，その認定の違いがどこにあるのかが問題となる。なお，昭和44年5月20日の最高裁判決（民集23巻6号974頁，判時559号42頁，判タ236号117頁）は，合意に際し，「賃借人が真実土地賃貸借を解約する意思を有していると認めるに足りる合理的客観的理由があり，しかも他に右合意を不当とする事情の認められないかぎり」という要件を充足する限り，期限付合意解約は借地法11条に該当しないとしている。

（特約が有効であるとした事例等）
（贈与契約と借地法11条）

> **裁判例 26**　最判昭和31年6月19日（民集10巻6号665頁）
>
> 　「もっともこのように法定更新を排除して最初に定めた期間の満了と同時に借地権者の建物

を賃貸人に贈与する特約は，建物の所有を目的とする通常の土地賃貸借においては，借地権者に不利な契約条件を定めたものとして無効な場合もあろうが，第一審判決の認定するところによれば，上告人は，契約の始めにおいて賃貸人所有の建物を取壊すという通例では困難と思われる条件を特に承諾してもらった代りに20年の期間満了と同時に贈与することを約したと認められるこのような場合には必ずしも借地権者に不利益な条件を定めたものとは認められない。」

裁判例 27　名古屋高金沢支判昭和31年12月5日（下民7巻12号3562頁）

賃借人は，調停の対象となっていた更新による20年の法定借地権について，権利を放棄し，明渡期限を2年後とし，その間の賃料を定めることを合意したものであって，当事者が調停又は和解において法定更新による借地権を放棄することは借地法6条の規定に違反するものではなく，土地の明渡しを2年後の期限の到来にかからせることもまた自由であって，借地法9条の規定に違反しないとした事例

裁判例 28　山口地判昭和34年4月30日（判時189号23頁，判タ90号72頁）

「右合意は単なる従来の借地契約の存続，延長の性質をもつものではなく，一旦原被告間において従来の借地契約を合意により消滅せしめた上，別個に明渡までの使用関係及び明渡の時期を定めたものと解するのが相当である。被告はこのような合意（契約）は被告に不利益な契約条件であるから，借地法第11条により無効であると主張するが，従来存続している借地契約においてその当事者間において一定の期限を設定し，その到来によりその土地を明渡す旨の期限付明渡の合意をすることは，他にこれを不当とする事情の認められない限り許されないものでなく，従って，右明渡の期限を設定したからとて直ちに借地法にいう借地人の不利益な条件を設定したものということはできない。そもそもこのような期限付明渡の合意は借地人にとって借地関係の終了前における借地権の放棄の性質をもつものであり，一般に権利の放棄は許されるものであり，放棄行為自体に瑕疵のない限りその効力をも発生するものであるから(特に借地法所定の借地期間は民法所定のものよりも借地人にとって利益に定められているから，最初から借地法所定の期間より短い期間を限って借地契約を締結する場合と異り一旦借地契約が成立し借主が借地権を得て借地法上の利益を享受できる地位に立った後において，その権利を放棄することはもとより差支えない)，借地権の存続期間中における期間付明渡の合意は借地法第11条にいう借地権者に不利な契約条件に該当するものではないと解せられるところ，右瑕疵の点については何らの主張，立証もなく，又，本件全証拠を精査するも本件において被告が本件土地を明渡すことを不当とする事情も認められない。」

参考裁判例　東京高判昭和35年6月30日（判タ108号47頁）

裁判例 29　岐阜地判昭和40年3月8日（判時406号65頁，判タ174号127頁）

「ところで右12年の期間の定めが借地法に違反して無効となるのかどうかにつき考えてみるに，そもそも借地法第11条の規定は，借地関係において通常劣位に立つとみられる賃借人が優位に立つとみられる賃貸人の恣意，圧力に屈して不当な状態に追いやられることを社会正義の立場から防止する法意に出たものであるが，単なる私人間の示談契約等とは異り，裁判所又は調停委員会という公的な専門機関が当事者双方の立場や意見を十分考慮，斟酌した上で実質的正義実現のため作用する裁判上の和解又は調停においては，賃借人が賃貸人の恣意の赴くまま強制され，賃借人に不当な不利益を強要するが如きことは許される筈がなく，その制度上，前記法意は十分保障されているものと，言うべきであり，従って裁判上の和解又は調停によって締結される土地賃貸借契約は，それが明らかに賃借人に一方的な不利益を招来するものでない限り当然には借地法第11条の適用はないものと解するのが相当である。」

裁判例 30　最判昭和44年5月20日（民集23巻6号974頁，判時559号42頁，判タ236号117頁）

「思うに，従来存続している土地賃貸借につき一定の期限を設定し，その到来により賃貸借契約を解約するという期限附合意解約は，借地法の適用がある土地賃貸借の場合においても，右合意に際し賃借人が真実土地賃貸借を解約する意思を有していると認めるに足りる合理的客観的理由があり，しかも他に右合意を不当とする事情の認められないかぎり許されないものではなく，借地法11条に該当するものではないと解すべきであるところ，原審確定の前記事実関係のもとでは，本件期限附合意解約は右に説示する要件をそなえているものと解するのが相当であるから，本件期限附合意解約は有効であって，本件土地賃貸借契約は，期限の到来によって解約され，上告人は被上告人に対し本件土地を明け渡す義務があるものというべく，これと同旨の原判決の判断は正当である。」

裁判例 31　最判昭和47年6月23日（判時675号51頁，金判324号2頁）

「双方の代理人の間において，上告人およびその経営するA家具店が他に営業の場所を有するに至ったときまたは爾後の営業の方針・計画の樹立，その諸準備に通常要する期間が経過したときを明渡期限と定めて，〔略〕本件土地賃貸借の期限付合意解約に至ったものであることなど，原判決の確定した事実関係のもとにおいては，右解約の合意につき，賃借人である上告人が真実解約の意思を有していると認めるに足りる合理的客観的理由があり，他に右合意を不当とする事情は認められないものということができるから，右期限付合意解約は，借地法11条に該当しないものと解すべきである。」

裁判例 32　東京地判昭和50年6月26日（判時798号61頁）

「右の事実ならびに前記二において認定した事実を総合すれば，被告は，本件土地を同人の経

営するA自動車がその修理工場および事務所を所有し，また駐車場として使用する目的で借受けたのであるから，被告やその父が同社の代表取締役として同社の経営に当ることをやめた場合や同社が本件土地を使用する必要がなくなった場合には本件土地賃貸借を解約されるもやむを得ないと考えていたこと，しかも被告は，当時同社が間もなく倒産し，その債権者らが本件土地を占有するに至るべきことを予期して，そのために原告に迷惑をかけることのないように右約定をしたことが窺われるから，右停止条件付合意解約をなすに際し，被告が真実解約の意思を有していたと認めるに足りる合理的客観的理由があり，右合意を不当とすべき特段の事情は存しないものと認められるので，本件停止条件付合意解約は有効というべきである。そして右停止条件付契約を，本来原告において無断譲渡ないし転貸を理由に賃貸借契約を解除しうべき場合に備えて，解除の意思表示をすることなくして契約を終了させるため，あらかじめ合意した趣旨と解する限りにおいては，借地上の建物の賃借人や抵当権者等，借地契約の存続に利害関係を有する第三者においても，右のような場合には所詮借地権の消滅を妨げうべき地位にはないのであるから，これら第三者に対しても契約の効力が及ぶものといってよく，信義則等に照らしても，不当な合意としてその効力を否定すべき理由は認められない。」

裁判例 33 東京地判昭和 52 年 11 月 7 日（判時 892 号 82 頁，判タ 365 号 285 頁）

「右認定事実を総合するならば，本件調停条項第 1，2 項は，本件土地賃貸借契約につきいわゆる期限付合意解約を合意したもので，しかも原告としては，「返地証」差入，土地賃借権の無断譲渡等の点で訴訟となった場合必ずしも勝訴できる見通しがなく，右期限が約 14 年半という比較的長期であるところから，右期限付合意解約を合意したものであることが窺われ，右合意に際し，原告において真実期限付合意解約の意思を有していると認めるに足りる合理的客観的理由があり，かつ，右合意を不当とする事情も認められないものというべきであり，したがって，本件調停事項は借地法 11 条に当らないものと解するのが相当である。」

裁判例 34 東京地判昭和 57 年 6 月 25 日（判時 1067 号 66 頁，判タ 482 号 104 頁）

「右認定事実によれば，被告 Y が被告会社のため借地内に前記のような大きな穴を掘り，地下に堅牢な工作物を設けることは，普通建物所有の目的のためその敷地として通常必要な借地利用の範囲を超えるものであり，本件賃貸借契約において禁じられている賃借地の現状の変更にあたることは明らかであって，被告 Y が原告らの承諾を得ないでその工事をしたことは，契約に違反するものであり，その違反の程度は小さいとは言えず，たとい，右工事が公害防止のための行政上の規制に適合する必要に出たことであっても，右契約違反が賃貸借当事者間の信頼関係を破壊するに足りない行為であると認めることはできない。そうすると，原告らは，被告 Y に対し，右契約違反を理由に即時賃貸借契約の解除を主張して本件土地明渡を請求する権利を有していたのであって，いったんは即時明渡を要求したものの，譲歩して，約 10 年間明渡を猶予し，しかも，その間従前の額の賃料の支払を免除することとして，合意解約を選んだものであり，被告 Y としてもこれを承諾せざるをえない状況にあったものであるから，右合意は，

借地法の規定を潜脱するような意図によるものではなく、真の合意解約と明渡猶予であることが明らかというべきであり、たとい、被告Yにおいて、10年経過後に原告らが話し合いに応じて再度貸借することができるであろうとの期待を内心抱いていたとしても、右合意時に賃貸借を解約する意思がなかったとはいえない。〔略〕そうすると、本件合意解約については、被告Yにおいて合意時に真実解約の意思を有していたと認めるに足る合理的客観的理由があり、かつ、右合意を不当とする事情は存しないというべきであるから、右合意解約は有効であり、同被告Yは、原告らに対し、右合意にかかる明渡猶予期限の経過時に本件土地を明け渡すべき義務を負い、被告会社もこれを占有する権原を失ったものというべきである。」として、賃貸借契約の合意解約と明渡猶予期間経過後の土地の明渡しが借地法11条に該当せず、有効であるとした事例

裁判例 35 横浜地判昭和62年4月20日（判時1256号71頁、判タ657号229頁）

「以上の認定事実に基づき本件調停条項の効力について考えるに、本件調停において合意された内容は、2項及び7項のみを形式的にみるならば、原・被告間において新たに賃貸借契約を締結し、賃借人である原告が契約の更新請求権を放棄したかの如くみえるが、本件賃貸借契約を巡る紛争から本件調停の成立に至る経緯並びに調停条項等を彼此検討すれば、実質的には従前の本件土地の賃貸借契約を更新し、本件調停成立の日から20年後にこれを合意解約することを約したものとみるのが相当である。そして、本件調停条項の内容は、50回に及ぶ調停の経過に照らすと、原告において熟慮のうえ合意したものであって真意に基づくものであり、また、10年余の本件紛争の経緯に徴すると、必ずしも客観的に合理性を欠くものとはいえず、借地人である原告にとって不当に不利益とはいうことはできない。従って、本件調停条項は借地法11条、4条に違反するものではないから、これを無効ということはできない。」

（特約が無効であるとした事例等）

裁判例 36 最判昭和33年1月23日（判時140号14頁、判タ79号91頁）

借地上の建物が焼失したため、新たに非堅固建物を建築するに当たり、残存期間を超えて存続するような建物を建築しない旨の特約は、借地法11条により無効であるとした事例
参考裁判例 東京高判昭和30年5月30日（判時57号8頁、判タ54号29頁）

裁判例 37 東京高判昭和53年9月21日（判時907号59頁、判タ373号67頁）

「以上の事実によると、控訴人は約定の期日が経過しても本件賃貸借が終了することなく更新すべきことを主張し、本件調停条項第2項が無効であることを前提として本件調停を成立させたものであり、真実本件賃貸借を解約する意思を有していたものということができず、かつ、右調停成立に至る迄の経過を考えると控訴人において本件賃貸借を解約する意思を有していたと認めるに足る合理的客観的理由があったものとは考えられないものである。そうすると期

限付合意解約を定めた本件調停条項第2項は借地法11条に違背した無効なものという外はない。」

裁判例 38　東京高判昭和54年12月12日（判時958号68頁，判タ413号114頁）

賃貸借期間満了とともに借地を明け渡す代償として，10年分の地代の免除をする旨の契約は，借地人があらかじめ更新請求権を放棄することになるが，借地人にとっては，10年分の賃料が免除されることによっても補うことのできない著しい不利益を伴うものであって，借地法11条に該当し，無効であるとした事例

裁判例 39　大阪高判昭和55年11月14日（判タ444号128頁）

「以上の事実関係によれば，本件調停条項第2項は，賃借期間（本件調停成立の日から10年）終了と同時に本件建物を収去して本件土地を明渡す旨合意し，調停が成立したものであるが，右条項はもちろんその他本件調停は期限付合意解約ではなく，かつ，賃貸人の有する賃貸借の契約更新請求権を否定するものであるところ，本件調停には借地法11条の適用を排除すべき特段の事情がないから，本件調停条項第2項は右借地法11条により無効であるといわねばならない。」

（不確定期限付合意解約）

裁判例 40　東京地判昭和57年3月25日（判タ478号86頁）

原告とAとの間で，本件土地賃貸借に関し，Aが死亡したときは，本件土地の賃貸借はその効力を失う旨の合意をしたことが認められ，賃借人であるAの相続人に対する建物収去，土地明渡し及び未払賃料等の請求につき，「右事実によると，Aは更新料全額を支払う資力がなかったところから，やむを得ず一代限りで借地を明渡す旨の不確定期限付合意解約に応じたものであって，Aとしては真に本件賃貸借がA一代限りで解約となる結果の生ずることまでも認識して右のような合意解約に応諾したものではないと認めるのが相当である。そうだとすると，前記不確定期限付合意解約は，賃借人であるAにおいて真実解約する意思を有していたと認めるに足りる合理的客観的理由がなく，しかも右合意が必ずしもAの真意に沿ったものでもない事情がうかがわれるので，借地法第2条及び第4条以下の規定に反する借地条件を設定したもので借地人に不利なものであることが明らかであるから，同法第11条に該当し無効である。」

裁判例 41　東京高判昭和58年3月9日（判時1078号83頁，判タ497号120頁）

賃貸借契約期間満了の約4か月前に本件賃貸借契約を解除し，爾後，賃料相当損害金を支払い，土地の明渡しを7年間猶予する旨の合意は，賃借人において真実その合意の効果を欲していたと認めることは到底できず，客観的にも賃貸人に対し不当に苛酷なものであるとして，当

該合意が借地法11条により無効であるとした事例

裁判例 42 東京地判平成3年7月31日（判タ774号195頁）

「しかしながら，借地法6条は，借地権者が借地権の消滅後も土地上に建物を所有して土地の使用を継続する場合，土地所有者が遅滞なく異議を述べかつ右異議につき正当の事由を有しない限り，土地の賃貸借契約は更新されたものと看做される旨定めており，同法11条は右6条に反する約定で借地権者に不利なものは効力を有しない旨定めているから，仮に原告とAとが前記和解において本件賃貸借契約を昭和56年5月31日を以て終了させ，右終了後はこれを更新しないことを約する趣旨で前記条項を設けたものであったとしても，更新を排除する旨の右約定は同法11条により効力を有しないものといわなければならない。」

参考裁判例 東京地判平成8年8月29日（判時1606号53頁，判タ933号262頁）

裁判例 43 最判昭和52年12月19日（判時877号41頁，金判540号20頁）

「原審の適法に確定した事実関係のもとにおいては，本件土地賃借人である被上告人が，その地上に所有する本件居宅及び本件店舗を，約定の賃借期間満了時に上告人らに対し贈与する旨の特約は，それ自体として賃借人である被上告人に不利なものであり，かつ，その不利益を補償するに足りる特段の事情のあることが上告人らによって主張立証されたものといえないから，借地法11条に該当し，これを無効とすべきである旨の原審の判断は，正当として是認することができないものではなく，その過程に所論の違法はない。」

（更新請求権の放棄特約）

裁判例 44 東京高判昭和54年12月12日（判時958号68頁，判タ413号114頁）

30年の土地賃貸借期間が満了するときは，賃借人は土地を明け渡し，賃貸人は期間満了前の10年分の賃料を免除する旨の合意は，更新請求権をあらかじめ放棄する特約であり，賃借人にとって不利益にならない特段の事情がないことから，借地法11条により無効であるとした事例

第4 更新料に関する特約等

土地の賃貸期間が満了した場合，地主が更新を拒絶しても，地主に正当事由がなければ賃貸借契約は更新されることになる。したがって，賃借人からすれば，更新料を支払う必要がないとも言えるが，実際には，両当事者が合意したということで更新料を支払っている例が多い。この更新料支払いの合意は，本来ならば，地主に正当事由がなければ更新されるので，

法定更新の制度を潜脱することになり，その意味において，更新料支払いの合意は無効であるとする考え方もある。しかし，一般的には，更新料支払いの合意は有効であるとするのが大勢で，その根拠を示す意味で，更新料の性質について下記のように論じられている。

そもそも，土地の賃貸借契約における更新料支払特約については，法定更新の場合にも賃借人は更新料を支払う義務があるかどうかをめぐって，特約の有効，無効が論じられてきており，賃貸人の請求があれば当然に賃借人に更新料支払義務が生ずる旨の商慣習ないし事実たる慣習があるかないかという形で現れてきた。この点については，後記の昭和51年10月1日の最高裁判決（裁判例50）があり，商慣習ないし事実たる慣習を否定している。なお，建物の賃貸借契約に関し，法定更新の場合にも，賃借人は更新料を支払う義務があるかどうかについては，第2編も参照されたい。

1 更新料の性質

更新料の法的性質については，次のように種々の見解があり，一様ではないが，
(1) 更新料は賃料等の補充の意味を持つとする（これには，過去の不足分を補充する意味合い，つまり，後払いの賃料の意味を有するとする見解と，将来の賃料を補充する意味合い，すなわち，前払いの賃料の意味を有するとする見解，さらに権利金の目減り分の補充であるとする見解等に分かれる。）。
(2) 期間満了に当たって，訴訟に持ち込むことなく合意で更新する対価であるとする。
(3) 借地権消滅の危険性消失の対価であるとする（明渡請求の回避等の安心料とする見解も同様）。
(4) 地主が異議権を留保し，更新を承諾する対価であるとする（地主の更新拒絶権の放棄の対価であるとする見解も同様）。
(5) 単なる慣行による贈与であるとする。
(6) 手数料であるとする。
(7) 更新するに際して，更新自体を理由として支払われるものなどの見解がある。

次に，法定更新の場合における更新料支払いについて，どのような判断をしているか判例を挙げてみる。

（法定更新の場合に更新料支払義務を認めた事例）

裁判例 45　東京地判昭和49年1月28日（判時740号66頁，判タ308号235頁）

「東京都区内においては，建物所有を目的とする土地賃貸借契約において，契約期間が満了して契約の更新が行われる際に，建物の存する場合，特別の事情のない限り，賃借人より賃貸人に対して更新料の名の下に相当額の金員を支払うという慣習が存在している。右の更新料は，更新の請求又は使用継続による法定更新（借地法4，6条）がなされていることを前提として単に更新料の支払のみが約定されることもあり，又，合意による更新（同法5条）の際にいわば更新の条件という形でその支払が約されることもある。形式としては，むしろ後者の場合が多い

が，借地法に既に法定更新の規定がある現在では，更新の合意は賃貸人において法定更新に対して異議を述べないということを確認する以上の意味はなく，更新の効果を生ずるという点からみる限り法定更新と合意更新とを区別する実益はない。合意更新が成立するに至る実際の経過を見てみても，賃貸人は法定更新を前提として単に期間満了を契機として更新料の支払を請求し，賃借人とその額について合意が成立した場合，念のため賃貸借契約自体も合意によって更新するという形をとるに過ぎない場合が殆んどである。（もし法定更新が成立しない場合であれば，その際の合意更新は実質的には新契約による借地権設定と同様であるから，賃貸人は通常の権利金相当額を要求する筈で，少額の更新料で満足する訳はない。）右に見たように，更新料は，法定更新の場合であると合意更新の場合であるとを問わず，要するに期間満了により更新するに際して更新自体を理由として支払われるものであるということができる。」

（法定更新の場合に更新料支払義務を認めなかった事例等）

裁判例 46　東京高判昭和45年12月18日（判時616号72頁，判タ260号216頁）

「このような事実関係から考えると，本件賃貸借契約は法定更新により当然当初の約定期間を超えて存続すべきところ，本件更新料の支払契約は，賃貸借契約の存続を条件とするとしても，更新料の不払が本来の賃貸借契約の消滅をもたらすようなものではないと解するのが相当である。すなわち，本件におけるいわゆる更新料はたかだか被控訴人において土地賃貸借契約の期間満了時に有する異議権の行使を放棄する対価に過ぎないというべきで，この支払の遅滞により本件更新料の支払契約を解除して異議権を行使することができると解する余地はあっても，本件更新料の不払が，それにもかかわらず法定更新された賃貸借契約の債務不履行に当るものと解することはできない。したがって，控訴人の賃料のみの弁済の提供が本件賃貸借契約において賃借人の債務の履行遅滞となり，債務不履行になるということはできない。」

裁判例 47　東京地判昭和46年1月25日（判時633号81頁，判タ263号299頁）

「本件合意は畢竟借地法4条又は6条による更新請求ないし法定更新の規定を潜脱し，いわば，更新の効力の発生を借地人からする100万円の支払の有無にかからせる趣旨のものと解すべきであって，無効というほかない。」

裁判例 48　東京地判昭和48年1月27日（判時709号53頁）

「借地契約の法定更新に当り賃貸人の請求があれば当然に賃借人に更新料支払の義務が生ずる旨の原告主張のような商慣習ないし事実たる慣習の存在を認めうべき証拠のないことは既述のとおりであるが，仮に，右のような，一般的に法定的更新があれば賃貸人はその一方的請求により当然に更新料請求権を取得するとの慣習の存在が認められるとしても，このような慣習は，賃貸借の法定更新により当然に賃借人に更新料という経済的負担（原告の主張によるもそれは決して軽いものではない。）を強制するものであって，事実上賃借人の不利に，借地法の定める

第4　更新料に関する特約等／1　更新料の性質／法定更新の場合に更新料支払義務を認めなかった事例等

法定更新の要件を加重する結果となるものといわざるをえないから，同法第11条の規定の精神に照らし，その効力を認めるに由ないものと解すべきである。」

裁判例 49　東京地判昭和50年9月23日（判時814号127頁）

「ところで土地の賃貸借において，約定の賃貸借期間が満了した際，賃貸人と賃借人が賃貸借契約の更新につき話合い，更新後の期間を定めるとともに，時には地上建物の増改築についても承諾を与え，その際これらの対価を含め，更新料として相当の金員の支払われることが世上存在することは，裁判所に顕著な事実であるが，法定更新の場合に原告の主張するように更新料を支払う事実たる慣習ないしは慣習法が存在すると認めるに足る証拠はなく，又更新料支払の有無は，その後の賃料額決定につき考慮されることになるのであるから，法定更新に際し，更新料が支払われなくても，賃貸人の権利がその故に侵害されるとは認められない。」

参考裁判例　東京高判昭和51年3月24日（判時813号46頁，判タ335号192頁）
　　　　　　東京地判昭和51年9月14日（判時858号85頁，判タ351号275頁）

裁判例 50　最判昭和51年10月1日（判時835号63頁，金判516号42頁）

「宅地賃貸借契約における賃貸期間の満了にあたり，賃貸人の請求があれば当然に賃貸人に対する賃借人の更新料支払義務が生ずる旨の商慣習ないし事実たる慣習が存在するものとは認めるに足りないとした原審の認定は，原判決挙示の証拠関係に照らして，是認することができ，その過程に所論の違法はない。」

参考裁判例　東京地判昭和53年7月19日（判タ371号104頁）
　　　　　　東京高判昭和54年6月29日（判時938号46頁，判タ395号60頁）
　　　　　　東京高判昭和55年5月27日（判タ419号100頁）

裁判例 51　東京高判昭和58年12月23日（判時1105号53頁）

「そこで借地契約が更新される場合には，当然に借地人が更新料を支払うべき事実たる慣習ないし慣習法（以下，「慣習」という。）が存在するかどうかについて判断する。東京都内及びその周辺部において，借地契約更新の際，当事者の合意に基づき借地人から地主にいわゆる更新料を支払う事例が多数あることは，当裁判所に顕著な事実である。しかしながら，右更新料の支払いがないままに更新される場合も少なくないことは，これまた当裁判所に顕著な事実である。そして，更新料が支払われる場合であっても，その授受の趣旨は，契約の更新を円滑にするための代償，あるいは賃料の補充を目的とするなど区々多様であって，右更新料の性格を一義的に捉えることは困難である。要するに，更新料は，当該借地契約の内容，性格及び当事者の支払能力，意識，力関係などの事情如何によって，支払いの有無とその金額が定っているうえ，これが支払われる場合であっても，その趣旨，性格は一様でないのが実情である。したがって，借地契約更新時には，当然に更新料を支払うべき慣習が存在するということはできない。」

裁判例 52　東京地判昭和59年6月7日（判時1133号94頁，判タ549号215頁）

「本件の争点は，原被告間における更新料支払に関する特約は，借地契約の合意更新のときのみならず，本件のような法定更新のときにも適用され，被告らは更新料支払の義務を負うものと解すべきか否か，という点にあることになる。1　土地の賃貸借契約において，その存続期間が満了する際に，当事者間でいわゆる更新料が授受される事例の多いことは当裁判所に顕著なところであるが，その趣旨は，賃貸人において賃貸借の存続期間満了を機に賃貸借を終了させることを求めず，更新に関する異議権を放棄して円満に賃貸借を継続させることとし，その対価として，賃借人から一定額の金銭の支払を得ることにあると解される。2　これを本件の事案に即してみるに，昭和39年11月15日原被告間に交された契約書中に更新料に関する条項が含まれていることは前認定のとおりであるが，これは，将来賃貸借契約の存続期間満了時に当事者双方の合意で契約を更新することができ，その場合には賃借人は一定額の更新料の支払を要することとしているにとどまり，法定更新の可能性が否定されるものでないことはもとよりであり，法定更新のときの更新料を定めたものでないことは文理上明らかである。ことに本件においては，更新料に関する特約は，存続期間満了までまだ17年も残していて将来の土地の需給に関する予測もたてがたい時期になされているのであり，しかもそこで約定された更新料の額は，土地の売買価格の1割という今日の世間相場からみれば異例に高額なものである〔略〕ことにかんがみると，賃借人が存続期間満了時に約定更新料の支払による円満な合意更新の途を捨てて，賃貸借の継続についての多少の危険は覚悟の上で，何らの金銭的負担なくして更新の効果を享受することのできる法定更新の途を選ぶことは妨げられるべきではないのであり，本件における更新料支払に関する特約は，他に特段の事情のない限り，法定更新の場合には適用されないものと解するのが相当である。そして本件では，賃借人に更新料支払の義務を負わせるのを相当とするような特段の事情があるとは認めることができない。」

参考裁判例　東京高判昭和62年5月11日（金判779号33頁）

（更新料の返還請求）

裁判例 53　東京地判平成10年12月18日（金判1077号49頁）

「本件更新特約は，『本契約期間満了のとき賃借人において更新契約を希望するときは賃貸地の時価の2割の範囲内の更新料を賃貸人に支払い更新契約をなすべきことを当事者間において予約した』というものであって，『更新契約』という合意による更新を前提とする文言や『賃貸地の時価の2割の範囲内の更新料』という当事者間の協議を前提とする文言が用いられていることなどを勘案して判断すると，合意による更新を前提とする特約であると解することが相当である。〔また，認定した事実によっても，〕本件更新特約が合意による更新だけでなく借地法4条又は6条による更新についても適用されることが当事者の合理的な意思であったと推認するに足りない。〔略〕本件において，〔賃借人〕に本件更新特約に基づく更新料の支払義務があると認めることはできないが，認定した事実経過に，本件諸般の事情を勘案して判断すると，〔賃借人〕が〔賃貸人〕に対し，更新料として支払った20万円の返還を求めることは，信義則

に反し,許されないと言わざるを得ない。」

参考裁判例 東京高判平成11年6月28日
（金判1077号46頁，上記裁判例53の控訴審）

裁判例54　東京地判平成15年12月25日（判例秘書L05835435）

「本件更新条項についてみると，争いのない事実等(3)のとおり，本件契約の第2条のただし書きにおいて，『期間満了の場合は甲乙合議の上更新することもできる。』とされているのであり，本件更新条項は，賃貸人と賃借人の合意によって行われることを予定していると考えられる。そして，本件更新料特約は，『第2条に基づく更新料の支払』とされていることからすると，本件更新料特約による更新料の支払義務は，合意更新の場合にのみ発生すると考えるのが相当である。この点について，原告は，文理解釈ではなく実質で考えるべきであり，合意更新でも法定更新でも，対象物件を継続使用することに違いがないこと，本件契約では，従来より，契約期間を3年として3年ごとの更新を予定し，新賃料を基準とする更新料の支払を定めており，更新料が実質的に3年間の賃料の前払としての性質を有することや，法定更新の場合に賃借人が更新料の支払を免れることになって不合理・不公平が発生するおそれがある等から，法定更新の場合でも本件更新料特約の適用があるとする。しかしながら，法定更新の場合にも更新料を支払うとする明確な合意が認められない以上，契約書の文言に従った合意の形成があったと見るべきであること，本件において更新料の支払が，賃料の前払的性質を有するとの証拠はなく，更新料の支払は，更新拒絶の異議権喪失の対価であるとの考えもあること，法定更新の場合，実務上契約期間は期限の定めのないものになると考えられており，合意更新の場合に比較して賃借人が不安定な地位に置かれることになり，合意更新と法定更新とを同列には扱えないこと等を考えると，原告の主張を採用することはできない。」

裁判例55　東京地判平成16年10月28日（判例秘書L05934321）

「従って，本件賃貸借契約が締結された時点では，A会社とBは，旧賃貸借契約を本件賃貸借契約に更新する際に更新料を支払うことで合意していたと認められる。㈡しかしながら，前回の更新時に更新料が支払われたという一事をもって，今回の更新時に更新料支払いの合意があるということはできない。本件賃貸借契約締結時に作成された本件公正証書には，更新料の支払いに関する定めが一切なく，更新料の額についての定めもない。本件で200万円の更新料が支払われた時期が東京で借地契約の更新に際して賃借人が賃貸人に対して一時金を支払う事例が見られはじめた時期であり，本件賃貸借契約の期間が40年間と長期にわたること，更新料支払いの合意をした翌日に本件賃貸借契約を締結しながら本件公正証書にはあえて何ら将来の更新料支払について定めをおいていないことに照らすと，当事者が40年後の次の本件賃貸借契約更新時期にも更新料を支払うという認識で一致していたか疑問が残り，むしろ次の更新時には更新料を支払うか否かまで含めて更新条件を協議して決める意図であったと推測される。㈢しかし，今回の本件賃貸借契約の更新は，合意による更新ではなく法定更新である。当初の本件

賃貸借契約に更新料支払の明示の定めがなく，更新料の金額についてもその決定基準がないことに照らすと，当事者が40年後に法定更新となった場合まで含めて更新料支払の合意をしたと認定するのは困難であるというほかない。従って，本件では，本件賃貸借契約が法定更新された際に，BがA会社に対して，更新料を支払うという合意が当事者間であったと認めることはできない。㈣借地法4条，6条によれば，借地期間が満了しても賃貸人に正当事由がない限り更新拒絶をすることができないと定めており，更新に際して賃借人が更新料という経済的負担をする根拠が問題となる。借地法4条及び6条は，同法11条により強行法規であることから，賃貸人と賃借人との間で更新料支払の明示の合意がなされた場合であっても，法定更新を逸脱するものとしてその合意の効力が問題となる余地がある。借地においては，更新料の支払がなされる例も相当数あることに照らすと，その金額等が合理的なものである限り合意は有効と解されているが，黙示の合意の場合にはより慎重な配慮が必要である。借地人が法定更新をすることによるデメリットは，地主からの正当事由に基づく明渡請求と建物の朽廃による借地権消滅の危険である。従って，更新料の法的性質については前述したとおり種々の見解があるが，法定更新の場合には更新拒絶権放棄の対価という見解はとり得ない。賃料の前払いという見解については，借地法は賃料増額請求で対応することを予定している。本件では権利金は授受されていないから，更新料の法的性質について代表的な見解によっても，本件で法定更新に更新料の支払義務を認める根拠に乏しい。」

裁判例 56　東京地判平成20年12月25日（判例秘書L06332566）

「原告は，特に定めを置かなくても賃貸借契約の更新の際には更新料を支払うという慣行が存在すると主張しているが，宅地賃貸借契約における賃貸期間の終了に当たり，賃貸人の請求があれば当然に賃貸人に対する賃借人の更新料支払義務が生ずる旨の商慣習又は事実たる慣習の存在を認めることはできない。確かに，東京都内において，借地契約の期間満了に当たり，当事者双方の合意に基づき借地人から地主に地価の3～5パーセントの更新料を支払う事例が多いことは当裁判所に顕著なところであるが，借地借家法5条及び6条の規定が適用される場合には，地主に更新拒絶又は異議の正当事由がないかぎり，借地人は特に金銭的負担なくして契約更新の効果を得られるとされていることに照らすと，更新料はあくまで当事者の合意に基づいて更新契約の一内容として支払われているものと解される。本件において，昭和52年の前回の更新契約においては更新料支払の合意がされているが，これはあくまで前回の契約更新に伴う合意にとどまり，次回（今回）の契約更新の際にも更新料を支払うかどうか，その額をどうするかは合意されていないし，前回の更新契約において更新料が支払われたからといって，直ちに当事者間で今後契約更新の際には更新料を支払う旨の慣行が成立したと認めることもできない。」

② 更新料支払義務と契約解除

　更新料支払いの合意があったにもかかわらず，賃借人が更新料を支払わなかった場合，土

地の賃貸借契約自体を解除することができるかどうかについて，次のような判例がある。

(賃貸借契約の解除を認めた事例)

裁判例 57 東京高判昭和54年1月24日（判タ383号106頁）

「被控訴人は本件賃貸借に関し，更新料を支払う旨の約定に再三違反してこれの支払義務を履行しなかったものであり，そのために，その頃本件賃貸借の基礎となる控訴人と被控訴人との間の信頼関係が破壊されるにいたったと認められ，控訴人は右の更新料の不払を理由として本件賃貸借を解除しうるものというべく，したがって，本件賃貸借は前記催告期限たる昭和52年1月19日の経過と同時に解除されたというべきである。」

裁判例 58 東京高判昭和58年7月19日（判時1089号49頁，判タ509号139頁）

「本件更新料は本件土地利用の対価として支払うこととされたものであって，将来の賃料たる性質を有するものと認められる。㈡控訴人は，その所有土地の有効利用を考え，また，被控訴人の不信行為もあったが，賃貸借契約の解消を求めず，その継続を前提として更新料を請求したものであるから，更新に関する異議権を放棄し，その対価としての更新料を請求し，これについて更新料の支払が合意されたものと認めるべきである。土地賃貸借契約の更新に際し，賃貸人が述べる異議に正当事由があるか否かは不明確な場合が多く，その解決のためには，多くの時間と費用を費して訴訟等で争われることがあるのであるから，訴訟等による損害を未然に防止する目的で金銭的解決をはかることは賃借人にとって利益となる側面もあり，その支払の合意は，必ずしも借地法6条の規定を潜脱し，同法11条の賃借人に不利なものとは一概にいえないから，本件事情のもとではその効力を認めるべきである。㈢また，本件においては，〔賃借人〕に建物の無断増改築，借地の無断転貸，賃料支払の遅滞等の賃貸借契約に違反する行為（これらが，それ自体契約解除の原因たる不信行為に該当するか否かは別として。）があったが，本件調停は，これら〔賃借人〕の行為を不問とし，紛争予防目的での解決金をも含めた趣旨で更新料の支払を合意したものと認められる。そうすると，本件更新料の支払義務は，更新後の賃貸借契約の信頼関係を維持する基盤をなしていたものというべきであり，しかも，右更新料支払の合意を，〔賃借人〕は弁護士を代理人とする調停においてなしたものであり，支払期限後は催告もされているから，その不払は右基盤を失わせるものとして，賃貸借契約を解除する原因となるというべきである。そして，本件について，前記認定事実によるとき，信頼関係を破壊しない特別事情があるとはいえないし，ほかに信頼関係を破壊しない特別事情の存在を認めるべき証拠はない。」

裁判例 59 最判昭和59年4月20日（民集38巻6号610頁，判時1116号41頁，判タ526号129頁）

賃貸人が，賃借人の無断増改築，借地の無断転貸，賃料支払いの遅滞などを不問に付し，紛争予防の目的で解決金をも含めた趣旨で更新料の支払いの合意をした状況の下で，「土地の賃貸

借契約の存続期間の満了にあたり賃借人が賃貸人に対し更新料を支払う例が少なくないが，その更新料がいかなる性格のものであるか及びその不払が当該賃貸借契約の解除原因となりうるかどうかは，単にその更新料の支払がなくても法定更新がされたかどうかという事情のみならず，当該賃貸借成立後の当事者双方の事情，当該更新料の支払の合意が成立するに至った経緯その他諸般の事情を総合考量したうえ，具体的事実関係に即して判断されるべきものと解するのが相当であるところ，原審の確定した前記事実関係によれば，本件更新料の支払は，賃料の支払と同様，更新後の本件賃貸借契約の重要な要素として組み込まれ，その賃貸借契約の当事者の信頼関係を維持する基盤をなしているものというべきであるから，その不払は，右基盤を失わせる著しい背信行為として本件賃貸借契約それ自体の解除原因となりうるものと解するのが相当である。」とした事例

(賃貸借契約の解除を認めなかった事例)

裁判例 60 東京高判昭和45年12月18日（判時616号72頁，判タ260号216頁）

「このような事実関係から考えると，本件賃貸借契約は法定更新により当然当初の約定期間を超えて存続すべきところ，本件更新料の支払契約は，賃貸借契約の存続を条件とするとしても，更新料の不払が本来の賃貸借契約の消滅をもたらすようなものではないと解するのが相当である。すなわち，本件におけるいわゆる更新料はたかだか被控訴人において土地賃貸借契約の期間満了時に有する異議権の行使を放棄する対価に過ぎないというべきで，この支払の遅滞により本件更新料の支払契約を解除して異議権を行使することができると解する余地はあっても，本件更新料の不払がそれにもかかわらず法定更新された賃貸借契約の債務不履行に当るものと解することはできない。したがつて，控訴人の賃料のみの弁済の提供が本件賃貸借契約において賃借人の債務の履行遅滞となり，債務不履行になるということはできない。」

第5　増改築禁止特約等と契約解除

　増改築を制限する旨の借地条件がある場合において，増改築について借地権設定者の承諾が得られないときには，借地権者は借地権設定者の承諾に代わる裁判所の許可を受けなければならない（借地借家法17条2項，旧借地法8条ノ2第2項）。そして，借地条件変更の裁判は，借地非訟事件であり，非訟事件手続法により決定の形式がとられているが，借地権設定者の承諾がなく，裁判所の許可も受けずに増改築を行った場合には，増改築禁止特約に違反したものとして，契約解除の問題が生じてくる。

(特約違反等による契約解除を認めた事例)

裁判例 61 最判昭和 31 年 6 月 26 日（民集 10 巻 6 号 730 頁）

「賃貸借は，当事者相互の信頼関係を基礎とする継続的契約であるから，賃貸借の継続中に当事者の一方にその義務に違反し信頼関係を裏切って賃貸借関係の継続を著しく困難ならしめるような不信行為のあった場合には，相手方は民法541条所定の催告を要せず賃貸借を将来に向って解除することができるものと解すべきであることは，すでに当裁判所の判示したとおりである（昭和24年(オ) 143 号同 27 年 4 月 25 日第二小法廷判決）。本件において原判決は，上告人は本件土地をバラック所有のためにのみ使用し本建築をしないこと，上告人は同所に寝泊りをしないこと等を特約して一時使用のため被上告人より右土地を賃借して地上に木造木葉茸周囲板張りのバラックなる仮設建物を建築所有したのであるが，その後に至り上告人は右地上に建築した前記建物を旧態を全然留めない程度に改築して木造瓦茸 2 階建の長年月の使用に耐え得べき本建築物にし，上告人夫婦において居住している事実を確定した上，上告人の右行為は賃貸人賃借人間の信頼関係を裏切ること甚しいものと解して，このような場合には賃貸人において賃貸借契約を解除し得る権利あるものとして被上告人のなした賃貸借契約解除の意思表示を有効と判示したものであつて，原審の右判断は十分首肯することができる。それ故，原審が民法541条所定の催告のないのに拘らず被上告人の解除を是認したことには，なんら所論のような違法はなく，論旨は理由がない。」

裁判例 62 名古屋高判昭和 53 年 1 月 31 日（判時 902 号 72 頁，金判 549 号 45 頁）

　借地人は，借地上に存した従前の家屋の一部を取り壊し，地主の承諾を得ないで，主要部分が重量鉄骨構造の堅固な建物と認められる本件建物に改築したものであるが，そのこと自体賃貸借当事者間の信頼関係を損なう重大な非違行為というべきであり，改築に際して，承諾料の支払いないしは地代増額その他の話し合いはまったくもたれていないばかりでなく，地主からの再三の工事中止の申入れを無視して本件改築工事を強行したものであって，その背信性は著しいと言わざるを得ず，法的にみる限り，本件土地賃貸借契約の存続上の信頼関係を破壊するものとの評価を免れないものである。

裁判例 63 東京高判昭和 54 年 7 月 30 日（判タ 400 号 163 頁）

　土地の賃借人が最長 3 年分以上の地代を延滞したため，控訴審での裁判上の和解で，増改築禁止特約付きの土地の賃貸借契約を新たに締結した場合において，再度，賃借人から借地条件変更の申立てがあり，本件土地建物について係争中であったにもかかわらず，賃貸人の工事中止申入れをも無視して賃借人が建物の改築工事を行ったときは，右改築工事は借地人の土地の利用上相当であり，賃貸人に著しい影響を及ぼさず，信頼関係を破壊するおそれがないとは到底言えないとした事例

(特約違反等による契約解除を認めなかった事例)

裁判例 64　最判昭和 36 年 7 月 21 日（民集 15 巻 7 号 1939 頁）

「原判決の認定によれば，右増築部分は，賃借建物の構造を変更せずしてこれに附属せしめられた 1 日で撤去できる程度の仮建築であって，賃借建物の利用を増加こそすれその効用を害するものではなく，しかも，本件家屋は，被上告人が昭和 3 年頃これを賃借した当時既に相当の年月を経た古家であって，被上告人において自ら自己の費用で理髪店向その他居住に好都合なように適宜改造して使用すべく，家主においては修理をしない約定で借り受け，その当時所要の修理をして使用を始めたような経緯もあり，上告人は昭和 24 年 4 月頃前記増築がなされていることを発見したけれども，当時においては特に抗議もしなかった，というのであるから，被上告人の所論の増築行為をもって上告人に対する背信行為に当らず，また原判決説示の理由で被上告人が右増築部分の敷地につき占有権原があるとした原判決の判断は相当である。」

裁判例 65　東京地八王子支判昭和 39 年 1 月 13 日（判タ 157 号 125 頁）

「以上述べたとおり，もし地上建物の増改築の種類構造が借地契約に定められたそれと異る場合例えば，堅固の建物の所有を目的とする土地の賃貸借において増改築されたものが堅固な建物であるときとか，一般住宅用の建物の所有を目的とする土地の賃貸借に於て工場建物（種類にもよるが）に増改築されたときは用法違背となり，賃貸人は特約のあるなしに拘らず所定の手続を経た上これが契約を解除し得るものというべく，本件特約が用法違背の増改築を禁止する趣旨であればその部分においては有効であるが用法違反とならない建物の増改築に於てもこれを禁止する趣旨であれば，その部分に於ては借地法第 2 条第 4 条乃至第 8 条第 10 条に於て一面地上建物の社会経済上の効用を全うするため賃借人をして建物所有のためにする使用収益の権能を完全に享受せしめ，他面宅地利用関係を基礎として築き上げられた借地人の社会生活関係を保障せんとする規定に反する契約条件であり，借地人に不利益なるものであるのでこれを定めないものと看做すのが相当である。そこで本件についてみるに弁論の全趣旨並に原被告本人尋問の結果によれば本件賃貸借契約は非堅固の一般住宅を目的とするものであり増改築された建物も非堅固のアパートとはいえ一般住宅を目的とするものでその間に何等の用法違背も認められない。右認定を覆す証拠は他にない。よって，前記特約の存在を前提とする本件賃貸借契約の解除は無効であるので原告のその点に関する主張は理由がない。」

裁判例 66　最判昭和 41 年 4 月 21 日（民集 20 巻 4 号 720 頁，判時 447 号 57 頁，判タ 191 号 82 頁）

「一般に，建物所有を目的とする土地の賃貸借契約中に，賃借人が賃貸人の承諾をえないで賃借地内の建物を増改築するときは，賃貸人は催告を要しないで，賃貸借契約を解除することができる旨の特約（以下で単に建物増改築禁止の特約という。）があるにかかわらず，賃借人が賃貸人の承諾を得ないで増改築をした場合においても，この増改築が借地人の土地の通常の利用上相当であり，土地賃貸人に著しい影響を及ぼさないため，賃貸人に対する信頼関係を破壊す

るおそれがあると認めるに足りないときは，賃貸人が前記特約に基づき解除権を行使することは，信義誠実の原則上，許されないものというべきである。」

裁判例 67　最判昭和44年1月31日（判時548号67頁，金判153号9頁）

「建物所有を目的とする土地の賃貸借契約において，賃借人が新たに賃借地上に工作物を建設しようとするときはあらかじめ賃貸人の承諾を得ることを要し，賃借人がこれに違反したときは賃貸人において賃貸借契約を解除することができる旨の特約があるにかかわらず，賃借人が賃貸人の承諾を得ないで賃借地上に新たな建物を建築した場合においても，この建築が賃借人の土地の通常の利用上相当であり，賃貸人に著しい影響を及ぼさないため，賃借人に対する信頼関係を破壊するおそれがあると認めるに足りないときは，賃貸人は右特約に基づき賃貸借契約を解除することはできないものと解するのが相当である（最高裁判所昭和39年（オ）第1450号，同41年4月21日第一小法廷判決，民集20巻4号720頁参照）。」

参考裁判例　東京高判昭和45年10月29日（金判240号11頁）
　　　　　　東京地判昭和46年8月25日（判時650号82頁，判タ270号331頁）
　　　　　　大阪高判昭和50年12月12日（判時815号59頁）

裁判例 68　東京地判昭和51年5月13日（判時843号79頁）

「一般に，建物所有を目的とする土地賃貸借関係において，無断新築を禁止する特約そのものは有効と解せられるが，賃借人が建物を新築したとしても，それによって，賃貸人に対する信頼関係を破壊するおそれがあると認められない特段の事情のある時は，右特約に基づき解除権を行使することは許されないというべきである。そして右にいう特段の事情は，新築建物の規模，構造，用途，新築に至る経緯等を総合的に判断して決しなければならない。これを本件についてみるに，〔略〕前記のように本件土地賃貸借契約の終期は昭和60年12月19日であるところ，本件建物（一）は，昭和46年7月頃建築された組立て取毀しともに約1日で可能な床面積約10平方メートルのいわゆるプレハブ造り平家建ての建物で代金217,000円相当のものに過ぎないこと，〔略〕その家族構成からみて本件建物（二）はきわめて手狭な状態にあったこと，〔子〕の勉強部屋として必要上やむなく本件建物（一）を建築したことが認められ，右認定に反する証拠は無い。前示認定の事実関係のもとでは，被告のなした本件建物（一）の新築には，被告及びその家族にとって首肯すべき必要性が認められ，またその建物の規模構造等からみて土地の利用方法としても相当であって賃貸人たる原告の地位に著しい影響を及ぼすとは到底いえないから，右新築につき賃貸借契約における信頼関係を破壊するおそれがあると認められない特段の事情が存するものというべきである。従って，前記無断新築禁止の特約違反を理由とする原告の解除権の行使はその効力がないものといわねばならない。」

裁判例 69　最判昭和51年6月3日（金法803号31頁）

「ところで，一般に，建物所有を目的とする土地賃貸借契約中に，賃借人が賃貸人の承諾を得ないで賃借地内の建物を増改築したときは，賃貸人は催告を要しないで賃貸借契約を解除することができる旨の特約があるにもかかわらず，賃借人が賃貸人の承諾を得ないで増改築した場合においても，この増改築が賃借人の土地の通常の利用上相当であり，賃貸人に著しい影響を及ぼさないため，賃貸人に対する信頼関係を破壊するおそれがあると認めるに足りないときは，賃貸人が前記特約に基づき解除権を行使することは，信義誠実の原則上，許されないものというべきところ（最高裁昭和39年（オ）第1450号同41年4月21日第一小法廷判決・民集20巻4号720頁参照），本件における前記事実関係のもとにおいては，被上告人のした本件増改築は，前記特約違反に該当するものであるとはいえ，その態様において建物所有を目的とする賃借人の土地の通常の利用上相当というべきであり，しかも賃貸人である上告人に著しい影響を及ぼすものではなく，また，本件土地の使用目的の変更が一家の経済的苦況から脱するための一助としてされたものであることを考え合わせると，本件増改築をもって上告人に対する信頼関係を破壊するおそれがあるものとは認め難いというべく，してみれば，上告人が右特約を理由としてその解除権を行使することは，信義則上許されないものと解するのが相当であって，これと同旨の原審の判断は，正当として是認することができる。」

参考裁判例　東京高判昭和52年2月24日（判タ354号267頁，金判525号16頁）
　　　　　　名古屋高判昭和54年6月27日（判時943号68頁）

裁判例 70　東京高判昭和54年7月11日（東高時報民30巻7号194頁）

「もとより，同被控訴人が裁判上の和解の際当事者双方が予想した範囲をこえて右条項に反する程度の工事を実施しながら，控訴人の同意も求めず，又これに代る借地法8条の2第2項所定の借地条件変更の申し立てもしなかったことは，控訴人との間の長年の確執を考慮しても決して好ましいことではない。しかし，右改築工事は，借地人の土地の通常の利用上相当の範囲にあり，かつ建物の耐用年数を伸ばすとはいえ，工事の程度に照らし，賃貸人に及ぼす影響が著しいとまでは断定できない。これらの事実と前記の各事実を併せると，結局右工事は賃貸人に対する信頼関係を破壊するような背信行為には当らないというべきである。」

裁判例 71　東京高判昭和59年4月26日（判時1118号186頁）

「一般に，建物所有を目的とする土地賃貸借契約中に，賃借人が賃貸人の承諾を得ないで借地内の建物を増改築するときは，賃貸人は催告を要しないで，賃貸借契約を解除することができる旨の特約があるにもかかわらず，賃借人が賃貸人の承諾を得ないで増改築をした場合においても，この増改築が借地人の土地の通常の利用上相当であり，土地賃貸人に著しい影響を及ぼさないため，賃貸人に対する信頼関係を破壊するおそれがあると認めるに足りないときは，賃貸人が前記特約に基づき解除権を行使することは，信義誠実の原則上許されないものと解され

ている（最高裁判所昭和41年4月21日判決，民集20巻4号720頁参照）。〔略〕以上認定した昭和38年の増改築は，その規模・内容から考えて本件土地の通常の利用上相当とされる範囲内のものであって，賃貸人たる控訴人に著しい影響を及ぼすと認めるべき証拠はないので，控訴人は右増改築を原因として本件特約に基づき本件土地の賃貸借契約を解除することは許されないというべきである。」

裁判例 72　大阪地判昭和60年2月8日（判タ611号75頁）

「原告代表者および被告本人各尋問の結果に弁論の全趣旨を総合すると，被告は，昭和51年ころ，本件建物の雨もりがひどくなったので，その修理をするとともに，ベランダの3分の2位に屋根をつけて部屋に改造し，1階の台所を約3.3平方メートル位増築したが，右工事はコンクリートやブロックを使用せず，木材を使用して行ったもので別段本件建物の構造を大規模に変更するとか建物の耐用年数を増加させるとかいう程の工事ではなかったことが認められ，右認定に反する証拠はない。被告は，右工事の際電話で原告に通知し，原告の了解を得た旨主張し，被告本人尋問の結果中には右主張にそう供述部分があるが，右供述部分は原告代表者尋問の結果に照らして措信し難く，他に右主張事実を認めるに足る証拠はない。しかし，右認定の事実によると，被告のした本件建物の増改築は小規模のもので，本件土地の通常の利用上相当であり，賃貸人である原告に特に著しい影響を及ぼすこともなく，原告に対する賃貸借契約上の信頼関係を破壊するおそれもないものと認められるから，原告は，建物の無断増改築等による無催告解除の特約にもとづいて賃貸借契約を解除することはできないものというべきである。」

裁判例 73　札幌高判昭和60年6月25日（判タ565号116頁）

「右認定の事実によれば，本件改築等の工事は，本件建物の雨漏り及びすが漏れを防止し，建物の経年変化等による腐朽又は損傷部分を補修することによって本件建物の効用を保持し，建物の維持保存を図ることを主たる目的とし，あわせて建物使用上の便宜及び建物の美観を多少改善することを副次的な目的として行われたものであって，前示の工事内容等に照らし本件建物の効用を保持し，建物の維持保存を図るための補修及び建物使用上の便宜等の改善のための建物改良工事として必要な限度を超えるものではないと認められるから，本件土地の通常の利用上相当とされる範囲内のものであるというべきであり，かつ賃貸人である控訴人に著しい影響を及ぼすものではないと認められる（右工事により本件建物が構造上格別堅固になったものとは認められず，また，本件建物の存続期間がこれにより不当に大幅に伸長されたものということもできない。）から，本件においては，賃貸人に対する信頼関係を破壊するおそれがあると認めるに足りないものというべきである」として，賃貸人からの解除権の行使を認めなかった事例

32　第1編　借地契約における各種特約の効力

裁判例 74　東京地判昭和63年5月31日（判時1300号68頁）

「右認定の事実に，前示のとおり，原告自身も本件借地の賃貸人として，7年間という期間は区切ったものの，本件借地上の旧建物の建替などを認めていた経過に照らすと，被告Ｙにおいて行政上の制裁等を受けるのはさておくとしても，少なくとも，本件借地の賃貸人である原告との関係において，右建築基準法違反の事実をもって，本件契約上の信頼関係を破壊するものとはいえない〔略〕。また，原告は，被告Ｙが本件改築にあたり借地法8条の2所定の増改築等の許可を求めることなく，原告に無断で本件改築をした〔旨主張するが〕，被告Ｙが右裁判上の手続をとらずに，本件改築をしたことをもって，未だ賃貸人に対する信頼関係を破壊したとまではいえない。」

裁判例 75　東京地判平成15年2月26日（判例秘書Ｌ05830799）

「以上の事実を前提とすると，本件賃貸借契約の賃貸人側であるＡ，ＢなどのＡ家は，Ｃの前記無断新築に対して異議を述べながら，結局のところこれを黙認して，10数年間にわたり賃料を受領してきたのであり，これをもって，昭和41年契約において増改築禁止特約が廃止されたとするＣの主張（これは昭和48年6月29日付けのＣの回答書（乙6）において明確に示されている。）を黙示的に認めたものと評価できる。したがって，上記Ｄの権限濫用行為による増改築禁止特約の廃止については，黙示の追認があったと認めるのが相当である。」

第6　原状回復義務特約

　借地においても，借家と同様に，賃貸借期間が終了した場合には（建物買取請求権の行使がある場合は別として），賃借人に原状回復義務が生じ，所有建物を収去し，土地を明け渡さなければならない（民法616条，597条1項）。借地に関して原状回復義務負担特約がある場合と，借地に関する賃借人の原状回復義務の範囲等について次のような判例がある。

裁判例 76　福岡地小倉支判昭和47年3月2日（判タ277号229頁）

「各証言を総合すれば，同被告は昭和30年9月1日本訴土地を賃借するに際し，従前の不法占拠を認めて謝罪すると共に賃貸借の終了に当たっては，同被告の費用負担において本訴建物を含む地上物件一切を収去し，本訴土地を原状回復して原告に返還することを特約したこと及び既に支出済の宅地造成費用の負担についてはなんら明示の合意はなかったことが認められるところ，土地の賃貸借における原状回復義務負担の特約は，特別の約定なき限り，民法第608条第2項の適用を排除して附加物件の費用償還請求権の放棄をその前提として包含する趣旨のも

のと解すべきであり，当裁判所は，仮令社会通念上撤去，回復等が困難ないし不可能な場合であっても，当該費用支出の際の賃貸人の承諾その他諸般の事情を考慮することなく，それだけの理由から該特約を無効視するのは相当でないと考えるものである。殊に前記宅地造成費用については，特約にいう回復すべき原状を既に宅地化した賃貸借契約締結当時の状態と考えれば勿論のこと同被告の不法占拠以前の状態を指称すると考えても，費用が既に支出済であるに拘らずその償還等になんら言及することなく原状回復を特約して借受けた事情に徴し，該特約はその償還請求権の放棄を約する限りにおいて有効に成立したと推認するが相当である。右の次第で同被告が原告に対して〔有すべき有益費償還請求権〕は全て特約により放棄されたというべく，この点の原告の主張は理由があり，同被告の費用償還請求権による留置権行使の抗弁は結局失当たるに帰する。」

（賃貸人の修繕義務）

裁判例 77　東京地判昭和61年7月28日（判タ624号186頁）

「1　〔証拠〕によれば，昭和56年10月22日深夜，来襲した台風の豪雨により，本件擁壁に亀裂が生じ崩壊の危険が生じたため，原告X1の妻Aが被告らに対し本件擁壁の修繕，改修を依頼し，また，同年11月4日には東京都北区長が被告らに対し，「保安上著しく危険なので擁壁の新規築造又は十分な改修補強等安全上必要な措置を早急に講ずるよう」との勧告をしたが，被告らにおいて改修補強等の措置をとらないまま放置したため，原告らは建物倒壊の危険を避けるため，昭和57年7月末ころ，X1建物及びX2建物をそれぞれ取壊すの止むなきに至ったことが認められる。

2　被告らは，本件擁壁の管理，修繕は賃借人（原告ら）において行うことが約定されていたと主張し，〔証拠〕によれば，X1賃借地に関する契約書〔略〕には，「土止等に就いては賃借人に於いて施工すること」と，X2賃借地に関する契約書〔略〕には，「土留は借地人の責任に於いて管理し，万一の事故の際は損害賠償の責に応じること」とそれぞれ記載されていることが認められる。

3　ところで，一般に，賃貸人は賃借人に対し，賃借物を賃貸借の目的に適った状態で使用収益させる義務（民法601条）及び必要な修繕をする義務（同法606条）を負担しているところ，特約により賃借人が賃借物を修繕する義務を負担することは差支えないが，特約による賃借人が負担する義務の内容は，通常生ずる破損の補修即ちいわゆる小修繕であり，賃借物の大修理，大修繕は含まれず，ましてや通常予想できないような天災等による甚大な被害に対する修繕は含まれないものと解するのが相当である。本件についてみるに，〔証拠〕によれば，本件擁壁には，㈠水抜き穴が設けられていなかったこと，㈡コンクリートの擁壁の上に大谷石が積み上げられているいわゆる二段腰の構造で，しかも地盤面から一直線に直結されていなかったこと，㈢水分を含み易い大谷石を使用していたことから，台風による雨水を含んで擁壁の土が膨張し，擁壁に亀裂が生じ崩壊の危険が生じたこと，本件擁壁の改修工事費が約2,300万円を要することが認められるので，擁壁亀裂の原因及びその改修費用額からして，本件擁壁の改修を借地人の原告らが負担する義務があるとみることは到底できない。

34　第1編　借地契約における各種特約の効力

　4　以上によれば，被告らは本件土地の賃貸人(所有者でもある。)として，本件擁壁を修繕する義務があったところ，これを怠ったものと認められるので，債務不履行に基づき，原告らに生じた損害を賠償する義務がある。」

参考裁判例　東京地判昭和40年6月19日（判時420号39頁）

裁判例 78　最判平成17年3月10日（判時1895号60頁，判タ1180号187頁）

「不動産の賃借人は，賃貸借契約上の義務に違反する行為により生じた賃借目的物の毀損について，賃貸借契約終了時に原状回復義務を負うことは明らかである。前記事実関係によれば，Bは，本件賃貸借契約上の義務に違反して，Cに対し本件土地を無断で転貸し，Cが本件土地に産業廃棄物を不法に投棄したというのであるから，Bは，本件土地の原状回復義務として，上記産業廃棄物を撤去すべき義務を免れることはできないというべきである。」

第7　有益費等償還請求

　借地契約においても，必要費や有益費が生じた場合は，賃貸人は，賃借人に対し，費用を償還すべき義務がある。以下の判例は，特約付きではないが，参考のためにこれらに関する判例を挙げてみた。

裁判例 79　大判大正9年10月16日（民録26輯1530頁）

　賃借人が，自己の費用を支出し，耕作のために賃借した畑地の雑草を除去して，畑地の面目を改めた場合でも，その支出は畑地について賃借の目的を達成するためのものであって，賃貸人に対し，有益費の償還請求をすることはできないとした事例

参考裁判例　大判昭和12年11月16日（大審院民集16巻1615頁）
　　　　　　函館地判昭和27年4月16日（下民3巻4号516頁）

裁判例 80　東京高判昭和50年7月17日（判タ333号194頁）

「右の事実によれば，本件土地は，その属性として土地区画整理事業によって客観的に土盛，〔整地〕が必然的になされるべきものであり，その施工をまたずに控訴人らが土盛，整地をしたのは，単にその時間を早めただけに過ぎないから，被控訴人としては，その所有にかかる本件土地が右控訴人らの土盛整地によって，それ自体増価したという利得を得たものということが出来ず，したがって本件土地の場合は，控訴人らの費用支出と被控訴人の利得との間に有益費償還請求権を成立させるべき法律上の因果関係があったことを認めることができない。のみな

らず，控訴人らは右支出の費用を自己で負担し，被控訴人に対しこれを請求しないことを約していたのであるから，いずれにしても控訴人ら主張の如き有益費償還請求権は成立せず，したがって同請求権の存在を前提とする控訴人らの留置権の抗弁は，これを採用することができない。」

第8 賃料改定に関する特約

1 地代等増減請求権

借地借家法11条1項本文は，「地代又は土地の借賃〔略〕が，土地に対する租税その他の公課の増減により，土地の価格の上昇若しくは低下その他の経済事情の変動により，又は近傍類似の土地の地代等に比較して不相当となったときは，契約の条件にかかわらず，当事者は，将来に向かって地代等の額の増減を請求することができる。」と規定し，当事者双方に地代等増減請求権の行使ができる旨を定めている。なお，賃料改定について訴訟を提起する場合には，まず先に，調停の申立てをすべきことが規定上定められている（民事調停法24条の2，調停前置主義）。

2 地代等増減請求権の要件

(1) 地代等が諸事情の変化により客観的に不相当になったこと

条文では，「土地に対する公租公課の増減」，「地価の高低その他の経済事情の変動」及び「近隣の地代水準との比較」が規定されているが，「不相当性」の判断の要素を例示したにすぎないと解され，これら以外の要素が考慮されることもあるし，条文に規定されている要素に変動があっても，直ちに増額請求権が発生するわけでもない。従来の地代が全体として不相当なものとなることが必要である。

(2) 地代等を増額しない特約がないこと

借地借家法11条1項ただし書は，一定の期間地代等を増額しない旨の特約がある場合には，本文の規定にもかかわらず，賃料の増額請求権を行使することができないとしている。したがって，一定期間の増額をしない特約は有効であり，増額をしない特約においては一定の期間を定めなければならない。しかし，増額しない期間が，かなり長期間にわたる場合において，契約後に当初の事情と著しく異なる事情が生じたときは，事情変更の原則により増額しない特約の適用が認められないことがある。

（増額請求しない旨の特約と事情変更の原則）

> **裁判例 81** 横浜地判昭和39年11月28日（判タ172号212頁）
>
> 「一定期間借地料を増額請求しないという特約も経済事情が激変した場合はその効力がなくなるものと解すべきであるから，本件のように契約締結から30年以上経過し期間も1度しか更新されずその間経済事情も大きく変動した本件増額請求をした各時点までには，もはや右特約はその効力を失ったものと解せられる。」

3 賃料支払額と債務不履行

借地法12条2項は，地代等の増額について当事者間で定まらないときや裁判が確定しない間は，「相当と認める額」を支払えば足りると規定し，文理上は，賃借人が主観的に相当と認める額であれば，著しく低額であろうと，公租公課の額を下回ろうと，債務不履行にはならないようにも解釈できる。この点に関し，次のような判例がある。

（相当と認める額）

> **裁判例 82** 最判平成5年2月18日（判時1456号96頁，判タ816号189頁）
>
> 「そして，本件において，上告人は，被上告人から支払の催告を受ける以前に，昭和57年10月1日から同62年6月30日までの賃料を供託しているが，その供託額は，上告人として被上告人の主張する適正賃料額を争いながらも，従前賃料額に固執することなく，昭和59年7月1日からは月額1万140円に増額しており，いずれも従前賃料額を下回るものではなく，かつ上告人が主観的に相当と認める額であったことは，原審の確定するところである。そうしてみれば，上告人には被上告人が本件賃貸借契約解除の理由とする賃料債務の不履行はなく，被上告人のした解除の意思表示は，その効力がないといわなければならない。もっとも，賃借人が固定資産税その他当該賃借土地に係る公租公課の額を知りながら，これを下回る額を支払い又は供託しているような場合には，その額は著しく不相当であって，これをもって債務の本旨に従った履行ということはできないともいえようが，本件において，上告人の供託賃料額が後日賃料訴訟で確認された賃料額の約5.3分の1ないし約3.6分の1であるとしても，その額が本件土地の公租公課の額を下回るとの事実は原審の認定していないところであって，いまだ著しく不相当なものということはできない。また，上告人においてその供託賃料額が本件土地の隣地の賃料に比べはるかに低額であることを知っていたとしても，それが上告人において主観的に相当と認めた賃料額であったことは原審の確定するところであるから，これをもって被上告人のした解除の意思表示を有効であるとする余地もない。四　そうすると，原判決には借地法12条2項の解釈適用を誤った違法があり，右違法は判決に影響を及ぼすことが明らかであるから，この点をいう論旨は理由がある。」

裁判例 83　最判平成8年7月12日（民集50巻7号1876頁，判時1579号77頁，判タ922号212頁）

「賃料増額請求につき当事者間に協議が調わず，賃借人が請求額に満たない額を賃料として支払う場合において，賃借人が従前の賃料額を主観的に相当と認めていないときには，従前の賃料額と同額を支払っても，借地法12条2項にいう相当と認める地代又は借賃を支払ったことにはならないと解すべきである。〔また，賃料額請求につき当事者間に協議が調わず，賃借人が請求額に満たない額を賃料として支払う場合において，〕賃借人が自らの支払額が公租公課の額を下回ることを知っていたときには，賃借人が右の額を主観的に相当と認めていたとしても，特段の事情がない限り，債務の本旨に従った履行をしたということはできない。」

裁判例 84　東京地判平成9年10月29日（判タ981号281頁）

借家の場合であるが，法の許容する「相当と認める額」について，「ところで，原告が，平成8年7月分以降，賃料及び共益費，消費税として月額41万9761円（賃料月額40万1710円）を支払っていることは争いなく，証拠（乙四の1，2，五，六，鑑定）及び弁論の全趣旨によれば，被告らは，賃料相場の下落傾向を踏まえて月額37万8080円（坪当たり1万6000円）が相当賃料であると考えて原告に通知し，原告が争っているので，若干付加する意図で月額賃料を40万1710円（坪当たり1万7000円）とし，従来の共益費と消費税を加えた月額41万9761円を賃料改定合意が成立するまでの一応の賃料として支払っていることが認められ，その他の争いのない事実によれば，減額された相当賃料よりも支払っている賃料額は月額1万0290円少ないけれども，その相当賃料に対する割合は約2.5パーセントであり，現在においても不足分の合計額は相当賃料額の3の1に満たない額であること，借地借家法32条3項は旧借家法7条を踏襲するものであり，同条においては減額請求をした賃借人は「相当と認める額」を提供しなければならないけれども，その額が著しく不合理でなければ，相当賃料を下回るときには差額に年1割の利息を付して支払えば解除されることはない趣旨であると解されていたのであり，借地借家法32条3項が右解釈を変更するものでないことは，各条項の文言の類似性，立法経過からも明らかである。したがって，前述の検討によれば，法の許容する範囲内の賃料不払いであって，いうなれば不履行における違法性がない場合であるから（信頼関係破壊の有無以前に），第一事件請求における原告の債務不履行解除の意思表示は，解除の効果を発生させないと考えられる。」

参考裁判例　東京地判平成10年5月29日（判タ997号221頁）→裁判例324
　　　　　東京高判平成10年6月18日（判タ1020号198頁）→裁判例325

4 地代等増額特約の効力

借地法11条は，同条が定める規定に反する契約条件で借地権者に不利なものは無効とする旨を定めている。そして，借地法12条1項ただし書は，一定の期間地代等を増額しない特約があった場合はそれに従う旨を規定している。そうすると，増額する旨の特約を締結した場合には，借地人にとって不利な特約であるから，借地法11条に反し無効となるのではない

かが問題となる。この点に関し，次のような判例がある。

(増額特約の効力を認めた事例等)

裁判例 85　札幌高判昭和54年10月15日（判タ403号120頁）

「そうすると本件特約は，借地法12条1項が賃料増額の事由として掲げる諸要素その他賃料の算定に影響を及ぼす様々な経済的要因のうち，公課の増加だけを賃料増額の事由とする特約ということになるけれども，それと同時に，これも借地法12条1項が賃料増額の事由として定める地価の上昇だけを基準として，その比率に応じて賃料を増額する旨の特約ということになる。そして，地価の上昇が地代増額の最も決定的な要因であることは否定できないところであり，賃料は目的物を使用，収益することの対価にほかならないから，これをその目的物の価格に対応して定めることは，合理性を有するものと認められる。以上検討したところによれば，本件特約自体は，決して不合理なものとはいえないし，賃貸人にだけ一方的に不当な利益をもたらすものでもないから，これを無効とすることはできない。」

裁判例 86　大阪地判昭和62年4月16日（判時1286号119頁）

「そこで，すすんで，本件特約の効力について判断する。本件特約が，本件土地について，固定資産税，都市計画税が増額されたときは，右増額分を当然に賃料に加算する旨の特約であることは，当事者間に争いがない。借地法12条1項本文は，土地に対する公租公課の増減もしくは土地の価格の昂低により又は比隣地の地代もしくは借賃に比較して従前の賃料が不相当となった時に借地契約当事者に賃料の増減請求権を認め，同項但書は，不増額特約があるときにはこの限りでない旨規定している。これは，当事者の一方的意思表示により円滑に賃料額を改訂する方途を講じるとともに，改訂される賃料を，右経済的事情の変更の内容，程度に相応した合理的な限度内に制限しようという趣旨にでたものと解される。他方同法11条は，右12条1項の規定に反する特約を無効としていないから，一定の要件がある場合に賃料を当然値上げする旨の特約が，それだけでただちに借地権者に不利な特約として無効となるものとは解されず，その内容が，前記12条1項の趣旨に反して，右経済的事情の変更がなくとも賃料を増額し，または右経済的事情の変更があっても賃料を減額しない旨のものであるとき，もしくは，増減される賃料の額または割合が，右経済的事情の変更の程度と著しく乖離するような不合理なものであるときに限り無効となるものと解すべきである。そこで，これを本件について検討するに，固定資産税及び都市計画税は，同法12条1項本文に例示されている土地に対する租税にあたり，その増減のあった場合は，まさしく前記の経済的事情の変更があった場合に当たるということができ，また本件特約による値上げ幅も固定資産税及び都市計画税の増額分と同額であって，これを率のうえでみても，昭和59年6月18日定められた従来の賃料月額金23万4400円から同60年4月1日に同金28万5716円へと，約21.9パーセント増額されるにとどまるものであるから，経済的事情の変更の程度と著しく乖離するものとはいえず，結局本件特約は，借地法12条1項の趣旨に反する不合理なものということはできず，有効であると解すべきであ

る。」

裁判例 87　東京地判平成元年 8 月 29 日（判時 1348 号 96 頁）

「本件の和解において合意された地代の増減に関する特約は，いわゆる地代改定特約の一種であり，借地契約を結ぶ際，地代に関する争いを避けるため将来にわたり固定資産税の額等を基準として一定の方式により地代を増額する旨を合意したものである。このような特約は，地代算定の方式が相当である限り，借地法 12 条 1 項の規定にかかわらず，有効なものとして扱われるべきであるが，原告は，本件特約の算定方式を不相当であるとして，その効力を否定している。しかしながら，本件特約は，地代算定の際一般的に重要な要素とされている固定資産税等の額を基準とし，これに乗ずる倍率は 3 倍と，この種の倍率としては一般的なものを採用しているのであって，到底不相当な方式であるとはいえない。」

裁判例 88　神戸地判平成元年 12 月 26 日（判時 1358 号 125 頁，判タ 734 号 176 頁）

「土地の賃料は，同土地の北側道路部分に設定される毎年の路線価の増減率に応じて毎年 10 月 1 日に当然に増減するものとする。」旨の特約が有効とされた事例

裁判例 89　東京地判平成 6 年 11 月 28 日（判時 1544 号 73 頁，判タ 886 号 183 頁）

土地の賃料を固定資産税額の 3 倍とする賃料自動改定特約について，その特約の内容が借地法 12 条の要件を無視する著しく不合理なものであり，この特約を有効とすることが賃借人にとって著しく不利益なものと認められる特段の事情がある場合に限って無効となるものと解するのが相当であるとして，本件賃料自動改定特約を有効とした事例

裁判例 90　大阪高判平成 15 年 2 月 5 日（金判 1201 号 25 頁）

「土地の賃料について，3 年ごとに消費者物価指数に連動させて改定するが，消費者物価指数がマイナスのときは従前賃料のままとする。」との約定の下で，「しかし，旧借地法 12 条の規定は，賃料を増減額する場合の判断要素を例示したものであって，これらの要素をすべて考慮することを定めたものではないから，第 1 審原告らの上記主張は直ちに採用し難い。そして，一般に本件特約のような賃料改定特約は，賃料の改定の際に，改定の可否及び改定額をめぐって，当事者間に生じがちな紛争を事前に回避するために，当事者の合意により予め賃料改定の時期を定めるとともに，改定額の決定基準を一定の指数によって行うとするものであるところ，当該決定基準が，客観的な数値によるものであって，賃料に比較的影響を与えやすい要素を基準とするものであるときには，契約自由の原則に則り，その効力を肯定すべきである。本件特約は，上記認定のとおり，3 年ごとに消費者物価指数という公表された客観的な数値に基づき，改定賃料を定めることとしたものであり，消費者物価指数の上昇・低下という，賃料に比較的

影響を与えやすい要素を基準にするものであることから，旧借地法の趣旨に沿うものといえ，その効力を否定することは相当でない。」とした上，本件では，事情変更の原則により本件特約の適用を排除すべき事態には至っていないと認めるのが相当であるとした事例

（増額特約の効力を認めなかった事例等）

裁判例 91 最判昭和44年9月25日（判時574号31頁，金判186号4頁）

賃料の算出基準の一要素として更地としての適正価額を固定資産評価額の4倍とする約定がある場合において，土地の固定資産評価額が従前のそれに比較してにわかに約5.7倍になったときには，当事者の意思としては，かかる算出基準は固定資産の評価額と時価との間に当時存在した懸隔と著しく異ならない程度のものが保たれている限りにおいては，右基準に従うという趣旨において定められたものであって，将来生ずべき事情の如何にかかわらず，常に右基準によって更地適正価額を算出するものとして右基準を定めた趣旨ではないと解するのが相当であるとした事例

（増額特約と事情変更の原則）

裁判例 92 札幌地判昭和52年3月30日（判タ365号306頁）

土地の賃貸借契約において，各土地の固定資産評価額の1000分の12.7に相当する金額をその地代とする旨の約定について，固定資産評価額の上昇率が，当事者の責めに帰すことのできない予見しがたい上昇率であった場合には，本件賃貸借契約の地代算定の基礎をなす事情について変更があったものというべきであり，このような場合，契約文言どおりに当事者を拘束することは信義衡平の原則上，著しく不当というべきであるが，地代額についての合意の存在を全く否定することは当事者の意思に合致するところではないとして，右契約内容について合理的な改定を加え，請求を一部認容した事例

（賃料の協議特約等と増減請求）

裁判例 93 最判昭和41年11月22日（裁判集民85号243頁，金判47号8頁）

「上告人主張の『賃料につき将来の事情の変動に応じ当事者双方協議の上改訂を為すことができる』旨の約定があるからといって，借家法7条に基づく形成権としての賃料増額請求権が行使できなくなるものではない旨の原判決（その引用する一審判決。以下同じ。）の判断は正当として肯認することができる。また，被上告人が，予め上告人との協議を経ることなくなした本件賃料増額請求権の行使は適法有効であり，被上告人の増額請求賃料額は相当であるから，その請求の通りの増額の効力を生じたものであるとする原判決の判断説示は，その挙示する証拠関係，事実関係並びに本件記録に徴し，正当として肯認することができる。」

第 8 　賃料改定に関する特約／ 4 　地代等増額特約の効力／賃料の協議特約等と増減請求

裁判例 94 　最判昭和 56 年 4 月 20 日（民集 35 巻 3 号 656 頁，判時 1002 号 83 頁，判タ 442 号 99 頁）

「昭和 48 年 5 月以降の賃料については公租公課の増加に応じ上告人と被上告人とが協議して定める」旨の特約について，「ところで，土地の賃貸借契約の当事者は，従前の賃料が公租公課の増減その他の事由により不相当となるに至ったときは，借地法 12 条 1 項の定めるところにより，賃料の増減請求権を行使することができるところ，右の規定は強行法規であって，本件約定によってもその適用を排除することはできないものである（最高裁昭和 28 年（オ）第 861 号同 31 年 5 月 15 日第三小法廷判決・民集 10 巻 5 号 496 頁参照）。そうすると，本件約定は，賃貸借当事者間の信義に基づき，できる限り訴訟によらずに当事者双方の意向を反映した結論に達することを目的としたにとどまり，当事者間に協議が成立しない限り賃料の増減を許さないとする趣旨のものではないと解するのが相当である。そして，賃料増減の意思表示が予め協議を経ることなく行なわれても，なお事後の協議によって右の目的を達することができるのであるから，本件約定によっても，右の意思表示前に必ず協議を経なければならないとまでいうことはできない。また，当事者相互の事情によって協議が進まない場合においては，本件約定は，当事者が訴訟により解決を求めることを妨げるものではないのであって，右のような場合でも当事者は協議を尽くすべき義務を負い，これに違反すると先にした増減請求の意思表示は無効となると解すべきものではない（最高裁昭和 41 年（オ）第 285 号同 41 年 11 月 22 日第三小法廷判決・裁判集 85 号 243 頁参照）。」

裁判例 95 　大阪高判昭和 57 年 6 月 9 日（判タ 500 号 152 頁，金判 682 号 22 頁）

土地賃貸借契約書の(3)（イ）及び（ロ）には，それぞれ「公租公課の増徴あるときはその増徴率にスライドして賃料の値上げ率の決定を行いその年度より賃料の値上げを行う」，「その他著しい物価の上昇，地価の高騰，近隣地の繁栄等経済事情の変動あるときは賃貸人，賃借人協議の上賃料の改訂を行う」という約定の下で，

「しかし，㈠前記(3)（イ）の約定は，賃料の値上率の決定なるものが賃貸人の一方的な決定を指すのか賃借人との合意による決定を指すのか定かでないような表現となっているばかりでなく，増額の時期が明確でなく，別に(3)（ロ）の約定があるため当該年度の賃料増額が果して(3)（イ）の約定によるべきものか(3)（ロ）の約定によるべきものか必ずしも明らかでないことになるのであって，これらの点からすると，本件約定は文言上当然賃料の自動改訂の特約であるとまでは解釈し難い。㈡実質的にみても，前記(3)（イ）の約定が賃料の自動改訂の趣旨であるとするならば，現在の制度上公租公課の決定時期は必ずしも一定せず，かつ増加の率は年度により一様でないから，賃借人は賃料の増額の時期及び額を容易に知ることができず，場合によっては知らない間に債務不履行の状態に置かれることもありうるわけであって，これらは法律関係の安定，明確を害し，契約一般における当事者の合理的意思にそぐわない面があり，公租公課の増徴が判明すればその年の 4 月 1 日に遡って賃料が増額改訂されるとすることも，借地法 12 条の趣旨に照らして妥当でない。㈢公租公課の増徴は，地価の騰貴に基因することが少なくないとはいえ，課税方式の変更や不動産評価方法の変更によっても行われることがあるから，

賃料の増額率を公租公課の増徴率と同率とすることは，時には当事者の予期しない不当な結果が生じ得る。㈣〔証拠〕によれば，現実にも，本件訴訟の提起前においては，控訴人はもちろん被控訴人らにおいても，公租公課の増徴率としては，それまでの公租公課の増徴にみられた程度の率，すなわち，地価の騰貴をある程度反映してはいるがその騰貴率には及ばない程度のものを予定していたもののように認められるのである。以上の諸点を考慮すれば，前記(3)（イ）の約定は，被控訴人らが主張するような賃料の自動改訂の特約ではなく，借地法 12 条による賃料増額請求がなされるべきことを前提としそれによる相当賃料額の一応の算定基準を定めたにすぎないものと認めるのが相当である。」

裁判例 96　名古屋地判昭和 58 年 3 月 14 日（判時 1084 号 107 頁）

「そもそも賃料は土地の利用価値や収益力により決定されるべきもので，思惑的期待値を包含することもある地価の動きにそのまま連動する性質のものではない筈であるのに，この地価の高騰に伴う課税標準価格の上昇に加えて，被告主張のように税率の変更もあって（この点は原告も明らかに争わない），昭和 41 年以後の税額の上昇は当事者の予測をはるかに超えたあまりにも急激なものとなり，これに基づき算出される本件土地の賃料は前記のように近隣の賃料額や鑑定による適正継続賃料額とは著るしくかけ離れたものとなったことが認められるのである。しかも，このような情況は当事者の責に帰すべきではない原因に由来することはいうまでもないところであることからすれば，右自動改訂条項合意の際当事者が前提としていた事情はもはや失われ，さらに，被告の後記認定の賃料減額請求権の行使により，それが明白なものとなったとみるべきであるから，右条項にこれ以上当事者を拘束させるのは公平の観点に照し妥当ではなく，昭和 51 年 3 月と右請求権が行使されたのを契機に，右自動改訂条項は失効したものと解するのが相当である。」

参考裁判例　東京地判平成 3 年 3 月 29 日（判時 1391 号 152 頁，判タ 768 号 172 頁）
　　　　　　東京地判平成 10 年 2 月 26 日（判時 1653 号 124 頁）

裁判例 97　最判平成 15 年 6 月 12 日（民集 57 巻 6 号 595 頁，判時 1826 号 47 頁，判タ 1126 号 106 頁）

「(1)建物の所有を目的とする土地の賃貸借契約の当事者は，従前の地代等が，土地に対する租税その他の公課の増減により，土地の価格の上昇若しくは低下その他の経済事情の変動により，又は近傍類似の土地の地代等に比較して不相当となったときは，借地借家法 11 条 1 項の定めるところにより，地代等の増減請求権を行使することができる。これは，長期的，継続的な借地関係では，一度約定された地代等が経済事情の変動等により不相当となることも予想されるので，公平の観点から，当事者がその変化に応じて地代等の増減を請求できるようにしたものと解するのが相当である。この規定は，地代等不増額の特約がある場合を除き，契約の条件にかかわらず，地代等増額請求権を行使できるとしているのであるから，強行法規としての実質を持つものである（最高裁昭和 28 年（オ）第 861 号同 31 年 5 月 15 日第三小法廷判決・民集 10 巻 5 号 496 頁，最高裁昭和 54 年（オ）第 593 号同 56 年 4 月 20 日第二小法廷判決・民集 35 巻 3 号 656 頁参照）。

(2)他方，地代等の額の決定は，本来当事者の自由な合意にゆだねられているのであるから，当事者は，将来の地代等の額をあらかじめ定める内容の特約を締結することもできるというべきである。そして，地代等改定をめぐる協議の煩わしさを避けて紛争の発生を未然に防止するため，一定の基準に基づいて将来の地代等を自動的に決定していくという地代等自動改定特約についても，基本的には同様に考えることができる。(3)そして，地代等自動改定特約は，その地代等改定基準が借地借家法 11 条 1 項の規定する経済事情の変動等を示す指標に基づく相当なものである場合には，その効力を認めることができる。しかし，当初は効力が認められるべきであった地代等自動改定特約であっても，その地代等改定基準を定めるに当たって基礎となっていた事情が失われることにより，同特約によって地代等の額を定めることが借地借家法 11 条 1 項の規定の趣旨に照らして不相当なものとなった場合には，同特約の適用を争う当事者はもはや同特約に拘束されず，これを適用して地代等改定の効果が生ずるとすることはできない。また，このような事情の下においては，当事者は，同項に基づく地代等増減請求権の行使を同特約によって妨げられるものではない。」

参考裁判例　東京地判平成 20 年 12 月 25 日（判例秘書 L06332566）→裁判例 56

（増額請求をしない旨の特約）

裁判例 98　横浜地小田原支判昭和 45 年 6 月 10 日（判タ 253 号 193 頁）

「証拠によると『賃貸借存続期間は契約の日より満 10 ケ年とす（契約書第 2 条）』，『賃貸料は契約期間中は所定の金額とす（同第 4 条）。』との合意が結ばれたことを認めることができる。この事実によると本件賃貸借期間が 10 ケ年と合意されたことが明らかであるが，借地法 2 条 1 項により同期間が 30 年に延長されることとの関連で，『契約期間中』とされた賃料不増額の期間の解決が問題となる。しかし，30 年間（期間の更新があれば更に長期間）全く賃料を改訂しないということは，当事者が特に明示しないかぎりその合理的意思に合致しないと評すべきであるから，右特約は，契約当事者が合意した 10 ケ年間の賃貸借期間を前提として，10 ケ年間の『契約期間中』本件賃料を増額しないことの合意であったと解するのが相当である。」

（減額請求をしない旨の特約）

　借地借家法 11 条 1 項ただし書及び 32 条 1 項ただし書は，増額しない特約のみを規定し，減額しない特約の規定を置いていない。これは，賃借人保護の趣旨から，増額しない特約のみを有効とし，減額しない特約の効力を認めない趣旨と解される。この点につき，次のような判例がある。

裁判例 99　最判平成 16 年 6 月 29 日（判時 1868 号 52 頁，判タ 1159 号 127 頁）

「しかしながら，原審の上記判断は是認することができない。その理由は，次のとおりである。(1)前記確定事実によれば，本件各賃貸借契約は，建物の所有を目的とする土地の賃貸借契約であるから，本件各賃貸借契約には，借地借家法 11 条 1 項の規定が適用されるべきものである。

本件各賃貸借契約には，3年ごとに賃料を消費者物価指数の変動等に従って改定するが，消費者物価指数が下降したとしても賃料を減額しない旨の本件特約が存する。しかし，借地借家法11条1項の規定は，強行法規であって，本件特約によってその適用を排除することができないものである（最高裁昭和28年（オ）第861号同31年5月15日第三小法廷判決・民集10巻5号496頁，最高裁昭和54年（オ）第593号同56年4月20日第二小法廷判決・民集35巻3号656頁，最高裁平成14年（受）第689号同15年6月12日第一小法廷判決・民集57巻6号595頁，最高裁平成12年（受）第573号，第574号同15年10月21日第三小法廷判決・民集57巻9号1213頁参照）。したがって，本件各賃貸借契約の当事者は，本件特約が存することにより上記規定に基づく賃料増減額請求権の行使を妨げられるものではないと解すべきである（上記平成15年10月21日第三小法廷判決参照）。」

参考裁判例　最判平成15年10月21日（平12（受）123号，裁判集民211号55頁，判時1844号50頁，判タ1140号75頁）
➡裁判例338（サブリース）

第9　使用目的，用途等に関する特約

　現行の借地借家法では，堅固建物の所有かあるいは非堅固建物の所有を目的とするかの区別はないが，借地法2条では，堅固建物所有を目的とするものと，非堅固建物所有を目的とするものとでは借地権の存続期間が異なっていた。現在，存在する借地契約の多くは，合意更新か法定更新かは別にして，更新によって従前の借地法の適用を受ける借地契約であり，その意味において，使用目的や用途等が契約の重要な要素となってくるのは当然である。したがって，借地契約書には，必ず使用目的や用途等についての記載があり，使用目的や用途等について特約が締結されることが多い。そして，これらの特約に違反した場合に，借地契約を解除できるかどうかについては次のような判例がある。

（特約に基づく解除を認めた事例）

裁判例 100　最判昭和38年11月14日（民集17巻11号1346頁，判時359号20頁）

　借地権設定者の店舗の経営上，絶対必要な所有地の一部に，賃借人が土地の賃借範囲を越えて建物を建築したため，借地権設定者から再三にわたり，建物の収去を要請されていた状況の下で，「借地人Aの本件所有建物と地主Bの所有店舗とが右の如く極めて近接しており，本件借地上の借地人所有の建物の越境が地主Bの店舗経営上，非常な支障を及ぼすべきことの明白なこと，原判示の如き場合にあっては，右越境を目して結局本件借地15坪それ自体の用方違反，すなわち賃借人としての債務不履行ありというに妨げないとした原判決の判断は是認できる。」とした事例

裁判例 101　最判昭和39年6月19日（民集18巻5号806頁，判タ165号65頁）

特約が有効かどうかにつき，「所論は，本件土地賃貸借においてなされた，使用目的を木造2階建住宅及び店舗並びに貯炭場所有と制限し借地内において危険又は衛生上有害若しくは近隣の妨害となるべき事業をしない，との特約は，借地法11条に照らし，借地権者に不利な契約条件を付したものとして無効と解すべきところ，原審はこれを有効と前提して判断しているのは法令の解釈を誤るものであるというが，右のごとき使用目的等の制限に関する特約をもって所論条規により無効とする見解は，独自のものにすぎず，原審がこれを有効と解したことは正当というべく，所論は採用できない。」と判示し，「本件借地の約旨に基づく本来の用法は主として貯炭場を設けるためにあって建物としては木造の小規模のものの建築を認めたにすぎないところ，右借地上にコンクリートブロック造の堅固な石油貯蔵庫を建築して石油類を販売するということは，借地の本来の用法に牴触するものであり，かつ原判決認定のように被上告人の事前の明白な拒否にもかかわらずあえてこれを建築したという事情に徴すると，右建築をもって賃貸借における相互信頼関係を害せず用法違反としての違法性を阻却すると断定することは困難であるとした原判決の判断は，首肯できるところであ〔る〕」とした事例

裁判例 102　横浜地判昭和40年2月9日（判タ176号139頁）

「工場作業より生ずる強震音を2ケ年以内にハンマーの取替等に依り極力強音を除去し，尚それでも改善しないときはハンマーの取外し等を行い〔賃貸人〕の要請に応ずる。」旨の特約がある土地の賃貸借契約において，右の特約違反があるとして，土地賃貸借契約の解除を有効とした事例

裁判例 103　東京高判昭和48年10月30日（判時728号52頁）

「ところで，駐車場以外の右各建物の建築は別として本件土地を上記規模の有料駐車場として使用することは，木造住宅，木工場の所有ないしは材木置場とするという契約所定の本件土地使用目的に牴触し，これについてAないし被控訴人の承諾がない限り本件土地賃貸借における用法違反として少くとも右駐車場用地部分に関する限り，当事者相互の信頼関係を基礎とする賃貸借における信頼関係を破壊するものとして契約解除の原因となるものといわなければならない。」

裁判例 104　東京地判昭和50年3月31日（判時795号58頁）

土地の使用目的につき，賃借人の業務のために社宅，工場敷地等を目的とする敷地として使用するとの約定に基づき，賃借人が本件土地のみを従前からの他の賃借地と切り離して賃借人所有地と一体となった駐車場として使用していることは，本件賃貸借契約当時予定していた本来の使用目的とは全く異なった使用であるとして，賃借人に土地の用法違反があるとした事例

裁判例 105　東京地判昭和50年6月30日（判タ327号233頁）

「土地の賃貸借契約において，賃借人が一定の期限までに建物を建築する特約がある場合であっても，賃借人の建築資金の入手難や請負人の工事遅延など賃借人に宥恕すべき事情があって，この特約に違反したときは，直ちに賃貸借契約関係における信頼関係を破壊する事由があるといえないことは当然であるが，本件における前記の事実によれば，被告Y1は，何ら正当な事由がないのにかかわらず，建物建築期限内に約定の木造2階建家屋を建築しなかったのみならず，その期限の経過前に原告に無断で本件土地上に駐車場を建設し，本件土地を建物所有の目的ではなく，主として被告Y2の経営するボーリング場の来客用駐車場として永続的に使用しているものというべきであるから，社会通念上，被告Y1は，賃貸借契約において定められた用法に違背し，賃貸借契約関係における信頼関係を破壊し，賃貸借契約の継続を困難ならしめたものといわなければならない。」

裁判例 106　東京高判昭和51年3月30日（判時813号38頁）

「このように本件建物は地上部分が木造であるにせよ，これを積載し，全体の基本的構成部分をなす地下室が鉄筋コンクリートで造られているので，全体として，普通の木造建物に比較して著しく耐久力，堅牢性を有するものと認めることができるから，仮にこれを撤去することが技術的にみて絶対に不可能でないにしても，いわゆる堅固の建物に該当することは否定できない。されば，本件建物を建築した控訴人の行為は本件土地の用方に違反するものといわなければならない。」

裁判例 107　名古屋地判昭和58年4月22日（判時1085号107頁）

「以上の事実関係によれば，被告は本件各土地の用法に関し賃借人としての義務に違反したのみならず，本件賃貸借契約締結の際及び前記農地転用届書の届出後の被告の所為及び態度からみれば，賃貸人である原告としては，被告が将来も賃借人としての義務を誠実に履行することは到底期待しえないものというべきであるから，このような被告の所為及び態度は本件賃貸借契約の即時解除の原因となりうるものと解するのが相当である。」

参考裁判例　東京地判平成元年8月29日（判時1348号96頁）→裁判例87

裁判例 108　東京地判平成元年12月27日（判時1361号64頁，金判854号34頁）

「以上の事実によれば，本件建物は，いわゆる重量鉄骨造であって，かつその工法上，堅牢性，耐火性，解体収去の困難性のいずれの観点からも，HD型を大幅に上回る堅固建物と認められ〔る〕」として，用法違反による契約解除を認めた事例

参考裁判例　東京地判平成3年2月25日（判時1403号39頁）

第9 使用目的，用途等に関する特約／特約に基づく解除を認めなかった事例　47

裁判例 109　東京地判平成6年1月25日（判時1517号78頁，判タ872号229頁）

「前記認定したところからすれば，被告らの行った掘削工事は，本件土地のほぼ全域にわたって地面を深さ2メートル以上まで掘り下げ，大量の土を搬出するという大規模なもので，そのため湧水が生じ，近隣にも支障が生ずるといった事態を招いており，しかも，右工事の結果，これを埋戻しても，現状では地盤の軟弱化のため，建物建築には一定の補強が必要とされる程に，土地の形質に影響を及ぼしたものであって，右工事は，本件土地の形状を著しく変更するものというべく，原告の同意なくして土地の形状を変更してはならないとの約定に違反することは明らかである。」

（特約に基づく解除を認めなかった事例）

裁判例 110　東京地判昭和32年7月17日（判時123号14頁）

「賃借地内に於て危険又は衛生上有害若くは近隣の妨害と為るべき事業を為さざること」という特約のある建物所有目的の土地の賃貸借契約において，「いわゆる『近隣の妨害となるべき事業をなさざること』」という条項は，近隣の居住者に対する貸主の道義的責任感から挿入された条項で，借地契約におけるその比重は地代の滞納や用法又は保管義務の違反などにくらべてかなり軽度のものとみるのが相当であろう。この比重の軽るさと前段認定の各般の事情を綜合すれば，原告が本訴において前記契約解除の効果を主張して被告等に土地の明渡を請求することは，法律上の形式論理としては格別，社会生活の実際においては著しく妥当を欠き，いわゆる権利の濫用としてこれを許容しないのが相当であると考える。」とした事例

裁判例 111　東京地判昭和44年12月24日（金判471号14頁）

「前記認定事実に照らすと，昭和21年11月の本件賃貸借契約締結当初においては，被告の作業所使用のための貸借とし，期間も10年と定められたけれども，居宅用建物の築造が決して不可能というものではなく，ただそれについては貸主である原告の承諾を要するものとされていたところ，被告が同地上に建築したものは単なる大工用の作業所ではなく，作業所と居宅の兼用建物であることが明らかである。そして，右建物につき原告はかかる事情を熟知しながら，何ら異議を述べなかったことは，同居宅用建物に対し，少なくとも黙示の承諾を与えたものとみざるを得ない。」

参考裁判例　高松高判昭和47年10月31日（判時689号80頁，判タ286号231頁）

裁判例 112　最判昭和47年11月16日（民集26巻9号1603頁，判時689号70頁，判タ286号223頁）

「賃貸借の当事者の一方に，その義務に違反し，信頼関係を裏切って賃貸借関係の継続を著しく困難ならしめるような行為があった場合には，相手方は催告を要せず賃貸借契約を解除することができるが（最高裁昭和29年（オ）第642号同31年6月26日第三小法廷判決・民集10巻6

号730頁)，ここにいわゆる義務違反には，必ずしも賃貸借契約（特約を含む。）の要素をなす義務の不履行のみに限らず，賃貸借契約に基づいて信義則上当事者に要求される義務に反する行為も含まれるものと解すべきである。〔略〕そして上告人は，被上告人Ｙの右行為は本件賃貸借の使用目的に違反するとともに，右無免許営業は道路運送法4条1項に違反し，また，トラックのはみ出しは公衆の通行を妨害し，これに危険をも与えているので，かかる被上告人Ｙの行為は土地賃貸借契約上の信義則に反し，本件賃貸借契約解除の原因となると主張している。しかしながら，被上告人Ｙが右行為につき行政上の取締や処罰（道路運送法128条）を受けたり社会的に非難されることがあるとしても，それがただちに賃貸人である上告人において法律的，社会的な責任を負うべき事由となるものでないことはいうまでもなく，しかも，なんらかの理由でこれにつき上告人に責任が及び，同人が損害や迷惑を被るような特段の事情は，原審の認定しないところである（とくに原審は，被上告人Ｙの行為につき歩行者や近隣から苦情が出たことはないと認定している。）。そして，以上の行為が本件賃貸借の使用目的に違反しないとした原審の判断は，首肯することができる。」

裁判例 113 東京地判昭和48年3月20日（判時724号50頁）

「そこで，右事実を前提として，原告の解除に理由が存するか否かを逐次検討する。

(二) 使用目的違反について

右事実によると，被告らの本件土地の駐車場としての利用は旧建物取毀後新建物の建築資金等建築準備ができるまでの暫定的，一時的利用に過ぎず，右駐車場の施設である差し掛け式の屋根やフェンス等はいずれも収去して原状に復することが容易なものであり，コンクリートの全面舗装も本件土地の形状を著しく変更したものとはいえず，本件土地が一時駐車場として利用されることによって地主である原告に不利益を与えるとは考えられない上，本件借地の東側半分には被告ら所有の建物が依然として存在しているのであるから，全体的にみても，個別的にみても，右駐車場としての利用は本件土地の使用目的に本質的な変更を加えるものではなく，未だ約定の用法に違反するものとまでは認めがたい。

原告は，借地法によって保護を受け得るのは建物所有及びこれに伴って通常必要な範囲に限られ，借地上に建物が存在しないときやこれを他の用途に使用するときは同法の保護は及ばず，また借地を有料駐車場に使用しても借地法の保護を受けうるとするならば，資本投下なき借地人に対し地主と比べ法外な利益を是認することになると主張する。しかしながら原告の所論は，被告らが本件土地を恒久的・永続的に建物所有の目的ではなく駐車場として使用する目的であるときは考慮に値するかも知れないが，被告らの本件駐車場としての利用は暫定的・一時的なものに過ぎないから，本件においてはにわかに採用し難い。

(三) 建物滅失通知義務（特約）違反について

〔証拠略〕によると，原告と被告らとの間の本件借地の賃貸借契約には，原告主張の建物滅失通知義務の特約に続いて，「前項の場合，借地人が更に建物を建築せんとするときは，その種類・構造等につき起工前に予め地主に通知すること」も特約されていることが認められ，これらの特約は主として原告が借地法第7条に定める地主の異議を述べる必要がある場合に，その時機

を失わしめられないようにすることを慮って定められたものと解されるのであって，被告らに旧建物滅失後その通知をしなかった義務違反があったとしても，被告らは未だその跡地に新建物を建築する工事をしておらず，原告の右異議申出の機会を奪ったわけではないから，右特約によって原告に与えられた利益はほとんど害されていないということができ，この程度の義務違反を理由に原告が賃貸借契約を無催告で即時解除する権利を取得することは，信義則上許されないといわなければならない。

(四)　無断転貸について

仮に被告らが原告から賃借中の本件土地を有料駐車場として第三者に使用させていることが本件土地の転貸に当たるとしても，それは建物新築の準備ができるまでの一時的なものであり，原告に対し何ら実質的な損害を及ぼすものではなく，そのほか先に説示した諸事情を勘案すると原告に対する背信行為と認めるに足りない特段の事情が存するというべきである。」

参考裁判例　東京地判昭和51年5月13日（判時843号79頁）➡裁判例68
　　　　　　大阪地判昭和55年2月14日（判タ416号168頁）
　　　　　　札幌高判昭和55年9月29日（判タ426号146頁）

裁判例 114　東京高判平成2年4月26日（判時1351号59頁）

「控訴人らは，本件土地上の建物を従前貸家として使用していたが，1年以上にわたり借手がつかず空き家のままであって，庭には雑草がはびこり，浮浪者が入り込んだりして火災の発生する危険もあったので，建物がかなり老朽化していることも考慮して，とりあえず本件土地を駐車場として使用する目的で，前示のとおり建物の取壊し，整地及びアスファルト舗装をしたことが認められる。〔略〕控訴人らが右建物を取り壊したのはそれなりの合理的理由に基づいており，右有料駐車場としての利用は，利用者の利用関係の解消は困難ではなく，暫定的かつ小規模なものであってその原状への復元も容易であり，更に，右建物取り壊し後の被控訴人側の対応を考慮すると，控訴人らが，裁判所に改築の許可を申し立てるなどして速やかに本来の用法に復するよう努めなかった点を一概に強く非難することはできない。そうすると，〔略〕控訴人らが，被控訴人から賃借している本件隣地及び他の土地について，以前その地上建物の建替え又は修理について紛争があった事実を斟酌しても，なお控訴人らと被控訴人との間の本件賃貸借契約関係は，控訴人らの前示行為によっては未だ解除を相当とするほど信頼関係が破壊されたものとはいえないというべきである。」

参考裁判例　東京地判平成3年12月19日（判時1434号87頁）➡裁判例405

裁判例 115　東京地判平成4年7月16日（判時1459号133頁）

(一)　本件賃貸借契約が建物所有を目的とするものであること及び被告が本件賃貸借契約締結以降，現在に至るまで19年以上の間，本件土地上に建物を建築することなく，本件土地を駐車場として使用していることの各事実は，いずれも当事者間に争いがない。

そこで右各事実に基づいて検討するに，一般に土地賃貸借契約が建物所有を目的とするもの

であっても，賃借人が賃貸人に対し，契約締結時以降の一定期間内に，建物を建築することを特に約する場合のほか，賃貸人が賃借人の建築する建物につき，一定の時期までに財産上の権利を取得し又は義務を負担することが当事者間で合意されている等の特段の事情がある場合を別にすれば，賃借人において，当然にその賃貸借契約上の債務として相当期間内に建物を建築すべき義務を負うものと解することはできないところ，これを本件について見ると，原，被告間に建物建築の特約があったことも，本件賃貸借関係において右の特段の事情があったことも，いずれもこれを認めるに足りる証拠はないから，被告が本件土地上に建物を建築すべき義務を負うものとはいえない。

（二）もっとも，原，被告間で，前示のとおり建物所有を目的とすることが合意されているから，本件賃貸借契約上，被告が本件土地を建物所有というその合意された目的以外の用途に使用しないという消極的な内容の債務を負担するものと解することができ，そうであるとすれば，本件土地を駐車場として使用する被告の右行為は，仮にそれが自己使用のためのものであるとしても，本件賃貸借契約により定められた用法にその限りにおいて違反するものといわざるを得ない。

しかしながら，〔証拠略〕によれば，被告は，本件土地を整地した以外には，何ら本件土地に変更を加えることなく，その整地済みの状態のままで駐車場として使用しているものであること及び原告は，被告が本件土地を駐車場として使用していることを認識しながら，前記の本件賃貸借契約解除の意思表示をするまでの間，被告に対して何ら異議等を述べたことがないことの各事実が認められるのであって，右各事実によれば，被告に右に指摘したような消極的な意味合いにおける用法違反の事実があっても，本件では，いまだ原，被告間の信頼関係を破壊するに足りない特段の事情が存在するものというべきであり，したがって，被告の右のような用法違反のみを理由としては，原告が直ちには本件賃貸借契約を解除することはできないものといわなければならない。

なお，原告は，建物所有目的の土地賃借人が長期間にわたって建物を建築せず，その後建物を建築する場合には，建物の朽廃時期がそれだけ先になって賃貸人が不利益を被る旨主張し，なるほど，借地法上，土地上に建物が存在している場合には賃貸人による更新拒絶が制限されるなどの規定が存することに鑑みれば，建物の朽廃時期が先になることによって賃貸人が事実上不利益を被る可能性があることは否定できないけれども，土地賃借人が長期間にわたって建物を建築しなかったというような事情は，普通には，当該事案に応じ，賃貸人による更新拒絶の際における正当の事由の有無の判断において斟酌されるにとどまる事情と解すべきであるから，本件賃貸借の賃貸人である原告が右のような不利益を被る可能性があるとしても，そのことも，被告の前記のような用法違反が原，被告間の信頼関係を破壊するに足りないとの前記の判断を左右するものとはいえない。」

裁判例 116 東京地判平成28年6月15日（判例秘書L07131391）

「(1) 借地上に築造する建物の種類，構造，規模又は用途等の借地条件は，土地賃貸借契約の基本的な内容そのものであって，当事者が自由に定めることができるものである。もっとも，

建物所有のために土地の安定した利用を図るという社会目的を有する借地借家法の立法趣旨に鑑み，著しく借地権者の権利を制限するような特約は，それ自体無効というべきである（借地借家法9，16，21条）。

本件特約は，目的物の用法として，賃借人自ら住居として使用することを定めるものであるところ，かかる特約は，著しく借地権者の権利を制限するものとはいえず，特約自体は有効である。

(2) この点，証拠〔略〕によれば，被告Y1は，本件賃貸借契約締結前から原告から賃借していた，甲建物の道路向かいにある自宅が手狭であることもあり，甲建物に家財を置き，庭でガーデニングをしたり，来客を迎えたり，テレビを見たりしてくつろいだりする家屋として使用しており，また，乙建物については，主として，絵のアトリエとして使用していることが認められ，亡B及び被告Y1は，自ら，住居として使用していたものといえる。

その上，亡B及び被告Y1が，本件賃貸借契約締結前から，甲建物の道路向かいにある建物を自宅として居住していたことは当事者間に争いのないところであり，証拠（原告代表者）によれば，原告も，本件特約の趣旨について，亡B及び被告Y1が本件建物を住所として定めたり，生活の本拠とするものではなくてもよく，亡B及び被告Y1が使用していればよいと認識していることが認められることからしても，亡B及び被告Y1による本件建物の利用方法は，本件特約に反するものではないことは明らかである。

したがって，被告らが，本件特約に違反しているとは認めることはできず，この点に関する原告の主張には理由がない。」

第10　賃料不払いと無催告解除特約

借地契約において，特約として，賃料の不払いがあった場合には，借地権設定者から借地権者に対し，催告なしで土地の賃貸借契約を解除できる旨の特約を締結することがある。この賃料不払いによる無催告解除特約がそもそも有効かどうかについては，次に掲げる昭和40年7月2日の最高裁判決により，有効であるとされている。しかし，この特約違反によって，借地権設定者から借地権者に対する無催告解除の意思表示がすべて認められるというわけではない。

以下は，無催告解除が認められた事例と認められなかった事例である。

（特約に基づく無催告解除を認めた事例）

裁判例 117　最判昭和40年7月2日（民集19巻5号1153頁，判時420号30頁，判タ180号95頁）

「借地法11条の規定は，土地賃借人の義務違反である賃料不払の行為をも保護する趣旨ではない。したがって，土地賃借人に賃料の不払があった場合には，賃貸人は催告を要せず賃貸借

契約を解除できる旨の所論特約は，同条に該当せず，有効である。」

参考裁判例　借家について，最判昭和43年11月21日（民集22巻12号2741頁，判時542号48頁，判タ229号145頁）➡裁判例368

裁判例 118　東京高判昭和50年8月22日（金判482号7頁）

　賃借人の地代支払態度には長年にわたって誠意を欠くものがあり，むしろ賃借人こそ賃貸関係における信頼関係の維持を軽んじた者として自らその責めに任ずるほかはなく，賃料は毎月月末払いとし，その遅滞が6か月に達したときは無催告で契約を解除しうる旨の調停条項が適法に成立している以上，本件契約解除にいたるまでの諸事情を総合勘案するときは，賃貸人が同契約解除の挙に出たことをもって，信義則に違背するといえないのはもとより，権利の濫用と目することもできないとした事例

裁判例 119　最判昭和50年11月6日（金法782号27頁）

　「家屋又は土地等の賃貸借契約において，賃料の遅滞を理由に催告なしで契約を解除することができる旨を定めた特約条項は，賃料の遅滞を理由に当該契約を解除するにあたり，催告をしなくても不合理とは認められない事情が存する場合には，催告なしで解除権を行使することが許される旨を定めた約定として有効と解すべきところ，（最高裁昭和42年（オ）第110号同43年11月21日第一小法廷判決・民集22巻12号2741頁参照），原審の確定した事実関係のもとにおいては，被上告人らが，上告人会社に対し，催告することなく賃料の遅滞を理由とした本件土地の賃貸借契約解除を有効とした原審の判断は，正当として是認することができ，原判決に所論の違法はない。」

裁判例 120　東京地判平成15年8月28日（判例秘書 L 05833467）

　「かかる滞納額及び滞納の経緯，更新料支払の交渉の経緯等に照らせば，原告が本件賃貸借解除後に代払いを申し出，地代代払い許可決定を得て供託をしたとの事実を考慮しても，信頼関係を破壊しない特段の事情にあたるとは認め難い。また，被告と原告との交渉において，原告は，被告が本件賃貸借が有効であることを認めていたと主張するが，これに沿う甲17，証人Aをもってしても，被告が本件承諾書の法的性格などについて十分検討等した上で，積極的に本件賃貸借が有効であることを認めた趣旨と認めるに足りるものではない。むしろ，被告は当初から本件承諾書を知らないと述べ，弁護士に相談して回答するとの意向を明確にしていたものであり，前記認定のとおり，原告の主張が正当である可能性を認識し，後で弁護士と相談して決定しようとの考えで原告の説明，主張を受けとめていたにすぎないとも十分考えられるところである。したがって，被告が当初，本件賃貸借が有効であることを否定せずに原告との交渉を行ったことを信頼関係を破壊しない事情として考慮することは相当でない。以上によれば，本件賃貸借において，信頼関係を破壊しない特段の事情があると認めることはできない。」

（特約なし，無催告解除を認めた事例）

裁判例 121　千葉地判昭和61年10月27日（判時1228号110頁）

「ところで，借地法12条2項は，賃料の増額請求がなされても，当事者間に協議が調わないときは，借地人は，増額を正当とする裁判が確定するに至るまでは，『相当と認める地代』を支払えばよい旨規定している。そして，右にいわゆる『相当と認める地代』とは，客観的な適正額ではなく，原則として，『借地人が相当と認める地代』でよいと解される。けだし，借地法12条2項はその後段において，増額を正当とする裁判が確定したときには，既払額との差額と，それに対し年1割の割合による支払期後の利息を支払わなければならない旨規定し，同条同項前段において，借地人が自ら相当と認める地代を支払えばよいとしたこととのバランスをはかっているものと解されるからである。

しかしながら，いくら原則として『借地人が相当と認める地代』でよいといっても，その額がいくらでもよい，というわけではなく，その額が特段の事情もないのに従前の地代額よりも低い額であったり，適正地代額との差があまりにも大きいとき等には，債務の本旨に従った履行という評価をすることができず，背信行為ありとして契約解除の効力を認めるべき場合もあり得るものといわなければならない。」とし，非常に長い期間にわたり，一見して著しい低額を供託し続けたため，信頼関係が破壊されたとして，賃貸人からの契約解除を認めた事例

参考裁判例　名古屋高判昭和56年10月27日（判タ460号111頁）
　　　　　　横浜地判昭和62年12月11日（判時1289号99頁）

裁判例 122　東京地判平成元年3月6日（判時1343号75頁）

「しかし，賃料減額請求がされた場合，当事者間に協議が調わないときは，減額を正当とする裁判が確定するまでは賃貸人は相当と認める賃料を請求することができるのであるから（借地法12条3項），賃借人は，自己の減額請求にかかる賃料額を相当であると考えても，その額を支払うことによって賃料債務を免れることはできず，反面，少なくとも従前の賃料額を支払っていれば債務不履行の責めを免れることができるのである。このことは，本件のように賃貸人である原告が賃料増額請求をし，これに対して賃借人である被告が減額の事由があるとして賃料減額の請求をした場合においても同様である。〔略〕本件土地の西側に隣接にする原告所有の土地上に，同土地の賃借人が2階建建物を建替えて6階建建物を建築したため，本件建物内の3室の採光に悪影響を生じたことが認められるけれども，右認定の事実によっても，昭和58年5月当時被告が右3室の貸室契約の解約又は賃料引下げを余儀なくされて経済的損失を被り，引いてそれが原告に対する本件土地の賃料減額請求の正当な理由を構成するに至ったと認めるには足らない。したがって，原告が従前の賃料額を維持してそれ以上の額の賃料を請求する限りにおいて，従前の賃料額が，賃貸人が相当と認める賃料の最下限をなすものであることは否定できない。いずれにしても，被告は少なくとも従前の賃料額を支払わなければ債務不履行の責を負うべきものである。ところが，被告は一方的に減額した賃料の支払を続けたもので，しかもその額は4万5624円で，従前の賃料額6万5624円の約3分の1にも当たる2万円を減額し

たものであって，とうてい賃料債務の履行があったと認めることができないものである。そうすると，被告は本件土地の賃料につき原告の催告にかかる期限である昭和60年5月25日（原告は昭和60年5月24日であると主張するが，採用できない。）までに債務の本旨に従った履行をしなかったというほかなく，原告のした解除は有効である。」

参考裁判例　福井地判平成4年2月24日（判時1455号136頁）

裁判例 123　松山地判平成5年10月26日（判時1524号113頁）

「旧借地法12条2項は，賃貸人から賃料の増額請求があった場合において，当事者間に協議が整わないときには，賃借人は，増額を相当とする裁判が確定するまでは，従前賃料額を下回らず，主観的に相当と認める額の賃料を支払っていれば足りるものとして，適正賃料額の争いが公権的に確定される以前に，賃借人が賃料債務の不履行を理由に契約を解除される危険を免れさせるとともに，増額を確認する裁判が確定したときには，不足額に年1割の利息を付して支払うべきものとして，当事者間の利益の均衡を図った規定である。もっとも，賃借人が固定資産税その他当該賃借土地に係る公訴公課の額を知りながら，これを下回る額を支払い又は供託しているような場合には，その額は著しく不相当であって，これをもって，債務の本旨に従った履行ということはできないともいえよう（最高裁平成5年2月18日判決・判例時報1456号96頁）。」として，本件については，供託賃料額は著しく不相当な金額であり，これをもって債務の本旨に従った履行とは言えない上，被告の態度は賃貸借当事者として著しく信義則に反し，当事者間の信頼関係を破壊するものであるとして，契約の解除を認めた事例

参考裁判例　東京高判平成6年3月28日（判時1505号65頁）

（特約に基づく無催告解除を認めなかった事例）

裁判例 124　大阪高判昭和48年8月20日（判時719号47頁，判タ300号218頁）

「引き続き3カ月分以上の賃料の履行遅滞があれば賃貸人は催告を要することなく賃貸借契約を解除しうる旨の特約に基づき，3カ月分の賃料の履行遅滞により賃貸人が契約解除権を取得した後（契約解除権行使前），賃借人が3カ月分の延滞賃料のうち2カ月分の賃料の現実の提供を賃貸人にした場合，賃貸人が，3カ月分の延滞賃料全部を提供しなければ受領できないとして，右2カ月分の賃料の受領を拒絶したとき，賃借人は，右提供によって，右2カ月分の賃料について履行遅滞の責を免れ，3カ月分の賃料の履行遅滞により賃貸人が一たん取得した契約解除権は消滅すると解するのが相当である。けだし，賃料債務は，各期の債務がそれぞれ一個の債務をなすものであり，3カ月分の履行遅滞により3カ月分の賃料が一個の債務に変化するものではなく，また，遅延損害金（その額は僅少である）を付加して提供しなかったことや提供が賃貸人の契約解除権取得後になされたことは，右2カ月分の提供を債務の本旨に従わない提供と解する理由として不十分であるからである。」

参考裁判例　東京地判昭和51年3月15日（判時831号54頁）

第10　賃料不払いと無催告解除特約／特約に基づく無催告解除を認めなかった事例

裁判例 125　最判昭和51年12月17日（民集30巻11号1036頁，判時848号65頁，判タ348号191頁）

「家屋の賃借人が賃料の支払を1か月分でも怠ったときは，賃貸借契約は当然解除となり，賃借人は賃貸人に対し直ちに右家屋を明け渡す旨を定めた訴訟上の和解条項は，和解成立に至るまでの経緯を考慮にいれても，いまだ右信頼関係が賃借人の賃料の支払遅滞を理由に解除の意思表示を要することなく契約が当然に解除されたものとみなすのを相当とする程度にまで破壊されたとはいえず，したがって，契約の当然解除の効力を認めることが合理的とはいえないような特別の事情がある場合についてまで，右賃料の支払遅滞による契約の当然解除の効力を認めた趣旨の合意ではないと解するのが相当である。」

裁判例 126　東京地判昭和52年11月29日（判時894号92頁）

「賃借人が賃料支払を1か月でも怠った場合は，賃貸人は何らの催告を要することなく賃貸借契約を解除することができる。」旨の特約がある場合において，「右認定事実によれば，被告は，本件契約を確認後，しばしば賃料の支払を1か月ないし2か月遅れの割合で延滞してきたが，原告から直接その遅延を咎められることもなく，これまで二度にわたる原告の賃料増額要求に対して全面的に応じてきたものであって，何らの反目もなく，本件の賃料不払分が5か月間の長期にわたるもので客観的には著しい義務違反といえるものの，右は賃料支払担当者の失念によるものであり，しかも，本件土地の収用開始の告示がなされた後のことであって，近い将来，本件土地が道路とされ，原告と被告が本件契約による地主，借家人の地位に基づき一定の割合をもって損失補償がなされる予定であったことが認められ，このような事実関係のもとにおいては，被告の賃料不払は，背信行為と認めるに足りない特段の事情があるものというべきである。したがって，被告の賃料不払によって本件契約の解除権は発生しないものというべく，よって原告の本件契約解除の意思表示は無効といわざるをえないから，被告の抗弁2は理由がある。」

裁判例 127　東京高判昭和53年12月18日（判時919号65頁，判タ378号98頁）

無催告解除特約付きの土地の賃貸借契約において，賃借人が5か月分の賃料の支払いを遅滞した場合でも，当該特約による解除に値する背信行為と認めるに足りない特段の事情があるとして，解除の意思表示は効力を生じないとした事例

参考裁判例　東京地判昭和56年12月16日（判時1042号109頁，判タ470号143頁）

裁判例 128　東京高判昭和61年9月17日（判時1210号54頁，判タ629号164頁）

賃料の支払いを2回以上怠ったときは無催告で契約を解除できる旨の特約がある土地の賃貸借契約において，催告をしなくてもあながち不合理とは認められないような事情が存在するというには躊躇されるとして，特約に基づく解除の意思表示を無効とした事例

参考裁判例　東京地判平成 6 年 11 月 28 日（判時 1544 号 73 頁，判タ 886 号 183 頁）→裁判例 89

裁判例 129　東京高判平成 8 年 11 月 26 日（判時 1592 号 71 頁）

　賃料の支払いを 2 か月分以上怠ったときは，通知催告を要しないで契約を解除できる旨の特約がある土地の賃貸借契約において，遅滞分が 4 か月分にとどまることや本件賃貸借契約の従前の経過，借地権の価格等の事実関係を総合し，賃貸借契約における信頼関係を破壊するに足りない特段の事情があるとして，賃貸人の賃借人に対する賃貸借契約解除の意思表示はその効力を生じないとした事例

（特約なし，無催告解除を認めなかった事例）

裁判例 130　最判昭和 35 年 6 月 28 日（民集 14 巻 8 号 1547 頁）

　賃借人が，しばしば賃料の支払いを遅滞し，直近でも約 11 か月分の賃料を支払わなかった場合においても，民法 541 条により賃貸借契約を解除するには，他に特段の事情が存しない限り，なお，同条所定の催告を必要とするとした事例

参考裁判例　東京高判昭和 44 年 5 月 19 日（判時 558 号 60 頁，判タ 239 号 236 頁）
　　　　　　神戸地判昭和 52 年 8 月 8 日（判時 884 号 94 頁）

裁判例 131　最判昭和 53 年 11 月 30 日（判時 914 号 54 頁）

　「右事実関係に照らせば，上告人が，従前統制額が比較的低額であったころはこれをかなり超過する賃料を受領しておきながら，統制額が昭和 47 年以降比較的急激かつ大幅に増額され適正額をも上回るに至った状況下でこれに乗じて大幅な賃料の増額を請求し，被上告人 Y から右増額に関して前記のような提案があったのに自己の主張する賃料額を固執してこれに応ぜず，右増額請求に関して同被上告人に債務不履行があるとして本件賃貸借契約を解除するのは，信義則に反し，権利の濫用というべきであるとした原審の判断は，正当として是認することができ，その過程に所論の違法はない。」

参考裁判例　東京地判昭和 54 年 10 月 19 日（判タ 416 号 166 頁）

裁判例 132　東京高判昭和 54 年 12 月 18 日（判時 956 号 65 頁，判タ 407 号 85 頁）

　「そこで，以上の事実に基づいて考察するに，控訴人には，前示漏水事故による損害賠償の問題の解決を促進すべく賃料の支払を拒み，消防署の勧告を無視する態度を続けるなど咎むべき点がないではないが，右未払賃料も被控訴人からの本件賃貸借契約解除の通告に接して間もなく支払い，その後右損害賠償問題も示談によって解決し，右賃貸借契約の継続を望んでいるというのであって，これに控訴人と被控訴人間における本件賃貸借契約関係の推移，本件建物部分につき漏水等の事故が相次いで発生し，前示のような交渉が持たれた事実等諸般の事情経緯

を考量すると，控訴人の右賃料不払が本件賃貸借契約の存続を否定しなければならない程に背信的なものとは到底認めることができない。また，右の他に，控訴人と被控訴人との右賃貸借契約における信頼関係を破壊したとする特段の事情を認めるに足りる証拠も存しない。」

参考裁判例　東京地判昭和56年7月15日（判タ465号139頁）
　　　　　　名古屋高判昭和58年10月27日（判タ521号140頁）
　　　　　　東京地判平成元年12月27日（判時1359号78頁）
　　　　　　東京地判平成2年12月14日（判時1397号40頁，判タ765号216頁）

第11　賃借権の譲渡，転貸禁止等特約

民法612条1項は，「賃借人は，賃貸人の承諾を得なければ，その賃借権を譲り渡し，又は賃借物を転貸することができない。」と規定し，2項で「賃借人が前項の規定に違反して第三者に賃借物の使用又は収益をさせたときは，賃貸人は，契約の解除をすることができる。」旨規定している。しかし，借地借家法19条1項は，賃貸人に不利となるおそれがないにもかかわらず，賃借権の譲渡又は転貸を承諾しないときは，裁判所が賃貸人の承諾に代わる許可を与えることができる旨を規定している。そして，賃借権の譲渡又は転貸の禁止等についての特約が設けられることがあるが，特約の効果がそのまま認められるかどうかについては，次のような判例がある。

（特約による解除を認めた事例）

裁判例 **133**　東京地判平成18年3月15日（判例秘書L06130250）

「本件土地の賃借権の無断譲渡ないし借地権付き建物の無断売買や譲渡を禁止した本件賃貸借契約における特約条項に違反した被告らの行為は，その態様において悪質かつ重大というべきあるから，本件賃貸借契約の信頼関係は破壊しているものと認められるというべきである。」として，賃貸借契約の解除を認めた事例

（特約による解除を認めなかった事例）

裁判例 **134**　最判昭和44年1月31日（判時548号67頁，金判153号9頁）

「賃借人が賃貸人の承諾を得ないで賃借権を譲渡しもしくは賃借物を転貸した場合においても，賃貸人と賃借人との間の信頼関係を破壊するに足りない特段の事情があると認められるときには，賃貸人は，民法612条に基づいて賃貸借契約を解除することができないものと解すべきである。そして，この理は，土地の賃貸借契約において，賃借人が賃借権もしくは賃借地上の建物を譲渡し，賃借物を転貸しまたは右建物に担保権を設定しようとするときには賃貸人の

承諾を得ることを要し，賃借人がこれに違反したときは賃貸人において賃貸借契約を解除することができる旨の特約がされている場合においても，異ならないものと解するのが相当である。」

(特段の事情と主張・立証責任)

裁判例 135 最判昭和44年2月13日（民集23巻2号316頁，判時551号46頁，判タ233号77頁）

「賃借権譲渡に賃貸人の書面による承諾を要する旨の特約は，賃貸借契約において賃貸人の承諾の有無についての法律関係を明確にし将来の紛争を避けることを目的とするものであって，かかる合理的目的をもってなされる法律行為の方式の制限についての合意は有効であると解すべきである（最高裁判所昭和41年（オ）第483号，同41年7月1日第二小法廷判決，裁判集民事84巻7頁参照）。しかしながら，かかる特約がなされたにかかわらず賃借人が賃貸人の書面による承諾を得ないで賃借権を譲渡した場合であっても，前記特約の成立後にこれを変更し右書面による承諾を不要とする旨の合意が成立するか，または，前記書面による承諾を必要とした特約の趣旨その他諸般の事情に照らし，右譲渡が賃貸人に対する背信的行為であると認めるに足りない特段の事情が存する事実について，賃借人から立証がなされた場合には，賃貸人は前記特約に基づき賃貸借を解除することは許されないと解するのが相当である。」

裁判例 136 最判昭和44年2月18日（民集23巻2号379頁，判時550号58頁，判タ233号78頁）

「物の賃貸人の承諾を得ないで賃借権の譲渡または貸借物の転貸借が行なわれた場合には，右賃貸人は，民法612条2項によって当該賃貸借契約を解除しなくても，原則として，右譲受人または転借人に対し，直接当該賃貸物について返還請求または明渡請求をすることができるものと解すべきである（最高裁判所昭和25五年（オ）第87号同26年4月27日第二小法廷判決，民集5巻325頁および最高裁判所昭和25年（オ）第125号同26年5月31日第一小法廷判決，民集5巻359頁参照）。もっとも，右の場合においても，それが賃貸人に対する背信行為と認めるに足りない特段の事情があるときには，賃貸人は，民法612条2項によって当該賃貸借契約を解除することができず，右のような特段の事情があるときにかぎって，右譲受人または転借人は，賃貸人の承諾をえなくても，右譲受または転借をもって，賃貸人に対抗することができるものと解すべきである（最高裁判所昭和32年（オ）第1087号同36年4月28日第二小法廷判決，民集15巻1211頁および最高裁判所昭和39年（オ）第25号同年6月30日第三小法廷判決，民集18巻991頁参照）。そして，右のような特段の事情は，右譲受人または転借人において主張・立証責任を負うものと解すべきである。」

(借地上の建物が第三者の所有に属したときは，賃借権は当然に消滅する旨の特約)

裁判例 137 最判昭和40年6月4日（裁判集民79号323頁）

「論旨は，賃借土地上の建物その他の付属物が第三者の所有に属したときは賃借権は当然に消

滅する旨の特約が，借地法11条に違反しないとした原判決は同法条の解釈適用を誤ったものであるという。

しかし，賃借地上の建物の所有権が第三者に移転したときは，特段の事情のないかぎり，これに伴って右土地につき賃借権の譲渡もしくは転貸がなされたものと認めるべきであり，賃借権の無断譲渡もしくは賃借地の無断転貸がなされたときは，賃貸人は，賃借人の右行為が賃貸人に対する背信行為と認めるに足りない特段の事情がある場合にかぎり，賃貸人は右無断転貸を理由として賃貸借契約を解除し得ないけれども，かかる特段の事情のないかぎり，賃貸人は催告を要せずいつでも右賃借権の無断譲渡または転貸を理由として賃貸借契約を解除しうるのであり，従って，賃貸人と賃借人との間において，賃貸人の承諾なくして第三者に賃借権の譲渡もしくは転貸をしたときは賃貸借契約は当然に終了する旨の合意をすることは，なんら賃借人に不利な特約をしたものとはいえない。そして，原審は，本件第4目録記載の土地の賃借権の消滅を認めるについては，賃借人Yの本件賃貸人たる被上告人に対する背信行為と認めるに足りない特段の事情が存しないと判断していることが窺われる。論旨引用の当裁判所判例は，その具体的事案を異にするものであって，本件に適切ではない。」

（抵当権設定禁止特約の有効性）

裁判例 138　東京地判昭和44年3月27日（判時568号57頁，判タ237号284頁）

「もともと土地の賃貸人が借地人に対しその所有の地上建物に抵当権を設定しない約定をなすのは，抵当権実行により建物の所有者が変更し，従って，土地賃借権が移転することを防止するという点において賃借権の譲渡を禁ずる約定と同一の目的を有するものであり，従って，右抵当権設定禁止の約定の合理的存在理由は賃借権の移転により賃貸人が土地明渡請求のための手続を，また賃借権譲受者（建物競落者）よりなされる建物買取請求に応じて，意に反する建物の取得，出費を余儀なくされることの予防に求められるものであるが，賃借権の譲渡と異なり，抵当権の設定は必ずしも常に賃借権の譲渡を招来するものではないから，抵当権設定禁止の約定が存しても，右約定違反の程度が軽微な場合には，右約定違反により賃貸借上の信頼関係は破壊されず，従って，これを理由に契約解除はなしえないと解することができる。」とし，本件においては，禁止の約定に反し，多数回にわたり抵当権の設定をしており，借地人の約定違反は軽微なものとはいえず，賃貸借上の信頼関係は破壊されていないということはできないとした事例

（借地人所有の建物が競売に付された場合には，即時，賃貸借契約を解除できる旨の特約）

裁判例 139　東京地判昭和47年2月15日（金判317号15頁）

「〔証拠〕によれば，Y1〔被告〕，Y2〔被告〕が昭和38年1月16日，従前の賃貸借を確認約定した賃貸借契約の内容として，賃借人において，その所有の地上建物が競売に付された場合は，賃貸人において即時契約を解除し得る条項が存することが認められる。しかし，借地上に建物を所有する借地人は，通常多大の資金を建物に投入固定させているのであるから，確定

的に借地権の譲渡又は転貸の事態が発生しない限り，借地人が右建物を担保として資金運用に利用することは当然許さるべきであり，且つ，その段階においては賃貸人の権利になんら影響はないのであるから，特にこれを否とすべき合理的事情のない限り，右解除条項が地上建物につき競売申立てのなされただけで解除権が発生するものと規定したものと解することは不合理であり，借地人に酷でもある。殊に，右条項が市販の書式用紙を利用した書面に不動文字として記載されていることに照らせば，右条項の趣旨はその用語にかかわらず，競落決定確定し，地上建物が第三者の所有に帰し，敷地使用権が譲渡されたものと看做された段階において，はじめて発生するものと約した権利と解するのが相当と思料する。

そうとすれば，地上建物について競売開始がなされたことを理由として解除権行使を主張するX〔原告〕らの主張は他の点について判断するまでもなく左袒できない。」

裁判例 140 浦和地判昭和60年9月30日（判時1179号103頁，判タ570号57頁）

「㈠本件契約は，前記判示のとおり，建物所有目的の土地の賃貸借契約であるから，借地法の適用を受けるものであるところ，〔賃借人が本件建物に抵当権を設定したときは，催告を要せずに直ちに本件契約を解除することができる旨の〕本件特約は，抵当権の設定行為を禁止するものであり，借地法9条の3が保護している，建物競売等の場合の賃借権の譲渡許可の裁判を競落人等が受け得ることにより，借地人が容易に建物に抵当権を設定しえ，金員を借入し得るという借地人の利益を予め放棄させる意味を有するものである。㈡同法9条の3は，借地法の片面的強行法規性を定める同法11条には掲げられていないが，それは，単に同法9条の3が競落人等と貸地人との関係を定めているもので，貸地人と借地人が同法9条の3が定める競落人等の権利を奪う合意をしても，その合意の効力が競落人等には及ばないからというにすぎず，同法9条の2が定める譲渡転貸の許可の裁判の場合に比べて，抵当権を設定しようとする借地人の利益を軽く扱っているからではない。㈢従って，同法9条の3が定める建物の競落以前の段階たる借地人の抵当権設定そのものを禁止する本件特約には，同法11条の趣旨が及び，本件特約は，借地人が所有建物に抵当権を設定して金員を借入れようとすることを妨げる点において借地権者に不利であるといえるから，無効であるといわなければならない。」

（賃貸人の承諾なしに借地上の建物に抵当権等の物権を設定してはならない旨の特約）

裁判例 141 東京地判平成25年8月8日（判例秘書L06830628）

「(1)原告らは，本件特約が，借地人が所有建物に抵当権を設定して金員を借り入れることを妨げる点において，借地人に不利益な条項であるから，借地法11条の趣旨又は公序良俗に反し無効というべきである旨主張する。

(2)しかし，借地法11条は，文言上，借地上の建物に物権を設定することを制限する旨の特約の効力を否定するものではない。また，本件土地上の建物に担保物権が設定された場合，当該担保物権の実行によって競落人に建物所有権が移転し，これに伴って，本件土地の借地権が上記競落人に移転する可能性があるところ，これによって，被告は，建物譲受人（競落人）から借

地借家法20条1項所定の借地権譲渡の許可の申立てや，借地借家法14条による建物買取請求の申立てを受け，その意向に反して借地権の譲渡の承諾又は建物を買い取るための支出を余儀なくされるおそれがあることに照らせば，被告の不利益を防止するため，本件土地上の建物に担保物権を設定することを制限する内容の本件特約を締結することに合理性が認められる。さらに，土地賃借人が賃貸人の承諾を得ないで借地上の建物に担保物権を設定した場合においても，これが賃貸人に対する信頼関係を破壊するおそれがあると認めるに足りない事情がある場合は，解除権の行使が制限されると解することが可能であり，本件特約の効力自体を否定しなければ，賃借人の利益が著しく害されるとまでは認められない。

(3)以上によれば，本件特約が，借地法11条又は公序良俗に反し，無効ということはできない。」

（賃借権の無断譲渡と信頼関係の破壊）

賃借権の無断譲渡禁止等の特約がない場合において，賃借人が賃貸人の承諾なくして第三者に借地権の譲渡等をしたとき，背信的行為といえるかどうか，すなわち，賃貸人と賃借人の信頼関係が破壊されているかどうかを判断の基準にしている多くの判例がある。

裁判例 142　最判昭和28年9月25日（民集7巻9号979頁，判時12号11頁，判タ34号45頁）

「元来民法612条は，賃貸借が当事者の個人的信頼を基礎とする継続的法律関係であることにかんがみ，賃借人は賃貸人の承諾がなければ第三者に賃借権を譲渡し又は転貸することを得ないものとすると同時に，賃借人がもし賃貸人の承諾なくして第三者をして賃借物の使用収益を為さしめたときは，賃貸借関係を継続するに堪えない背信的行為があったものとして，賃貸人において一方的に賃貸借関係を終止せしめ得ることを規定したものと解すべきである。したがって，賃借人が賃貸人の承諾なく第三者をして賃借物の使用収益を為さしめた場合においても，賃借人の当該行為が賃貸人に対する背信的行為と認めるに足りない特段の事情がある場合においては，同条の解除権は発生しないものと解するを相当とする。」

裁判例 143　最判昭和39年6月30日（民集18巻5号991頁，判時380号70頁，判タ164号94頁）

「すなわち，右認定事実のもとでは，本件借地権譲渡は，これについて賃貸人である上告人の承諾が得られなかったにせよ，従来の判例にいわゆる『賃貸人に対する背信行為と認めるに足らない特段の事情がある場合』に当るものと解すべく，従って上告人は民法612条2項による賃貸借の解除をすることができないものであり，また，このような場合は，上告人は，借地権譲受人である被上告人に対し，その譲受について承諾のないことを主張することが許されず，その結果として被上告人は，上告人の承諾があったと同様に，借地権の譲受をもって上告人に対抗できるものと解するのが相当であるからである。」

裁判例 144　最判昭和40年6月18日（民集19巻4号976頁，判時418号39頁，判タ179号124頁）

「所論は，BがA及びCをして本件宅地上に建物の建築を許した以上，右建物の敷地部分に関する限り，Bは本件宅地を同人等に無断転貸したものといわざるをえないというけれども，かりに所論のとおりであるとしても，以上の事実関係の下においては，賃貸人である上告人の承諾がなくても上告人との間の賃貸借契約上の信頼関係を破壊するに足らない特段の事情があるものというべきである。」

裁判例 145　最判昭和40年9月21日（民集19巻6号1550頁，判時426号35頁，判タ183号101頁）

「原判決の確定した事実によると，本件土地はAの所有であったが，昭和17年6月にBがこれを賃借し地上に本件家屋を所有して居住していたところ，Bの二女・Cの夫である上告人が昭和34年7月にAから本件土地を買受け移転登記を経由して本件土地賃貸人たる地位を承継した。Bは昭和34年10月に本件家屋を長女・Dの長男である被上告人に贈与し移転登記を了したが，本件家屋には，従前と同じく，B，D，被上告人が同居しており，本件贈与の後も被上告人らの本件土地の使用状況には以前となんら変った点はなく，Bは，将来本件家屋において自分とD（精神薄弱者）の面倒を被上告人に見て貰うために，同居している孫の被上告人に贈与したのであって，Cの相続権を害する意図に基づいたものではないというのであるから，原判決が，右当事者の身分関係，生活状況，建物贈与の理由等から考えれば，本件贈与とともに土地賃借権を譲渡または転貸したのは，土地賃貸人たる上告人の承諾を得ていなくとも，賃貸人と賃借人との間の信頼関係を裏切る性質のものではなく，賃貸人に解除権が発生せず，賃貸人たる上告人は譲受人（または転借人）たる被上告人に対して土地明渡を求めることはできないと判断したことは，民法612条の解釈として是認することができる（昭和39年6月30日第三小法廷判決，民集18巻5号991頁参照）。」

裁判例 146　最判昭和41年7月15日（判時455号38頁，判タ195号78頁）

「しかし，原判決が確定した事実，すなわち，被上告人は先代時代からA商店の屋号で織物の製造加工業を営んでいたところ，税金対策と金融の便宜のため，昭和25年頃右営業を会社組織にし被上告会社を設立したものであるが，営業の実体は個人営業時代と変わらず，事実上被上告人が自由に支配できるいわゆる個人会社であること，被上告人は，一つには家族の住家とし，一つにはこれを担保に事業資金を借り入れようとの考えから本件建物を会社名義で買受け，上告人と本件賃貸借契約を結んだのであるが，貸借の交渉にあたって特に真実をかくそうとの意図はなく，被上告人個人の所有も同然との考えから所有名義の点にふれなかったにすぎず，格別悪意も作為もなかった等の事情に照らせば，背信行為と目するに足りない特別の事情がある旨の原判決の判断は正当として是認できる。」

裁判例 147　東京高判昭和43年6月28日（判時542号60頁）

「このような事情からAは長男Bの放蕩等による財産の散逸を防ぐと同時にA商会を維持していく最善の途として同控訴人の養父らの意向をも参酌した上，その子供らに対してほぼ平等になるように，あるいは不動産を買い与えあるいは自己所有の不動産や株券を分与するとともに財産分配計画の一環として同控訴人に本件建物を贈与したことが認められ，従ってAは，同人の死亡によって開始すべき相続により控訴人X1の取得すべき相続分に代える趣旨をもって自己の生前に本件建物を同控訴人に贈与したものと認められる。しからば，控訴人X1への本件建物の贈与にともなう本件土地賃借権の譲渡には，賃貸人たる被控訴人に対する背信的行為と認めるに足らない特別の事情があるものと認めうるから，右賃借権の譲渡は被控訴人に対し賃貸借契約の解除権を発生せしめる余地がないものというべきである。そうすると本件土地賃借権の無断譲渡に因る契約解除を主張する被控訴人の請求は失当というのほかはない。」

裁判例 148　最判昭和44年4月24日（民集23巻4号855頁，判時556号45頁，判タ235号111頁）

「また，原審の確定するところによれば，被上告人両名は夫婦（昭和27年10月13日婚姻届出）として本件土地上の本件家屋に居住し生活を共にして居たものであり，上告人は昭和29年9月1日被上告人Aとの間に本件土地賃貸借契約を締結するに際し被上告人両名の右同居生活の事実並びに本件家屋の登記簿上の所有名義は被上告人Aであるが真の所有者は被上告人Bであることを知っていたものであり（昭和30年8月17日被上告人Bへ本件家屋の所有権移転登記がなされた），その後被上告人両名の夫婦関係の破綻，離婚（昭和36年2月10日協議離婚届出）に伴って，同居していた被上告人Aから被上告人Bへ昭和37年2月頃に本件土地賃借権が譲渡されたが，被上告人Aが昭和37年2月頃他へ転出したほか本件土地の使用状況の外形には何ら変るところがないというのであるし，その他原判決確定の諸事情を考えれば，右賃借権の譲渡は，賃貸人に対する背信行為と認めるに足りない特段の事情がある場合にあたり，上告人は，被上告人Aに対し民法612条2項によって本件賃貸借契約を解除することはできず，被上告人Bは，賃貸人たる上告人の承諾がなくても賃借権の譲受けをもって上告人に対抗できるものと解すべきであるから，これと同旨の原判決の判断は正当として支持することができる。」

（賃借権の譲渡が賃貸人に対抗できない場合）

裁判例 149　広島地判昭和50年3月27日（判タ325号252頁）

「そして，被告会社代表取締役AとB間の前記営業譲渡契約は，営業免許に関する権利のみの譲渡を目的とすること前示認定のとおりであるから，右譲渡契約は本件土地建物の賃借権の譲渡を含むものかどうか必ずしも明らかでない。かりに，これを含むものとしても，被告会社は株式会社の形式はとられていても個人的色彩の極めて強い個人的会社であるうえ，営業免許に関する権利譲渡のためにのみ経営者の全面的交替をした本件の場合には，相互の信頼関係を前提とする賃貸借の特質に照らし，新経営者は賃貸人たる原告の承諾がないかぎり，原告に対し

右賃借権を対抗することができないと解すべきである。形式的に法人格に変りがないということのみでは右賃借権の存在を原告に対し主張できないものである。そして，前記認定の経過によると，乙4ないし6号証の賃料領収証のみから経営者の交代による賃借権の承継の承諾があるとは認められないし，他に承諾の事実を認めるに足りる証拠はない。」

参考裁判例 福岡高判昭和49年9月30日（判時784号73頁，判タ320号188頁）

（賃借地の一部転貸）

裁判例 150　東京地判昭和50年7月28日（判時807号61頁）

「ところで，借地上の建物所有権が借地人の意思によって，借地人以外の者に帰属するに至った場合には，建物所有権の移転と同時に借地権の譲渡あるいは借地の転貸があったものと推認するのが相当であるが，〔略〕本件建物についての被告Y1のための所有権保存登記は，被告らの意思に基づいてなされたこと，一方，右保存登記後も，被告Y2は，原告との本件借地契約上賃借人たる地位にとどまっていることが認められるから，被告Y1は，本件建物を所有するためその敷地部分を転借し使用しているものと推認するほかない。しかしながら，被告らは，夫婦であって，昭和20年ころから，本件借地上の建物に生活をともにしてきた間柄であることは，当事者間に争いがなく，また右の転貸によって，本件借地の使用状況に著しい変更が生じ，賃貸人である原告に対して著しい不利益を招来したことを認めうる何らの証拠もないから，被告Y1に対する借地の一部転貸を一応認めうるとしても，右転貸については，賃貸人との信頼関係を破壊するに足らない特段の事情があるものといえるから，この点に関する被告の抗弁は理由がある。」

裁判例 151　東京地判昭和56年6月17日（判時1027号88頁）

「1　使用目的違反の主張について。

被告本人尋問の結果によって真正に成立したと認められる乙第11号証(賃貸人A，賃借人被告間の昭和41年3月1日付け本件土地の賃貸借契約証書)には，「本賃貸は普通住宅店舗木造又は堅固なる建物を以て目的とする。」との記載があるけれども，〔証拠〕を総合すると，被告の父B（以下「B」という。）は，昭和21年3月1日訴外A（通称A）から本件土地及びその隣地（現在，板橋区a町△△番△△）を住宅兼工場の建物所有を目的とし期間20年の約で賃借し，その地上に居宅及びやすり目立て工場を所有していたが，その後居宅を増改築してこれを長男Cの所有名義とした関係上，昭和41年3月1日右賃貸借が更新された際にCが賃借人となり，前記借地につきAとの間に期間20年とする賃貸借契約を締結したこと（右賃貸借契約が締結された事実は当事者間に争いがない。），Bは昭和44年2月1日，本件土地及び隣地（現在の△△番△△）にまたがる借地上にコンクリートブロックを敷き，鉄骨柱を建てたうえ，ブロック塀を左右の外壁に利用し，上部に亜鉛メッキ鉄板の屋根をかぶせた床面積92.56平方メートルの車庫（建物とはいえないが，建物に類似する構築物）を建築し，間もなく右車庫を有料駐車場として使用しはじめたが，付近に居住している地主のAは，右の事実を知りながら，これに対し何ら異議を述べなかった

こと，昭和46年2月4日，Bは死亡し，借地上の同人所有建物等について相続人である長男のCと二男の被告との間で遺産分割をした結果，別紙物件目録㈡記載の建物及び前記車庫のうち本件土地上にある部分（この部分が別紙物件目録㈢記載の工作物である。）が被告の単独所有となったので，その敷地である本件土地につき被告は昭和46年9月1日Aとの間で賃貸借契約を締結したものであること（右賃貸借契約が締結された事実は争いがない。）が認められ，以上に認定したところによると，Aは従来Bによって駐車場施設として建築使用されてきた前記車庫の一部が本件土地上にある状態のまま被告との間に本件土地の賃貸借契約を締結したものであり，しかもその際に右車庫について何らかの留保を付し又は異議を述べた事跡は見当たらないから，契約書の前述のような記載にもかかわらず，駐車場施設たる建物又は建物類似の構築物の所有もまた右賃貸借契約の目的とされていたものと解するのが相当であり，他にこの認定を覆えすに足りる証拠はない。

そうすると，被告において本件土地上に駐車場施設たる工作物を所有していることが賃貸借契約で定められた土地の使用目的に違反するとの原告の主張は失当であって，採用することができない。

　　2　無断転貸の主張について。

民法612条が賃借人のする転貸を賃貸人の承諾のない限り許さないとする趣旨は，転貸によって目的物につき転借人が独立の占有を取得し目的物の使用方法の変更をもたらすおそれがあること，賃借人が目的物の使用収益について直接的な関与をしなくなることから賃料の支払についても賃貸人の期待に反する結果が生じやすいことなど転貸借によって賃貸人の側にもたらされるおそれのある不測の不利益を防止しようとするにあるものと解される。

そこで，第三者に対する前記駐車場施設の賃貸がその敷地の転貸に該当するかどうかについて考えると，右駐車場施設は，前記のとおり本件土地上にブロックを敷きその上に柱，左右両側の壁，屋根などを設けた建物類似の構築物たる車庫であり，また右駐車場施設の賃貸借契約の内容も単に自動車を駐車するだけの使用を目的とするにとどまり，それ以上に出るものでないことが弁論の全趣旨によって認められる。右認定の事実によれば，右駐車場施設の賃貸借は地上建物の賃貸借に準じて考えることもできるものであり，これによってその賃借人に施設の敷地である本件土地について施設の所有者である被告の占有と別個に独立の占有を得させるものではなく，本件土地自体の使用関係は右賃貸の前後を通じ変わらないことが明らかであるから，第三者に対する本件駐車場施設の賃貸をもって本件土地の転貸に当たるものと解することはできず，この点に関する原告の主張は理由がない。」

裁判例 152　東京高判平成2年4月26日（判時1351号59頁）

「右事実によれば，控訴人らは本件土地を有料の屋外駐車場として使用しているものと推認することができる。〔略〕そうすると，控訴人らの右行為は，本件土地の無断転貸に当たり，かつ本件賃貸借契約で定められた用法に違反するものといえる。」としたが，未だ解除を相当とするほど信頼関係が破壊されたものとはいえないとした事例

裁判例 153　東京地判平成5年3月29日（判タ871号252頁）

「本件においては，前記認定のような契約内容及び利用形態であることに照らせば，本件駐車場部分をA及びBに駐車場として使用させたことは転貸に該当するものというべきである。たしかに，借地上に商店，飲食店，劇場等の，不特定多数の顧客の来訪を伴う建物を所有ないし管理する場合において，自動車を利用する顧客の来訪を容易ならしめるために，右建物に付属して不特定多数の顧客を対象とするいわゆる時間貸しの駐車場を設置するような場合には，第三者を対象とする駐車場として借地の一部を使用することが，社会通念上右建物所有ないし管理の目的の範囲内の利用行為と認められ，転貸に該当しないものと認められることもあり得るものといえる。しかし，本件においては，前記認定のとおり，特定の賃借人を対象として賃貸期間一年間しかも更新を前提とする駐車場契約を締結しているのであって，これらの点を考慮すれば，本件駐車場部分を第三者に駐車場として使用させたことについては，社会通念上本件建物所有の目的の範囲内の利用と認めることは到底できないものであり，転貸に当たることは明らかである。」とし，信頼関係を破壊しない特段の事情についても，その特段の事情が存在するとは到底認められないとした事例

（法人格の同一性と賃借権の譲渡）

裁判例 154　最判平成8年10月14日（民集50巻9号2431頁，判時1586号73頁，判タ925号176頁）

「民法612条は，賃借人は賃貸人の承諾がなければ賃借権を譲渡することができず，賃借人がこれに反して賃借物を第三者に使用又は収益させたときは，賃貸人は賃貸借契約を解除することができる旨を定めている。右にいう賃借権の譲渡が賃借人から第三者への賃借権の譲渡を意味することは同条の文理からも明らかであるところ，賃借人が法人である場合において，右法人の構成員や機関に変動が生じても，法人格の同一性が失われるものではないから，賃借権の譲渡には当たらないと解すべきである。そして，右の理は，特定の個人が経営の実権を握り，社員や役員が右個人及びその家族，知人等によって占められているような小規模で閉鎖的な有限会社が賃借人である場合についても基本的に変わるところはないのであり，右のような小規模で閉鎖的な有限会社において，持分の譲渡及び役員の交代により実質的な経営者が交代しても，同条にいう賃借権の譲渡には当たらないと解するのが相当である。」

裁判例 155　最判平成9年7月17日（民集51巻6号2882頁）

「しかし，地上建物につき譲渡担保権が設定された場合であっても，譲渡担保権者が建物の引渡しを受けて使用又は収益をするときは，いまだ譲渡担保権が実行されておらず，譲渡担保権設定者による受戻権の行使が可能であるとしても，建物の敷地について民法612条にいう賃借権の譲渡又は転貸がされたものと解するのが相当であり，他に賃貸人に対する信頼関係を破壊すると認めるに足りない特段の事情のない限り，賃貸人は同条2項により土地賃貸借契約を解除することができるものというべきである。」とし，本件は特段の事情がないとして賃貸借契約

第11 賃借権の譲渡，転貸禁止等特約／土地賃借人が，他の債務のため，財産の強制執行，仮差押え及び仮処分等の保全処分を受け，もしくは競売，破産等の申立てを受けたとき等の事由があるときは，土地賃貸人は無催告で賃貸借契約を解除できる旨の特約

解除の意思表示は効力を生じたとした事例

参考裁判例　東京地判平成10年2月23日（判タ1013号174頁）

（土地賃借人が，他の債務のため，財産の強制執行，仮差押え及び仮処分等の保全処分を受け，もしくは競売，破産等の申立てを受けたとき等の事由があるときは，土地賃貸人は無催告で賃貸借契約を解除できる旨の特約）

裁判例 156　大阪地判昭和60年2月8日（判タ611号75頁）

「右認定の事実によれば，原告が賃貸借契約の解除事由として主張していた本件建物についての差押登記は，その後すべて被告と債権者との話合がついて抹消されており，解除後になされた所有権移転登記についても被告はその抹消を求めて提訴中であって被告としても，本件建物が第三者の所有に帰することを極力防止する努力を尽くしていることがうかがわれるうえ，もともと賃貸土地上の建物についての強制執行，競売申立等を理由とする無催告解除の特約は，債権者からの右申立が必ずしも理由のあるものとは限らないことからも賃借人にとって極めて苛酷な特約であって，特約自体が当然無効であるとまではいえないとしても，右特約は，契約の無催告解除の効力を認めることが合理的とはいえないような特別の事情のある場合についてまで，無催告解除の効力を認める趣旨のものではないと解されることなどの諸点を考慮すると，原告主張の右差押登記等がなされたからといって，直ちに被告に賃料不払のおそれが強くなったとか，本件建物が早晩他の第三者所有に帰する蓋然性が強い等とすることはできず，右事由による本件賃貸借契約解除が合理的であるとはいえない特別の事情が存在する場合に当るものというべきである。」

第2編

借家契約における各種特約の効力

はじめに

　建物の賃貸借契約において，契約当事者間で様々な特約が締結されることがある。そして，特約の中でも問題となるのが更新料に関するものであり，平成23年7月15日には最高裁の判決が出ている。また，敷金に関する特約，とりわけ敷引特約についても平成23年3月24日と同年7月12日に最高裁の判断が示された。また，賃貸借契約に当たっては，建物の原状回復に関する特約もかなり多く見受けられる。そこで，平成24年3月に，これらの特約の効力等について，判例がどのような判断を示しているかを取り上げて上梓したが，今回，その後の判例を加えて改訂を試みた次第である。

第1　借地借家法30条及び37条の趣旨

　借地借家法3章1節は，26条で建物賃貸借契約の更新等について，27条で賃貸借契約の解約の申入れについて，28条で建物賃貸借契約の更新拒絶等の要件，すなわち正当事由について，29条では期間を1年未満とする建物の賃貸借契約について，いずれも賃借人の保護を明らかにしている。そして，30条はこれらの規定に反する特約で賃借人に不利なものは無効（強行規定）とし，賃借人の保護を図っている。

　これに対して，賃貸人の不在期間の建物賃貸借(38条)，取壊し予定の建物の賃貸借(39条)，一時使用目的の建物の賃貸借（40条）の規定は，それぞれの条文に規定されているように30条の適用はない。

　さらに，2節では，31条で建物賃貸借の対抗力等について，34条で建物賃貸借終了の場合における転借人の保護について，35条で借地上の建物の賃借人の保護について規定しており，37条は，これらの規定に反する特約で，建物の賃借人又は転貸人に不利なものは無効であるとしている。

適用の判断基準

借地借家法30条に規定する，建物賃借人に不利な特約かどうかの判断基準については，その特約自体を観察して個別的に判断すべきであるとの説（個別判断説）と契約の諸条件を考慮して総合的に判断すべきであるとの説（総合判断説）がある。

(1) 個別判断説

借家法6条にいう「不利な特約」あるいは借地法11条にいう「不利な契約条件」に当たるか否かを判断するには，当該特約自体を個別的に観察して賃借人に不利であるかどうかを決すべきであり，他の条件と相関的に判断すべきではない（『新版　注釈民法(15)・債権(6)』408頁，536頁〔森泉章〕）。

裁判例157　東京地判昭和11年10月27日（評論26巻諸法291頁）

「法6条にいわゆる賃借人に不利な特約とは，その特約自体のみにつき賃借人の利害を考察すべきであって，造作代金請求権の放棄が賃料減額を条件としてなされたことは斟酌することができない結果，右放棄は法5条に違反し賃借人に不利な特約に該当する。」

(2) 総合判断説

「賃借人に不利」かどうかの判断は，正当事由の判断と同じように，当該特約をするにいたった事情，当該特約に関連する他の契約条件など諸般の事情を総合的に斟酌してなされるべきものと考える（『現代借地借家法講座2』295頁〔伊東孝彦〕）。

そして判例は，借地の場合ではあるが，次のような考え方を採っている。

裁判例158　最判昭和31年6月19日（民集10巻6号665頁）

「もっともこのように法定更新を排除して最初に定めた期間の満了と同時に借地権者の建物を賃貸人に贈与する特約は，建物の所有を目的とする通常の土地賃貸借においては，借地権者に不利な契約条件を定めたものとして無効な場合もあろうが，第1審判決の認定するところによれば，上告人は，契約の始めにおいて賃貸人所有の建物を取壊すという通例では困難と思われる条件を特に承諾してもらった代りに20年間の期間満了と同時に贈与することを約したと認められるこのような場合には必ずしも借地権者に不利益な条件を定めたものとは認められない。」

裁判例159　最判昭和44年10月7日（判時575号33頁，判タ241号70頁）

「このような事実関係のもとにおいては，店舗の返還に関する前記特約は，所論のように，一定の事実の発生を条件として当然に賃貸借契約を終了させる趣旨のものではあるが，借家法の規定に違反する賃借人に不利な特約とはいえず，同法6条によって無効とされるものではない

と解するのが相当である。けだし，特約が賃借人に不利なものかどうかの判断にあたっては，特約自体を形式的に観察するにとどまらず特約をした当事者の実質的な目的をも考察することが，まったく許されないものと解すべきではなく，本件のように競業禁止契約と結合された特殊な賃貸借契約において，上述の趣旨によって結ばれた特約は，その効力を認めても，賃借人の利用の保護を目的とする同法の趣旨に反するものではないということができるからである。したがって，右特約が有効なことを前提として，本件店舗賃貸借契約が終了したものと判断した原判決に所論の違法はなく，論旨は採用することができない。」

第2 更新料に関する特約

1 更新料の性質

期間が満了して更新する場合には，一定額の更新料を支払う旨の特約がなされることが多いが，この更新料の性質については見解が分かれている。

(1) 更新拒絶権放棄の対価であるとする説
更新料は賃貸人の更新拒絶権を放棄することの対価としての性質を有するとする。

(2) 賃借権強化の対価とする説
更新料の支払いによって，賃貸借契約が期間の定めのある賃貸借契約として更新され，賃貸人からの解約申入れがなされないこととなり，これによって，賃借権が強化されることの対価としての性質を有するとする（更新料を支払うことにより，更新拒絶に伴う明渡請求等の紛争を免れ，更新前の契約と同じ賃貸借期間が確保される利益を得るとの説も同様）。

(3) 賃料の補充であるとする説
更新料は，賃借人の使用収益期間に対応した賃料の補充的性質を有するとする。更新料は，実質的には賃料の一部前払いとしての性質を有するとの説も同様の趣旨である。

(4) 中途解約権の対価であるとする説
賃貸人の中途解約権は，借地借家法30条により無効であることから，賃借人にのみ片面的に中途解約権が付与されることになり，その対価であるとする。

(5) 上記のそれぞれの性質が渾然一体として含まれているとする説
（上記(1)，(3)の性質を有するとする説なども同様）

以上のように，更新料の性質については，色々と考え方が分かれているが，最高裁（昭和59年4月20日判決，民集38巻6号610頁，判時1116号41頁，判タ526号129頁）は，「ところで，土地の賃貸借契約の存続期間の満了にあたり賃借人が賃貸人に対し更新料を支払う例が少なくないが，その更新料がいかなる性格のものであるか及びその不払が当該賃貸借契約の解

除原因となりうるかどうかは、単にその更新料の支払がなくても法定更新がされたかどうかという事情のみならず、当該賃貸借成立後の当事者双方の事情、当該更新料の支払の合意が成立するに至った経緯その他諸般の事情を総合考量したうえ、具体的事実関係に即して判断されるべきものと解するのが相当である」と判示した。

そして、平成23年7月15日、最高裁（金判1372号7頁）は、更新料について、「更新料は、賃料と共に賃貸人の事業の収益の一部を構成するのが通常であり、その支払により賃借人は円満に物件の使用を継続することができることからすると、更新料は、一般に、賃料の補充ないし前払、賃貸借契約を継続するための対価等の趣旨を含む複合的な性質を有するものと解するのが相当である。」と判示した。

[2] 更新料支払特約の有効性と消費者契約法10条

ところで、更新料支払特約については、そもそも特約が有効かどうかについて見解が分かれており、さらに消費者契約法との関係でも有効か無効か見解が異なっている。消費者契約法10条に違反せず有効であるとする判例と、消費者契約法10条に違反し無効であるとする判例があるが、前述のとおり平成23年7月15日に最高裁の判決が示された。以下の判例は、消費者契約法が施行される（平成13年4月1日施行）以前と以後の判例である。

（更新料支払特約を有効とした事例）

裁判例 160　東京地判平成10年3月10日（判タ1009号264頁）

「借家契約における更新料支払の特約については、その内容いかんによっては、借地借家法30条により無効となる場合はあり得るとしても、本件においては、使用目的は店舗・事務所であること、賃貸借の期間も5年であること、更新料の額も87万6200円であることからすると、使用目的及び賃貸借期間と比較してそれほど高額とはいえず、更新料の性質については見解が分かれるところではあるが、賃料の補充ないし異議権放棄の対価の性質を有すると解するのが相当であることも併せ考えると、本件における更新料の特約については、必ずしも不合理なものとはいえないというべきであるから、右特約は有効であると認めることができる。」

裁判例 161　東京地判平成17年10月26日（判例秘書L06033987）

「このように本件更新特約は、更新料という負担はあるが、期間満了後の使用継続状況をもって、期間の定めのあった建物賃貸借契約が期間の定めのない賃貸借契約、すなわち、正当事由を必要とするものの、原則として解約の申入れから6か月で賃貸借契約が終了するという契約関係になることを防ぎ、控訴人に対し、2年間という契約期間は本件居室についての賃借権を確保するものであり、むしろ、本件更新特約は、上記の点において、控訴人の賃借人としての権利を実質的に強化するものであると評価できる。〔略〕これに本件更新特約に定める更新料の金額が1か月分の賃料相当額とされている点にかんがみても、本件更新特約が消費者契約法及

第2 更新料に関する特約／2 更新料支払特約の有効性と消費者契約法10条／更新料支払特約を有効とした事例

び借地借家法の趣旨に反し，建物賃借人に不利な特約，又は民法第1条第2項に規定する基本原則に反して消費者の利益を一方的に害する特約であるとはいえず，この点に関する控訴人の主張は理由がない。」

裁判例 162　東京地判平成18年12月19日（判例秘書L06135135）

「しかし，更新料を支払うことで，賃借人は円滑に賃貸借目的物の使用を継続することができ，本件賃貸借契約1，2では更新により同一期間賃貸借契約が存続する定めとなっているので，期間の定めのないものとなる法定更新に比べ賃借人の地位は安定する面がある。そうすると，本件賃貸借契約1，2における更新料支払合意は，円滑に契約更新を行うこと，すなわち，賃貸人が更新の際に異議権を放棄することの対価としての意味を有し，賃借人の地位の安定という効用もあり，さらに額も賃料の1か月分と高額とはいえないのであって，その内容が信義則に反して不当とまではいえない。したがって，本件賃貸借契約1，2の更新料支払合意は，消費者契約法10条により無効になるものではない。」

裁判例 163　京都地判平成20年1月30日（判時2015号94頁，判タ1279号225頁）

「本件更新料約定が，消費者契約法10条により無効となるか検討する。ア　前判示のとおり，本件賃貸借契約における更新料は，主として賃料の補充（賃料の前払い）としての性質を有しており，本件更新料約定が，本件賃貸借契約における賃料の支払方法に関する条項（契約期間1年間の賃料の一部を更新時に支払うことを取り決めたもの）であることからすると，『賃料は，建物については毎月末に支払わなければならない』と定める民法614条本文と比べ，賃借人の義務を加重しているものと考えられるから，消費者契約法10条前段の定める要件（本件更新料約定が「民法，商法その他の法律の公の秩序に関しない規定の適用による場合に比し，消費者の義務を加重する消費者契約の条項」であること）を満たすものというべきである。

イ　そこで，同条後段の要件（本件更新料約定が「民法第1条第2項に規定する基本原則に反して消費者の利益を一方的に害するもの」であること）について検討するに，前判示のとおり，①本件賃貸借契約における更新料の金額は10万円であり，契約期間（1年間）や月払いの賃料の金額（4万5000円）に照らし，過大なものではないこと（しかも，本件賃貸借契約においては，賃借人である原告は，契約期間の定めがあるにもかかわらず，いつでも解約を申し入れることができ，その場合には，更新料の返還は予定されていないが，原告が解約を申し入れた場合には，解約を申し入れた日から，民法618条において準用する同法617条1項2号が規定する3か月を経過することによって終了するのではなく，解約を申し入れた日から1か月が経過した日の属する月の末日をもって終了するか，又は，被告に1か月分の賃料を支払うことにより即時解約することもできることとされているから（本件約款第15条），月払いの賃料の金額（4万5000円）の2か月分余りである本件賃貸借契約における更新料の金額は，過大なものとはいえないこと），②本件更新料約定の内容（更新料の金額，支払条件等）は，明確である上，原告が，本件賃貸借契約を締結するにあたり，仲介業者であるAから，本件更新料約定の存在及び更新料の金額について説明を受けていることからすると，本件更新料

約定が原告に不測の損害あるいは不利益をもたらすものではないことのほか，③本件賃貸借契約における更新料が，その程度は希薄ではあるものの，なお，更新拒絶権放棄の対価及び賃借権強化の対価としての性質を有しているものと認められることを併せ考慮すると，本件更新料約定が，『民法第 1 条第 2 項に規定する基本原則に反して消費者の利益を一方的に害するもの』とはいえないものというべきである。ウ　以上によれば，本件更新料約定が消費者契約法 10 条により無効であるということはできない。」

参考裁判例　大津地判平成 21 年 3 月 27 日（判時 2064 号 70 頁）

裁判例 164　大阪高判平成 21 年 10 月 29 日（判時 2064 号 65 頁，金法 1887 号 130 頁）

「したがって，前記認定判示のとおり，賃貸人が，賃貸借契約を締結するにあたり，賃借人に対し，賃貸借期間の長さに応じた賃借権設定の対価の支払いを求めようとすることには一定の必要性と合理性が認められ，法的に許されないものでもない（賃借人としては，それに納得できないのであれば，契約を締結しなければよいのであって，これを契約条項の押し付けであるとは認められない。）ことを併せ考えると，更新料支払条項によって支払いを義務付けられる更新料が，賃貸借契約の締結時に支払うべき礼金の金額に比較して相当程度抑えられているなど適正な金額にとどまっている限り，直ちに賃貸人と賃借人の間に合理性のない不均衡を招来させるものではなく，仮に，賃借人が，賃貸借契約の締結時において，来るべき賃貸借契約の更新時において直面することになる更新料の支払いという負担について，それほど現実感がなかったとしても，そもそも更新料を含めた負担額を事前に計算することが特段困難であるとはいえないのであるから，更新料の金額及び更新される賃貸借期間等その他個別具体的な事情によっては，賃借人にとって信義則に反する程度にまで一方的に不利益になるものではないというべきである。」

参考裁判例　東京地判平成 22 年 4 月 26 日（判例秘書 L 06530276）

裁判例 165　京都地判平成 22 年 10 月 29 日（判タ 1334 号 100 頁）

更新料の法的性質について，更新料は，授受の時点ではいまだ法的な性質は決まっておらず，賃貸借契約の期間が満了した場合には賃料に，契約期間の途中で解約された場合には，既経過部分は賃料に，未経過分は違約金ということになるとし，消費者契約法 10 条前段には該当するが，同条後段の要件は満たさないとした上，更新料の違約金条項としての側面から検討すると，消費者契約法 9 条 1 号の問題が生じてくる。しかし，本件では賃貸借契約を途中で解約したわけではないので，更新料は賃料の前払いに相当するとし，前払いの性質を有する更新料条項については，賃借人が信義則に反する程度に一方的に不利益を受けているということはできず，信義則違反あるいは公序良俗違反の観点からしても無効といえるものではないとした事例

（更新料支払特約を無効とした事例）

裁判例 166　京都地判平成21年7月23日（判時2051号119頁，判タ1316号192頁）

　本件更新料特約は，消費者契約法10条前段に該当し，更新料の法的性質についても，更新拒絶権放棄の対価，賃借権強化の対価，賃料の補充といった要素にいずれも合理的理由はないとした上，「㈎前記㈰ないし㈫で指摘した点を考慮すると，本件更新料を賃借人に負担させる場合は，その旨が具体的かつ明確に説明され，賃借人がその内容を認識した上で合意されることが必要であり，そうでない以上，民法1条2項に規定する基本原則（信義則）に反して賃借人の利益を一方的に害するものというべきである。

　㈯前提事実及び弁論の全趣旨によれば，原告は仲介業者を介して契約内容の説明を受けていたこと，本件賃貸借契約書（甲1）に『更新料賃料の2か月分』の記載があったことが認められ，原告は本件更新料特約の存在自体は認識していたといえる。しかしながら，原告が被告から被告主張のような本件更新料特約の趣旨，すわなち，本件更新料が更新拒絶権放棄の対価，賃借権強化の対価，賃料の補充，あるいは，中途解約権の対価の要素を有するということについて，具体的かつ明確な説明を受けていたとは本件全証拠によっても認められない。

　㈰よって，本件更新料特約は，法10条に該当し，無効である。」とした事例

裁判例 167　大阪高判平成21年8月27日（判時2062号40頁，金判1327号26頁）

　「以上の検討の結果によれば，本件更新料約定の下では，それがない場合と比べて控訴人に無視できないかなり大きな経済的負担が生じるのに，本件更新料約定は，賃借人が負う金銭的対価に見合う合理的根拠は見出せず，むしろ一見低い月額賃料額を明示して賃借人を誘引する効果があること，被控訴人側と控訴人との間においては情報収集力に大きな格差があったのに，本件更新料約定は，客観的には情報収集力の乏しい控訴人から借地借家法の強行規定の存在から目を逸らせる役割を果たしており，この点で，控訴人は実質的に対等にまた自由に取引条件を検討できないまま当初本件賃貸借契約を締結し，さらに本件賃貸借契約締結に至ったとも評価することができる。このような諸点を総合して考えると，本件更新料約定は，『民法第1条第2項に規定する基本原則に反して消費者の利益を一方的に害するもの』ということができる。」

裁判例 168　京都地判平成21年9月25日（判時2066号81頁，判タ1317号214頁）

　「以上検討したとおり，本件更新料条項には，賃料の補充又は一部としての性質，賃借権強化の対価の性質はいずれも認められない。また，更新拒絶権放棄の対価の性質も，そのようにはいえないか，あるいは，かなり希薄なものとしてしか認められず，本件における更新料の金額とは均衡していない。そうすると，本件更新料条項は，極めて乏しい対価しかなく，単に更新の際に賃借人が賃貸人に対して支払う金銭という意味合いが強い，趣旨不明瞭な部分の大きいものであって，一種の贈与的な性格を有すると評価することもできる。」とし，本件更新料条項は，消費者契約法10条前段後段に該当し，無効であるとした事例

76　第2編　借家契約における各種特約の効力

裁判例 169　大阪高判平成22年2月24日（金判1372号14頁，消費者法ニュース84号233頁，裁判例168控訴審）

　マンションの賃貸借契約における更新料特約について，使用収益の対価としての性質はなく，更新拒絶権放棄の対価としての性質もないか，あったとしてもその意義は希薄なものというべきであり，さらに，賃貸人に更新拒絶の正当事由が認められる可能性は少なく，また，賃借権強化の対価としての性質もないなどとして，当該特約を消費者契約法10条に該当し無効であるとした事例

（最高裁平成23年7月15日判決）

　以上のように，更新料支払特約については，消費者契約法10条に違反せず有効であるとする判例と，消費者契約法10条に違反し無効であるとする判例があるが，平成23年7月15日，最高裁は，前記大阪高裁平成22年2月24日判決（第一審，京都地裁平成21年9月25日判決）の上告審において，本件更新料支払特約は，消費者契約法10条前段には該当するものの，同条後段には該当せず，したがって，消費者契約法10条によって無効とすることはできないと判示した。

裁判例 170　最判平成23年7月15日（民集65巻5号2269頁，金判1372号7頁，市民と法72号34頁）

　「(1)更新料は，期間が満了し，賃貸借契約を更新する際に，賃借人と賃貸人との間で授受される金員である。これがいかなる性質を有するかは，賃貸借契約成立前後の当事者双方の事情，更新料条項が成立するに至った経緯その他諸般の事情を総合考量し，具体的事実関係に即して判断されるべきであるが（最高裁昭和58年(オ)第1289号同59年4月20日第二小法廷判決・民集38巻6号610頁参照），更新料は，賃料と共に賃貸人の事業の収益の一部を構成するのが通常であり，その支払により賃借人は円満に物件の使用を継続することができることからすると，更新料は，一般に，賃料の補充ないし前払，賃貸借契約を継続するための対価等の趣旨を含む複合的な性質を有するものと解するのが相当である。

　(2)そこで，更新料条項が，消費者契約法10条により無効とされるか否かについて検討する。

　ア　消費者契約法10条は，消費者契約の条項を無効とする要件として，当該条項が，民法等の法律の公の秩序に関しない規定，すなわち任意規定の適用による場合に比し，消費者の権利を制限し，又は消費者の義務を加重するものであることを定めるところ，ここにいう任意規定には，明文の規定のみならず，一般的な法理等も含まれると解するのが相当である。そして，賃貸借契約は，賃貸人が物件を賃借人に使用させることを約し，賃借人がこれに対して賃料を支払うことを約することによって効力を生ずる（民法601条）のであるから，更新料条項は，一般的には賃貸借契約の要素を構成しない債務を特約により賃借人に負わせるという意味において，任意規定の適用による場合に比し，消費者である賃借人の義務を加重するものに当たるというべきである。

　イ　また，消費者契約法10条は，消費者契約の条項を無効とする要件として，当該条項が，民法1条2項に規定する基本原則，すなわち信義則に反して消費者の利益を一方的に害するも

のであることをも定めるところ，当該条項が信義則に反して消費者の利益を一方的に害するものであるか否かは，消費者契約法の趣旨，目的（同法1条参照）に照らし，当該条項の性質，契約が成立するに至った経緯，消費者と事業者との間に存する情報の質及び量並びに交渉力の格差その他諸般の事情を総合考量して判断されるべきである。

更新料条項についてみると，更新料が，一般に，賃料の補充ないし前払，賃貸借契約を継続するための対価等の趣旨を含む複合的な性質を有することは，前記(1)に説示したとおりであり，更新料の支払にはおよそ経済的合理性がないなどということはできない。また，一定の地域において，期間満了の際，賃借人が賃貸人に対し更新料の支払をする例が少なからず存することは公知であることや，従前，裁判上の和解手続等においても，更新料条項は公序良俗に反するなどとして，これを当然に無効とする取扱いがされてこなかったことは裁判所に顕著であることからすると，更新料条項が賃貸借契約書に一義的かつ具体的に記載され，賃借人と賃貸人との間に更新料の支払に関する明確な合意が成立している場合に，賃借人と賃貸人との間に，更新料条項に関する情報の質及び量並びに交渉力について，看過し得ないほどの格差が存するとみることもできない。

そうすると，賃貸借契約書に一義的かつ具体的に記載された更新料条項は，更新料の額が賃料の額，賃貸借契約が更新される期間等に照らし高額に過ぎるなどの特段の事情がない限り，消費者契約法10条にいう『民法第1条第2項に規定する基本原則に反して消費者の利益を一方的に害するもの』には当たらないと解するのが相当である。

(3)これを本件についてみると，前記認定事実によれば，本件条項は本件契約書に一義的かつ明確に記載されているところ，その内容は，更新料の額を賃料の2か月分とし，本件賃貸借契約が更新される期間を1年間とするものであって，上記特段の事情が存するとはいえず，これを消費者契約法10条により無効とすることはできない。」

▎解説▎

更新料の性質については，前述したように様々な見解があるが，上記の平成23年7月15日の最高裁判決は，まず，更新料の性質について，「更新料は，賃料と共に賃貸人の事業の収益の一部を構成するのが通常であり，その支払により賃借人は円満に物件の使用を継続することができることからすると，更新料は，一般に，賃料の補充ないし前払，賃貸借契約を継続するための対価等の趣旨を含む複合的な性質を有するものと解するのが相当である。」とし，更新料は，事業収益（併せて投下資本の回収）の面を持っていることを認めている。

そして，消費者契約法10条に該当するかどうかについては，「更新料条項は，一般的には賃貸借契約の要素を構成しない債務を特約により賃借人に負わせるという意味において，任意規定の適用による場合に比し，消費者である賃借人の義務を加重するのに当たるというべきである。」とし，消費者契約法10条前段に該当するとしたが，消費者契約法10条後段の民法1条2項に規定する基本原則，すなわち信義則に反して消費者の利益を一方的に害するものであるか否かについては，「一定の地域において，期間満了の際，賃借人が賃貸人に対し更新料の支払をする例が少なからず存することは公知であることや，従前，裁判上の和解手続等においても，更新料条項は公序良俗に反するなどとして，これを当然に無効とする取扱い

がされてこなかったことは裁判所に顕著であることからすると，更新料条項が賃貸借契約書に一義的かつ具体的に記載され，賃借人と賃貸人との間に更新料の支払に関する明確な合意が成立している場合に，賃借人と賃貸人との間に，更新料条項に関する情報の質及び量並びに交渉力について，看過し得ないほどの格差が存するとみることもできない。」としている。

ここでは，更新料についての条項が契約書に，「一義的かつ具体的」に記載され，賃借人と賃貸人の間で，更新料の支払いに関する「明確な合意」が要求されている。したがって，このような要件に該当しない場合には，本件とは異なった結論になるケースもあるものと思われる。

また，「そうすると，賃貸借契約書に一義的かつ具体的に記載された更新料条項は，更新料の額が賃料の額，賃貸借契約が更新される期間等に照らし高額に過ぎるなどの特段の事情がない限り，消費者契約法10条にいう「民法第1条第2項に規定する基本原則に反して消費者の利益を一方的に害するもの」には当たらないと解するのが相当である。」と判示しており，その意味において，「更新料の額が賃料の額，賃貸借契約が更新される期間等に照らし高額に過ぎるなど特段の事情」がある場合には，やはり，本件とは結論を異にするであろう。

③ 更新料支払特約と法定更新

更新料支払特約については，特に法定更新の場合にも適用があるかどうかが問題になっており，判例も分かれている。法定更新にも適用があるとする理由としては，
(1) 賃貸借契約書を個別的にみた場合，法定更新を除外すべき理由はない
(2) 更新料の性質上，法定更新の場合を除外すべき根拠はない
(3) 更新料は，実質的には賃料の前払いであり，そうすると，合意更新と法定更新に何ら差異はない
(4) むしろ，賃借人が更新の協議に応じることなく，期間が満了して法定更新された場合には，かえって公平を害するおそれがあること
などを挙げている。

また，法定更新には適用がないとする理由としては，(1)賃貸借契約書を個別的にみた場合，更新料支払特約は，合意更新の場合を予定しており，法定更新の場合を予定してはいない，(2)法定更新の場合には，賃借人は何ら金銭的負担なくして更新の効果を享受することができるとするのが法の趣旨である，(3)更新料が賃料の補充であるとしても，賃貸借の期間中はいつでも賃料が不相当になれば増減請求ができるのであるから，更新時に更新料を支払うという合意には法定更新を含まないといったことなどを挙げている。以下は，それぞれ肯定，否定の判例である。

（法定更新にも適用があるとした事例）

裁判例 171 東京高判昭和53年7月20日（判時904号68頁，判タ370号77頁）

「前掲甲第1及び第2号証によると，本件賃貸借の期間は昭和44年12月1日から昭和49年

11月30日までであるから、右期間満了後被控訴人において右に締結した賃貸借に基づき使用を継続し、右期間満了によって賃貸借が終了したものでないことは弁論の全趣旨で明らかであり、契約が更新されたものというべく、これが更新が合意によったものと認むべき証拠もないので右更新は法定更新の場合に該当するものというべきである。ところで、前掲甲第1及び第2号証には更新は合意ですることができる旨を定めているが、合意がない場合に更新が行なわれず、したがって借家法2条の法定更新の規定が排除され賃貸借契約が当然に終了し直ちに明渡義務が発生するものとも断ぜられないので、本件賃貸借については法定更新が行なわれたものというべきところ、右甲第2号証には右合意更新の定めを受けて『期間満了時』に賃貸借物件の償却費として金60万円を支払う旨、甲第1号証には、同じく合意更新の定めを受けて『契約を更新する場合』は更新料として金60万円を支払う旨を定めているところから更新料の支払いは合意更新の場合に限るとも解せられる表現を用いているが、更新料の性質上法定更新の場合を除外すべき何らの根拠もないので、法定更新が行なわれた場合にもなお更新料を支払う義務があるものというべきである。」

裁判例 172　東京地判昭和57年10月20日（判時1077号80頁、判タ489号83頁）

「被告は、原告に対し、賃貸借期間満了時に、契約が更新される場合には、新賃料1か月分相当額の更新料を支払うべき義務を負うものであるところ、前記認定によれば、昭和53年3月末日の期間満了時には更新の合意が成立せず、契約は法定更新されたものと解すべきであるが、法定更新の場合にも更新料支払義務があるか否かは一応問題となるところである。しかし、本件の更新料は、当初の賃貸借契約においてすでにその支払が約定され、金額についても更新後の賃料額の1か月分として少なくともその決定基準があらかじめ定められており、前掲甲第1号証、成立に争いのない甲第2号証各契約書の文言上も『期間満了時に更新する場合』『期間満了後更新する場合』として、右支払に関して更新の事由を限定していないこと、本件賃貸借は、期間を2年と定め2年ごとの更新を予定するとともに、更新のたびに新賃料1か月分と同額の更新料を支払うものと定めているところからみて、更新料は、実質的には、更新後の2年間の賃料の一部の前払たる性質のものと推定しうること、このように、更新料が使用の対価たる実質のものである以上、賃借人が賃借を継続するかぎり、更新の原因がいずれであるかを問わずこれを支払うべきものとしても、賃借人に不利益であるとはいえず、むしろ、本件のように、賃借人が更新の協議に応じない間に期間が満了して法定更新された場合には更新料の支払を免れるとすれば、かえって公平を害するおそれがあることなどを総合して考えると、本件賃貸借においては、法定更新の場合にも、被告は更新料の支払義務を免れないと解するのが相当である。」

裁判例 173　東京地判平成2年11月30日（判時1395号97頁）

「本条〔更新の場合の更新料は甲乙協議の上定めるものとするとの特約〕が、本件のように法定更新された場合にも適用があるか問題となるが、本条の文言上『更新の場合』として、更新

料の支払に関して更新の事由を限定していないこと，右更新料は実質的には賃料の一部前払いとしての性質を有するものと推定されること，賃借人が更新契約をせずに法定更新された場合には更新料の支払義務を免れるとすると，かえって賃貸人との公平を害するおそれがあることなどを考えると，本件賃貸借契約においては法定更新の場合にも本条の適用があり，被告は更新料の支払義務を負うものと解するのが相当である。」

裁判例 174 東京地判平成4年1月23日（判時1440号109頁）

「借家契約における更新料支払の特約については，借家契約の内容や更新料の金額等によっては，その全部又は一部が無効となる場合があり得るとしても，本件においては，賃貸借期間は1年であるが，更新料の額は新賃料1月分であり，絶対額としてもそれほど高額とはいえず，賃料の補充ないし異議権放棄の対価の性質を有する更新料支払の特約として必ずしも不合理なものとはいえないから，本件特約は有効と認めるべきである。また，法定更新の場合にも更新料支払の義務があるかどうかは，特約の内容にもよることであるが，昭和63年11月7日付けの本賃貸借契約書においては，更新料支払を合意による更新の場合に限定しておらず，賃料の補充ないし異議権放棄の対価という本件更新料の性質から考えても法定更新の場合を除外するだけの理由はないから，本件の場合，法定更新の場合にも更新料支払の義務があると解すべきである。」

参考裁判例　東京地判平成4年9月25日（判タ825号258頁）→裁判例193

裁判例 175 東京地判平成5年8月25日（判時1502号126頁，判タ865号213頁）

「次に，本件のように賃貸借契約が法定更新された場合にも，賃借人に更新料支払義務があるかどうかについて考えるに，〔略〕本件賃貸借の契約書には，2条2項として，「契約期間満了の場合は甲乙協議の上更新出来るものとし，更新の場合は更新料として新賃料の参か月分を甲に支払う。」と記載されていることが認められ，右文言のみからすれば，合意による更新を念頭に置いたものとみられないこともないが，しかし，①賃貸借が期間満了後も継続されるという点では，法定更新も合意更新も異なるところはなく，右文言上も，更新の事由を合意の場合のみに限定しているとまでは解されないこと，②本件賃貸借の契約書では，契約期間が満了しても更新条件についての協議が調わないときは，『引続き暫定として本契約を履行する』ものとする旨定め（16条3項），法定更新の場合にも，契約書の定めが適用されるものとしていること，③本件賃貸借が期間を3年と定め，3年ごとの更新を予定して，新賃料を基準とする更新料の支払いを定めていることなどからすると，右更新料は，実質的には更新後の3年間の賃料の一部の前払いとしての性質を有するものと推定されること，④本件のように，当事者双方とも契約の更新を前提としながら，更新後の新賃料の協議が調わない間に法定更新された場合には，賃借人が更新料の支払義務を免れるとすると，賃貸人との公平を害するおそれがあることなどを総合考慮すると，本件賃貸借においては，法定更新の場合にも更新料の支払いを定めた前記条項の適用があり，被告はその支払義務を免れないと解するのが相当である。」

第2 更新料に関する特約／3 更新料支払特約と法定更新／法定更新にも適用があるとした事例　81

裁判例 176　東京地判平成9年6月5日（判タ967号164頁）

「原告と被告は，平成4年の契約更新時に，『本契約更新の際，賃借人は賃貸人に対し，更新料として新賃料の4か月分相当額を支払うものとし，賃料については当事者協議のうえ決定するものとする。』とする本件更新料支払合意をしたことが認められ，これが合意更新のみならず，法定更新の場合にも適用されるかどうか争われているところ，①賃貸借が期間満了後も継続されるという点では，法定更新も合意更新も異なるところはなく，右文言上も，更新の事由を合意の場合のみに限定しているとまでは解されないこと，②本件賃貸借が期間を3年と定め，3年ごとの更新を予定して，新賃料を基準とする更新料の支払を定めていることなどからすると，右更新料は，実質的には更新後の3年間の賃料の一部の前払としての性質を有するものと推定され，本件鑑定の結果もそのような理解のもとで前記適正賃料額を算出したものと窺われること，③本件のように，当事者双方とも契約の更新を前提としながら，更新後の新賃料等の協議が調わないうちに法定更新された場合には，賃借人が更新料の支払義務を免れるとすると，賃貸人との公平を害するおそれがあることなどを総合考慮すると，本件賃貸借においては，法定更新の場合にも，本件更新料支払合意に基づいて更新料支払義務があるものと解するのが相当であり（東京地方裁判所平成5年8月25日判決・判例時報1502号126頁参照），法定更新の場合に本件更新料支払合意の効力が及ばない旨の被告の主張は，採用することができない。また，被告は，本件更新料支払合意が借地借家法又は旧借家法の強行規定に反して無効であると主張するが，新賃料の4か月分程度の更新料であることに照らし，右主張は採用することができない。」

参考裁判例　東京地判平成10年3月10日（判タ1009号264頁）→裁判例160

裁判例 177　東京簡判平成17年3月11日（裁判所ウェブサイト，判例秘書L06060059）

「更新料の支払義務を特約により合意した当事者の意思は重視すべきであり，また更新料の額は家賃の1か月分相当であり，高額なものでないと認められること，さらに前述したように〔借主の連帯保証人〕は，〔賃貸人〕からの更新申出に対し本契約を更新するため印鑑登録証明書を〔賃貸人〕に送付しているなど，一時は，合意更新の意思を表明していたことなどを考え併せると，本件がたとえ法定更新であったとしても，本件特約は有効とすべきであると考える。」

裁判例 178　東京地判平成17年4月26日（判例秘書L06031683）

「本件賃貸借契約の契約書（甲1）3条には，本件賃貸借契約は両当事者の合意する条件で更に2年間更新するものとし，新しい条件については更新日の2か月前までに打ち合わせる旨規定されている一方，同条2項ただし書には，賃貸借期間満了の2か月前までに賃借人から期間満了による賃貸借契約を終了させる旨の書面による通知がなく，若しくは期間満了の6か月前までに賃貸人から更新拒絶の通知がなかったときは，期間満了の翌日から起算して更に2か年間本件賃貸借契約は更新されるものとする旨規定されている。さらに，同契約書の特約事項の欄には，契約更新の際，賃借人は賃貸人に対して新賃料の1か月相当額を更新料として支払う

ものとする旨規定されている。これらの規定を総合すると、本件賃貸借契約は、両当事者が明示的に更新の合意をした場合のみならず、一定の期間までに当事者の少なくとも一方から更新しない旨の通知がされない場合にも更新されること、これらの規定により本件賃貸借契約が更新された場合には、賃借人は所定の額の更新料を支払う義務を負うことが規定されているものと解することができる。本件において、平成16年4月の更新の際、両当事者間で明示的な更新の合意がされたとの事情も、事前に当事者の一方から更新しない旨の通知がされたとの事情もうかがえないから、本件賃貸借契約の前記条項によれば、本件賃貸借契約は、同月から更に2年間更新されたことになり、それに伴い、前記特約条項に基づき、賃借人である被告は、新賃料の1か月分の更新料の支払義務を負うことになったものと解される。この点について被告は、平成16年4月の更新の際、原被告間で更新料を支払うことについての新規の合意は何ら成立していない旨主張するが、前記契約条項によれば、その時点における新たな合意がなくとも更新料の支払義務が発生すると解されることは既に説示したとおりであるから、被告の主張に理由がないことは明らかである。さらに、被告は、平成16年4月の更新が法定更新であることを前提として、本件賃貸借契約の更新料支払の合意は合意更新の場合に限られ、法定更新の場合にはその効力は及ばないとも主張するが、本件賃貸借契約の更新に関する前記条項に照らすと、本件賃貸借契約は平成16年4月に前記条項の規定に基づいて更新されたものと理解できるのであるから、被告の主張はその前提を欠くものというほかない。」

（法定更新には適用がないとした事例）

裁判例 179　東京高判昭和54年2月9日（判時927号200頁、金判576号45頁）

「右のような約定がなされたか否かについては、前記甲第2号証（店舗賃貸借契約書）には、更新に関する条項としてその第2条で期間満了の場合は双方合議のうえ更新することも出来るとし、特約条項で契約更新時の賃料は本契約書賃料の13パーセント値上げとし、更新料は賃料の1.34か月分とすると定めているところ、右賃料増額、更新料支払は合意更新の場合を予定して約定されたものと解せられ、法定更新の場合についてまでこれを定めたものとはたやすく解し難く、したがって、右甲第2号証によって右事実を認めることはできず、他に右事実を認めるに足りる証拠はない。」

参考裁判例　東京地判昭和56年4月27日（判時1006号26頁、判タ449号118頁）

裁判例 180　東京高判昭和56年7月15日（東高時報民32巻7号166頁）

「建物の賃貸借契約においては、借家法第1条の2、第2条により、これらに定める要件の認められない限り、特に賃貸人のした更新拒絶ないし異議に正当事由の存しない限り、賃貸借契約は従前と同一の条件をもって当然に継続されるべきものと規定されている（法定更新）うえに、同法6条によれば右規定に違反する特約で賃借人に不利なものは無効とされていることを考えると、法定更新の場合、賃借人は、何らの金銭的負担なくして更新の効果を享受することができるとするのが借家法の趣旨であると解すべきであるから、たとえ、建物の賃貸借契約に

第2　更新料に関する特約／3　更新料支払特約と法定更新／法定更新には適用がないとした事例　83

更新料支払いの約定があっても，その約定は，法定更新の場合には，適用の余地がないと解するのが相当である。」
　参考裁判例　東京地判昭和58年1月26日（ジュリ804号6頁）

裁判例 181　東京地判平成2年7月30日（昭63（ワ）12161号，判時1385号75頁）

「そもそも法定更新の際に更新料の支払義務を課する旨の特約は，借家法第1条の2，第2条に定める要件の認められない限り賃貸借契約は従前と同一の条件をもって当然に継続されるべきものとする借家法の趣旨になじみにくく，このような合意が有効に成立するためには，更新料の支払に合理的な根拠がなければならないと解されるところ，本件において法定更新の場合にも更新料の支払を認めるべき事情は特に認められないから，この点からしても本件賃貸借契約における更新料支払の特約は合意更新の場合に限定した趣旨と解するのが相当である。」

裁判例 182　東京地判平成3年5月9日（判時1407号80頁）

「昭和60年の更新から5年間を経過した平成2年2月の更新の際には更新の合意がされたことを認めるべき証拠はなく，弁論の全趣旨によれば平成2年の更新は法定更新されたと認められる。そこで，2階部分の契約における更新料支払の合意が法定更新の場合にまで及ぶかにつき検討するに，2階部分の契約書上の更新料支払に関する条項は，期間の定めに続いて『ただし期間満了の際甲乙間に協議が整った場合は契約を更新することができる。更新料は最終賃料の2倍額とする。』と定めている。この文言に照らせば右更新料支払は合意による更新の場合を念頭において定められたというべきであり，このことに，建物の賃貸借契約では法定更新されると期間の定めのない賃貸借となり，賃借人はいつでも正当事由の存在を理由とする解約申入れを受ける危険を負担することを併せ考えると，右更新料支払の合意は法定更新の場合にはその効力がないと解するのが相当である。」
　参考裁判例　東京高判平成3年7月30日（金法1313号26頁）

裁判例 183　東京地判平成4年1月8日（判時1440号107頁，判タ825号260頁）

「ところで，一般に更新料を支払う趣旨は，賃料の不足を補充するためであるとの考え方，期間満了時には異議を述べて更新を拒絶することができるが，更新料を支払うことにより異議を述べる権利を放棄するものであるとの考え方，あるいは実質的には同様であるが，期間を合意により更新することによりその期間は明渡しを求められない利益が得られることの対価であるとの考え方などがあり，右の賃料補充説に立てば，法定更新と合意更新とを区別すべき合理的な理由はないことになるが，そのように推定すべき経験則は認められず，かえって，適正賃料の算定に当たっては，更新料の支払いの有無は必ずしも考慮されておらず（賃貸事例比較法などにおいて実質賃料を算定する際には更新料の償却額及び運用益を考慮することはあるとしても），また実質的に考えても，賃貸借の期間中も不相当になれば賃料の増減請求はできるのであるから，

敢えて更新料により賃料の不足を補充する必要性は認められないのに対し、賃貸人は更新を拒絶することにより、いつでも期間の定めのない契約に移行させることができ、その場合は、期間の経過を待たずに、正当事由さえ具備すれば明渡しを求めることができるのであるから、賃借人においては、更新料を支払うことによりその不利益を回避する利益ないし必要性が現実に認められることなどを総合考慮すると、特段の事由がない限り、更新時に更新料を支払うというのみの合意には、法定更新の場合を含まないと解するのが相当である。本件についてこれを見ると、前記のとおり、契約条項の文言からは法定更新を含むとは推認されないこと、別個に保証金が差し入れられて明渡時に償却が予定されていることから特に更新料により賃料を補充する意義は認められないこと、賃貸借期間中でも賃料の増減請求ができるとされている〔略〕ことから、これにより適正な賃料額を確保できること、法定更新の場合も含むとの慣行が存在し、かつ、その慣行を合意したと認めるべき事情のないこと、また結果論ではあるが、被告は原告に更新を拒絶され、かつ、明渡訴訟を提起されており、更新の利益を享受していないことなど諸般の事情を総合考慮すると、本件更新料支払いの合意は、賃料の補充的性格は稀薄であり、更新料支払義務の発生について法定更新の場合を含むと解すべき特段の事情があるものとは認められず、したがって、原告は被告に対し更新料の支払いを求めることはできないと解すべきである。」

裁判例 184　東京地判平成9年1月28日（判タ942号146頁）

「㈠まず、本件約定を含む本件賃貸借の契約書17条1項は、『本契約は、賃貸人と賃借人の協議により更新することができる。更新する場合は、賃借人は更新料として新家賃の2カ月分を賃貸人に支払うものとする。』と定めており〔略〕、本件約定は、協議による更新を受ける形でこれと同一条項に規定されているから、合意による更新の場合を念頭において定められたものというべきであり、また、『新家賃』という表現からは、更新時に賃料の増減請求が行われ、そこで新家賃が合意されて更新することが予定されていると解するのが自然であるから、新家賃が定められることのない法定更新は、念頭に置かれていないものというべきである。㈡次に、更新料支払いの特約を締結する場合の当事者の合理的意思を推測すると、建物賃貸借の場合、合意更新がされると少なくとも更新契約の定める期間満了時まで賃貸借契約の存続が確保されるのに対し、法定更新されると爾後期間の定めのないものとなり、いつでも賃貸人の側から正当事由の存在を理由とした解約申入れをすることができ、そのため賃借人としては常時明渡しをめぐる紛争状態に巻き込まれる危険にさらされることになるのであるから、この面をとらえると、更新料の支払いは、合意更新された期間内は賃貸借契約を存続させることができるという利益の対価の趣旨を含むと解することができる。㈢そもそも、建物賃貸借の法定更新の際に更新料の支払い義務を課する旨の特約は、借家法1条の2、2条に定める要件の認められない限り賃貸借契約は従前と同一の条件をもって当然に継続されるべきものとし、右規定に違反する特約で賃借人に不利なものは無効としている（同法6条）同法の趣旨になじみにくく、このような合意が有効に成立するためには、更新料の支払いに合理的な根拠がなければならないと解されるところ、本件において法定更新の場合にも更新料の支払義務を認めるべき特段の事情は

第2　更新料に関する特約／3　更新料支払特約と法定更新／法定更新には適用がないとした事例　85

認められない（例えば，被控訴人が主張するような，借主において貸主の申入れをことさらに無視して話合に応じないため法定更新されるに至ったような場合は，貸主において実質上異議権を放棄したものとして，右特段の事情に当たると考える余地があるが，本件賃貸借においては被控訴人において契約解除を主張して明渡しの訴訟を遂行中に法定更新されたものであるから，右特段の情があるとはいえない。）。㈣このようにしてみると，本件賃貸借における更新料の支払いは，更新契約の締結を前提とするものと解するのが合理的であるから，本件約定は，合意更新の場合に限定した趣旨と認められ，法定更新された本件の場合には適用されないものというべきである。」

裁判例 185　京都地判平成 16 年 5 月 18 日（判例秘書 L 05950267）

「建物の賃貸借契約（借家契約）における更新料等を支払う旨の約定が，合意更新の場合のみならず，法定更新にも適用されるかどうかは，それぞれの契約において，契約書の文言のみならず，契約をめぐる様々な事情を考慮して，判断すべきものである。しかし，借地借家法 26 条，28 条，30 条の趣旨に照らすと，当事者の意思が，法定更新の場合にも更新料等を支払う旨の約定が適用されるものであることが明らかであったり，それについて合理的な理由がある場合を除いては，法定更新の場合にも適用を認めることには慎重であるべきである。」として，本件更新約定は，全体としても，合意更新を前提としたものであって，法定更新には適用されないとするのが契約当事者の合理的な意思に合致するとした事例

裁判例 186　東京地判平成 16 年 7 月 14 日（判例秘書 L 05932960）

「甲 2 号証によれば，本件賃貸借契約においては，特約条項として「更新の際，乙（賃借人）は甲（賃貸人）に対し更新料として新家賃の 1 か月分を支払うこととする。」と定められている。これに対して，被告は，本件更新料支払条項は，合意更新にのみ適用され，本件のような法定更新には適用されないとの法律上の主張をしているので，この点について判断する。(2)建物賃貸借の法定更新の際にも更新料の支払義務を課す旨の特約は，借地借家法 26 条ないし 28 条の要件が認められない限り賃貸借契約は従前と同一の条件をもって当然に継続され，前記規定に違反する特約で賃借人に不利なものは無効であるとする同法 30 条の趣旨になじみにくく，したがって，このような特約が有効に成立するためには，更新料の支払に合理的な根拠（すなわち法定更新の場合においても，賃借人に更新料の支払義務を認めるのが相当と認められる特段の事情等）がなければならないと解されるところ，本件においてはこのような合理的根拠ないし特段の事情は認められない。また，本件賃貸借契約上の文言は，単に『更新の際』と規定し，一見すると法定更新の場合をも含むようにみえるが，『新家賃の 1 か月分』との文言からは，更新時に賃料の増減請求が行われ，そこで新家賃が合意されて契約が更新することが予定されていると解するのが自然であるから，新家賃が定められることのない法定更新は，念頭に置かれていないというべきである。このように借地借家法の趣旨及び契約文言を考慮すると，本件更新料支払条項に基づく更新料の支払は，合意更新すなわち任意契約である更新契約の締結を前提とするものと解するのが合理的であるから，本件更新料支払条項は，合意更新の場合に限定した趣旨

と認められ，法定更新された本件には適用されないと解するべきである。」

裁判例 187　東京地判平成 21 年 12 月 16 日（判例秘書 L 06430689）

「(2)しかしながら，上記1(2)のとおり，本件更新料支払約定の記載は，『（契約の更新）第14条　乙（被告）は，本契約を更新しようとする場合は，契約期間満了時までに標記(3)（更新料が新賃料の1か月分相当額であるとの記載部分を指す。）記載の更新料を甲（原告）に支払うとともに，更新に必要な書類を甲（原告）に提出しなければならない。』というものであって，上記1(3)の連帯保証に関する約定の記載『（連帯保証）第18条　１．連帯保証人（以下丙といいます）は，乙（被告）と連帯して合意更新・法定更新にかかわらず，本契約が存続する限り，本契約から生じる乙（被告）の一切の債務を負担します。』と異なり，合意更新・法定更新を問わず約定が適用されることが一義的に明らかとなるような記載がなされているとはいえず，むしろ，上記本件更新料支払約定の記載が，被告が本契約を更新しようとする場合に，契約期間満了時までに更新料を原告に支払うとともに，更新に必要な書類の提出を求める内容であることからすれば，同約定は，原告と被告が合意により本件賃貸借契約を更新する場合を念頭に置いて締結されたものと解するのが自然であり，約定の記載から，原告と被告が，合意更新されるか法定更新されるかにかかわらず更新の際には更新料が支払われるとの意思を有していたものとは認め難い。また，法定更新の制度は，賃借人が期間満了後に土地又は建物の使用を継続している場合に，賃貸人に更新拒絶の正当事由が備わらない限り賃借人による使用継続という事実状態を保護して賃貸借契約を存続させようとするものであり，賃借人に何らの金銭的負担なしに更新の効果を享受させようとするのが法の趣旨であると解される。さらに，賃貸人からの請求があれば，当然に賃借人に更新料支払義務が生ずる旨の商慣習ないし事実たる慣習が存在することを認めるに足りる証拠はない。(3)以上からすれば，本件更新料支払約定は，合意更新を前提として規定されたものであり，法定更新の場合には適用されないものと解すべきである。」

裁判例 188　東京地判平成 23 年 2 月 24 日（判例秘書 L 06630142）

「その他，本件賃貸借契約について法定更新の場合にも更新料を支払う旨の合意を認めるに足りる証拠はない。ところで，賃貸借契約における更新料の性質は，主に，賃貸人による更新拒絶権の放棄の対価や契約期間の定めに基づく期間満了までの賃借人の地位の安定という利益の対価にあると認めるのが相当であるところ，借地借家法26条，30条が法定更新に何らの負担も伴わないことを前提としていることに照らしても，当事者間に法定更新の場合にも更新料の支払を要する旨の合意が存しない限り，賃借人は，法定更新に伴う更新料の支払義務を負わないと解するのが相当である。」としたが，更新料支払条項自体が無効となるものではないとした事例

4 更新料支払特約と相当な更新料の額

ところで，更新料支払特約があって合意更新された場合には，すべての更新料支払特約が内容的にも全部有効であるかどうかは，事案による。特に，更新料の額がどのくらいかという点については問題があり，特約の内容が全部有効というわけではなく，一定の限度で有効であるとする判例や更新料の額が著しく高額な場合は，適正な更新料とはいえずその不払いをもって信頼関係の破壊には当たらないとした判例がある。

裁判例 189　東京地判昭和50年9月22日（判時810号48頁）

「賃借人の立場からすれば，約定更新料を弁済提供すれば，更新前の契約と同じ賃借期間が確保されることとなるのであるから，法定更新される場合と比較して一方的に賃借人に不利な特約とは言えず，従って更新料の額が1，2か月の賃料相当額である限り，実質的に借家法第6条を潜脱するための特約とは言えない。」

裁判例 190　東京地判昭和54年9月3日（判タ402号120頁）

「本件賃貸借契約中に，契約終了後引続き再契約の場合の更新料は賃料の3ケ月分とする旨の更新料支払の合意〔は〕，法定更新される場合〔略〕と比較して一方的に賃借人に不利な特約とはいえない。従って更新料の額が相当額である限り，更新料支払の合意は借家法6条を潜脱するものではなく有効と解すべきである。そして借家法の立法趣旨，賃借期間等を考慮し，本件の場合賃料の2カ月程度を限度とするならば有効と解される。」

裁判例 191　東京地判昭和56年11月24日（判タ467号122頁）

「〔更新料支払の〕合意が一方的に借家人に不利な特約であるとは断定できず（借家人としては，約定の更新料を支払うことにより，更新拒絶に伴う明渡請求等の紛争を免れ，更には更新前の契約と同じ賃借期間が確保されるといった利益を得る），その額が相当である限りその効力は否定できず，実質的に借家法6条に反しないものと解する。しかして前記鑑定は，本件建物の近隣における更新料については，不払賃料の1ケ月分が標準であると認定しているところ，〔本件賃貸借契約における〕更新料につき，支払賃料の5ケ月分とする前記合意は，通常支払われる1ケ月分の限度で有効とすべきである〔略〕。」

裁判例 192　東京地判昭和61年10月15日（判時1244号99頁，判タ645号203頁）

「まず，本件更新料特約が借家法6条により無効というべきか否かについて検討する。（証拠）によれば，少なくとも，本件建物の存する地域と類似するいわゆる繁華街に存する区分所有建物についてこれを飲食店等の営業に使用する目的で賃貸借契約が締結される場合に，契約当事

者が，右契約が期間満了時に更新された際賃借人から賃貸人に対して更新料として一定額の金員を支払うべきことを予め合意することは，相当程度慣行として定着しているものと認められるところ，右のような建物を営業のために使用する目的の賃貸借においては，期間満了時に支払うべき更新料の金額が相当な額である限り，直ちに借家法6条により無効とされるべき賃借人に不利な契約に該当するものとはいえないが，右更新料の額が不相当に高額にすぎ，借家法2条が法定更新の規定を設けて建物賃借人の保護を図った趣旨を没却し，賃借人に対して法定更新さえも不可能又は著しく困難ならしめるようなものであるときには，相当な額を超える部分は，借家法6条にいう賃借人に不利なものとして無効とされるものと解すべきである。」として，更新料特約は，本件貸室の更新後の賃料の3か月分に相当する156万円の限度では有効であるが，それを超える部分は借家法6条にいう賃借人に不利なものとして無効であるとした事例

裁判例 193　東京地判平成4年9月25日（判タ825号258頁）

「当裁判所は，約定更新料の支払いが賃料の前払い的性格を有するものとしてその支払いを有効と認める以上，著しく不公正となる場合を除いて，原則的には，更新料の支払い約定の履行は，法定更新の場合においても，信義誠実を旨とする契約原則に相応しいものであり，公平の原則に合致するものであると思料し，したがって，法定更新の場合でも，約定に反して約定更新料を支払わないのは，契約上の信義則違反として解除の対象となる場合もあると解するのを相当とする。2　しかしながら，支払われるべき更新料が慣行として認められている額を超えているとか，賃貸人と賃借人が公平な関係になく，適正な更新料と認められない場合は，更新料を支払う義務はないものというべきである（多くの場合，合意更新においては更新料の支払いをもって合意が成立するから，問題が生じるのは法定更新の場合であることが推定される。）。

そこで，本件においてみるに，本件契約において，被告は新賃料の10か月分の更新料の支払いを約定しており（争いのない事実），この額は，本件契約と同一地区での3年契約の場合1.5か月分もしくは2か月分という慣行（A鑑定）に照らしても著しく適正額を超えていることが明らかであり，かつ，従前の原告と被告の関係においても，被告は原告の要求する更新料を支払わない限り契約を更新してもらえないものと信じて，やむなく原告の要求を受け入れて更新毎に10か月分以上の更新料を支払ってきたことが窺われる（被告本人尋問の結果）ことからみて，本件更新料は賃料の前払い的性格を超えたものというべきであり，適正な更新料ということはできないものであるから，被告が本件更新料を支払わないことをもって，原告に対する信頼関係の破壊に当たるものということできず，原告主張の本件解除は有効とは認められない。」

5　更新料支払義務と契約解除

　更新料の不払いがあれば，すべて賃貸借契約の解除が認められるというわけではない。次のように解除を認めた判例と認めなかった判例がある。

（賃貸借契約の解除を認めた事例）

裁判例 194　東京地判昭和57年10月20日（判時1077号80頁，判タ489号83頁）

　法定更新の場合にも，更新料の支払義務を免れないとし，「本件更新料の右のような賃料の一部たる実質に徴すると，右義務は賃借人としての重要な債務であるというべきであるから，(2年後の昭和55年にさらに更新料支払義務が生じたかどうかは措くとしても) 被告が右更新料を催告にかかわらず支払わないことは，解除原因とするに足る債務不履行であると解される。これに加えて，賃貸借契約が当事者間の信頼関係を基調とするものであることに鑑みると，被告は，昭和53年3月末日の期間満了時に原告から更新についての協議の申入れを受けたときには，これに応じて誠実に協議をなすべきであり，また，法定更新後は賃貸借が期間の定めのないものとなったとはいえ，昭和55年3，4月当時には，前回の更新契約時から4年を経過していたのであるから，少なくとも賃料改訂の協議には応ずることが期待されたものというべく，被告が右両年の協議に応ぜず，むしろこれを故意に回避するものとみられてもやむをえない態度に出たことは，信頼関係を損うものというべきである。そうすると，請求原因2㈠(4)の賃料の遅滞についての責任の有無（それは取立払の約定との関係で問題であるが）は別としても，被告には賃貸借当事者間の信頼関係を破壊すると認めるに足る債務不履行があったものと認めるのが相当である。」とした事例

裁判例 195　東京地判平成5年8月25日（判時1502号126頁，判タ865号213頁）

　「したがって，被告は，本件賃貸借が平成2年11月24日の経過をもって法定更新されたことより，更新後の賃料（少なくとも更新前の賃料と同額）3か月分相当額の支払義務を負ったものというべきであり，前示のように右更新料が賃料の一部としての実質を有していることからすると，被告が右更新料を支払わないことは賃貸借契約上の重要な債務の不履行であり，解除の原因となると解すべきである（更新の不払いは解除原因にならない旨の被告の主張は採用することができない。）。被告は，被告の更新料の不払いは未だ賃貸借関係の継続を著しく困難ならしめる不信行為とはいえない旨主張するが，前記認定のとおり，被告は，契約書で定められた更新料の支払義務自体を一貫して否定し続けるとともに，本件賃貸借の存続期間は20年であるとの特異な見解に固執して，原告の更新料の請求に応じようとしなかったものであって，被告の右更新料不払いは，賃貸借当事者間の信頼関係を破壊するものと認めるのが相当である（なお，新賃料について合意が成立していないときは，従前の賃料額に基づいて更新料を計算すればよいのであって，右合意の不成立をもって更新料不払いの理由とすることはできない。）。4　以上のとおりであって，被告は，原告の請求にもかかわらず，更新料を支払わなかったものであるから，右更新料不払いを理由とする原告の本件賃貸借の解除は適法ということができる〔略〕。」

(賃貸借契約の解除を認めなかった事例)

裁判例 196　東京高判昭和45年12月18日（判時616号72頁，判夕260号216頁）

「このような事実関係から考えると，本件賃貸借契約は法定更新により当然当初の約定期間を超えて存続すべきところ，本件更新料の支払契約は，賃貸借契約の存続を条件とするとしても，更新料の不払が本来の賃貸借契約の消滅をもたらすようなものではないと解するのが相当である。すなわち，本件におけるいわゆる更新料はたかだか被控訴人において土地賃貸借契約の期間満了時に有する異議権の行使を放棄する対価に過ぎないというべきで，この支払の遅滞により本件更新料の支払契約を解除して異議権を行使することができると解する余地はあっても，本件更新料の不払がそれにもかかわらず法定更新された賃貸借契約の債務不履行に当るものと解することはできない。したがって，控訴人の賃料のみの弁済の提供が本件賃貸借契約において賃借人の債務の履行遅滞となり，債務不履行になるということはできない。」

裁判例 197　東京地判昭和50年9月22日（判時810号48頁）

「前記のように控訴人は訴外会社に対し，右更新料の不払を理由として解除の意思表示をしているが，右更新料は賃料1か月相当の少額であり，また弁論の全趣旨によれば，本件における被控訴人の主張は，更新料の法的性質に関する見解から支払義務を否定するのを主眼とし，従って，もし更新料が賃料の前払であり，訴外会社にその支払義務のあることが裁判所により明確にされた場合には訴外会社においてこれを支払う意思を有するものと認められるので，右更新料の不払から直ちに当事者間の信頼関係が破壊されたとすることはできず，控訴人主張のように2回にわたって催告がなされたとしても，なお，本件での，更新料の不払のみを理由とする解除は，信義則に反し無効である。」

第3　敷金に関する特約

1 敷引特約

　敷引特約とは，賃貸借建物の明渡しの際に，当然に敷金の何割かを控除し，その余を返還する旨の特約をいう。この敷引金の性質について，判例の中で採り上げられているものとしては，次のような見解がある。

　(1)賃貸借契約成立の謝礼，(2)賃貸目的物の自然損耗費用，(3)賃貸借契約更新時の更新料の免除の対価，(4)賃貸借契約終了後の空室賃料，(5)賃料を低額にすることなどの代償，(6)(1)ないし(5)の様々な性質を有するとする見解などである。

2 敷引特約と消費者契約法10条

　敷引特約は，主として，消費者契約法10条前段，後段に該当し，無効なのではないかとして論じられてきた。以下は，敷引特約は有効あるいは一部有効であるとした判例と無効あるいは一部無効であるとした判例である。

(特約は有効であるとした事例)

裁判例 198　神戸地判平成14年6月14日（裁判所ウェブサイト，判例秘書L05750702）

　「控訴人は，本件敷引約定について，敷引金の使途及び性質に関し，口頭でも書面上でも何ら説明がなされず，不合理であるから無効であると主張する。しかしながら，一般に，建物賃貸借契約において，敷金ないし保証金の一部を敷引金として，その使途及び性質を明示することなく賃貸人が取得する旨を定めるいわゆる敷引約定はしばしばみられるところである。そして，それら敷引約定は，一般的には，賃貸借契約成立の謝礼，賃料の実質的な先払い，契約更新時の更新料，建物の自然損耗による修繕に必要な費用，新規賃借人の募集に要する費用や新規賃借人入居までの空室損料等さまざまな性質を有するものにつき，渾然一体のものとして，一定額の金員を賃貸人に帰属させることをあらかじめ合意したものと解されるところ，それら敷引約定はそれなりの合理性を有するものと認められるから，その金額が著しく高額であって暴利行為に当たるなどの特段の事由がない限りは，その合意は有効である。そこで，本件敷引約定についてみるに，前記争いのない事実，証拠（甲1，30，57，乙2）及び弁論の全趣旨によれば，本件敷引約定も，建物の自然損耗〔に〕よる修繕に必要な費用等に充てられるものとして，あらかじめ一定額の金員を賃貸人である被控訴人に帰属させることを合意したものと認められ，また，その額についても特に著しく高額であるとか，その他これを無効とすべき事由があるとは認められない。以上のとおりで，本件敷引約定は有効な約定と解され，これが無効であるとの控訴人の主張は採用できない。」

参考裁判例　京都地判平成20年11月26日（金判1378号37頁）
　　　　　　大阪高判平成21年6月19日（金判1378号34頁，上記京都地判の控訴審）

裁判例 199　横浜地判平成21年9月3日（判例秘書L06450542）

　本件敷引特約は，消費者契約法10条前段に該当するが，賃借人と賃貸人の間に，情報の質及び量，交渉力において大きな格差があったとはいえないとした上で，「本件敷引特約による敷引額は賃料の1か月分相当額であり，次の賃借人を募集するのに必要な合理的期間の賃料分といえるから，空室補償的な性質を有する敷引として不合理であるとは言えない。以上を総合すれば，本件敷引特約は，消費者である原告の法的に保護されている利益を信義則に反する程度に侵害するものとは認められないから，消費者契約法10条後段に該当するとは認められない。」とした事例

参考裁判例　神戸地尼崎支判平成22年11月12日（判タ1352号186頁）

（特約は無効であるとした事例）

裁判例 200　神戸地判平成 17 年 7 月 14 日（判時 1901 号 87 頁）

　関西地区での不動産の賃貸借契約においては，敷金，保証金などの名目で一時金の授受が行われた際，賃貸借契約終了時に敷金又は保証金から一定金額（敷引金）を返還しない旨の合意（敷引契約）がされることが多い。この敷引金の性質について，①賃貸借契約成立の謝礼，②賃貸目的物の自然損耗の修繕費用，③賃貸借契約更新時の更新料の免除の対価，④賃貸借契約終了後の空室賃料，⑤賃料を低額にすることの代償などの性質があるとされているが，本件事例では，①から⑤までの性質を有することを前提として，①から⑤までの要素を検討した結果，「以上で検討したとおり，本件敷引金の①ないし⑤の性質から見ると，賃借人に本件敷引金を負担させることに正当な理由を見いだすことはできず，一方的で不合理な負担を強いているものといわざるを得ない。そして，本件敷引金に上記①ないし⑤で検討した以外に，賃借人に賃料に加えて本件敷引金の負担を強いることに正当な理由があることを裏付けるような要素があるとも考え難い。さらに，敷引特約は，賃貸目的物件について予め付されているものであり，賃借人が敷引金の減額交渉をする余地はあるとしても，賃貸事業者（又はその仲介業者）と消費者である賃借人の交渉力の差からすれば，賃借人の交渉によって敷引特約自体を排除させることは困難であると考えられる。これに加え，上記のとおり，関西地区における不動産賃貸借において敷引特約が付されることが慣行となっていることからしても，賃借人の交渉努力によって敷引特約を排除することは困難であり，賃貸事業者が消費者である賃借人に敷引特約を一方的に押しつけている状況にあるといっても過言ではない。以上で検討したところを総合考慮すると，本件敷引特約は，信義則に違反して賃借人の利益を一方的に害するものと認められる。(3)したがって，本件敷引特約は，賃貸借契約に関する任意規定の適用による場合に比し，賃借人の義務を加重し，信義則に反して賃借人の利益を一方的に害するものであるから，消費者契約法 10 条により無効である。」

参考裁判例　京都地判平成 18 年 11 月 8 日（裁判所ウェブサイト，判例秘書 L 06150317）

裁判例 201　大阪地判平成 19 年 3 月 30 日（判タ 1273 号 221 頁）

　「敷引金の内容及び本件賃貸借契約（本件敷引特約付き）の締結過程の事情を総合考慮すると，本件敷引金のうち 25 万円部分については，信義則に違反して賃借人の利益を一方的に害するものと認められ，消費者契約法 10 条に違反し無効である。」

参考裁判例　京都地判平成 19 年 4 月 20 日（消費者法ニュース 73 号 121 頁）
　　　　　　名古屋簡判平成 21 年 6 月 4 日（判タ 1324 号 187 頁）
　　　　　　京都地判平成 21 年 7 月 23 日（判時 2051 号 119 頁，判タ 1316 号 192 頁）→裁判例 166
　　　　　　京都地判平成 21 年 7 月 30 日（金判 1378 号 50 頁）
　　　　　　大阪高判平成 21 年 12 月 15 日（金判 1378 号 46 頁，上記京都地判の控訴審）

(最高裁平成23年3月24日判決)

敷引特約については，平成23年3月24日に，下記のとおり最高裁の判決が出ているが，その射程等については，消費者法ニュース88号230頁を参照されたい。

裁判例 202　最判平成23年3月24日(判時2128号33頁，判タ1356号87頁，金判1378号41頁，NBL952号10頁・954号13頁，市民と法70号33頁，消費者法ニュース88号228，230頁)

「そこで，本件特約が消費者契約法10条により無効であるか否かについて検討する。(1)　まず，消費者契約法10条は，消費者契約の条項が，民法等の法律の公の秩序に関しない規定，すなわち任意規定の適用による場合に比し，消費者の権利を制限し，又は消費者の義務を加重するものであることを要件としている。

本件特約は，敷金の性質を有する本件保証金のうち一定額を控除し，これを賃貸人が取得する旨のいわゆる敷引特約であるところ，居住用建物の賃貸借契約に付された敷引特約は，契約当事者間にその趣旨について別異に解すべき合意等のない限り，通常損耗等の補修費用を賃借人に負担させる趣旨を含むものというべきである。本件特約についても，本件契約書19条1項に照らせば，このような趣旨を含むことが明らかである。

ところで，賃借物件の損耗の発生は，賃貸借という契約の本質上当然に予定されているものであるから，賃借人は，特約のない限り，通常損耗等についての原状回復義務を負わず，その補修費用を負担する義務も負わない。そうすると，賃借人に通常損耗等の補修費用を負担させる趣旨を含む本件特約は，任意規定の適用による場合に比し，消費者である賃借人の義務を加重するものというべきである。

(2)　次に，消費者契約法10条は，消費者契約の条項が民法1条2項に規定する基本原則，すなわち信義則に反して消費者の利益を一方的に害するものであることを要件としている。

賃貸借契約に敷引特約が付され，賃貸人が取得することになる金員（いわゆる敷引金）の額について契約書に明示されている場合には，賃借人は，賃料の額に加え，敷引金の額についても明確に認識した上で契約を締結するのであって，賃借人の負担については明確に合意されている。そして，通常損耗等の補修費用は，賃料にこれを含ませてその回収が図られているのが通常だとしても，これに充てるべき金員を敷引金として授受する旨の合意が成立している場合には，その反面において，上記補修費用が含まれないものとして賃料の額が合意されているとみるのが相当であって，敷引特約によって賃借人が上記補修費用を二重に負担するということはできない。また，上記補修費用に充てるために賃貸人が取得する金員を具体的な一定の額とすることは，通常損耗等の補修の要否やその費用の額をめぐる紛争を防止するといった観点から，あながち不合理なものとはいえず，敷引特約が信義則に反して賃借人の利益を一方的に害するものであると直ちにいうことはできない。

もっとも，消費者契約である賃貸借契約においては，賃借人は，通常，自らが賃借する物件に生ずる通常損耗等の補修費用の額については十分な情報を有していない上，賃貸人との交渉によって敷引特約を排除することも困難であることからすると，敷引金の額が敷引特約の趣旨からみて高額に過ぎる場合には，賃貸人と賃借人との間に存する情報の質及び量並びに交渉力の格差を背景に，賃借人が一方的に不利益な負担を余儀なくされたものとみるべき場合が多い

といえる。
　そうすると，消費者契約である居住用建物の賃貸借契約に付された敷引特約は，当該建物に生ずる通常損耗等の補修費用として通常想定される額，賃料の額，礼金等他の一時金の授受の有無及びその額等に照らし，敷引金の額が高額に過ぎると評価すべきものである場合には，当該賃料が近傍同種の建物の賃料相場に比して大幅に低額であるなど特段の事情のない限り，信義則に反して消費者である賃借人の利益を一方的に害するものであって，消費者契約法10条により無効となると解するのが相当である。
　(3)　これを本件についてみると，本件特約は，契約締結から明渡しまでの経過年数に応じて18万円ないし34万円を本件保証金から控除するというものであって，本件敷引金の額が，契約の経過年数や本件建物の場所，専有面積等に照らし，本件建物に生ずる通常損耗等の補修費用として通常想定される額を大きく超えるものとまではいえない。また，本件契約における賃料は月額9万6000円であって，本件敷引金の額は，上記経過年数に応じて上記金額の2倍弱ないし3.5倍強にとどまっていることに加えて，上告人は，本件契約が更新される場合に1か月分の賃料相当額の更新料の支払義務を負うほかには，礼金等他の一時金を支払う義務を負っていない。
　そうすると，本件敷引金の額が高額に過ぎると評価することはできず，本件特約が消費者契約法10条により無効であるということはできない。」

■解説■

　以上の最高裁判決については，敷引特約は，「賃料の額，礼金等他の一時金の授受の有無及びその額等に照らし，敷引金の額が高額に過ぎると評価すべきものである場合には，当該賃料が近傍同種の建物の賃料相場に比して大幅に低額であるなど特段の事情のない限り」消費者契約法10条により無効となると判示しており，このような場合に該当するような事案にあっては，本件の最高裁判決とは異なる結論になるであろう。また，「本件敷引金の額が，契約の経過年数や本件建物の場所，専有面積等に照らし，本件建物に生ずる通常損耗等の補修費用として通常想定される額を大きく超えるものとまではいえない。」としており，本件とは事情が違った事案においては，やはり判断が異なってくる場合もあるのではなかろうか。特に，賃貸借建物が一等地の場合と，そうでない場合とでは，賃貸借契約の条件も異なっているので，様々な条件を総合的に考慮して判断する必要があると考える。例えば，一等地の場合，もちろん例外はあると思うが，賃借人は明確に賃貸借契約の諸条件を認識して契約することが多いであろうし，敷引特約（保証金償却費等の名目でも同様）に基づく金額がやや高額でも契約しているものと思われる。しかし，そうでない地域では，賃貸借契約の諸条件も大分違っており，一等地と同じように判断するのは相当とはいえない場合もあるのではないか。

(最高裁平成23年7月12日判決)

　次に，平成23年7月12日にも，以下のように最高裁の判決が出されている。

裁判例 203　最判平成23年7月12日（判時2128号43頁，判タ1356号87頁，金判1378号41頁，市民と法70号33頁）

「本件特約は，本件保証金のうち一定額（いわゆる敷引金）を控除し，これを賃貸借契約終了時に賃貸人が取得する旨のいわゆる敷引特約である。賃貸借契約においては，本件特約のように，賃料のほかに，賃借人が賃貸人に権利金，礼金等様々な一時金を支払う旨の特約がされることが多いが，賃貸人は，通常，賃料のほか種々の名目で授受される金員を含め，これらを総合的に考慮して契約条件を定め，また，賃借人も，賃料のほかに賃借人が支払うべき一時金の額や，その全部ないし一部が建物の明渡し後も返還されない旨の契約条件が契約書に明記されていれば，賃貸借契約の締結に当たって，当該契約によって自らが負うこととなる金銭的な負担を明確に認識した上，複数の賃貸物件の契約条件を比較検討して，自らにとってより有利な物件を選択することができるものと考えられる。そうすると，賃貸人が契約条件の一つとしていわゆる敷引特約を定め，賃借人がこれを明確に認識した上で賃貸借契約の締結に至ったのであれば，それは賃貸人，賃借人双方の経済的合理性を有する行為と評価すべきものであるから，消費者契約である居住用建物の賃貸借契約に付された敷引特約は，敷引金の額が賃料の額等に照らし高額に過ぎるなどの事情があれば格別，そうでない限り，これが信義則に反して消費者である賃借人の利益を一方的に害するものということはできない（最高裁平成21年（受）第1679号同23年3月24日第一小法廷判決・民集65巻2号登載予定参照）。

これを本件についてみると，前記事実関係によれば，本件契約書には，1か月の賃料の額のほかに，被上告人が本件保証金100万円を契約締結時に支払う義務を負うこと，そのうち本件敷引金60万円は本件建物の明渡し後も被上告人に返還されないことが明確に読み取れる条項が置かれていたのであるから，被上告人は，本件契約によって自らが負うこととなる金銭的な負担を明確に認識した上で本件契約の締結に及んだものというべきである。そして，本件契約における賃料は，契約当初は月額17万5000円，更新後は17万円であって，本件敷引金の額はその3.5倍程度にとどまっており，高額に過ぎるとはいい難く，本件敷引金の額が，近傍同種の建物に係る賃貸借契約に付された敷引特約における敷引金の相場に比して，大幅に高額であることもうかがわれない。

以上の事情を総合考慮すると，本件特約は，信義則に反して被上告人の利益を一方的に害するものということはできず，消費者契約法10条により無効であるということはできない。」

■反対意見（岡部裁判官）■

なお，本判決には，田原睦夫裁判官と寺田逸郎裁判官の補足意見がある。また，岡部喜代子裁判官の反対意見は次のとおりである。

「1　私は，多数意見と異なり，本件特約は消費者契約法10条により無効であると考える。その理由は，以下のとおりである。

2　多数意見は，要するに，敷引金の総額が契約書に明記され，賃借人がこれを明確に認識した上で賃貸借契約を締結したのであれば，原則として敷引特約が信義則に反して賃借人の利益を一方的に害するものとはいえないというのである。

しかしながら，敷引金は個々の契約ごとに様々な性質を有するものであるのに，消費者たる

賃借人がその性質を認識することができないまま賃貸借契約を締結していることが問題なのであり，敷引金の総額を明確に認識していることで足りるものではないと考える。

3　敷引金は，損耗の修繕費（通常損耗料ないし自然損耗料），空室損料，賃料の補充ないし前払，礼金等の性質を有するといわれており，その性質は個々の契約ごとに異なり得るものである。そうすると，賃借物件を賃借しようとする者は，当該敷引金がいかなる性質を有するものであるのかについて，その具体的内容が明示されてはじめて，その内容に応じた検討をする機会が与えられ，賃貸人と交渉することが可能となるというべきである。例えば，損耗の修繕費として敷引金が設定されているのであれば，かかる費用は本来賃料の中に含まれるべきものであるから（最高裁平成16年(受)第1573号同17年12月16日第二小法廷判決・裁判集民事218号1239頁参照），賃借人は，当該敷引金が上記の性質を有するものであることが明示されてはじめて，当該敷引金の額に対応して月々の賃料がその分相場より低額なものとなっているのか否か検討し交渉することが可能となる。また，敷引金が礼金ないし権利金の性質を有するというのであれば，その旨が明示されてはじめて，賃借人は，それが礼金ないし権利金として相当か否かを検討し交渉することができる。事業者たる賃貸人は，自ら敷引金の額を決定し，賃借人にこれを提示しているのであるから，その具体的内容を示すことは可能であり，容易でもある。それに対して消費者たる賃借人は，賃貸人から明示されない限りは，その具体的内容を知ることもできないのであるから，契約書に敷引金の総額が明記されていたとしても，消費者である賃借人に敷引特約に応じるか否かを決定するために十分な情報が与えられているとはいえない。

そもそも，消費者契約においては，消費者と事業者との間に情報の質及び量並びに交渉力の格差が存在することが前提となっており（消費者契約法1条参照），消費者契約関係にある，あるいは消費者契約関係に入ろうとする事業者が，消費者に対して金銭的負担を求めるときに，その対価ないし対応する利益の具体的内容を示すことは，消費者の契約締結の自由を実質的に保障するために不可欠である。敷引特約についても，敷引金の具体的内容を明示することは，契約締結の自由を実質的に保障するために，情報量等において優位に立つ事業者たる賃貸人の信義則上の義務であると考える（なお，消費者契約法3条1項は，契約条項を明確なものとする事業者の義務を努力義務にとどめているが，敷引特約のように，事業者が消費者に対し金銭的負担を求める場合に，かかる負担の対価等の具体的内容を明示する義務を事業者に負わせることは，同項に反するものではない。）。このように解することは，最高裁平成9年(オ)第1446号同10年9月3日第一小法廷判決・民集52巻6号1467頁が，災害により居住用の賃借家屋が滅失して賃貸借契約が終了した場合において，敷引特約を適用して敷引金の返還を不要とするには，礼金として合意された場合のように当事者間に明確な合意が存することを要求していること，前掲最高裁平成17年12月16日第二小法廷判決が，通常損耗についての原状回復義務を賃借人に負わせるには，その旨の特約が明確に合意されていることが必要であるとしていることから明らかなように，当審の判例の趣旨にも沿うものである。

4　このような観点から本件特約の消費者契約法10条該当性についてみると，次のようにいうことができる。

まず，前段該当性についてみると，賃貸借契約においては，賃借人は賃料以外の金銭的負担を負うべき義務を負っていないところ（民法601条），本件特約は，本件敷引金の具体的内容を明

示しないまま，その支払義務を賃借人である被上告人に負わせているのであるから，任意規定の適用の場合に比し，消費者である賃借人の義務を加重するものといえる。

　そして，後段該当性についてみると，原審認定によれば，本件敷引金の額は本件契約書に明示されていたものの，これがいかなる性質を有するものであるのかについて，その具体的内容は本件契約書に何ら明示されていないのであり，また，上告人と被上告人との間では，本件契約を締結するに当たって，本件建物の付加価値を取得する対価の趣旨で礼金を授受する旨の合意がなされたとも，改装費用の一部を被上告人に負担させる趣旨で本件敷引金の合意がなされたとも認められないというのであって，かかる認定は記録に徴して十分首肯できるところである。したがって，賃貸人たる上告人は，本件敷引金の性質についてその具体的内容を明示する信義則上の義務に反しているというべきである。加えて，本件敷引金の額は，月額賃料の約3.5倍に達するのであって，これを一時に支払う被上告人の負担は決して軽いものではないのであるから，本件特約は高額な本件敷引金の支払義務を被上告人に負わせるものであって，被上告人の利益を一方的に害するものである。

　以上のとおりであるから，本件特約は消費者契約法10条により無効と解すべきである。」

③ 保証金等償却費に関する特約

　権利金名義，建物償却費及び保証金名義等の金員についての特約の効力に関しては，約定の内容がどのようなものであるかによって，賃借人からの返還請求を判断している次のような判例がある。

裁判例 204　最判昭和43年6月27日（民集22巻6号1427頁，判時523号37頁，判タ224号145頁）

　「原判決の確定したところによれば，本件の権利金名義の金員は，上告人が賃借した建物部分の公衆市場内における店舗として有する特殊の場所的利益の対価として支払われたものであるが，賃料の一時払としての性質を包含するものでなく，かつ，本件賃貸借契約には期間の定めがなかったというのであり，賃貸借契約の締結またはその終了に際し，右金員の返還について特段の合意がされた事実は原審で主張も認定もされていないところであるから，このような場合には，上告人主張のように賃貸借契約がその成立後約2年9ケ月で合意解除され，賃借建物部分が被上告人に返還されたとしても，上告人は，それだけの理由で，被上告人に対し右金員の全部または一部の返還を請求することができるものではないと解すべきである。」

裁判例 205　東京地判昭和45年2月10日（判時603号62頁）

　「本件賃貸借契約において，原告が被告に交付した保証金のうち，10箇月分の賃料相当額3,000,000円は保証金の償却として被告の取得とし，本件賃貸借契約が終了しても被告は原告に返還を要しない旨の約定がなされたことは当事者間に争いがない。そして，弁論の全趣旨によると，右約定によって被告が取得することとされる3,000,000円は，主として本件建物

の賃貸中の損耗，破損等の修復費に充てることを目的としたものであることが認められる。右認定のような前記約定の目的と，被告が保証金の償却として取得できる金額と本件賃貸借契約終了までの期間との関係について，特段の明示の約定がなされたことを認めるに足りる証拠がないことからすると，前記の約定は，本件賃貸借契約の約定期間である15年が満了した場合に，被告が保証金の償却として取得できる金額を3,000,000円と定めたものではあるが，本件賃貸借契約の終了時期如何にかかわらず，被告が保証金の償却として3,000,000円を取得できるということまで定めたものと解するのは相当でなく，本件賃貸借契約が約定期間満了前に終了した場合に，被告が保証金の償却として取得できる金額は，3,000,000円に対する，約定期間と賃貸借終了までの期間との比率に応じた金額であると解するのが相当である。」

裁判例 206 東京高判昭和49年8月29日（判時759号37頁，判タ316号197頁）

「本件金160万円の建物償却費は，本件契約書第13条の文言によれば，賃貸借契約終了並びに解約の場合には，使用期間に関係なく全額を支払うよう定められている。したがって賃貸借の期間満了前に合意解約がなされた場合には，特別に合意のない限り全額が被控訴人の取得するところとなるが，しかしさきに述べた建物償却費の性質から考えると，本件のように建物が東京都に収用され取毀されるため合意解約になった（この点当事者間に争がない。）場合は，なんら当事者双方の責に帰すべき事由がなく，やむなく賃貸借契約を終了させなければならない事情にあったのであるから，通常の場合と異なり，本件契約書第13条の文言どおり160万円全額を控訴人に負担させることは，当事者間の負担の公平を欠くものというべきである。したがって本件では，控訴人が本件建物を占有使用した期間が昭和42年5月10日から昭和46年5月10日までの4年間（1日分は切り捨てる。）であることは当事者間に争いがなく，この4年間は本件賃貸借期間の5分の4に当るから，控訴人は右金160万円の5分の4に相当する金128万円を建物償却費として被控訴人に支払う義務があると解するのが当事者間の公平を図る上から相当である。」

（敷金不返還特約）

裁判例 207 東京地判昭和50年1月29日（判時785号89頁）

「そこで原告は，本件の敷金不返還の特約は無効であると主張する。しかしながら，前記争いのない事実にかんがみると，右不返還特約は，一定の時期以前に賃貸人側の帰責事実によらずに賃借人の都合で賃貸借契約が解約された場合に生ずべき賃貸人の損害を担保するとともに，その損害額を敷金から控除した残額を没収する旨の一種の損害賠償の予定であると解せられ，そしてさらに，本件賃貸借の約定期間が10年であるのに対し，右特約の効力を有する期間が賃借人において本件建物を使用収益しうる時から3年に限られていること，その期間中の解約によって賃借人が失うであろう敷金額が賃料の6か月分に該当し不当に高額とは必ずしもいえないこと等の事情も加えて考えると，右特約が借家法6条に直接違反しないことはむろんのこと，実質的にも反しないし，また借家法の精神に反するともいまだ解することはできない。したがっ

て，原告の右主張は採用できず，他に主張，立証のない以上，被告において本件敷金を返還する義務はないといわざるをえない。」

参考裁判例　東京地判昭和50年10月28日（判タ334号247頁）
　　　　　　大阪地判昭和52年11月29日（判時884号88頁）

裁判例 208　浦和地判昭和59年1月31日（判時1124号202頁，判タ527号126頁）

「右事実及び前記認定事実を総合すると，本件保証金にはホテル営業目的の賃貸借契約に基づく債務不履行による損害を担保する性質の他，賃貸借の設定により借主が享受すべき建物の場所，営業設備等の有形無形の利益に対して支払われる対価の性質，中途解約により当事者が受くべき損害の賠償額の予定の性質等を含んでいるもので，単なる制裁金ではないと認めるのが相当であって，その額は家賃の11.5か月分に相当するものであるが，被告は自己所有の約1300坪の敷地に建築した，1棟が一部屋となっている車庫，バス，トイレ付のホテル14棟と管理人室1棟の合計15棟を居抜きのままで原告に賃貸したもので，原告は賃貸借契約期間の開始した昭和56年6月20日からすぐに営業を開始して収入をあげることができる状態であったこと，保証金1500万円は15年の契約期間が満了すると無利子ではあるが債務不履行による損害額を控除して返還する旨の合意がなされていることなどの賃貸借契約の内容，3倍返しの特約が存することなど諸般の事情を総合すると，1500万円の保証金が不当に高額であるとまでは認定できず，他に前記特約条項が借主に一方的な著しく不利益であると認めるに足りる証拠はない。また，右に認定のとおりの本件特約条項を付した賃貸借契約締結に至る事情をも総合すると，原告は自己の計算で利を図って，営業を10年ないし15年間継続しなければ保証金の全部又は半額を没収される拘束のある特約を付した契約を自由な意思に基づいて締結したものと認めるのが相当であって，前記特約条項をもって，営業の自由を制限するが故に公序良俗に違反するとまでは認めがたい。」とし，信義則違反にもならないとした事例

参考裁判例　東京地判昭和59年4月26日（判タ531号173頁）

裁判例 209　東京地判昭和60年4月25日（判時1176号110頁，判タ574号70頁）

「しかし，賃借人が明渡後も多額の保証金を凍結されていることにより損失を被ることは明らかであるし，新入居者が決まらない限りいつまでも保証金の返還を要しないとするならば，返還義務の成否は，結局賃貸人の行為如何にかかることとなり，賃貸人がその努力を怠る場合でも，賃借人としては拱手して待つほかはないこととなって，賃借人の利益が害されるおそれがある。さりとて，賃貸人が入居者を探す真摯な努力をしているか否かによって区別することは，法律関係を不明確にするものであって，相当でなく，たとえ賃貸人が真摯な努力をしたとしても，経済情勢や環境の変化等によって，新入居者が容易に得られない場合に，それによる不利益を賃借人に帰すのは公平でないと考えられる。なお，解約申入から契約終了までの6か月の期間も，賃貸人のための準備期間として定められたものと考えられる。したがって，本件のような約定のものでも，明渡後，賃貸人が新入居者を探すのに通常必要と考えられる時日を考慮

して，相当な期間を経過した時は，新入居者が現実に決定したか否かにかかわりなく，保証金返還債務の履行期が到来するものと解すべきであり，そう解することによってのみ，本件の保証金返還時期に関する特約の効力を是認しうるものというべきである。そして，期間満了の場合の返還時期の約定と対比し，かつ，解約申入から契約終了までの6か月の期間を考慮に入れると，本件において，原告が本件建物を明渡した日から1年以上を経過した請求原因6の請求の時には，右の相当の期間は経過し，被告は原告に対し本件保証金を返還すべきこととなったものと解するのが相当である。」

裁判例 210 浦和地判昭和60年11月12日（判タ576号70頁）

「ところで，原告はこの約定は無効である旨主張するが，賃借人の交替の際には新賃借人を見つけるまでにある程度の家賃収入を得られない期間を生ずることは往々にして避けられないものと思われるし，またその際には賃貸人において新賃借人獲得のための諸経費，新たな賃貸に備えての賃貸物件の補修等の費用の負担を余儀なくされるであろうことも見やすいところであるから，一旦なされた契約が短期に終了することを防ぎ，ひいてその安定的な収入を確保するため賃貸借が短期に終了する場合にはいわば賃借人に対するペナルティを課する意味で，それ以外の場合に比し多額の償却をして保証金を返還することも不合理ではなく許されるものというべきである。従って，被告主張の約定は有効というべきであり，被告は原告らに対しこの約定に従い前記保証金のうちそれぞれその20パーセントを償却した残額を返還すべき義務を負うに止まるものというべきである。」

裁判例 211 東京地判平成4年7月23日（判時1459号137頁）

「事務所等の賃貸借契約において，借主が貸主に預託することを約した保証金の性質は，これを限時解約（借主が賃貸期間の定めに違背して早期に明け渡すような場合において貸主に支払われるべき制裁金）とするなどの別段の特約がない限り，いわゆる敷金と同一の性質を有するものと解するのが相当であって，貸主は，賃貸借契約が終了して目的物の返還を受けたときは，これを借主に返還する義務を負うものというべきである。そして，本件におけるように，貸主が預託を受けた保証金のうちの一定額を償却費名下に取得するものとされている場合のいわゆる償却費相当分は，いわゆる権利金ないし建物又は付属備品等の損耗その他の価値減に対する補償としての性質を有するものであり，この場合において，賃貸借契約の存続期間及び保証金の償却期間の定めがあって，その途中において賃貸借契約が終了したときには，貸主は，特段の合意がない限り，約定にかかる償却費を賃貸期間と残存期間とに按分比して，残存期間分に相応する償却費を借主に返還すべきものと解するのが相当である。」

裁判例 212 東京地判平成5年5月17日（判時1481号144頁，判タ840号140頁）

「保証金は5年で20パーセント償却とする。償却は5年目にうめるものとする。途中解約は

20パーセント償却とする。」旨の約定について，「右事実を前提に本件償却規定の適法性について判断するに，(1)原告代表者は，本件償却規定について，訴外会社の代表者のA及びBから説明を受けているうえ，右規定の内容は明確で容易に理解できる内容であることからして，原告代表者は，本件償却規定の趣旨を十分に理解のうえで本件契約を締結していること，(2)本件償却規定により償却される金額は保証金の額588万6000円の20パーセントに当たる117万7200円であり，本件契約の1か月の賃料35万3000円の3倍には満たない金額で，後記(3)の貸主側の事情を考えると，借主側の負担として過大なものとまでは認められないこと，(3)賃借人の交替の際には新賃借人を見つけるまでにある程度の家賃収入を得られない期間を生ずることは往々にして避けられず（証人Cの証言によれば，原告が本件建物を退去した後，未だ本件建物には新しい賃借人がないことが認められる。），その際には，賃貸人において新賃借人獲得のための仲介業者に支払う報酬等の諸経費が必要となることが認められ，そうした事情を考えると，賃貸借契約が短期に終了することを防ぎ，ひいてはその安定的な収入を確保するために賃貸借契約がその期間の満了を待たず，中途で解約となる場合に，期間満了の場合に比して多額の償却をして保証金を返還することは不合理とはいえないこと（浦和地方裁判所第4民事部昭和60年11月12日判決・判例タイムズ576号70頁）を総合すれば，本件償却規定が借家法の精神や民法90条に照らして無効とは認めがたく，このことは被告が原告から本件契約締結の際に本件保証金とは別に賃料の約2倍に相当する71万6590円を礼金として支払ったことによって左右されない。」

参考裁判例　大阪高判平成6年12月13日（判時1540号52頁）

裁判例 213　東京地判平成19年4月13日（判例秘書L06231760）

「(2)ア　被告らは，本件即時解約特約の不当性についても主張する。

しかし，前記認定事実によれば，旧建物部分の賃貸借契約のときから，本件即時解約特約と同じ内容の約定があり，本件賃貸借契約締結の際，被告Y2は6か月の期間が長すぎるので短くしてもらいたい旨，〔原告の担当者の〕Bに申し入れたが，Bから，6か月前に通知してもらう必要があるので，6か月の期間は譲れない旨言われ，これを了承したものであり，原告としては，中途解約されると，家賃が入らないという不利益のほか，空室があるとビル全体のイメージが悪くなるなどの不利益や次の賃借人の募集活動を始めなければならないという負担があり，これをカバーするために本件即時解約特約を設けているのであり，本件建物部分について，早期に次の賃借人が決まったのは，偶然ともいうべき事情によるものであって，空室を作らないため新賃借人の希望に合わせた賃貸条件としたものである。

これらの事情に照らすと，本件解約申入れが本件即時解約特約に基づく即時解約であるとして，原告が，被告らに対し，本件即時解約特約に基づき，解約の効力の発生する6か月後までの賃料相当額の支払を求めることについて，権利の濫用に該当し許されないということはできない。

イ　被告らは，少なくとも，原告が，実際に後継テナントから賃料収入を得始めた同年4月1日以降の部分まで空室損害を塡補すべきとする部分については，無効ないし権限濫用により許されないことは明らかである旨主張する。

しかし，前記認定事実によれば，被告会社は，本件即時解約特約の付された本件賃貸借契約を締結しており，本件即時解約特約では，後継テナントから賃料収入を得られるようになったときは，それ以降の賃料相当額の支払はしなくてよいとの内容にはなっておらず，前記のとおり，本件建物部分について，早期に次の賃借人が決まったのは，偶然ともいうべき事情によるものであって，空室を作らないため新賃借人の希望に合わせた賃貸条件としたものであるなどの事情に照らせば，原告が，新賃借人から賃料を受領できるようになった以降も，本件即時解約特約に基づき，被告会社に対し，賃料相当額の支払を請求することについて，無効ないし権限濫用により許されないものということはできない。

〔略〕

(3)ア　被告らは，本件敷金償却特約の不当性について主張する。

しかし，前記認定事実によれば，被告会社は，本件敷金償却特約の内容を了承の上，この特約が付された本件賃貸借契約を締結しているものであり，敷金の償却は，賃借人の使用による設備の償却費を一部賃借人に負担してもらうという趣旨が主であると認められるところ，経年による賃貸物件の劣化等については，賃借人の原状回復義務の対象となるとは認められないから，賃借人の使用による設備の償却費を一部賃借人に負担してもらう趣旨で敷金を一定額償却することとするほかに，別途，延滞賃料や原状回復費用を敷金から差し引くからといって，そのことにより敷金の償却が許されないと解すべき根拠となるということはできない。

したがって，本件敷金償却特約について合意したことが合理的根拠を欠いたものということはできず，本件敷金償却特約の適用がないということはできない。

イ　また，被告らは，賃借人である被告会社の使用期間の多寡にかかわらず，一律建物明渡し時に賃料2か月分の敷金を償却することに合理性はなく，あくまで2年間の契約満了時に2か月分の敷金を償却できるというべきであり，中途解約の場合については，原告の敷金償却への期待は，その使用期間に応じた按分額の限度で保護されるべきである旨主張する。

しかし，前記認定事実によれば，本件敷金償却特約では，明渡し時に2か月分の敷金を償却するとされているのであって，期間満了の明渡しの場合にのみ2か月分の敷金を償却するとされているものではないから，中途解約の場合には使用期間に応じた按分額の償却しか許されないと解すべき根拠は存しない。」

4 礼金，定額補修費分担特約等と消費者契約法10条

礼金等を支払う旨の特約が存する賃貸借契約において，消費者契約法10条との関係で次のような判例がある。

裁判例 214　東京簡判平成16年7月5日（裁判所ウェブサイト，判例秘書 L 05960011）

本件賃貸借契約において，賃借人の都合により本件契約を解約するときには，解約日の3か月前に書面により賃貸人に解約届を提出しなければならず，これに従った解約をしない場合には，賃借人は，賃貸人に対し，賃料と共益費の合計額の6か月分を保証する旨の特約について，

「被告は事業者として，原告は消費者として本件契約を締結しているところ，本件契約書4条の，借主が本件契約を解除する場合には，解約日の3か月前に解約届を提出しなければならず，これに違反した場合には，賃料と共益費の合計額の6か月分を貸主に保証する旨の約定及び同30条の，借主が貸主に一旦支払った礼金や家賃又は共益費は一切返還しない旨の約定は，公の秩序に関するものではないが，著しく原告の権利を制限し，又は原告の義務を加重する条項であるので，消費者契約法10条の趣旨に照らして無効である。」とした事例

裁判例 215　京都地判平成20年4月30日（判時2052号86頁，判タ1281号316頁）

「賃貸借契約は賃借人による賃借物件の使用とその対価としての賃料の支払を内容とするところ，賃借物件が建物の場合，その使用に伴う賃借物件の損耗は賃貸借契約の中で当然に予定されているものである。そのため，建物の賃貸借においては賃借人が社会通念上通常の使用をした場合に生ずる賃借物件の劣化又は価値の減少という投下資本（賃借物件）の通常損耗の回収は通常，賃貸人が減価償却費や修繕費等の必要経費分を賃料の中に含ませ，その支払を受けることで行われる。そうすると，賃借人は，賃貸借契約が終了した場合には賃借物件を原状に回復して賃貸人に返還する義務を負うものの（民法616条，598条），原則として，賃借人に通常損耗についての原状回復義務を負わせることはできないものと解するのが相当である。」とし，さらに，「本件補修分担金特約は，それに基づいて支払われた分担金を上回る回復費用が生じた場合に故意又は重過失による本件物件の損傷・改造を除き回復費用の負担を賃借人に求めることができない旨規定しているところ，回復費用が分担金を下回る場合や，回復費用から通常損耗についての原状回復費用を控除した金額が分担金を下回る場合に賃借人にその返還をする旨規定していないが，同規定していない趣旨からすると，被告も主張するとおりそのような場合，賃借人は，差額の定額補修分担金の返還を求めることができない旨を規定しているといわざるをえない。そうすると，同分担金特約は消費者たる原告が賃料の支払という態様の中で負担する通常損耗部分の回復費用以外に本来負担しなくてもいい通常損耗部分の回復費用の負担を強いるものであり，民法が規定する場合に比して消費者の義務を加重している特約といえる。」として，本件補修分担金特約は民法の任意規定の適用による場合に比して賃借人の義務を加重するものというべきで，信義則に反して賃借人の利益を一方的に害するもので，消費者契約法10条に該当し，無効であるとした事例

裁判例 216　京都地判平成20年9月30日（裁判所ウェブサイト，判例秘書L06350391）

礼金は18万円とし，本件賃貸借契約締結後は，賃借人は，賃貸人に対し，礼金の返還を求めることはできない旨の特約がある建物の賃貸借契約において，「本件礼金は，少なくとも賃料の前払としての性質を有するものというべきであるところ，このことは，建物賃貸借において，毎月末を賃料の支払時期と定めている民法614条本文と比べ，賃借人の義務を加重していると考えられるから，本件礼金約定は，民法，商法その他の法律の公の秩序に関しない規定の適用による場合に比し，消費者の権利を制限し，又は消費者の義務を加重する約定であるというの

が相当である。」として消費者契約法10条前段には該当するとしたが，「賃貸借契約は，賃借人による賃借物件の使用とその対価としての賃料の支払を内容とするものであり，賃借物件の損耗の発生は，賃貸借という契約の性質上当然に予定されているから，建物の賃貸借においては，賃借人が社会通念上通常の使用をした場合に生じる賃借物件の劣化又は価値の減少を意味する自然損耗に係る投下資本の回収は，通常，修繕費等の必要経費分を賃料の中に含ませてその支払を受けることにより行われている。そして，自然損耗についての修繕費用を月々の賃料という名目だけで回収するか，月々の賃料という名目だけではなく，礼金という名目によっても回収するかは，地域の慣習などを踏まえて，賃貸人の自由に委ねられている事柄である。そして，前判示のとおり，本件礼金は，賃料の一部前払としての性質を有するというべきであるから，被控訴人は，自然損耗についての必要経費を，月々の賃料という名目で受領する金員だけではなく，賃料の前払である礼金によっても回収しているものである。したがって，被控訴人は，本件礼金により，本来毎月の賃料に含まれているべき自然損耗の修繕費用を二重取りしているといえないから，控訴人の上記主張は理由がない。(9)以上のとおり，本件礼金約定が信義則に反して消費者の利益を一方的に害するものであるような事情は認められないから，本件礼金約定が消費者契約法10条に反し無効であるとの控訴人の主張は理由がない。」とした事例

裁判例 217　大阪高判平成22年2月24日（金判1372号14頁，消費者法ニュース84号233頁，裁判例168控訴審）

「控訴人は，本件定額補修分担金条項はあらかじめ賃借人の負担部分を定額で確定させることで，契約終了時における賃借人・賃貸人間の紛争を回避する機能を有するものであり，賃借人・賃貸人の双方がそれぞれリスクと利益を分け合う交換条件的な内容を定めたものであって，合理的な内容を有しており，前段要件に該当しないと主張する（第2の3(1)イ(ア)）。しかし，定額補修分担金という方式によるリスクの分散は，専ら多数の契約関係を有する賃貸人につき妥当するものであると解され，また，賃貸人にとってはこの分担金を先に徴収することによって，原状回復費用の算定や提訴の手間を省き紛争リスクを減少させるという利益があるが，賃借人にとっては，通常の使用の範囲内であれば自己の負担に帰する原状回復費用は発生しないのであるから，定額補修分担金を支払うことによる利益があるのかどうか疑問であるといわざるを得ない。本件の定額補修分担金が月額賃料の3倍以上であることに照らせば，なおさらである。よって，控訴人の主張は採用することができない。」として，定額補修分担金条項が，消費者契約法10条に反し，無効であるとした事例

裁判例 218　さいたま地判平成22年3月18日（裁判所ウェブサイト，判例秘書L06550508）

「本件補修費用は，いずれも本件貸室の修復費用であり，その中に通常損耗の原状回復費用を含むものであるところ，建物の賃借人にその賃貸借において生ずる通常損耗についての原状回復義務を負わせるのは，賃借人に予測しない特別の負担を課すことになるから，賃借人に同義務が認められるためには，少なくとも，賃借人が補修費用を負担することになる通常損耗の範囲が賃貸借契約書の条項自体に具体的に明示されているか，仮に賃貸借契約書では明らかでな

い場合には，賃貸人が口頭により説明し，賃借人がその旨を明確に認識し，それを合意の内容としたものと認められるなど，その旨の特約が明確に合意されていることが必要であると解するのが相当である（最高裁平成17年12月16日第二小法廷判決・判例タイムズ1200号127頁）。」として，定額補修費からペットの消毒費を控除することはできるが，それ以外の補修費用については，これらを賃借人の負担とすることが明確に合意されているとまでは言い難いとして，賃借人からの返還請求を認めた事例

裁判例 219　東京地判平成23年2月24日（判例秘書L06630142）

「弁論の全趣旨によれば，本件賃貸借契約における礼金支払条項は，契約締結に対する謝礼金を原告に贈与することを義務づけるもので，被告は礼金の支払によって何らの対価も取得しないことが認められるから，かかる金銭の贈与を契約締結の条件とする旨の礼金支払条項は，本件賃貸借契約の成立において，民法による場合に比べて被告の義務を一方的に加重するものと認めるのが相当である。また，前記礼金支払条項は，本件賃貸借契約の締結にあたって賃貸人たる原告から金額を定めて提示された条件であると認められるところ，被告は，同条項に合意することを拒否すれば本件建物を賃借することを断念せざるを得ず，あるいは，契約締結後の関係悪化を慮ってその免除ないし減額の交渉を強硬に主張し難い立場にあるといえるから，原告と被告との間には交渉力の格差が存したものというべきであり，前記礼金支払条項は，信義則に照らして被告の利益を一方的に害するものというべきである。よって，本件賃貸借契約における礼金支払条項は，消費者契約法10条により無効と解するのが相当である。」

裁判例 220　大阪簡判平成23年3月18日（消費者法ニュース88号276頁）

「礼金に前払賃料としての期間対応性を持たせなければ実質賃料の支払としての合理性がなくなるのであるから，予定した期間が経過する前に退去した場合は，建物未使用期間に対応する前払賃料を返還するべきであるという結論となるのは当然のことである。本件賃貸借契約締結の際の当事者間の合意としては，礼金として支払われた金員は返還を予定していないということであると推認される。しかし，そのような合意は，契約期間経過前退去の場合に前払分賃料相当額が返還されないとする部分について消費者の利益を一方的に害するものとして一部無効である（消費者契約法10条）というべきである。原告は，契約期間1年の賃貸借契約で，1か月と8日間しか本件建物を使用せずに退去している。したがって，8日間分を1か月と換算したとしても，前払賃料として礼金12万円から控除できるのは1万円×2か月分＝2万円ということになる。そして，礼金の授受については，一次的な性質は実質賃料の前払であるが，副次的には賃借権設定の対価や契約締結の謝礼という趣旨も含まれていること等の事情をも併せて総合考慮すると，本件の場合，被告が礼金から控除することのできる金額は3万円とするのが相当であり，差額の9万円は原告に返還すべきである。」

5 災害等と敷引特約の適用

　特に，関西地区において，震災により賃借家屋が滅失した場合，保証金名義の金員やいわゆる敷引金について賃借人に返還しない旨の特約が締結されることがある。そして，このような特約が震災等の場合にそのまま適用されるどうかについて判例が分かれていたが，最高裁は，平成10年9月3日の判決で明確にその適用を否定した。

(敷引特約の適用を認めた事例)

裁判例 221　神戸地判平成7年8月8日（判時1542号94頁，判タ896号168頁）

　「ところで，神戸市をはじめとする広い地域において，慣習として，賃借権の譲渡及び転貸借の禁止されている居住用建物の賃貸借契約の中で，月額賃料の10倍を超える敷金又は保証金の授受が行われることが多いこと，右敷金又は保証金は無利息で貸主が預かるとされていること，この場合，契約更新にあたっては更新料の授受は行われないこと，賃貸借契約終了の時に，未払賃料等借主の貸主に対する債務を控除する他に，当然に，右敷金又は保証金の3割前後の金員を控除すると定められることが多いこと，借主の故意重過失に基づく建物の損傷を除き，通常の使用に伴う建物の修繕に要する費用は，建物賃貸借契約終了時には別途精算されることがないことは，いずれも当裁判所に顕著である。そうすると，右敷引きされる金額は，賃貸借契約成立の謝礼，賃料を相対的に低額にすることの代償，契約更新時の更新料，借主の通常の使用に伴う建物の修繕に要する費用，空室損料等，さまざまな性質を有するものが渾然一体になったものとして，当事者間で，これを貸主に帰属させることをあらかじめ合意したと解するのが相当である。そして，右慣習にはそれなりの合理性が認められ，それ自体を公序良俗に違反するとすることは到底できないから，右当事者間の合意は，最大限尊重されるべきである。したがって，一般的に，建物の修繕が不要な場合には敷引きの規定は適用されないとする見解（大阪地裁平成6年(ワ)第5409号同7年2月27日判決・消費者法ニュース23号47頁等）は，当裁判所のとるところではない。また，契約期間が満了する前に，貸主及び借主の双方の責めに帰さない事由によって賃貸借契約が終了する場合には，例外的に，貸主は，敷引きの約定の金額のうち，約定期間中の残存期間に対応する分の返還を拒むことができないとする見解がある。しかし，右に述べたように，敷引きされる金額は，さまざまな性質のものが渾然一体になったものであり，これを期間のみで按分する根拠に乏しい。そして，当事者間の右合意の存在及び右合意の合理性をも併せ考えると，賃貸借契約直後に天変地異があったなど借主が賃貸借契約締結の目的を全く達成していないと認めるに足りる特段の事情のない限り，貸主及び借主の双方の責めに帰さない事由によって賃貸借契約が終了する場合には，敷引きされることを予定されていた金額は，すべて貸主に帰属すると解するのが相当である。そして，本件においては，前提事実に記載のとおり，本件居室の賃貸借契約が成立したのは平成6年6月16日であって，被告は約7か月間本件居室を使用収益しており，賃貸借契約の目的を全く達成していないと認めるに足りる特段の事情の存在は認められない。したがって，本件居室の保証金の敷引きとして，金30万円が控除されるべきである。」

第3　敷金に関する特約／5　災害等と敷引特約の適用／敷引特約の適用を認めなかった事例

裁判例 222　大阪高判平成9年5月7日（民集52巻6号1488頁，最判平成10年9月3日の原判決）

「敷引条項により敷金から控除される金額は，一般に，賃貸借契約成立についての謝礼，建物の通常の使用に伴って必要となる修繕費用等さまざまな性質を持つものと思われるが，このような敷引条項も，その適用される場合や控除される金額等からみて，一方的に賃借人に不利益なものであるとか，信義則上許されず，また，公序良俗に反するものであるとかいう場合でない限り，有効なものと解するのが相当である。」とした上，本件の事実関係の下においては，本件敷引特約は，阪神・淡路大震災によって本件建物が滅失した場合にも適用される条項として有効であるとした事例

（敷引特約の適用を認めなかった事例）

裁判例 223　大阪地判平成7年2月27日（判時1542号104頁，判タ894号187頁）

「仮に，本件特約が例文でないとしても，右に認定したように，賃貸借物件の滅失につき，賃借人に帰責事由がなくとも敷金を返還しないとすることは，経済的に劣位にある本件各賃借人の犠牲において経済的に優位にある賃貸人に不当な利益（損害の填補）を与えるものであって，そのようなことは明らかに本件各賃借人の意思に反するから，本件特約の合理的解釈として，本件特約は賃貸借物件の滅失につき賃借人に帰責事由がある場合に限り適用されるというべきである。

仮に右限定解釈ができないとすると，賃貸人は，本件特約により賃貸借物件の滅失につき，賃借人に帰責事由がない場合にあっても敷金を返還することを要しないこととなるところ，前記のとおり本件共同住宅は，原因不明の火災により焼失したものであって，原告らの責に帰すべからざる事由により滅失したと認められるが，この場合につき，原告らは，再抗弁を主張するので，検討するに，借家法及び借地借家法は，造作の買取請求権を放棄する旨の特約を無効とするなど（借家法5条，6条，借地借家法33条，37条参照），借家人の保護を徹底して図ろうとしているのであるから，賃貸借物件の滅失が賃貸人の責に基づく場合や不可抗力による場合にも敷金を返還しないとする部分については，経済的弱者である賃借人の犠牲の下に経済的強者である賃貸人の利益を図ろうとするものであるから，到底私的自治の原則の範囲内にあるものと認めることはできず，本件特約のうち右部分は，借家人保護を目的とした強行法規である借家法及び借地借家法の立法趣旨に反し，ひいては公序良俗に反するものとして当然無効と解すべきである。」

参考裁判例　神戸簡判平成7年8月9日（判時1542号101頁）

裁判例 224　大阪地判平成7年10月25日（判時1559号94頁，判タ898号236頁）

天災，事変その他の非常の際により賃貸室が使用できなくなったときは，この契約は当然に終了し，その場合において，貸主は保証金を借主に返還しない旨の特約と，さらに，賃貸人は賃借人に対し，本件賃貸借契約が終了して賃借人が本件建物部分の明渡しを完了し，同契約に

基づく負担債務を完済したときは、2割を差し引いて保証金を返還する旨の特約がある賃貸借契約において、前者の特約については、「そうすると、原告の責めに帰すべき事由による債務が発生していない限り、被告は、本件保証金を返還すべき義務があるということができるところ、本件賃貸借契約には、前記本件特約があり、これによれば、平成7年1月17日に起こった兵庫県南部地震によって、本件建物の使用が不能となったような場合には、被告は本件保証金の返還義務を負わないというものである。もとより、契約はその目的が公序良俗に反しない限り、制約を受けるものではないが、保証金の主要な目的が右のとおりであり、賃借人の保護のため片面的強行法性を定めた借家法6条の趣旨、本件賃貸借契約の期間が2年毎に更新され、本件保証金の額が賃料（20万円）の12.5か月分（約1年分）に相当すること（乙1）を併せ考えると、本件特約は、原告にとって一方的に不利益なものであるから、本件特約について法的拘束力が認められるためには、それなりの合理性が要求され、合理性の認められない場合又は認められない部分は、その法的拘束力が否定され、無効であると解する。」とし、後者の特約については、

「しかし、本件保証金のうち、右敷き引き予定の2割部分は、既に本件建物のこれまでの修繕費として使用された可能性も否定できず、さらには、右2割の金額が50万円であって、賃料の2.5か月分に相当することによれば、そもそも、原告と被告は、右敷引きについては、被告が修繕を行ったか否か、行ったとして修繕の日時、内容、金額を原告に対し具体的に説明する必要がなく、単純に、被告が本件保証金から右2割部分を控除して残余を原告に返還することを合意していたものであって、右敷引きの実質は、いわゆる礼金といわれているものと同様のものであったとも解せられる。そうすると、原告は、被告に対し、本件保証金のうち、右敷き引き部分の返還を求めることはできない。」

参考裁判例　神戸地尼崎支判平成8年6月28日（判タ929号217頁）
　　　　　　大阪高判平成9年1月29日（判時1593号70頁、判タ954号165頁）

裁判例 225　最判平成10年9月3日（民集52巻6号1467頁、判時1653号96頁、判タ985号131頁）

「居住用の家屋の賃貸借における敷金につき、賃貸借契約終了時にそのうちの一定金額又は一定割合の金員（以下「敷引金」という。）を返還しない旨のいわゆる敷引特約がされた場合において、災害により賃借家屋が滅失し、賃貸借契約が終了したときは、特段の事情がない限り、敷引特約を適用することはできず、賃貸人は賃借人に対し敷引金を返還すべきものと解するのが相当である。けだし、敷引金は個々の契約ごとに様々な性質を有するものであるが、いわゆる礼金として合意された場合のように当事者間に明確な合意が存する場合は別として、一般に、賃貸借契約が火災、震災、風水害その他の災害により当事者が予期していない時期に終了した場合についてまで敷引金を返還しないとの合意が成立していたと解することはできないから、他に敷引金の不返還を相当とするに足りる特段の事情がない限り、これを賃借人に返還すべきものであるからである。これを本件について見ると、原審の適法に確定した事実関係によれば、本件賃貸借契約においては、阪神・淡路大震災のような災害によって契約が終了した場合であっても敷引金を返還しないことが明確に合意されているということはできず、その他敷引金の不返還を相当とするに足りる特段の事情も認められない。したがって、被上告人は敷引特約を適

用することはできず，上告人は，被上告人に対し，敷引金の返還を求めることができるものというべきである。」

第4 賃貸借契約の終了と特約

次に掲げる判例は，すべて借家法に関するものであるが，同法6条は「前7条ノ規定ニ反スル特約ニシテ賃借人ニ不利ナルモノハ之ヲ為ササルモノト看做ス」と規定しており，賃借人の保護規定に反する特約かどうかについての判断を示したものである。

（期間満了後，家屋を明け渡さないときは違約金を支払う旨の特約）

裁判例 226 佐賀地判昭和28年3月7日（下民4巻3号348頁）

「なお建物の賃貸借において賃貸人が存続期間の満了により賃貸借を終了させようとするためには，前記のように期間満了の6ケ月以前に更新拒絶の通知をなすことを要し，且つその更新拒絶につき正当の事由があることを必要とする。そこで本件公正証書において期間満了後賃借人が建物を返還しない場合に違約金支払の義務を定め，これに執行認諾を附した点に徴すれば，右違約金債権の発生につき，賃貸借が期間満了により適法に終了させられたこと，すなわち前記のような要件が完備したことを前提とし，債権者たる賃貸人にこれを証明させ公証人においてその事実を認定して執行文を附与しようとの趣旨であると一応考えられるようでもある。しかしながら更新拒絶のための正当事由の有無は賃貸人側の一方的な事情のみを標準とすべきものではなく，賃貸人及び賃借人双方の利害を比較考察し，進んで公益上社会上各般の事情を斟酌して初めてこれを認定し得るところであって，賃貸人側に一方的にこれを証明させることは，とうてい望むべくもない。そこで右の点に鑑み本件公正証書の趣旨とするところを考えれば結局正当事由の有無はこれを顧慮することなく，契約期間の満了により当然賃貸借を終了させようとするものであると認めざるを得ない。しかし右の趣旨であるとすれば，それは借家法第6条によって無効であること勿論であるから，本件公正証書中期間満了後の明渡義務不履行による違約金に関する条項は無効であると断ぜざるを得ない。」

（賃貸人の要求があるときは，いつでも即時明け渡す旨の特約）

裁判例 227 神戸地判昭和31年10月3日（下民7巻10号2806頁）

「前記特約は借家人のため，その権利の安定を保障する借家法第2条第3条の規定に反する特約であって，賃借人に不利なものであるから，同法第6条により，これをなさなかったものと看做すべきである。」

(期間の更新又は延長について合意が成立しない場合は，借家契約が期間満了と同時に終了する旨の特約)

裁判例 228　松山地判昭和36年9月14日（判時276号22頁）

起訴前の和解手続で，「賃貸借当事者間において期間の更新又は延長の合意が成立しない場合は期間満了と同時に終了する旨を定めたものである以上借家法第1条の2及び第2条の規定に牴触し，且つ，借家人に不利益な定めというべきであるから同法第6条によりその定めなきものと看做される」

(建物の短期賃貸借において建物が競落されて他に所有権が帰属した場合，賃貸借は終了する旨の特約)

裁判例 229　最判昭和41年4月5日（裁判集民83号27頁）

「ところで，処分の権限を有しない者のした期間の定めのない建物賃貸借は民法602条所定の期間を超えないいわゆる短期賃貸借に該当すると解するのが相当であるが（昭和39年6月19日第二小法廷判決，民集18巻5号795頁参照），かかる短期賃貸借にも借家法1条1項の適用を否定すべき理由はないから，一時使用のための賃貸借である等他に借家法の適用を排除する事由の認定されていない本件にあっては，建物が競落されて所有権が他に帰属したようなときは賃貸借は終了する旨の前記約定は，右借家法1条1項の規定に反する賃借人に不利な特約として，同法6条により無効なものと解すべきである。」

(借家人が差押えを受け又は破産宣告の申立てを受けたときは，賃貸人は直ちに契約を解除することができる旨の特約)

裁判例 230　最判昭和43年11月21日（民集22巻12号2726頁，判時542号51頁，判タ229号149頁）

「建物の賃借人が差押を受け，または破産宣告の申立を受けたときは，賃貸人は直ちに賃貸借契約を解除することができる旨の特約は，賃貸人の解約を制限する借家法1条ノ2の規定の趣旨に反し，賃借人に不利なものであるから同法6条により無効と解すべきであるとした原審の判断は正当であって，原判決には何ら所論の違法はなく，論旨は理由がない。」

参考裁判例　東京高判昭和63年2月10日（判時1270号87頁，『借地・借家の裁判例〔第3版〕』227頁を参照されたい。）

(賃借人に対する破産手続開始の申立てと契約解除条項)

裁判例 231　東京地判平成21年1月16日（金法1892号55頁）

「前示のとおり，被告は，平成19年9月18日，本件契約書21条1項3号に基づき本件契約を解除する旨の意思表示をしたのであるが，同契約条項は，平成16年法律第76号により当時の民法621条が削除された趣旨（賃借人の破産は，賃貸借契約の終了事由とならないものとすべきこ

と）及び破産法53条1項により破産管財人に未履行双務契約の履行・解除の選択権が与えられている趣旨に反するものとして無効というべきであるから，同契約条項に基づく上記解除もまた無効というべきである。」

(借家人が一定の期間内に賃貸家屋を買い受けないときは，賃貸借契約を終了する旨の特約)

裁判例 232 京都地判昭和46年1月28日（判時637号80頁，判タ261号230頁）

「家屋賃貸借契約当事者間の，賃借人が賃貸人から一定の期限内に当該賃借家屋を買受けないことを停止条件とする家屋賃貸借合意解約は，特別の事情の認められないかぎり，借家法第1条の2に反する特約にして賃借人に不利なるものとして，同法第6条により無効である，と解するのが相当である。」

(賃借建物の敷地の一部分を賃貸人の請求があり次第明け渡す旨の特約)

裁判例 233 最判昭和47年3月30日（民集26巻2号294頁，判時663号62頁，判タ276号143頁）

「賃借建物の敷地の一部分についてであっても，これを賃貸人の請求次第明渡す旨の特約は，当該敷地部分が賃借建物の使用収益に不可欠なものとはいえない場合はともかく，然らざる場合は，建物賃借人の敷地利用権を消滅させ，ひいては，建物賃貸借の目的の達成を妨げ，賃貸借契約の終了を余ぎなくさせるものであって，借家法6条に定める賃借人に不利な特約に当ると解するのが相当である。」

(借主は貸主の要求あり次第，直ちに家屋を明け渡す旨の特約)

裁判例 234 東京高判昭和51年8月31日（判タ344号202頁）

「貸主において必要が生じ本件家屋の明渡しを求めたときは借主は直ちにこれを明渡す」旨の約定について，他の事情をも勘案し，賃貸人のした解約申入れには正当事由があるとした事例

(解約権留保特約)

裁判例 235 東京地判昭和55年2月12日（判時965号85頁，判タ416号154頁）

「ところで，期間の定めのある建物の賃貸借契約において，期間内における解約権留保の特約が借家法6条により無効とされるか否かについては議論の存するところであるけれども，解約権留保それ自体は有効であるとしても，本件のように申入後直ちにこれを明け渡す旨の特約は同法3条に反し同法6条によって無効であるといわなければならない。」

第5　社宅に関する特約

　社宅の使用関係については，従業員が家賃等をどの程度会社に支払っているかによって，賃貸借か使用貸借かの区別をする見解，借家法の適用がない特殊な関係であるとする見解，従業員としての地位の喪失と運命を共にするとの見解などがあるが，最高裁等の判決は次のとおりである。

（従業員資格を失ったときは社宅を明け渡す旨の特約）

裁判例 236　最判昭和29年11月16日（民集8巻11号2047頁，判時40号9頁，判タ45号31頁）

　「会社とその従業員との間における有料社宅の使用関係が賃貸借であるか，その他の契約関係であるかは，画一的に決定し得るものではなく，各場合における契約の趣旨いかんによって定まるものと言わねばならない。原判決がその理由に引用した第一審判決の認定によれば，被上告人会社は，その従業員であった上告人に本件家屋の一室を社宅として給与し，社宅料として1ケ月金36円を徴してきたが，これは従業員の能率の向上を図り厚生施設の一助に資したもので，社宅料は維持費の一部に過ぎず社宅使用の対価ではなく，社宅を使用することができるのは従業員たる身分を保有する期間に限られる趣旨の特殊の契約関係であって賃貸借関係ではないというのである。論旨は，本件には賃借権の存在を証明し得る証拠があるにかかわらず，原判決はこれを無視してその存在を否定し，法律関係の認定を誤った違法があるというのであって，帰するところ原審の適法にした証拠の取捨判断，事実の認定を非難するにほかならないので採用することができない。」

裁判例 237　最判昭和30年5月13日（民集9巻6号711頁，判タ50号21頁）

　「原審認定の事実によれば，原判決が本件家屋の使用関係につき借家法の適用がないとした判断は正当であって，所論は採用できない。」として，借家法の適用を否定した事例

（使用料を払って住んでいる会社の寮を，解雇後3か月以内に明け渡すべき旨の特約）

裁判例 238　最判昭和31年11月16日（民集10巻11号1453頁，判タ66号55頁）

　「本件家屋の係争各6畳室に対する被上告人等の使用関係については，原判決は，判示各証拠を綜合して，その使用料は右各室使用の対価として支払われたものであり，被上告人等と訴外会社との間の右室に関する使用契約は，本件家屋が訴外会社の従業員専用の寮であることにかかわりなく，これを賃貸借契約と解すべきであるとしていることは原判文上明らかである。およそ，会社その他の従業員のいわゆる社宅寮等の使用関係についても，その態様はいろいろであって必ずしも一律にその法律上の性質を論ずることはできないのであって本件被上告人等の

第 6　住宅公団等に関する特約／知事が住宅の管理上必要があると認めたときは，知事は住宅の使用許可を取り消すことができる旨の特約

右室使用の関係を，原判決が諸般の証拠を綜合して認定した事実にもとづき賃貸借関係であると判断したことをもって所論のような理由によって，直ちにあやまりであると即断することはできない。論旨は，ひっきょう，原判決の右判断の基礎となった事実の認定を争うに帰し採用することはできない。」

裁判例 239　千葉地判昭和 46 年 1 月 21 日（判例秘書 L 02650023）

「右認定の各事実および当事者間に争いのない請求の原因㈠項の(3)事実を総合すると，昭和 20 年 10 月頃原告と被告間に締結された本件建物の使用契約は，被告の前記賃料等の給付が建物使用の対価となっている点では賃貸借契約であるが，これは原，被告間の雇傭契約に従属し被告の従業員たる地位と結合する契約で，その存続は被告の従業員たる地位と共に終始するものであるということができる。従って借家法の適用のある通常の賃貸借契約とは異なり，右契約の終了については借家法の適用のない特殊の契約であると解するのが相当である。」

第 6　住宅公団等に関する特約

　公営住宅の使用関係については，私法上の賃貸借関係であるとされており，特別法である公営住宅法が優先的に適用され，次に民法，（借地）借家法が適用されるが，建物の明渡しをめぐって，条例による特約の問題や信頼関係破壊の理論の適用の有無などが問題とされてきた。

（知事が住宅の管理上必要があると認めたときは，知事は住宅の使用許可を取り消すことができる旨の特約）

裁判例 240　東京地判昭和 40 年 6 月 15 日（判時 410 号 6 頁，判タ 176 号 222 頁）

「公営住宅の利用関係そのものは，私法上の賃貸借関係にほかならず，基本的には，これについて公営住宅法およびそれに基づく条例に特別の規定のある場合のほか，一般法として民法および借地法の適用があるのは当然であるといわなければならない。」とし，上記特約については，法律上の義務として特に設けられたものであるから，借家法 6 条の規定にかかわらず，これを無効と解すべきいわれはないとした事例

裁判例 241　東京高判昭和 40 年 12 月 25 日（判タ 187 号 173 頁）

　賃借人が建物の全部，一部を有償で他に転貸した場合には，直ちに契約を解除せらるべき旨の特約がある日本住宅公団との賃貸住宅の使用関係について，「しかしかような手続がすまされ

たうえで，被控訴人と入居者との間に設定される賃貸住宅の使用関係は，本来権力の行使を本質としない一種の管理関係であり私法上の賃貸借契約そのものである。それは，関係法令がこれを否定すべきなんらの規定を有せず，日本住宅公団法自体が民法第 44 条，第 50 条，第 54 条の準用を定めている（同法第 9 条）点からも，また相当額の賃料および敷金等の支払と賃貸住宅への入居，使用の承諾とを相互の対価とする取引関係が右利用関係の実体をなしている点からも明らかである。したがって被控訴人の賃貸住宅の転貸，賃借権譲渡についても民法第 612 条が適用されるべきである。そして地方公共団体の行う公営住宅賃貸の場合においては公営住宅法第 21 条第 2 項により転貸賃借権譲渡が絶対的に禁止され，一部転貸についても事業主体の長の承認にかからしめられ，民法第 612 条の規定する以上に強く譲渡性が制限されているけれども，独立法人たる被控訴人公団が独立採算制の下に所定の入居基準収入額ある者に限定して行う公団住宅の賃貸の場合にあっては，日本公団住宅法がその後の制定にかかるに拘らず，特にかような制限規定を設けていない点よりみて，仮令事業の実施面ではその例がとぼしくとも，成法上被控訴人はなおその所有の公団住宅につき賃借権譲渡，転貸に対する承諾を与える権限を全く失わしめられているのでなく，したがってまた前記特約は，一部の有償転貸のときに限らず全部転貸の場合でも，被控訴人の承諾によってその適用の排除されうる余地があるものと解するのが相当である。」とした事例

裁判例 242　最判昭和 55 年 5 月 30 日（判時 971 号 48 頁，判タ 417 号 81 頁）

「被上告人の賃貸する住宅（以下「賃貸住宅」という。）について被上告人とその賃借人との間に設定される使用関係は私法上の賃貸借関係であると解するのが相当である。日本住宅公団法施行規則 12 条ないし 14 条が賃借人の募集方法，資格，決定方法を定めているのは，被上告人の公共的性格にかんがみ，賃借人決定の公正を期したものであり，また，同規則 9 条ないし 11 条の家賃の決定，変更等及び権利金等の受領禁止などに関する定めは，被上告人の公共性・非営利性に由来するものであって，これらの規定があるからといって，賃貸住宅の使用関係が私法上の賃貸借と異なる特別の性質のものであるということはできない。したがって，同規則 15 条 1 項にいう『特別の必要』がある場合において，被上告人が建設大臣の承認を得て賃貸住宅をその賃借人以外の者に譲渡し，これに伴って賃貸人の地位が被上告人から譲受人に承継されるときは，賃料等の負担が一般の住宅の賃貸人に比して低額であるという賃借人の利益が失われることがありうるとしても，法律上はやむをえないところであり，被上告人は，賃貸住宅を他に譲渡しこれに伴って賃貸人の地位をその譲受人に承継させてはならない義務を賃借人に対して負うものではないと解するのが相当である。」

裁判例 243　最判昭和 59 年 12 月 13 日（民集 38 巻 12 号 1411 頁，判時 1141 号 58 頁，判タ 546 号 85 頁）

「したがって，公営住宅の使用関係については，公営住宅法及びこれに基づく条例が特別法として民法及び借家法に優先して適用されるが，法及び条例に特別の定めがない限り，原則として一般法である民法及び借家法の適用があり，その契約関係を規律するについては，信頼関係

の法理の適用があるものと解すべきである。ところで，右法及び条例の規定によれば，事業主体は，公営住宅の入居者を決定するについては入居者を選択する自由を有しないものと解されるが，事業主体と入居者との間に公営住宅の使用関係が設定されたのちにおいては，両者の間には信頼関係を基礎とする法律関係が存するものというべきであるから，公営住宅の使用者が法の定める公営住宅の明渡請求事由に該当する行為をした場合であっても，賃貸人である事業主体との間の信頼関係を破壊するとは認め難い特段の事情があるときには，事業主体の長は，当該使用者に対し，その住宅の使用関係を取り消し，その明渡を請求することはできないものと解するのが相当である。」

第7　一時使用目的の建物賃貸借契約

一時使用目的の建物の賃貸借については，「この章の規定は，一時使用のために建物の賃貸借をしたことが明らかな場合には，適用しない。」(借地借家法第40条)と規定されている。したがって，一時使用目的の賃貸借契約であると認定された場合には，当然更新はできなくなる。その意味において，一時使用かどうかの判断が重要な問題となってくる。

(一時使用であるとした事例)

裁判例 244　東京地判昭和31年3月14日（判時81号13頁）

「そこで右認定の事実に基づいて考えると，右契約は単に原告が被告に建物を使用せしめ対価を取得することのみを本旨とした，換言すれば右建物の使用による営業については全く契約以外の関係として被告の自由に委せた通常の賃貸借ではなく被告のために建物の賃借権を設定すると同時に駅構内における特定の場所において特定の営業をなす権利を設定し該営業を以て原告の企業自体に役立てることを目的としこれがため被告の営業の内容，方法，期間等を規整したものであることが窺われるから営業に関する権利と建物使用の権利とは不可分の関係におかれた一種特別のものであって両者は相互に制約を受けその存続についても運命を共にすべきものと解される。従ってかかる場合において営業に関する契約部分が期間の満了又は契約の解除によって終了した後建物の賃貸借の契約部分のみを借家法の強力な保護のもとになお継続せしめるのは妥当ではない。のみならず本件契約においてその存続期間を昭和27年12月31日までと定め契約締結の日から算し1箇年の短期間に限定したことは前記認定のとおりであるが右約定は建物賃貸借の契約部分の期間たるとともに営業に関する契約部分の期間である以上被告は期間満了の後においては原告の承諾がない限り営業に関する契約の継続を主張し得るものではない。そうしてみると，右建物賃貸借の契約部分は右営業に関する契約部分の存続する短期間内に限り存続せしむべき相当の理由があることが明らかである。すなわち本件建物の賃貸借は借家法第8条に謂う『一時使用ノ為建物ノ賃貸借ヲ為シタルコト明ナル場合』に該当し同法の

適用が排除されるものと謂わなければならない。」とし，当事者双方が，合意により契約を2回にわたり更新したとしても，当該更新は，自動的に更新されたものではなく，契約更新の合意がなされたのであるから，建物賃貸借について存した一時使用の目的は合意の都度保有され，依然として失われることがなかったものと考えても不合理があるわけではないとした事例

裁判例 245　最判昭和36年10月10日（民集15巻9号2294頁）

「借家法8条にいわゆる一時使用のための賃貸借といえるためには必ずしもその期間の長短だけを標準として決せられるべきものではなく，賃貸借の目的，動機，その他諸般の事情から，該賃貸借契約を短期間内に限り存続させる趣旨のものであることが，客観的に判断される場合であればよいのであって，その期間が1年未満の場合でなければならないものではない。所論は，これに反する独自の見解を前提とするもので，採るを得ない。」として，本件賃貸借契約はその期間を3年間に限った一時使用のためのもので，借家法の適用がないとした事例

参考裁判例　東京地判昭和38年7月26日（判タ148号95頁）

裁判例 246　最判昭和41年10月27日（判時467号36頁，判タ199号127頁）

本件賃貸借は，近い将来，賃貸人が本件家屋から通勤し得る地に転勤してくるまでとの意味で一時使用を目的としたものであると判示した原判決の判断は，是認できないことではなく，原判決には所論違法は認められないとした事例

裁判例 247　最判昭和43年1月25日（判時509号34頁）

店舗の賃貸借契約において，賃借人が当該店舗を転貸借していたため，訴訟を提起され，結果的に裁判上の和解をし，遊技場として使用する目的で賃貸借期間を5年と定めた場合には，5年という期間にかかわらず，一時使用のための賃貸借であるとした事例

裁判例 248　東京地判昭和43年5月31日（判時534号58頁）

「ところで右賃貸借契約の性質であるが，前記認定のとおり契約の際に市街地改造法による立退きが予定されており，前記契約書第10条にも『都市計画法により本物件が立退く場合は本契約は自然に解約するものとする』と記されているので，市街地改造法による本件店舗の収去を終了事由とする一時賃貸借契約と認められる。」

参考裁判例　東京地判昭和50年9月22日（判時812号82頁）
　　　　　東京高判昭和52年4月7日（判時856号42頁，判タ357号236頁）

裁判例 249　東京高判昭和60年10月30日（判時1172号66頁）

即決和解において締結された建物の賃貸借契約において，たとえ賃貸借契約の期間が事実上延長を重ね，その間家賃の改定も行われ，結果的には長期間を経過して今日に至ったとしても，本件建物の賃貸借は一時使用のためのものであって，通常の賃貸借に変容したともいえないとした事例

裁判例 250　東京地判平成2年12月25日（判タ761号215頁）

「これを本件についてみるに，前記一1に認定した事実によると，賃貸借期間が約9か月と短期であるうえ，原則として延長しない旨定められていること，契約の際，原告が本件建物部分を取壊し，ビルを建築する予定があり，右工事の着工を昭和62年3月とする計画があるため，右工事着工までの間の利用であり，一時的・暫定的な利用契約であることを確認していること，本件建物部分は，居宅ではなく店舗であるところ，老朽化した木造2階建ての建物の一部であるから，契約当時，近い将来の立て替えが当然に予測されていたこと，銀座の一等地で，権利金の授受がなく，敷金ないし保証金の性質を有する担保金名義の金員も非常に低額であるなど借家法の適用を受ける通常の賃貸借とは異なる取扱がなされていること，被告の本件建物部分の使用目的は焼鳥屋営業であり，それ自体当然に長期にわたるものといえないのみならず，開業にあたり，内装に費用をかけず，什器・備品も一部持ち込んだほかは，備付けの原告のものを使用したにすぎないのであるから，賃貸借期間がある程度長期にわたることを予測していたとは考えがたいことなどが認められ，これらの諸事情を総合考慮すると，本件契約は，一時使用のための賃貸借であると認めるのが相当である。」

参考裁判例　東京地判平成3年10月11日（判タ785号172頁）

裁判例 251　横浜地判平成4年5月8日（判タ798号190頁）

「前認定のとおり，昭和62年に本件契約が締結された際には，本件特約により貸主である原告が転勤のため期間を区切って賃貸するものであることが明示されていたもので（本件特約が有効であることはいうまでもない。），平成元年の更新の際にも期間は2年のみに限る旨の特約が付されており，賃料も据え置きとされたものであり，本件契約は一時使用のためのものであったと認めるのが相当である。」

参考裁判例　東京地判平成8年9月26日（判時1605号76頁，判タ955号277頁）
　　　　　　東京地判平成10年7月15日（判タ1020号193頁）

裁判例 252　東京地判平成14年10月18日（判例秘書L05730361）

「上記2認定事実によれば，本件賃貸借契約の契約書（甲1）には，本件賃貸借契約は，一時使用を目的とする賃貸借で，賃貸借期間は平成13年6月30日までであり，更新がないことが

明示されている上，同契約書の作成に当たっては，A自身が一時使用の賃貸借であることを前提に行動していること，本件賃貸借契約締結の実体は，本件建物の売主側がその占有部分の明渡しの猶予を求めた事案であり，賃貸借期間を限定する合理的理由があること，また，更新のない3年間限りでの明渡しを前提としていたため，通常の賃貸借よりも著しく低廉な賃料となっているほか，被告の本件建物部分の明渡しに対して，立退料として2500万円（保証金として現に充てられている1000万円を控除しても，既に1500万円）が被告に支払われている（なお，立退料の中に本件建物部分以外の明渡しに対する対価が含まれているとしても，被告の本件建物部分の明渡しに対する立退料の性格は変わらない。）ことなどに照らしても，本件賃貸借契約は，更新を前提としない一時使用を目的とした賃貸借契約であると認められる。」

裁判例 253　東京地判平成16年8月20日（判例秘書L05933337）

「本件賃貸借契約書には，被告の仮住居としての一時使用目的であることが明記されており，これが通常の賃貸借契約と異なることは被告自身も認識していたというのであるから（被告本人19頁），当事者の合意として本件賃貸借契約が一時使用目的で締結されたと言うべきである。被告は，新たに取得する住宅に居住する意思がないことをDに伝えていた旨述べるが，これを裏付ける客観資料はないし，被告が賃貸に当たっての条件等を検討したのは，平成15年3月になってからである。また，被告は，Aに対する不信感を懐いていたというのであるから（乙9の1），本件賃貸借に当たって，契約書の記載内容とDの説明とが異なっていた場合に，本件賃貸借契約書の一時使用目的でないことを明確にした書面を徴求するなりしないで契約書に調印することはしないと考えられる。被告の権利床につき抽選となったことについて，優先順位が権利床を自己使用する者が競合したことを被告が認識していなかったとは考えられず，一時使用目的の賃貸借とする旨の当事者の合意が真意に反することは認めがたいところである。したがって，本件賃貸借契約は一時使用目的の賃貸借契約であり，更新についての借地借家法の規定の適用はなく，平成15年7月16日の期間満了によって本件賃貸借契約は終了したというべきである。」

裁判例 254　東京地判平成16年10月12日（判例秘書L05934068）

「本件契約が長期間の継続を予定したものではないことのほか，本件建物の賃料が実費程度の低額に設定されており，原告（貸主は当時A）において実質賃料の取得を考慮していなかったこと，被告も原告の債権回収の目的を了知し，これに協力する趣旨で本件建物の賃借人となったこと，本件建物の売却に当たり賃借人である被告に相当額の金銭の交付が予定されていたが，その金額について特段の取り決めがなかったこと等の事情を考慮すれば，本件建物賃貸借が原告の本件建物による債権回収の目的を達するまで（具体的には，任意売却あるいは不動産競売の終了まで）を期限とする一時使用の目的であると認める客観的事情があったと認められ，また，本件契約の契約書面に一時使用目的であることが明記されていないが，契約当事者間において（貸主はA代理人の原告）黙示的に一時使用の合意があったものと認めるのが相当である。」

裁判例 255　東京地判平成16年12月7日（判例秘書L05934949）

「仮に，前記賃料不払を理由とする解除が認められないとしても，前記認定のとおり，本件契約書は『一時使用目的の建物賃貸借契約書』と題し，その目的・内容として『建物老朽のため‥住居としての使用が不適格のため取壊の予定』と手書きされ，一時使用である旨が明確にされており，被告は同契約書に署名・押印していること，原告は，××荘の管理を任せていた前記Aらに対し，一時使用とすることについて被告に説明するよう指示した旨述べていること（甲5，原告本人），実際，××荘は老朽化が著しく，修繕に多額の費用を要するため取り壊しの必要があり，それまでの間の一時使用とする合理的理由があること，被告以外の居住者は，全て原告が明渡しの期限と考えた平成15年までに既に××荘の各居室を明け渡していること等の事実が認められ，これらに照らせば，本件賃貸借契約は，一時使用目的の賃貸借契約であったと認めるのが相当であり，同認定に反する証拠はない。」

参考裁判例　東京地判平成18年12月26日（判タ1020号193頁）

〔一時使用ではないとした事例〕

裁判例 256　東京高判昭和29年12月25日（東高時報民5巻13号309頁）

借家法第8条にいう「一時使用ノ為建物ノ賃貸借ヲ為シタルコト明ナル場合」というのは，建物利用の目的自体又は賃貸借をするにいたった動機等，賃貸借が一定の期間に限定されるものであることを認めるべき客観的な事情がある場合をいうとし，パチンコ営業を目的とする本件店舗の賃貸借契約について，賃貸借契約書に一時賃貸の文言が用いられていることが明らかであっても，一時使用のための賃貸借契約とは認められないとした事例

裁判例 257　東京地判昭和33年2月21日（判時151号26頁）

「右に認定した契約成立に至るまでの事情からみるならば，本件賃貸借は，前記甲第1号証の賃貸借契約書に『一時使用を目的とする賃貸借契約』という文字が使われていても，借家法第8条にいわゆる『一時使用のための建物の賃貸借をなしたこと明かなる場合』であるとは認められない。けだし同条が適用されるには，一時使用のため建物の賃貸借をしたことが明らかな客観的に相当の事情があるものでなければならないと解すべきところ，本件賃貸借契約に際しては訴外会社に事業を建て直す計画があったことは認められるが，その具体的な内容や実行方法等は一切未定であり，結局訴外会社において事業再建の上工場を再び必要とするに至るまで使用させる趣旨で，取り敢えず期間を1年として賃貸したというに過ぎないからである。そして前記賃貸借契約書第7条に『借主は賃借期間満了後なお引続き本物件を賃借したいときは契約の更新を申出ることができる。貸主は支障のない限り友好的に之を取扱うであろう。』とあるのはこの間の事情を物語るものというべきである。また，賃料1か月金5千円が当時としては低額であったということを仮に肯定するとしても，また当時一般に行われていたという権利金の授受がなかったことは，原告の主張どおりであるが，これらは契約期間が1年という短期間

であったためと考えられ，更に敷金として期間1年分の賃料に相当する金6万円が授受されていることを考え合せると，未だ前記認定を動かすものでなく，他に右認定を左右するに足る証拠はない。」

裁判例 258 　東京地判昭和 54 年 9 月 18 日（判時 955 号 99 頁，判タ 416 号 167 頁）

「ところで，借家法 8 条に『一時使用ノ為建物ノ賃貸借ヲ為シタルコト明ナル場合』とは，賃貸借契約締結の動機，目的建物の種類，構造，賃借人の貸借目的および契約後の使用状況，賃料その他の対価の多寡，期間その他の契約条件等の諸要素を総合的に勘案し，長期継続が予期される通常の借家契約をなしたものではないと認めるに足りる合理的な事情が客観的に認定される場合を指すものと解するのが相当である。これを本件についてみるに，前記認定した事実によると，目的建物部分が本来工場用として建築され，その旨の保存登記もなされ，賃貸期間も 5 年間と比較的短期であり，契約書上に特約条項として満了後の更新は一切行なわない旨定められてはいるが，原告は，本件建物部分を賃貸するにあたり，該部分と他の部分とをブロック壁により仕切り，一応工場部分とは独立した区画とし外形上も通常の賃貸店舗と何らの区別がつかなかったものと認められること，原告，被告合意のうえ作成された契約書および公正証書も，表題はそれぞれ『店舗賃貸借契約書』，『建物賃貸借契約公正証書』とされ，『一時使用』の文言が用いられていないこと，敷金，礼金として合計 150 万円の金員が支払われ，家賃についても 2 年毎の改訂が行なわれる等，通常の賃貸借関係と何ら異ならない対価関係にあること，また，賃借人の本件建物部分の使用目的が，当初からスナック営業にあり，右目的を原告も了知して賃貸したものであって，それ自体限定された期間中のものと認むべき事情がないばかりか，右営業開始にあたっては，その内装工事および設備費用として約 750 万円の資本投入がなされており，本件建物の賃貸当時の形状からして，右内装工事等の必要性が当然予想されたのであるから，賃貸借期間がある程度長期に亘ることも予測されるのが通常であること，賃貸借当時，原告において 5 年の賃貸借期間満了後に必ず工場として使用するという具体的計画と右計画実現の見通しがあったとの事情を認めることはできないこと等の諸事情を総合勘案すると，本件賃貸借契約は，一時使用目的であることが明らかであることは認めがたく，その他にこれを認めるに足りる証拠はない。」

裁判例 259 　東京地判昭和 55 年 2 月 12 日（判時 965 号 85 頁，判タ 416 号 154 頁）

「本件各建物の賃貸借契約においては，契約書中に『一時使用』の文言の記載がある。しかしながら，賃貸借契約が建物の一時使用を目的とするものであるか否かは，建物の使用目的，契約に至る動機その他の事情からみて，当事者双方が賃貸借契約を短期間に限って存続させる合意をなしたものであることが客観的に明らかであるか否かによって決すべきものであって，単に賃貸借契約書に一時使用の文言が記載されていたからといって，これによって直ちに契約が建物の一時使用を目的としたものということはできない。しかるところ，本件においては，前示認定のとおり，原告は何時でも自己が欲するときに建物の明渡を得たいと考えて前示のとお

り一時使用の文言を記載した契約書を作成したものであるが，被告らは，いずれも本件各建物を営業の本拠たる工場として使用し，契約の更新を重ねて賃貸借契約を長期間にわたって存続させる意図のもとに右賃貸借契約を締結したものであるから，右賃貸借契約において，当事者双方が一時使用の合意をなしたものということはできない。したがって本件各建物の賃貸借契約は，一時使用を目的としたものではないから，借家法8条による同法の適用除外を受けないものといわなければならない。」

参考裁判例　福岡地判昭和58年7月1日（判タ509号192頁）
　　　　　　東京地判平成元年8月28日（判タ726号178頁）

裁判例 260　東京地判平成2年7月30日（平元（ワ）3598号，判時1389号102頁）

起訴前の和解における調書中に，一時使用という文言が記載されていたからといって，それだけでは本件賃貸借が一時使用目的であることが明らかであるとは到底いえないとした事例

裁判例 261　東京地判平成3年7月25日（判時1416号98頁）

「確かに，本件賃貸借契約の契約書には，『一時賃貸借』の文言が用いられているが，およそ建物賃貸借が一時使用のためなされたことが明らかな賃貸借であると認められるためには，その賃貸借契約書において『一時賃貸借契約を締結する』旨の文言が用いられていれば足りるものではなく，当該賃貸借を巡る諸般の事情から，その賃貸借契約を一時・短期間に限り存続させる趣旨のものであることが客観的に判断される場合であることを要するものと解すべきところ，本件においては，本件賃貸借契約は，右認定のとおり，普通の建物賃貸借契約の合意更新の交渉が難航の末にようやくまとまって締結されたものであり，賃料及び管理費の額が相当の額であり，かつ，普通の建物賃貸借契約の合意更新の際に通常見られる程度の増額割合で賃料及び管理費の改定がされていること，相当多額の保証金の授受，契約の合意更新の手続の合意，相当多額の更新料支払の合意等が約定されていること等の事情が見られる反面，本件建物の性状に基づく短期間の使用にとどめられるべき事情が原，被告間において相互に認識・了解されたり，被告側の使用目的がその性質上当然に短期間の使用収益にとどまるものであることが原，被告間において相互に認識・了解されたりした跡が見られず，前記の『一時賃貸借』の文言も主として賃借人としての被告の態度に対する原告の嫌悪感から原告が本件賃貸借関係の長期化を望まなかったという主観的事情に基づき用いられていると認められるのであって，そうしてみると，本件賃貸借契約が一時使用のためになされたことが明らかな賃貸借であるとは到底いうことができず，他にこのことを認めるに足りる証拠は存しない。」

参考裁判例　大阪地判平成3年12月10日（判タ785号166頁）
　　　　　　東京地判平成4年5月29日（判時1446号67頁）

裁判例 262　高松高判平成 4 年 6 月 29 日（判時 1446 号 67 頁，判タ 799 号 191 頁）

「以上の認定事実によると，(1)本件賃貸借契約は，先に締結されていた B 産業との間の賃貸借契約を，控訴人が事実上引き継いだものであり，控訴人の代表者である A において，従前からの事業を継続したいとの強い願望のもとに，自宅物件は住居として，その余の本件建物は従来どおりタオルのプリント工場として使用する目的で賃借し，現実に，そのとおりの用途に使用しているのであり，被控訴人もこれらの事情を十分承知のうえ本件賃貸借契約を締結したものであること，(2)本件和解条項には，賃借期間は，和解成立の日から僅か 3 箇月余の昭和 63 年 6 月 30 日までと定められている（期間としては和解の日から遡った日より起算し，1 年 2 月としている。）が，本件賃貸借が一時使用の目的である旨の記載はその文言のみならず，具体的事情としてもなく，かえって，経済情勢の変化に応じた賃料の増減に関する定め並びに 3 箇月の予告による契約解除の定めがあり，本件賃貸借契約が相当期間継続されることを当然の前提としているものと認めることができ，更に，(3)被控訴人においては，本件賃貸借契約締結当時，契約期間が満了したのち本件建物等を使用する具体的な計画があったとは認められず，むしろ，被控訴人としては，投下した資金の利息分に見合う賃料が取得できればよいと考えていたものと推認されるのであって，これらの諸事情を総合すると，本件賃貸借が，短期間に限って存続させる趣旨で締結されたもの，つまり，一時使用の目的でなされたものとは到底認めることはできない。」

参考裁判例　名古屋地判平成 4 年 9 月 9 日（判タ 805 号 154 頁）

裁判例 263　東京高判平成 5 年 1 月 21 日（判タ 871 号 229 頁）

「ところで，借家法 8 条の『一時使用ノ為建物ノ賃貸借ヲ為シタルコト明ナル場合』とは，建物使用の目的，賃貸借契約締結の動機，その他諸般の事情から，当該賃貸借を短期間に限って存続させる趣旨のものであることが客観的に判断される場合であることを要するものと解すべきであるところ，前示のとおり，本件賃貸借は，契約書において期間を 2 年間とし，期間満了時には控訴人が無条件で立ち退く旨の特約条項が記載されており，平成元年 3 月 31 日ころ，これを確認する趣旨で被控訴人が誓約書（甲第二号証）を控訴人に提出している。しかしながら，前示のとおり，本件建物は，賃貸用のアパートである A 荘の一室であり，控訴人が A 荘をマンションへ建て替える計画を有していたとはいえ，本件賃貸借契約が締結された当時，右計画が具体化していたとか，老朽化のため建替の必要が切迫していたとかいうことはできず，被控訴人が控訴人の具体的な建替計画や本件建物取壊しの計画を了解したうえ右特約条項が記載されたと認めることはできない。また，他にも転居が困難な居住者がいたため，その後も右計画が具体化したことはなく，被控訴人が期間満了後においても継続して賃料を控訴人に支払っていたこと等の事情をあわせ考慮すれば，本件賃貸借は，高齢で病弱な被控訴人の居住のための賃貸借であり，被控訴人が，右建替計画が具体化しない段階においても，当然に賃貸借関係を短期で終了させることを承認する趣旨で前記の特約条項を契約書に記載したということはできず，右のような賃貸借の目的，動機，その他諸般の事情からすれば，当該賃貸借を短期間に限っ

て存続させる趣旨のものであったと認めることはできない。したがって，本件賃貸借がいわゆる一時使用のための賃貸借であるということはできない。」

参考裁判例 東京地判平成5年7月20日（判タ862号271頁）

第8 期限付合意解約

借家契約の存続中になされた，一定の期限を設定し，その期限の到来により借家契約を解約するといういわゆる期限付合意解約の効力については，期限の到来によって当然に借家契約を終了させるものであるから，借家の存続期間，契約の更新の強行規定に反する借家人に不利な特約に当たるものではないかという疑問がある。この点については，次のような判例がある。

（特約の効力を認めた事例）

裁判例 264 最判昭和27年12月25日（民集6巻12号1271頁，判タ27号51頁）

「上告人は原審において，本件調停調書中に本件家屋を『昭和23年9月10日まで賃貸する』とある趣旨は，単に賃料を昭和23年9月10日まで据置くという意味があるだけであって，明渡の合意は成立しなかったと争った。しかし，原審は，上告人のこの主張を認めず，各証拠を綜合して『昭和22年9月10日の調停期日において本件家屋を昭和23年9月10日限り明渡す旨の合意が成立した』ことを認定したのである。前記調停条項と原判決の認定とは毫も矛盾するところがない。調停条項においては昭和23年9月10日まで賃貸すること，従って同日までは明渡の請求をしないことを定めたものと解することができる。しかし，これだけでは同年9月11日以後明渡の請求ができるかどうかを直接明示しているものとは解することができず，従ってこの調停調書をもって直ちに明渡の執行を求めることもできない。それ故，被上告人は調停期日に明渡の合意の成立したことを主張かつ立証して，原審は明渡の請求を是認したのに過ぎない。調停条項と原判決の認定は矛盾することなく互に並行的に存立することを得るものである。それ故，原判決には違法はなく，所論は理由がない。」

裁判例 265 最判昭和28年5月7日（民集7巻5号510頁，判タ31号61頁）

「本件調停の内容が昭和24年1月末日限り本件家屋の賃貸借を合意解除するというにあることは原判決の認定判示しているところである。そして，当事者が合意により賃貸借契約を解除することは，借家法第1条ノ2の規定に違反するものでないことは言う迄もなく，その合意解除の効力発生を期限の到来に繋らしめることも亦自由である。本件の場合当事者は期限である昭和24年1月末日の到来と同時に賃貸借を終了させその明渡を合意しているのであるから，同

日限り賃貸借契約を終了させる意味であり，上告人等主張の如く単に賃貸期間を昭和24年1月末日迄に短縮した意味でないこと明白である。従って右の期限到来するも借家法1条ノ2，2条1項の賃貸借の更新に関する規定はいずれも適用がないと解すべきである。」

裁判例 266　最判昭和31年10月9日（民集10巻10号1252頁，判タ65号81頁）

「しかし原審は適法な証拠調を行った後，まず本件のように従来存続している家屋賃貸借について一定の期限を設定し，その到来により賃貸借契約を解約するという期限附合意解約をすることは，他にこれを不当とする事情の認められない限り許されないものではなく，従って右期限を設定したからと言って直ちに借家法にいう借家人に不利益な条件を設定したものということはできないと判示し，この見解は相当であって借家法に違反するところはない。」

裁判例 267　最判昭和32年6月6日（判タ72号58頁）

「そして右のように期間の定めのない家屋の賃貸借が存続する場合に賃借人が賃貸人に対し特約を以て当該家屋を明渡すことを約束することは毫も所論借家法の強行法規に違反するものではない。」

裁判例 268　最判昭和35年5月19日（民集14巻7号1145頁）

「原判決認定の控訴人が被控訴人を雇傭している期間内に限り転貸および無償使用させる約定であるとの趣旨は，被控訴人主張のごとく雇傭と転借，使用とは互に条件となり不可分関係に立つもので，一方が消滅すれば他方もまた消滅する趣旨すなわち解除条件附の趣旨を判示したものと解すべきものであることは，その判文全体に照し明らかである。そして，被控訴人を解雇すべきか否かは，債務者たる控訴人の意思のみにかかつており，停止条件附法律行為の場合とは異り，これを無効と解すべき理由はなく，従つて，本件転貸借のように控訴人たる転借人のみの意思にかかる解雇を条件としても借家法6条にいわゆる賃借人に不利益なものとはいえないと解するを相当とする。」

参考文献　最高裁判所判例解説民事篇昭和35年度59事件〔長利正己〕
参考裁判例　福岡高判昭和39年12月22日（ジュリ320号6頁）

裁判例 269　東京地判昭和41年11月11日（判タ202号181頁）

ところで控訴人は右のような期限付合意解約が借家法第6条にいう不利な条件に該当し無効なものであると主張するが，いわゆる家屋賃貸借の期限付合意解約は，借家法第1条の2，第2条を脱法する目的でなされた場合等これを不当とする特段の事情のないかぎり許容され，借家法第6条にいう不利な条件に該当しないものと解すべきであるとし，本件建物が既に朽廃し改築する必要があり，賃借人も朽廃の事実を認めた上で本件期限付合意解約を締結したもので

あって，借家法1条の2，2条を脱法する目的で特約を付したものではなく，無効とはいえないとした事例

裁判例 270　東京高判昭和42年9月29日（東高時報民18巻9号142頁）

「原判決は上告人（賃貸人）と被上告人（賃借人）との間に建物の一部について，期間は40年4月末日までと定め，引続き賃貸することとし，この契約は更新しない旨の調停条項が成立したこと，右調停事件は建物の明渡を前提として話が進められていたことの事実を認定した上右調停条項は期限付合意解約を定めたものと解し，右解約は一時使用のための賃貸借と認められない限り賃借人に不利なものである場合は借家法第6条の適用があると判断し右解約は賃貸人である被上告人に不利なものであると認定して右解約を無効と考え，上告人の請求を棄却したものである。しかしながら調停において期限付合意解約をなすことは有効であり，その解約の趣旨が賃貸借の期間を終了させる意味であれば，借家法第1条の2，第2条第1項の各適用，従って同法第6条の適用はないものというべきであるから（昭和31年(オ)第467号最高裁判例集第10巻第10号，昭和24年(オ)第271号最高裁判例参照）本件が一時使用のための賃貸借でなくとも前記解約は借家法第6条の規定にかかわらず有効である。」

参考裁判例　東京高判昭和46年12月23日（判タ275号313頁）

裁判例 271　東京地判昭和55年8月28日（判時992号87頁，判タ440号121頁）

「右認定の事実によれば，原・被告間において，昭和51年5月25日ころ，本件店舗の賃貸借契約の更新の合意に際し，念書の作成により，更新後の賃貸期間2年の経過する昭和53年3月23日限り本件店舗の賃貸借契約を解約する旨の期限付合意解約が成立したものということができるところ，建物の賃貸借契約の更新に際して期限付合意解約がされた場合において，相当の事由のあるときは，右の合意は，借家法第1条の2，第2条に違反し，同法第6条により無効となるものではなく，有効と解される。」とした上，「以上，原・被告双方の事情を比較考量すれば，本件期限付合意解約成立の時点において原告に本件店舗の賃貸借契約を解約し又はその更新を拒絶し得る自己使用の必要その他正当の事由が存在したとまでいうことはできないにしても，近い将来それが存在することになる確実な見込みがあったことから，当時原告に正当事由に準ずる事情があったものということができ，本件期限付合意解約が賃貸人である被告会社の無知又は窮状に乗じてなされた等の事情もない本件においては，右合意をするにつき相当の事由があるものということができる。よって，本件期限付合意解約は有効である。」とした事例

裁判例 272　東京地判平成5年7月28日（判タ861号258頁）

「明渡の件は昭和67年3月末日に退去を確約します（賃借料は据置とする）」旨を記載した予約書なる書面について，「本件合意は，従来存続していた一定の期間従前のまま使用を継続するこ

とを是認し，右期限の到来により本件建物を明渡すということを内容とするいわば期限付合意解約を定めたものであり，このような合意は他にこれを不当とする事情の認められない限り許されないものでなく，したがって右のような合意をしたからといって，直ちに借家法6条にいう借家人に不利益な条件を設定したものと解することはできないというべきである。」とした事例

(特約の効力を認めなかった事例)

裁判例 273　名古屋地判昭和25年5月4日（下民1巻5号678頁）

「実弟が復員するまで家屋を賃貸する」旨の特約について，本件特約は，実弟の復員という将来の不確定ないし到来の不確実な事実の成就ないし発生により賃貸借を終了せしめる趣旨のものと解せられるから，借家人のためのその権利を保障した借家法2条，3条の規定に反する特約であって，賃借人に不利なものであるから，これをなさざるものとみなすべきであるとした事例

裁判例 274　東京高判昭和29年12月25日（東高時報民5巻13号309頁）

賃貸人の病気療養中だけ賃貸する旨の契約であっても，賃借人のパチンコ営業は，ある程度平常的継続的なものであって，一時使用のための賃貸借とは認められず，本件賃貸借には借家法の適用があり，さらに賃貸人には更新を拒絶し得る正当な事由は認められないとした事例

(期限付合意解除と一時使用)

裁判例 275　長野地判昭和38年5月8日（判時340号43頁，判タ147号120頁）

「しかし建物賃貸借の期限附合意解除が如何なる場合にも有効で借家法第6条に該当しないと解すべきか否かは更に慎重に検討しなければならない。なるほど当事者が合意によって建物の賃貸借契約を解除することは借家法の規定に違反するものでないことはいうまでもないから，その合意解除の効力発生を期限の到来にかからしめることもまた自由であるかのように考えられる（最高裁判所昭和28年5月7日判決，昭和31年10月9日判決，昭和27年12月25日判決参照。）。しかし期限附合意解除の場合は合意成立の時から期限までの間なお賃貸借が継続するのであって，期限附合意解除はこの賃貸借につき借家法第1条の2，第2条の適用を排除し，その限りにおいて賃借人に不利益な合意であることは明かであり，借家法第6条は経済的弱者である建物賃借人を保護するため右のような『特約』を法律上なされなかったものとみなす規定であるから，賃借人が期限に明渡すことに同意していることの一事をもって期限附合意解除が同条に該当しないということはできない。このことは賃貸借契約と同時に（或は僅少の時日の後に）期限附合意解除をなした場合はこれによって借家法第1条の2，第2条の規定が潜脱されることが明かであるから，たとえ賃借人が期限に明渡すことに同意していたとしてもなお同法第6条により期限附合意解除の効力を否定すべきことに照らし明かであろう。もっとも継続中の

賃貸借につき（多くは明渡義務の存否につき両当事者間に紛争を生じた後に）期限附合意解除がなされた場合は原則としてその効力を認めるべきであるが，その根拠は賃借人が期限に明渡すことに同意していることではなく，合意成立後の賃貸借が借家法第8条の一時使用のための賃貸借であることに求めるべきである。そうだとすれば期限附合意解除は，合意成立後明渡期限までの間の賃貸借が明渡猶予期間の実質を有し，借家法第8条の一時使用のための賃貸借と認められる場合に限り同法第6条に該当しないものと解さねばならない（前掲各最高裁判所判例の事案はいずれも合意成立後の賃貸借が右のような一時使用のため賃貸借と認められる場合であるから，右各判例の趣旨も上記と同趣旨に帰するものと解すべきであろう。）。」

裁判例 276　大阪地判昭和40年1月21日（判タ172号149頁）

「本件賃貸借は，昭和30年8月末日頃はじめて成立したもので，被控訴人が本件和解を申し立てたのは，和解調書を作成することにより公正証書を作成するのと同様に本件賃貸借の内容を明らかにする目的を持つ外に，賃貸期間が満了する等和解調書に記載された理由が発生することにより，本件賃借が終了した場合に，控訴人において本件建物を明け渡す義務があることを明確にし，その債務名義を獲得するためであったということが容易に推認されるところであるから，賃貸借期間が満了したときは本件建物を明け渡すべき旨の本件和解条項は，借家法1条の2及び2条に違反し，かつ，右条項は借家人に不利益な条項というべきであるから，本件賃貸借が一時使用の賃貸借と認定されない限り，同法6条により右条項はこれを定めなかったものとみなされねばならない」とした上，本件賃貸借は一時使用の賃貸借ではないとした事例

参考裁判例　京都地判昭和40年4月22日（判時414号44頁，判タ176号149頁）

裁判例 277　東京高判昭和40年7月8日（下民16巻7号1193頁）

「(一)申立人〔略〕は相手方（上告人）に対し本件家屋を昭和29年1月1日から賃料1ヶ月金4,500円，毎月末日払いの約で昭和38年12月31日まで引続き賃貸すること。(二)相手方は申立人に対し昭和38年12月31日限り，本件家屋を明渡すこと」という調停条項について，「借家法は，建物の賃借人を保護するために賃貸人の賃貸借の更新拒絶権および解約申入権を制限し（同法第1条ノ2，第2条，第3条参照），右に反する特約で賃借人に不利なるものはこれをなさざるものとみなしている（同法第6条）。従って一定の期間後に賃貸借を消滅させて家屋の明渡を約するいわゆる期限付合意解約も，右賃貸借が一時使用のためになされたものと認められないかぎり，同法第6条の規定の適用を受けるものといわなければならない。この理は，右合意解約が裁判所における調停で締結された場合においても同様である。けだし，裁判所における調停だからといって，法律がなんら特別の規定を設けていない以上，当事者はもちろん，調停委員会でも借家法のような強行法規に違反する処分行為を有効になしうるわけがないからである。それなのに，原審は，右合意解約については原則として借家法の適用がないものと解しつつ，しかも賃貸人が優越的地位を利用し賃借人を圧迫した形跡が全然ないから，右合意解約は賃借人にとり一方的に不利益な約定と断定さるべきではないと判示している。しかし，前叙のよう

に，右合意解約についても，同法第6条の適用があるのであるから，その契約をなすにいたった事情のいかんに関係なく右合意解約にして賃借人に不利なものは無効というべきである。」

参考裁判例　大阪地判昭和42年6月24日（ジュリ390号6頁）

裁判例 278　東京高判昭和49年6月27日（判時753号21頁）

「従前の建物賃貸借契約が終了したさい，あらたに賃貸借契約を締結してその期間を定めるとともに，特約として右期間経過によって当然新契約は合意解除となるものとし，賃借人は賃借建物を賃貸人に明け渡す旨の約定をしたときは，あたかもはじめて一定期間の賃貸借を約すると同時に右期間満了時における合意解除を約定するのと同様であって，新契約が一時使用のための賃貸借であることが明らかで借家法の適用がない場合のほかは，右特約は同法2条に違反し，これを定めるにつき相当な事由があると否とに拘らず，それ自体賃借人に不利なものとして同法6条によりこれを定めなかったものとみなされるべきであ〔る〕」

参考裁判例　東京高判昭和63年6月23日（金判809号36頁）

（最高裁昭和44年5月20日判決）

借地契約における期限付合意解約ではあるが，次のような最高裁判例がある。

裁判例 279　最判昭和44年5月20日（民集23巻6号974頁，判時559号42頁，判タ236号117頁）

「思うに，従来存続している土地賃貸借につき一定の期限を設定し，その到来により賃貸借契約を解約するという期限附合意解約は，借地法の適用がある土地賃貸借の場合においても，右合意に際し賃借人が真実土地賃貸借を解約する意思を有していると認めるに足りる合理的客観的理由があり，しかも他に右合意を不当とする事情の認められないかぎり許されないものではなく，借地法11条に該当するものではないと解すべきであるところ，原審確定の前記事実関係のもとでは，本件期限附合意解約は右に説示する要件をそなえているものと解するのが相当であるから，本件期限附合意解約は有効であって，本件土地賃貸借契約は，期限の到来によって解約され，上告人は被上告人に対し本件土地を明け渡す義務があるものというべく，これと同旨の原判決の判断は正当である。」

裁判例 280　最判昭和47年6月23日（判時675号51頁，金判324号2頁）

「双方の代理人の間において，上告人およびその経営する有限会社A家具店が他に営業の場所を有するに至ったときまたは爾後の営業の方針・計画の樹立，その諸準備に通常要する期間が経過したときを明渡期限と定めて，〔略〕本件土地賃貸借の期限付合意解約に至ったものであることなど，原判決の確定した事実関係のもとにおいては，右解約の合意につき，賃借人である上告人が真実解約の意思を有していると認めるに足りる合理的客観的理由があり，他に右合意を不当とする事情は認められないものということができるから，右期限付合意解約は，借地法11条に該当しないものと解すべきである。」

第9 造作買取請求権に関する特約

　借地借家法33条1項は,「建物の賃貸人の同意を得て建物に付加した畳,建具その他の造作がある場合には,建物の賃借人は,建物の賃貸借が期間の満了又は解約の申入れによって終了するときに,建物の賃貸人に対し,その造作を時価で買い取るべきことを請求することができる。建物の賃貸人から買い受けた造作についても,同様とする。」と規定し,借家法5条の規定を受け継いでいる。借家法では,借家人の造作買取請求権に関する規定は強行規定とされていた(6条)ため,これを排除する特約は無効とされていたが,借地借家法は,造作買取請求権に関する規定を任意規定とした(37条)ため,借地借家法施行前に成立した建物賃貸借についても,同法施行後にする特約をもって造作買取請求権を排除することができることになった。以下は,造作買取請求権に関する判例である。

裁判例 281　大判昭和13年3月1日（大審院民集17巻318頁）

　「借家法第5条は建物の賃貸借が貸借期間の満了等通常の事由に因り消滅したる場合に付いて規定したるものにして賃借人の債務不履行に基づき賃貸借契約が解除せられたるが如き場合にはその適用なきものと解すべきこと誠実なる借家人の保護を主たる目的とする同条の立法趣旨に徴し疑いを容れざるところなり。」

裁判例 282　岐阜地大垣支判昭和28年3月5日（下民4巻3号335頁）

　賃借人が本件家屋を明け渡すときは,造作を撤去して原状に回復すべき特約があることを認めることができるが,右特約は借家法第5条に反し,賃借人に不利であるから無効であるといわなければならないとした事例

裁判例 283　最判昭和29年3月11日（民集8巻3号672頁,判タ39号53頁）

　「借家法5条にいわゆる造作とは,建物に附加せられた物件で,賃借人の所有に属し,かつ建物の使用に客観的便益を与えるものを云い,賃借人がその建物を特殊の目的に使用するため,特に附加した設備の如きを含まないものと解すべきであ〔る。〕」

裁判例 284　最判昭和33年3月13日（民集12巻3号524頁,判時147号22頁）

　「借家法5条は,賃借人の債務不履行ないしその背信行為のため賃貸借が解除されたような場合には,その適用がないものと解すべきことは,当裁判所の判例とするところであるから(民事判例集10巻4号356頁以下第二小法廷判決参照),これと同一趣旨に出た原判決は正当であって,

裁判例 285　最判昭和33年10月14日（民集12巻14号3078頁，判時165号26頁）

「借家法5条にいわゆる造作とは，建物に附加された物件で賃借人の所有に属し，かつ建物の使用に客観的便宜を与えるものをいい，賃借人がその建物を特殊の目的に使用するため，特に附加した設備の如きはこれに包含されないものと解すべきである（昭和29年3月11日第一小法廷判決，民集8巻672頁参照）。けだし，もっぱら賃借人個人の利益のため附加された造作であって，賃貸人のため何ら客観的便益を供しないものについてまでその買取を賃貸人に強制する法意とは解しえないからである。」

（造作の具体例）

裁判例としては，「廊下のドアの仕切り，台所や応接室等のガス設備，配電設備，水洗便所，シャワー設備」（東京高判昭和31年3月22日，下民7巻3号721頁）や「レストラン用店舗の調理台，レンジ，食器棚，空調，ボイラー，ダクト等設備一式」など（新潟地判昭和62年5月26日，判タ667号151頁）が造作として認められている。

裁判例 286　最判昭和37年4月10日（裁判集民60号41頁）

「上告人と被上告人との間の本件借家契約が，被上告人のなした契約解除により終了したことを相互に確認したうえ，上告人に対し2か年間の明渡猶予期間を認めた趣旨の本件和解契約条項中，所論造作買取請求権放棄の特約があっても，右は借家法6条に違反するものではないとの原判示は，原審認定の事実関係のもとにおいては肯認しうる。」

裁判例 287　大阪地判昭和58年5月31日（判タ503号92頁）

「そして右認定事実によると，A社は，被告との間の本件建物の賃貸借契約において，本件建物の明渡しに際して，A社が本件建物内に施した造作設備の買取りを被告に請求することはできず，自己の造作加工部分をすべて原状に復して明け渡す旨を約したもので，原告は，右約定を承認のうえ，A社の右賃借人の地位を承継したのであるから，被告に対し，A社より譲り受けた畳敷の客席設備部分について買取りを請求することは許されないといわなければならない。

原告は，右買取請求権を予め放棄する特約は借家法第6条により無効である旨を主張する。

しかし，A社の施した右造作設備は，本件建物を飲食店（和食）用店舗として使用する目的で，自己の自由な好みによる様式，企画に従い行ったものであって，他業種の営業用店舗として適切な造作設備であるとはいえず，賃貸店舗用ビルの一室である本件建物の使用に客観的な便益を与えるものということはできないものであって，借家法第5条に定める買取請求権の対象たる造作に含まれないというべきであるうえ，賃借人たるA社およびその承継人たる原告は，自

己の付加した造作設備に要した費用については，本件建物の賃借権を右造作設備に価値を認める同業種の営業者に造作設備付のまま譲渡することによってその回収をはかることが，予め賃貸借契約において賃貸人より承認されているのであるから，賃借人が右譲受人を得ることができず，かつ，自己の営業を廃止して本件建物を賃貸人に明け渡す場合においては，賃貸人にとっては建物の客観的価値を増加させるよりも，むしろ賃借人の範囲を狭めるなど新規賃貸借の妨げとなるような賃借人の自由に付加した造作設備（しかも営業目的により相当高額なものとなることが一般である。）の買取りを賃貸人に強制することは，この種賃貸借取引における実情にも合致せず妥当でないと思われることなどに鑑みると，A社が被告との間でなした右造作買取を請求しない旨の約定は賃借人に不利な特約ということもできないから，右約定が借家法第6条によって無効であるとの原告の主張は理由がない。」

（造作買取請求権等の放棄特約）

裁判例 288 大阪高判昭和63年9月14日（判夕683号152頁）

「控訴人〔賃借人〕が本件建物についてなした模様替は，もと倉庫であった本件建物それ自体の価値を増加し，又はその使用の便宜のために造作を付加したというよりは，控訴人のなす営業の便宜のためになされたというべきものである。このような改造工事又は造作の付加については，被控訴人〔賃貸人〕としては当然これに同意しなければならないとは解されず，賃貸借契約の締結にあたって，右改造工事又は造作の付加について同意は与えるが，賃貸借契約が終了した場合には原状に復して返還するよう求めることも許されるというべきである。本件についての原状回復の特約の趣旨は右のように解すべきであり，本件において控訴人は右特約によって有益費の償還請求権及び造作の買取請求権を予め放棄したものであって，この合意は右に示した趣旨に合致する限度において有効なものというべきである（すなわち，右特約があっても，本件建物を倉庫として使用する場合においても有用な造作を控訴人が付加した場合には，被控訴人はその買取請求を拒むことはできない―すなわち，強行法規に反するものとして特約は無効である―が，控訴人の営業の便宜のために付加された造作については，控訴人は買取請求ができない。なお，有益費の償還請求についての民法の規定は強行法規とは解されないから,控訴人は有益費については予め放棄したものとみるべく，この事前放棄の合意は有効と解される。）。」

第10　必要費償還請求権及び有益費償還請求権の放棄特約

民法608条2項は，「賃借人が賃借物について有益費を支出したときは，賃貸人は，賃貸借終了の時に，第196条第2項の規定に従い，その償還をしなければならない。ただし，裁判所は，賃貸人の請求により，その償還について相当の期限を許与することができる。」と規定している。したがって，賃貸人は，その価格の増加が現存する限り，賃借人が支出した金額

又は増加額を償還しなければならない。しかし，特約で有益費償還請求権の放棄を定めた場合，その放棄特約は有効であろうか。学説は分かれているが，判例は次のとおりである。

なお，必要費償還請求権の放棄についても，最高裁の判例を参考にされたい。

裁判例 289　東京地判昭和46年12月23日（判タ276号308頁）

「ところで，被告は有益費償還請求権は実質的には借家法第5条に定める造作買取請求権と同様強行法規とみるべきであるから，右請求権を借家人たる被告において予め放棄することは許されないと主張するので検討するに，造作買取請求権は，賃借人が建物に付加した造作について，特にこれが独立の存在を有し，賃借人の所有に属することから賃借人に対し投下資本を回収する便を与え，建物のほか賃借人所有の造作そのものの社会経済的価値の減少を防止するために認められたものであって，これが規定には，右のとおり造作が独立の存在を有しこれについて借家人に所有権が帰属していることに注目して特に借家人保護のため借家法が強行法規としての性質を与えているに反し，有益費償還請求権は，借家人が建物の改良等に支出した有益費を借家人に償還せしめるものであって，借家人が右支出によって建物に付加した部分は独立の存在を有するものではなく，したがって当該部分の所有権は借家人ではなく，建物と一体となって建物所有者に帰属するものであって，これが請求権の本質は任意法規である不当利得返還請求権に由来しているものであり，両者は経済的には賃借人の建物に対する投下資本の回収という点では共通するものの，法律的にはその根拠ないし本質を異にするものであるうえ，造作買取請求権の場合にはその目的物が賃貸人の同意を得て付加したもの，或いは賃借人から買受けたものに限られるのに対し，有益費償還請求権については有益費という限度があるほか，賃貸人の意思如何を問わず認められるものであり，したがってこれを強行法規と解すると，賃貸人に苛酷な結果を強いることになり，かえって建物賃借権の円滑な設定を阻害するおそれもあることなどをあわせ考えると，有益費償還請求権については明文の規定がないのに単に経済的には同一の作用を営むという点だけをとらえて造作買取請求権と同様強行法規であるとみることはできず，任意法規と解するのが相当であり，したがってこれが予めの放棄も有効であるというべきである。」

裁判例 290　最判昭和49年3月14日（裁判集民111号303頁）

「民法608条はいわゆる任意規定であって，賃貸人と賃借人との間で，賃借人が賃借建物に関して支出する必要費，有益費の償還請求権を予め放棄する旨の特約がされたとしても，右特約が借家法6条により無効であると解することはできない。」

裁判例 291　東京地判昭和61年11月18日（判時1250号55頁）

「1　本件契約を締結する際，当事者双方で取交わした契約書〔略〕中に右原告ら主張のとおりの特約条項が存在することは当事者間に争いがない。被告は，右条項をもって例文であり，

当事者の真意を伴わないものと主張するが，前記二のとおり，本件貸室がいわゆる裸貸として賃貸されたもの，使用目的も営業用店舗であることに照らせば，右条項をもって例文であるとは解し難いというべく，右特約条項どおりの合意が当事者間に成立したと認めるのが相当である。

　2　ところで，被告は有益費償還請求権は借家法5条，6条に照らし，予め放棄することは許されないと主張するので検討するに，造作買取請求権は，賃借人が建物に付加した造作について，特にこれが独立の存在を有し，賃借人の所有に属することから，賃借人に対し投下資本を回収する便を与え，造作そのものの社会経済的価値の減少を防止するために認められたものであり，つまりは，造作が独立の存在を有し，これについて借家人に所有権が帰属していることに注目して特に借家人保護のため借家法が強行法規としての性質を与えているに反し，有益費償還請求権は，借家人が建物の改良等に支出した有益費を借家人に償還せしめるものであって，借家人が右支出によって建物に付加した部分は独立の存在を有するものではなく，従って当該部分の所有権は借家人ではなく，建物と一体となって建物所有者に帰属するものであって，右請求権の本質は任意法規である不当利得返還請求権に由来しているものであり，両者は経済的には賃借人の建物に対する投下資本の回収という点では共通するものの，法律的にはその根拠ないしは本質を異にするものであるうえ，造作買取請求権の場合にはその目的物が賃貸人の同意を得て付加したもの，あるいは賃貸人から買受けたものに限られるのに対し，有益費償還請求権については有益費という限度があるほか，賃貸人の意思如何を問わず認められるものであり，従って，これを強行法規と解すると，賃貸人に苛酷な結果を強いることになり，かえって建物賃借権の円滑な設定を阻害するおそれもあること等を併せ考えると，有益費償還請求権については明文の規定がないのに単に経済的には同一の作用を営むという点だけをとらえて造作買取請求権と同様強行法規であるとみることはできず，任意法規と解するのが相当である。従ってこれが予めの放棄も有効であるというべきであるから，被告の前記主張は理由がない。しかして，民法90条による無効の主張も失当というべきである。」

|参考裁判例|　大阪高判昭和63年9月14日（判タ683号152頁）　➡裁判例288

第11　原状回復義務特約等

　賃借人は，賃貸借契約が終了したときは，賃貸物件を原状に復して賃貸人に返還する義務がある（民法616条，使用貸借の規定である597条1項，598条の準用）。原状に復してとは，賃貸物件を通常の状態で使用収益していれば，そのままの状態で返還すればよいということである。したがって，通常の状態で使用収益し，物件の劣化や価値の減少を招いたとしても賃借人にはその負担義務はないとされている。しかし，この点に関し，様々な特約がある。これらの特約の効力等について判例がどのように判断しているか，そして消費者契約法10条との関係では特約の効力がどのように判断されているか，次のような判例がある。

（雨漏り等の修繕は賃貸人がすべきであるが，営業上必要な修繕は賃借人がすべきである旨の特約）

裁判例 292 最判昭和29年6月25日（民集8巻6号1224頁，判時31号5頁，判タ41号33頁）

「けれども，本件賃貸借の目的たる建物2棟がともに映画館用建物で，これに備付の長椅子その他の設備一切をも貸借の目的としたものであることは，原判決の確定するところであって，これら賃貸借の目的物がその使用に伴い破損等を生じた場合，これに適切な修繕を加えて能う限り原状の維持と耐用年数の延長とをはかることはもとより賃貸人の利益とするところであるから，たとい右修繕が同時に賃借人の営業にとり必要な範囲に属するものであっても，その範囲においてこれを賃借人の賃貸人に対する義務として約さしめることは，何ら道理に合わないこととなすべきではない。」

（入居後の大小修繕は賃借人がする旨の特約）

裁判例 293 最判昭和43年1月25日（判時513号33頁）

「『入居後の大小修繕は賃借人がする』旨の条項は，単に賃貸人たる上告人が民法606条1項所定の修繕義務を負わないとの趣旨であったのにすぎず，賃借人たる被上告人が右家屋の使用中に生ずる一切の汚損，破損個所を自己の費用で修繕し，右家屋を賃借当初と同一状態で維持すべき義務があるとの趣旨ではないと解するのが相当であるとした原判決の判断は，正当である。」

（賃貸人の修繕義務）

裁判例 294 東京高判昭和51年9月14日（東高時報民27巻9号208頁，判タ346号193頁）

「堅固な建物の地階の室の賃貸借について，共同部分の設備関係に要する修繕費用は，賃借面積に応じ各賃借人の負担とする旨の約定がある場合においても，地階に設置された便所の汚水汚物及び台所の雑排水を貯留する汚水槽から汚水を下水道管に排出する役割を果す排水ポンプの瑕疵による取替等の工事費用，右瑕疵に基因する浸水の汲上等の費用は，通常，賃貸人（建物所有者である場合はなおさら）が負担すべき費用であって，賃借人が負担することを要しないものと解するのが相当である。

思うに，ビルの地階はその構造上往々にして賃借部分である各室や共用部分に浸水することがありうるので，賃貸人は，賃借人が賃借部分である各室を契約または目的物の性質によって定まった用法に従い十分に利用することのできるよう地階の状態を浸水から防止するため万全の措置を講ずるべきであり，浸水があったときはこれを排水し，浸水の原因が排水ポンプの性能不全に基づくときはこれを取り替える修繕義務を負うからである。そして，右費用は，特段の事情がない限り，目的物を使用収益するのに適当な状態に保存維持するに必要な費用であるとすべきであるから，賃借人がこれを支出したときは，賃貸人は直ちにこれを賃借人に対して償還すべきである。本件において，前記認定事実によると，控訴人と被控訴人Ｙらとの間には

前認定のような修繕費用の約定があるけれども，前記説示により，賃借の目的物である本件建物甲，乙，丙各部分及び共用部分の浸水原因となった排水ポンプ取替等工事費用，浸水の汲上げ費用は賃貸人である控訴人が負担すべきものであり，賃借人である被控訴人Ｙらの負担すべきものではない。」

裁判例 295 東京高判昭和56年2月12日（判時1003号98頁，判タ441号123頁）

「賃貸人の修繕義務の対象は，賃貸借契約成立後に生じた賃借物の破損，欠陥に限定されるものではなく，契約成立時に存した欠陥についても修繕義務が生じることは上告人指摘のとおりである。しかし，契約当初から賃借物に欠陥が存しても，賃貸人が修繕義務を負うべき場合とそうでない場合があり，その区別は，もともと賃貸人の修繕義務は賃借人の賃料支払義務に対応するものであるところからして，結局は賃料の額，ひいては賃料額に象徴される貸借物の資本的価値と，欠陥によって賃借人がこうむる不便の程度との衡量によって決せられるものと考えられる（なおこのことは破損，欠陥が契約成立後に生じた場合でも同じであって，その修繕に不相当に多額の費用，すなわち賃料額に照らし採算のとれないような費用の支出を要する場合には，賃貸人は修繕義務を負わないことも同じ理に基づく。）。」として，賃借物の資本的価値との比較によりその修繕義務を否定した原審の判断を支持した事例

裁判例 296 東京地判平成3年5月29日（判時1408号89頁，判タ774号187頁）

「ところで，前記したように，原，被告間の本件賃貸借契約においては，物の部分的な小修繕は，賃借人が自ら費用を負担して行う旨の特約があるから，家主の修繕義務を負う部分と，賃借人が自己の費用をもって修繕すべき部分との調整を要する。他方，〔略〕賃借人が建物の改造，造作，模様替等の建物の現状を変更しようとするときには，賃貸人の書面による承諾を受けなければならないものとし，これに反したときは，無催告で賃貸借契約が当然消滅する旨の特約も存在することが認められる。したがって，原，被告間の本件賃貸借契約上，本件建物を居宅として使用継続するに必要な修繕のうち，小修繕に当たるものの修繕について賃貸人たる被告に修繕義務はないが，建物の改造，造作，模様替等建物の基本構造に影響すべき現状を変更する修繕部分は，被告の負担すべき義務の範囲に属することが明らかである。もちろん，本件建物のような築後24年を経過した建物にあっては，築後相応の朽廃が進行していることは当然であって，賃貸人としても新築同様の程度にまで建物を修繕すべき義務は存在しないことは言うまでもないが，その築後の建物に相応する程度の使用継続に支障が生じているときには，健全，良好な居宅としての提供義務が免除されるものではない。また，賃貸人側で修繕を要するものであっても，その修繕に多額の費用を要するもののうち，現状のままでも賃借人側の受ける損失は小さいものにあっては，賃借人において現状を甘受しなければならないものもある。したがって，要修繕の部分であっても，原告が自己の費用をもって修繕すべき小修繕部分，築後の経年の結果による不都合であって，いずれ修繕工事が不可避となるものであっても，現時点では使用に差し支えのない部分，賃借人側に原因のある部分及び賃借人たる原告において修繕の

施行を宥恕すべきものについては，賃貸人たる被告に修繕義務はないものと言うべきである。」

裁判例 297　東京高判昭和 60 年 7 月 25 日（東高時報民 36 巻 6・7 号 132 頁）

「賃借人は，賃貸借契約が終了したときは，賃借人の加えた造作，間仕切，模様替その他の施設及び自然破壊と認めることのできない破損箇所を賃貸人の指示に従って契約終了の日から 15 日以内に賃借人の費用をもって原状に回復しなければならない。」「賃借人は，右の条項による明渡完了に至るまでの賃借料及び付加使用料に相当する金額を賃貸人に支払い，なお損害のある場合にはこれを賠償しなければならない。」との特約がある場合について，「賃貸人が新たな賃貸借契約を締結するのに妨げとなるような重大な原状回復義務の違背が賃借人にある場合には，これを目的物返還義務（明渡義務）の不履行と同視して，賃借人は賃貸借契約終了後 16 日目から右のような原状回復義務履行済みに至るまで賃料相当額の損害金を賃貸人に支払わなければならないとするにあるものと解するのが相当である。したがって，右の程度に至らない程度の軽微な原状回復義務の違背があるに過ぎない場合においては，賃貸人は，それによって被った損害の賠償を請求し又はその代替履行のために要した費用の償還を請求することができるのは格別，当然に賃料相当額の損害金を賃借人に請求することができるものではないものといわなければならない。さらに，建物賃貸借契約の終了に伴う原状回復義務といっても，その範囲は必ずしも一義的に明らかなものではなく，とりわけ本件におけるように営業店舗用建物の賃貸借契約にあっては，賃借人が自己の営業目的に適合するように改めて内，外装工事等を行うような例が多いため，字義どおり賃貸借契約締結時の原状に回復することが常に合理的であるとは限らず，賃貸人にとっても格別の意義がないことが多いのであるから，原状回復義務の履行に当たっては，賃借人としては，賃貸人との協議の結果と社会通念とに従って，賃貸人が新たな賃貸借契約を締結するについて障害が生じることがないようにすることを要し，かつ，そうすることをもって足りるものというべきである」とした事例

裁判例 298　東京地判平成 12 年 12 月 18 日（判時 1758 号 66 頁）

「〔賃借人が本件建物を明け渡すときは，賃借人は畳表の取替え，襖の張替え，クロスの張替え，クリーニングの費用を負担するとの〕特約条項は，公序良俗に反するものとは認められないし，特約の文言解釈上，自然損耗分を含まない趣旨であると解釈するのも困難であり，当事者双方において本件特約条項を限定的に理解して契約を締結したという事情も認められないのであるから，本件の事実関係のもとでは，本件特約条項は文言どおりの拘束力をもつといわざるを得ない。」

(賃借人の大修繕義務特約)

裁判例 299　東京地判平成 27 年 2 月 4 日（判例秘書 L 07030397）

「原告が本件建物の大修繕につき修繕義務を負うか否かについて検討する。

　前記認定事実のとおり、BとAとの間で、原告の経営権を巡る争いが生じ、Aが原告から分離独立することとなったが、その後の交渉の結果、原告が被告に全面的に営業譲渡する方向での話合いが進むことになった。営業譲渡案の骨子は、①原告は、被告に営業譲渡し、製本業から撤退する、②原告は、その物的設備を被告に賃貸する、というものであった。上記文脈の中において締結された本件賃貸借契約は、原告が競業避止義務を負い、かつ、本件建物を現状有姿の状態で原告が被告に賃借させるという点において、特殊な賃貸借契約と理解すべきものである。

　前記のような本件賃貸借契約締結に至る経緯や本件賃貸借契約の特殊性に鑑みれば、本件契約書7条における、「被告は、被告の負担により、本件建物の保守修繕を行う。」との条項は、本件建物の日常的な修理、修繕のみならず、大修繕についても一切の費用を被告の負担とする旨の特約の趣旨と解するのが相当である。

　この点、被告は、本件契約書8条が、「被告は、〔略〕、本件建物の大修繕又は改造を行うことができる。」とされていることを捉えて、大修繕は本来原告の負担であることが前提になっていると主張する。

　しかしながら、同条が、「原告の書面による承諾を得て、被告の負担により」と規定していることからすると、改造はもちろん大修繕時にも時に本件建物の形状又は効用の著しい変更を伴うことがあるので、念のため、所有者である原告の事前の承諾を必要とする旨を定めたものと解されるから、被告の上記主張を採用することはできず、むしろ、同条は、大修繕の費用も被告の負担とすることを前提とする条項と解するのが相当である。

　なお、被告は、修繕義務が賃貸借契約における賃貸人の本質的義務から導かれることを根拠に、修繕義務について特約による無限定の修正を認めることはできないと主張するが、本件賃貸借契約の上記特殊性に鑑みれば、本件契約書7条及び8条は有効と解すべきであり、被告の上記主張を採用することはできない。

　したがって、原告は本件建物の大修繕について修繕義務を負うことはない。」

(新築オフィスビルと原状回復義務特約)

裁判例 300　東京高判平成 12 年 12 月 27 日（判タ 1095 号 176 頁）

　原状回復条項として、「本契約が終了するときは、乙（賃借人）は賃貸期間終了までに第8条による造作その他を本契約締結時の原状に回復しなければならない。但し、甲（賃貸人）の書面による承諾があるときは、設置した造作その他を無償で残置し、本物件を甲に明け渡すことができる。」、また、「本条に定める原状回復のための費用（中略）の支払は第5条の保証金償却とは別途の負担とする。」さらに、造作などに関する約定として、「乙が本物件内を模様替すること、ならびに造作及び諸設備を新設・撤去・変更する場合、電話架設・電気・水道等の配線

配管（中略）等すべて現状を変更する場合には，乙は（中略），甲の書面による承諾を得た後，自己の負担によりこれをなすものとする。」旨の特約がある賃貸借契約について，「本件原状回復条項は，〔略〕造作その他の撤去にとどまらず，賃貸物件である本件建物を『本契約締結時の原状に回復』することまで要求していることが明らかであるから，〔賃借人に対して〕本件建物を賃借した時点における原状に回復する義務を課したものと解するのが相当である。」とした事例

（原状回復義務特約と消費者契約法 10 条）
次に掲げる判例は，「原状回復」の意味や通常損耗の場合にも賃借人に負担させる特約の効力について，消費者契約法 10 条を根拠に否定したりした判例である。

参考裁判例　東京地判平成 6 年 7 月 1 日（市民と法 65 号 33 頁）
伏見簡判平成 7 年 7 月 18 日（市民と法 65 号 34 頁）
仙台簡判平成 8 年 11 月 28 日（市民と法 65 号 34 頁）
東京簡判平成 11 年 7 月 29 日（市民と法 65 号 34 頁）
神戸地尼崎支判平成 15 年 10 月 31 日（市民と法 65 号 34 頁）

裁判例 301　大阪高判平成 15 年 11 月 21 日（判時 1853 号 99 頁）

「一般に，建物賃貸借契約にあっては，建物の使用による通常損耗がその本質上当然に予定されており，これによる投下資本の減価の回収は，実質賃料構成要素の一部である必要経費（減価償却費，修繕費）に含まれていると考えるのが合理的であり，社会通念であるというべきであるから，一にも述べたとおり，賃貸借契約終了時における通常損耗による原状回復費用の負担については，特約がない限り，これを賃料とは別に賃借人に負担させることはできず，賃貸人が負担すべきものと解するのが相当である。そして，本件賃貸借契約本文が，通常損耗分を賃借人ではなく，賃貸人の負担とするものであることは(1)記載のとおりであり，これは上記の社会通念に合致する。しかも，通常損耗分に関するこのような取扱いは，二(1)記載のとおり，本件契約当時，望ましいものと公的に認められ，その普及，言い換えればこれに反する特約の排除が図られていた。このような事情及び第二・二(2)記載の特優賃法〔特定優良賃貸住宅の供給の促進に関する法律〕及び公庫法〔住宅金融公庫法〕の規定の趣旨にかんがみると，本件特約の成立は，賃借人がその趣旨を十分に理解し，自由な意思に基づいてこれに同意したことが積極的に認定されない限り，安易にこれを認めるべきではない。」

参考裁判例　大津地判平成 16 年 2 月 24 日（市民と法 65 号 35 頁）
京都地判平成 16 年 3 月 16 日（判例秘書 L05950195，市民と法 65 号 35 頁）
京都地判平成 16 年 6 月 11 日（市民と法 65 号 36 頁）

裁判例 302　大阪高判平成 16 年 12 月 17 日（判時 1894 号 19 頁）

「自然損耗等についての原状回復義務を賃借人が負担するとの合意部分は，民法の任意規定の適用による場合に比し，賃借人の義務を加重し，信義則に反して賃借人の利益を一方的に害し

ており，消費者契約法10条に該当し，無効である。」
参考裁判例 大阪高判平成17年1月28日（市民と法65号36頁）

(最高裁平成17年12月16日判決)
　賃貸借に関する民法616条は，使用貸借にかかる598条及び597条1項を準用している。したがって，賃借人は，賃貸借終了後，借用物を原状に復して賃貸人に返還する義務がある。原状に復してとは，通常に使用している場合には，終了時にそのままの状態で返還すればよく，賃借人は何ら責任を負わないということであるが，これと異なる特約を設定し，賃借人に責任を負わせる場合に，最高裁は次のような要件を示した。

裁判例 303　最判平成17年12月16日（判時1921号61頁，判タ1200号127頁）

「建物の賃借人にその賃貸借において生ずる通常損耗についての原状回復義務を負わせるのは，賃借人に予期しない特別の負担を課すことになるから，賃借人に同義務が認められるためには，少なくとも，賃借人が補修費を負担することになる通常損耗の範囲が賃貸借契約書の条項自体に具体的に明記されているか，仮に賃貸借契約書では明らかでない場合には，賃貸人が口頭により説明し，賃借人がその旨を明確に認識し，それを合意の内容としたものと認められるなど，その旨の特約（以下「通常損耗補修特約」という。）が明確に合意されていることが必要であると解するのが相当である。」とし，本件においては，契約書には，通常損耗補修特約の成立が認められるために必要なその内容を具体的に明記した条項はなく，通常損耗補修特約の内容を明らかにする説明はなかったといわざるを得ないとした上，「そうすると，上告人は，本件契約を締結するに当たり，通常損耗補修特約を認識し，これを合意の内容としたものということはできないから，本件契約において通常損耗補修特約の合意が成立しているということはできないというべきである。」と判示した。

(ハウスクリーニング特約と日割計算排除特約)

裁判例 304　東京地判平成18年8月30日（判例秘書L06133407）

「(1)賃貸借契約の終了に伴う賃借物件の返還時の清掃は原状回復の一種というべきところ，上記2(1)で述べたとおり，建物の賃貸借においては，賃借人に社会通念上通常の使用をした場合に生ずる賃借物件の汚損についての原状回復義務が認められるためには，少なくとも，賃借人がその旨を明確に認識し，それを合意の内容としたものと認められることが必要であると解するのが相当である。
　(2)これを本件についてみると，証拠〔略〕によれば，本件清掃費用特約は「賃借人は本契約終了時，賃貸人指定の専門業者による本物件の清掃費用を負担するものとする。」というものであることが認められ，同項において通常損耗補修特約が明確に合意されているということはできず，他に通常損耗補修特約の内容を具体的に明記した条項があることを認めるに足りる証拠はない。そして，被控訴人が控訴人に対して口頭で通常損耗補修特約の内容を明らかにする説

明をしたことを認めるに足りる証拠もない。そうすると，控訴人と被控訴人との間において，本件契約を締結するに当たり，通常損耗補修特約が成立したということはできないというべきである。

(3)よって，ハウスクリーニング費用が敷金から控除されるべきであるとする被控訴人の主張には理由がない。

〔略〕

(2)控訴人は，本件日割計算排除特約は消費者契約法10条に違反して無効であるとする。

しかし，本件日割計算排除特約は，これを実質的に見ると，賃貸期間途中での解約の場合には最長3か月の予告期間を置く必要があるというのに等しいものということができるところ（この間は，控訴人は賃料を支払わなければならないが，他方，被控訴人も本件居室の明渡しを控訴人に強制できない。現に，控訴人は，上記2か月が経過した後の平成16年9月8日に至るまで本件居室を明け渡さなかったものである。），民法上は，期間の定めのある建物賃貸借契約においては，賃借人からであっても特約がない限り期間途中での解約は認められていないこと，その特約がある場合でも民法上は3か月間の告知期間を置く必要があるとされていること（民法618条，617条1項2号）からすると，上記のような実質を有する本件日割計算排除特約が民法1条2項の信義誠実の原則に反して建物賃借人の利益を一方的に害するようなものとまではいえないから，これが消費者契約法10条等に違反して無効であるということはできない。

（賃借人が賃貸借契約を中途解約したときは，保証金の30パーセント相当額が償却される旨の中途解約償却特約）

裁判例 305 東京地判平成24年6月8日（判タ1392号355頁）

「(1)前提となる事実(2)，(4)及び(5)によれば，本件賃貸借契約は，本件更新契約の前後を問わず，本件貸室についての契約期間を5年間とする定期賃貸借契約であるところ，賃貸人と賃借人は契約期間の途中で解約することができるものの，賃借人による解約の効力が解約の申入れをした日から6か月の経過をもって発生すると定め(本件解約権特約)，賃借人はその6か月の間の賃料支払義務を負い，加えて，本件賃貸借契約を中途解約したときは保証金の30パーセント相当額が償却される旨が定められている（本件中途解約償却特約）。

これらによれば，賃貸人である被告は，5年間という契約期間を予定して本件賃貸借契約を締結することで，本件賃貸借契約の存続により賃料収入を確保し，店舗である本件貸室へ投下した資本の回収を図ることを意図するとともに，賃借人である本件破産者の都合により本件賃貸借契約が契約期間満了前に終了する場合には，少なくとも解約の効力が解約の申入れをした日から6か月後に生じることとして，その後6か月間の賃料収入を得て，さらに交付を受けている保証金の30パーセント相当額を償却し，その返還義務を免れることで，投下した資本が回収不能となることを避け，新たな賃借人に賃貸するまでの損害等を減じるなどの担保の手段を講じていたと解することができ，反面，本件破産者は，契約期間中の本件貸室の継続的な使用を保障され，かつ，一定の負担を甘受すれば自己都合により本件賃貸借契約から離脱することができたのであって，本件破産者にとっても相応の配慮がされていたと考えることもできる。

そうすると，本件中途解約償却条項は，本件破産者の事情により契約期間中に本件賃貸借契約が終了した場合に発生する被告の損害を，あらかじめ預託した本件保証金によって担保する趣旨を含む違約金を定めたものと解される。

　(2)ところで，民事再生法49条1項は，双務契約について再生債務者及びその相手方が再生手続開始の時において，共にまだその履行を完了していないときは，再生債務者等が当該契約の解除をすることができる旨を定めているが，これは，再生債務者にその財産の整理と相手方の利益保護のために法定の解除権を与えたものであると解することができる。そこで，民事再生法49条1項に基づく法定解除の場合にも本件中途解約償却特約が適用されるかどうかを検討すると，約定解除によるものであっても，法定解除によるものであっても，本件賃貸借契約が契約期間中に終了することによって賃貸人である被告が被る不利益はかわらないといえ，また，民事再生法49条1項が民事再生手続の趣旨に鑑みて法定の解除権を定めたものであるとしても，その解除権の行使によって生じる損害についての当事者間の合意を覆し，違約金とその担保を定める約定の効力まで失わせる法律効果を有するとの根拠を見いだすこともできない（民事再生法49条5項，破産法54条によれば，民事再生法49条1項の解除権を行使したことにより発生した損害賠償請求権は，再生債権となることが予定されているが，このことが当事者間で，損害賠償の予定として違約金を定め，保証金の預託でその優先弁済を担保する合意をすることを禁じるものではないと考えられる。）。

　(3)以上のとおり，当事者の合理的な意思解釈としても，また，民事再生法の規定に照らしても，本件中途解約償却特約は，約定解除権に基づく解除にのみ限定して適用されると解することは相当ではなく，民事再生法49条1項による法定解除権の行使によるときにも適用されるというべきである（実質的にも本件中途解約償却特約によって償却される保証金の金額は315万円であり，本件賃貸借契約の賃料及び管理・共益費の約5.3か月分にすぎず，その金額が，賃料を継続的に受け取ることを期待していた被告に対して支払われる違約金として過大であるとはいえないし，本件破産者も本件中途解約償却特約の存在を前提として，自由な意思に基づいて本件賃貸借契約及び本件保証金契約を締結し，再生債務者（民事再生法2条2号）の立場で民事再生法49条1項に基づく解除をしたのであるから，本件破産者が本件中途解約償却特約に拘束されることはやむを得ないといえる。）。

　したがって，本件中途解約償却特約は，契約期間中の賃借人の都合による解約であれば，その解約が約定解除によるものか，法定解除によるものかを問わずに適用され，本件においても，民事再生手続開始決定を受けた本件破産者が民事再生法49条1項に基づき本件賃貸借契約を解除したのであるから，これは賃借人である本件破産者の都合による解約であるといえ，本件中途解約償却特約に基づき，本件保証金からその30パーセント相当額に当たる315万円が償却されると解するのが相当である。」

第12 賃料等に関する特約

1 賃料増減請求と調停前置主義

　借地借家法32条1項本文は,「建物の借賃が,土地若しくは建物に対する租税その他の負担の増減により,土地若しくは建物の価格の上昇若しくは低下その他の経済的事情の変動により,又は近傍同種の借賃に比較して不相当となったときは,契約の条件にかかわらず,当事者は,将来に向かって建物の借賃の額の増減を請求することができる。」と規定し,ただし書で,「ただし,一定の期間建物の借賃を増額しない旨の特約がある場合には,その定めに従う。」と定め,増額しない旨の特約について規定している。そして,賃料増減請求事件については,(1)継続的な法律関係であるという事件の特殊性,(2)少額の訴訟が多いという訴訟経済上の問題,(3)専門的な知識経験を有する調停委員の活用の必要性などから,調停を先に活用することが望ましいとされ（福田剛久「民事調停法の一部を改正する法律及び民事調停規則の一部を改正する規則の概要」判タ785号25頁）,調停前置主義が採用されているのは借地と同様である（民事調停法24条の2）。

2 賃料増減請求権の要件

(1) 賃料が諸事情の変化により客観的に不相当になったこと

　条文では,「土地若しくは建物に対する租税その他の負担の増減」,「土地若しくは建物の価格の上昇若しくは低下その他の経済事情の変動」及び「近傍同種の建物の借賃に比較して」不相当となったときはと,規定されているが,「不相当性」の判断の要素を例示したにすぎないと解されており,前の賃料が全体として不相当なものとなることが必要である。しかし,賃料が不相当になったからといって,現行の賃料が定まってから期間を置かず,賃料の増減額請求ができるかどうかについては,次のような判例がある。

(賃料増減額請求と一定期間の経過)

> **裁判例 306**　最判平成3年11月29日（判時1443号52頁,判タ805号53頁）
>
> 　「建物の賃貸人が借家法7条1項の規定に基づいてした賃料の増額請求が認められるには,建物の賃料が土地又は建物に対する公租公課その他の負担の増減,土地又は建物の価格の高低,比隣の建物の賃料に比較して不相当となれば足りるものであって,現行の賃料が定められた時から一定の期間を経過しているか否かは,賃料が不相当となったか否かを判断する一つの事情にすぎない。したがって,現行の賃料が定められた時から一定の期間を経過していないことを理由として,その間に賃料が不相当となっているにもかかわらず,賃料の増額請求を否定することは,同条の趣旨に反するものといわなければならない。」

> **裁判例 307**　東京地判平成13年2月26日（判タ1072号149頁）

あまりにも時間的に近接しているとして、「本件賃料額について、本件和解から相当の期間経過後であれば、訴訟当事者において、経済状態や市場動向の変化により賃料増減額を求めることは許容されてしかるべきである。しかしながら、本件においては、本件和解（平成11年12月7日）と、本件訴え提起（平成12年4月5日）とは、いかにも時間的に近接しているというほかない。原告の本件訴訟の提起によるこのような賃料減額請求は、訴訟上の和解をもって紛争を終了させた趣旨を没却するものであり、訴訟当事者間の信義則に反〔し、権利濫用に当たる。〕」とした事例がある。

(2) 賃料等を増額しない特約がないこと

借地借家法32条ただし書は、一定の期間増額しない特約がある場合には、本文の規定にもかかわらず、賃料の増額請求権を行使することができないとしている。したがって、一定の期間増額をしない特約は有効であるが、増額しない期間が長期間にわたる場合においては、契約後に当初の事情と著しく異なる事情が生じることがある。このような場合に、特約の効力をどのように判断するか、借地に関し、次のような判例がある。

> **裁判例 308**　横浜地判昭和39年11月28日（判タ172号212頁）

「一定期間借地料を増額請求しないという特約も経済事情が激変した場合はその効力がなくなるものと解すべきであるから、本件のように契約締結から30年以上経過し期間も1度しか更新されずその間経済事情も大きく変動した本件増額請求をした各時点までには、もはや右特約はその効力を失ったものと解せられる。」

3 賃料増額特約

地代等自動改定特約と地代等増減請求権との関係について、借地の場合ではあるが、最高裁判例は、「(1)建物の所有を目的とする土地の賃貸借契約の当事者は、従前の地代等が、土地に対する租税その他の公課の増減により、土地の価格の上昇若しくは低下その他の経済事情の変動により、又は近傍類似の土地の地代等に比較して不相当となったときは、借地借家法11条1項の定めるところにより、地代等の増減請求権を行使することができる。これは、長期的、継続的な借地関係では、一度約定された地代等が経済事情の変動等により不相当となることも予想されるので、公平の観点から、当事者がその変化に応じて地代等の増減を請求できるようにしたものと解するのが相当である。この規定は、地代等不増額の特約がある場合を除き、契約の条件にかかわらず、地代等増減請求権を行使できるとしているのであるから、強行法規としての実質を持つものである（最高裁昭和28年(オ)第861号同31年5月15日第三小法廷判決・民集10巻5号496頁、最高裁昭和54年(オ)第593号同56年4月20日第二小法廷判決・民集35巻3号656頁参照）。

(2)他方、地代等の額の決定は、本来当事者の自由な合意にゆだねられているのであるから、

当事者は，将来の地代等の額をあらかじめ定める内容の特約を締結することもできるというべきである。そして，地代等改定をめぐる協議の煩わしさを避けて紛争の発生を未然に防止するため，一定の基準に基づいて将来の地代等を自動的に決定していくという地代等自動改定特約についても，基本的には同様に考えることができる。

(3)そして，地代等自動改定特約は，その地代等改定基準が借地借家法11条1項の規定する経済事情の変動等を示す指標に基づく相当なものである場合には，その効力を認めることができる。

しかし，当初は効力が認められるべきであった地代等自動改定特約であっても，その地代等改定基準を定めるに当たって基礎となっていた事情が失われることにより，同特約によって地代等の額を定めることが借地借家法11条1項の規定の趣旨に照らして不相当なものとなった場合には，同特約の適用を争う当事者はもはや同特約に拘束されず，これを適用して地代等改定の効果が生ずるとすることはできない。また，このような事情の下においては，当事者は，同項に基づく地代等増減請求権の行使を同特約によって妨げられるものではない。」（最判平成15年6月12日（民集57巻6号595頁，判時1826号47頁，判タ1126号106頁）➡裁判例97）としている。

(増額特約を有効とした事例等)

裁判例 309　大阪高判昭和53年10月5日（判タ375号93頁）

「賃料は5か年間据置くこととする。ただし，5年経過後は2年毎に15パーセントの範囲内において双方協議の上決定する。」との約定は，「当事者の意思としては，その期間を『永久』とするものでなく，社会常識上相当と認められる期間，当分の間値上幅を制限することを合意したものと解するのが相当であり，この約定は借家法7条1項ただし書の趣旨に反するものではない。」

参考裁判例　東京高判昭和45年12月25日（判タ260号287頁）

裁判例 310　東京高判昭和56年10月20日（判タ459号64頁）

賃料を3年ごとに改定することに合意するとともに，改定額については協議を行うが，右協議に際して無用の紛争が生ずるのを回避するため，改定額の決定基準を物価指数に求めたことが認定された事案において，「しかし，本件特約は，前記のように，賃料の改定に関して，改定の可否及び改定額をめぐってともすれば当事者間に生じがちな紛争を回避するために，当事者の合意により予め賃料改定の時期を定めるとともに，改定額の決定基準を物価指数という公表された客観的な数値に求めることとしたものであり，本件特約締結当時における当事者の意図が，賃料額そのものの決定基準を物価指数としようとするものであったことは，被控訴人の主張自体からもうかがわれるところであるから，公租公課についてその後に右のような事情の変化が生じたため，本件特約により賃料額を算出するに当たり，ただ単に物価指数に基づいて賃料額を算出したのでは，賃料中公租公課の負担分を除いた部分が実質的に減少するという結果

が生ずるとしても，それはやむを得ないことであり，そのことのゆえに，本件特約により賃料額を算定するに当たり，単に物価指数に基づいて賃料額を算定することをもって，当事者の意思に反するとか，著しく公平の原則又は信義則に反するということはできないというべきである。」

裁判例 311　京都地判昭和60年5月28日（金判733号39頁）

被告は，「(契約更新の場合には，賃料を1割値上げする旨の特約)は借家法7条に違反し無効である旨主張する。しかし，借家法7条は，賃貸人又は賃借人の一方的な意思表示による賃料の増・減請求につき規制したものであるところ，同法6条は，右7条の規定に反する特約を無効とする旨規定していないので，賃貸人と賃借人が将来の賃料の値上げをあらかじめ合意する約定は，借家法7条の規定の趣旨を逸脱して，その約定の内容が著しく不合理である等の特段の事情がない限り有効であるものといわなければならない。」

裁判例 312　東京地判平成元年1月26日（判時1329号170頁）

「更新の際には賃料を6パーセント宛値上げするものとする。」との特約について，

「前件和解条項第一項㈣の趣旨につき検討すると，6パーセント「宛」との文言は，将来の更新の都度，同条項が適用されるべきことを表す趣旨と解するのが自然であり，〔略〕の和解条項全文をみてもこれを次期の更新に限定する趣旨の記載もないこと，原告と被告の本件建物の賃料増額については昭和50年から繰り返して訴訟にまで至る紛争が継続していたことからすると，右条項は，原契約における更新の際の賃料増額幅を10パーセント以内とする約定を前提に，移行の更新の都度，賃料改定についての紛争が惹起することを防ぐため，これを以後6パーセントと確定する趣旨で合意されたものと認めるのが相当である。また，右和解条項は，文言上も合意による更新の場合に限定されていないから，昭和62年12月1日からの更新にも適用されるものと解するべきである。」

裁判例 313　東京地判平成元年9月5日（判時1352号90頁）

「借家法7条によれば，建物の賃料の増額請求が認められるためには，当該建物の賃料が，土地，建物に対する租税その他の負担の増加により，土地，建物の価格の昂騰により又は比隣の建物の賃料に比較して不相当となるに至ったことを要件とするものであるが，同条は，賃貸人の一方的な意思表示による増額請求について規制したものであるのみならず，同法6条は，右7条の規定に反する特約を無効としていないから，少なくとも，本件特約のように単に将来の特定期間における賃料を特定額に増額する旨を両当事者間の合意によってあらかじめ定めたにすぎない約定については，借家法7条に違反するものとはいえず，ただ約定の内容が借家法7条の法定要件を無視する著しく不合理なものであって，右約定を有効とすることが賃借人にとって著しく不利益なものと認められる特段の事情のある場合に限って無効となるにすぎない

ものというべきである。」

参考裁判例　東京地判平成5年8月30日（判時1504号97頁，判タ871号225頁）
　　　　　　東京地判平成7年1月23日（判時1557号113頁）
　　　　　　東京地判平成7年1月24日（判タ890号250頁）

裁判例 314　東京高判平成11年10月6日（金判1079号26頁）

　建物の賃料を3年ごとに15パーセント増額する旨の賃料自動改定特約について，保証金が11年目から毎年10分の1ずつ残額に年2パーセントの利息を付して返還されることになること等の判示の事情においては，本件特約は十分に合理性がある，また，本件特約には20年間の契約期間中，賃料増額請求権を行使しない旨の合意が含まれるが，前記のような経緯で設定されたことに照らすと，右減額請求権の不行使の合意が借地借家法32条1項に違反するとして減額請求権を行使することは，信義則に反して許されない，とした事例

（増額特約を無効とした事例）

裁判例 315　大阪地判昭和50年8月13日（判タ332号303頁）

　「借家法7条には，賃料の増減の発生要件が規定されているのであるから，賃貸人は，同条によるしか，賃料増額の請求はできない筋合である。もし，特約が有効であるとすると，賃貸人は，同条の要件がなくても，賃料増額の請求ができ，賃借人は，その値上額に拘束される結果になり，これでは，賃借人の利益が無視されるばかりか，同条の規定の存在価値がなくなってしまう。同条1項但書は，賃料を一定期間増額しない特約を有効としている。この反対解釈からして，借家法は，賃料を当然増額する特約の存在を認めない趣旨であると解される。」

裁判例 316　東京地判昭和56年7月22日（判時1030号60頁，判タ465号135頁）

　毎年，従前の賃料月額の8パーセントを自動的に値上げする旨の特約は，原則として無効であるが，客観的・実質的にみて賃料が公租公課，不動産価格の高騰や近隣の賃料に比して不相当とみられるにいたったかという借家法7条の要件充足の有無によりその有効性を判断すべきであり，本件においては，借家法7条の法定要件を充足しないものとはいえない，とした事例

４ 賃料増減請求権行使の効果

　賃料増減請求権は形成権とされており，したがって，賃料増減請求の意思表示が相手方に到達すれば，その請求権行使の効果として，賃料は相当額に増減される。次のような判例がある。

裁判例 317　最判昭和 32 年 9 月 3 日（民集 11 巻 9 号 1467 頁）

「借家法 7 条に基く賃料増減請求権は，いわゆる形成権たるの性質を有するものであるから，賃料増減請求の意思表示が相手方に到達すれば，これによって爾後賃料は相当額において増減したものといわなければならない。ただ増減の範囲について当事者間に争ある場合には，その相当額は裁判所の裁判によって定まるのであるが，これは既に増減の請求によって客観的に定った増減の範囲を確認するに過ぎないのであるから，この場合でも増減請求はその請求の時期以後裁判により認められた増減の範囲においてその効力を生じたものと解するを相当とする。」

裁判例 318　最判昭和 33 年 9 月 18 日（民集 12 巻 13 号 2040 頁）

「借家法 7 条による賃料増額の請求権は，いわゆる形成権たる性質を有するものであるから，その行使の効果として賃料は当然相当額に増額され，争ある場合の額の確定に関する裁判は，すでに客観的に定まった増額の範囲を確定するに過ぎ〔ない。〕」

裁判例 319　最判昭和 36 年 2 月 24 日（民集 15 巻 2 号 304 頁）

「借家法 7 条に基づく家賃増減の請求は形成的効力を有し，請求者の一方的意思表示が相手方に到達したときに同条所定の理由が存するときは，賃料は以後相当額に増減せられたものと解すべきものである」

賃料等の決定に当たっては，当事者間の個人的事情の変化も考慮に入れるべきか，あるいは，客観的な情勢の変化によるべきかについては，借地と借家に次のような判例がある。

裁判例 320　松山地判昭和 37 年 1 月 17 日（判時 306 号 22 頁）

「又，原告は借地法第 12 条に基づく増額請求は同条に例示されている諸事情のあった場合に限らず主観的特殊事情の変動ある場合も含むと主張する。しかしながら，同条の増額請求権は借地人の土地利用権を保護する立場をとる同法の精神を維持したまま経済変動により招来する地主又は賃貸人の経済的な不利益を公平の観念に従って調節し，土地利用関係を合理的に規制するためのものであるから同条に列挙された事情は例示に過ぎないけれども，それはあくまで一般社会の経済事情の変動ある場合に限るのであって，契約当事者の個人的な事情，感情問題はもとより資力の増減等個人的な経済事情の変動に基因する場合は含まれるものでない。このことは同条の文言に照らしても疑を容れないところである。当事者間において予見しうる事情の変更については契約自由の原則の中で処理されるべき問題であるし，個人的な事情の変更により著しく公平の理念に反する結果を生じた場合は信義則又は一般の事情変更の原則により解決されるべきであってそれのみで直ちに借地法第 12 条が適用されるものではない。」

裁判例 321　東京地判平成18年3月17日（判タ1257号316頁）

「借地借家法32条1項は，従前の賃料が客観的に不相当になったときに，公平の観念から，改定を求める当事者の一方的意思表示により，従前の賃料を将来に向かって客観的に相当な金額に改定することを認める規定であり，その趣旨からすれば，同項が定める事情の変更は例示に過ぎず，〔略〕特殊事情の変更〔例えば，賃貸人が親，賃借人が子供で，賃料が著しく低額であり，その後，賃貸人の地位の移転があった場合など〕であっても，賃料増減額請求をするための要件となり得るものと解すべきである。」とし，さらに，当事者間の特殊な事情から当初の家賃が相場より低かったが，賃貸人と賃借人間の個人的な特殊事情が消滅したとはいえ，直ちに，賃料額を一般的な水準にまで増額させることは相当でなく，公平の観念から，その中庸値をもって相当賃料額と認めるのが相当であるとした事例

参考裁判例　東京高判平成18年11月30日（判タ1257号314頁，第一審である上記東京地裁の判決を支持）

（賃料相当額）

裁判例 322　東京地判平成6年10月20日（判時1559号61頁）

「そして，右増減額請求における賃借人又は賃貸人が『相当と認める額』とは，社会通念上著しく合理性を欠かない限り賃借人又は賃貸人において主観的に相当と判断した額をいうのであって，その根拠，当否はその後の調停，裁判において判断されるものであるから，『相当と認める額』の根拠を示す必要はない。そして，『相当と認める額』の合理性については，賃料が本来当事者間の合意によって決せられることから，特段の事情がない限り，従前賃料額であれば合理性を有するものと解される。」とし，本件では，賃貸人が従前の賃料よりも減額した額を請求してきたにもかかわらず，賃借人は賃料の支払いを拒んできたとして，賃貸人からの賃貸借契約解除を認めた事例

裁判例 323　東京地判平成9年10月29日（判タ981号281頁）

「ところで，原告が，平成8年7月分以降，賃料及び共益費，消費税として月額41万9761円（賃料月額40万1710円）を支払っていることは争いなく，〔略〕被告らは，賃料相場の下落傾向を踏まえて月額37万8080円（坪当たり1万6000円）が相当賃料であると考えて原告に通知し，原告が争っているので，若干付加する意図で月額賃料を40万1710円（坪当たり1万7000円）とし，従来の共益費と消費税を加えた月額41万9761円を賃料改定合意が成立するまでの一応の賃料として支払っていることが認められ，〔略〕減額された相当賃料よりも支払っている賃料額は月額1万0290円少ないけれども，その相当賃料に対する割合は約2.5パーセントであり，現在においても不足分の合計額は相当賃料額の3の1に満たない額であること，借地借家法32条3項は旧借家法7条を踏襲するものであり，同条においては減額請求をした賃借人は「相当と認める額」を提供しなければならないけれども，その額が著しく不合理でなければ，相

当賃料を下回るときには差額に年1割の利息を付して支払えば解除されることはない趣旨であると解されていたのであり，借地借家法32条3項が右解釈を変更するものでないことは，各条項の文言の類似性，立法経過からも明らかである。したがって，前述の検討によれば，法の許容する範囲内の賃料不払いであって，いうなれば不履行における違法性がない場合であるから（信頼関係破壊の有無以前に），第一事件請求における原告の債務不履行解除の意思表示は，解除の効果を発生させないと考えられる。」

裁判例 324　東京地判平成10年5月29日（判タ997号221頁）

「『賃貸人が相当と認める額』は，賃貸人が支払を求める具体的な額を賃借人に通知するとか，賃貸人が減額請求後において従前賃料に満たない額を格別の異議を述べないまま長期間受領し続けるなどの特段の事情のない限り，従前の賃料額と同額であると推定することが相当である〔る。〕」

裁判例 325　東京高判平成10年6月18日（判タ1020号198頁）

「〔借地借家法〕32条3項にいう相当と認める額とは，社会通念上著しく合理性を欠くものでない限り，賃貸人が主観的に相当と判断した額をいうのであって，減額の事由がないものと判断するときは従前どおりの額をもって相当と認める額ということとなるが，これを上回ることはないと解すべきである。」

5 賃料減額請求等

賃借建物が，雨漏り等何らかの理由により一部使用できなくなった場合や使用に支障を来した場合の賃料についてどのように考えるのか，また，賃料自動改定特約や賃料の減額請求をしない旨の特約についてどのように考えるのかなどについて，次のような判例がある。

（賃貸人の修繕義務と減額請求）

裁判例 326　名古屋地判昭和62年1月30日（判時1252号83頁）

借家契約の目的物である建物の一部が，賃貸人の修繕義務の不履行により使用できない状態にあった事案において，修繕義務の不履行が賃借人の使用収益に及ぼす障害の程度が一部にとどまる場合には，賃借人は，当然には賃料支払義務を免れないものの（最高裁判決昭和34年12月4日民集13巻12号1588頁参照），本件では，民法611条1項を類推して，賃借人は賃料減額請求権を有するとした事例

(賃料自動増額特約と特別の事情，賃貸人の修繕義務と減額請求)

裁判例 327 東京地判平成9年1月31日（判タ952号220頁）

「しかし，本件賃貸借契約において定められたような，賃料を一定年数ごとに定率で自動的に増額する条項は，相手方からそれによるのを不相当とする特別の事情の存在に関する主張，立証のない場合を除き，一定年数経過時に約定どおり賃料を自動的に増額させる趣旨の契約であると解すべきであり，また，その反面として，相手方から，その条項による賃料の増額を不相当とする特別の事情の主張，立証があった場合には，その条項の効力は失われるものと解すべきである。」とし，本件においては，賃料の増額を不相当とする特別の事情があったものというべきであるとした上で，貸主の管理，修繕義務と賃料について，「右認定事実及び被告本人尋問の結果によれば，本件店舗について，原告は，少なくとも昭和63年5月以降，貸主に求められる管理，修繕の義務を尽くしたものとは認めがたく，これによる本件店舗の使用上の不都合は重大なものがあり，本件店舗は，本件賃貸借契約が想定した通常の賃貸店舗からみて，少なくともその効用の25パーセントが失われていたものと認めるべきである。したがって，本件店舗の賃料は，平成元年10月内に原告に到達した被告Yの意思表示により，同年11月分以降，約定賃料を25パーセント減じた額，すなわち，1か月34万5000円に減額されたものと認めるのが相当である。」とした事例

裁判例 328 東京地判平成10年9月30日（判時1673号111頁）

「前記1で認定したような本件貸室に出入りするための唯一の昇降手段である本件エレベーターの平成8年2月以降における利用状況とこれによる残業時間帯における被告にとっての支障の内容・程度，〔他の賃借人〕Aの酔客による本件エレベーターや本件貸室の入口付近のエレベーターホール内で恒常的に繰り返される迷惑行為の内容・態様，夏場の空調機の効果減少の事実にかんがみると，本件貸室契約における賃貸人としての原告の債務，すなわち，その賃貸目的である事務所として，被告従業員ないしその顧客が支障なく本件貸室を使用収益するために適した状態におくべき債務について，一部不完全履行があり，かつ，現在までこれが改善されていないものと認めることができるところ，その使用収益の支障の程度ないし原告が入居させた他の賃借人の迷惑行為による不完全履行の割合は，完全な履行状態に比して，1割程度と評価するのが相当であると思料される。したがって，民法611条を類推適用して，平成8年2月分以降の本件貸室の賃料は，本件減額意思表示により，約1割程度減額されて，一坪当たり1万7000円の割合による81万6000円（消費税を含まない全額）に減額されたものと認めるのが相当である。」

裁判例 329 東京地判平成13年3月7日（判タ1102号184頁）

「これらの事実を総合考慮すると，本件店舗の賃料に関しては，平成9年6月分の改訂時点（平成10年5月分までは，月額324万7670円）までは，本件第一特約に基づいて増額を認めても，著

しく不合理な結果となるに至ったとまでは言い難く、本件第一特約は、未だその効力を失っていないというべきである。

しかし、本件店舗の賃料は、平成10年6月分の改訂時点（平成10年6月分からは月額341万0050円）においては、適正賃料（275万円）との乖離は24パーセントに及び、もはや、当事者が予見することができず、その責に帰することのできない事情の変更によって、当事者間において賃料に関する合意をそのまま順守させることが著しく不合理な結果となるに至ったというべきである。そうすると、右時点において本件第一特約はその効力を失い、賃料減額請求が認められることになる。このことは、約定賃料額が訴訟上の和解によって合意されていることによって左右されるものではないと解すべきである。」

裁判例 330　東京地判平成14年10月25日（判例秘書L05730493）

「前記認定事実のとおり、被告は、本件建物にリース物件を設置し、そのために長期間にわたりリース料（本件契約締結当時、毎月14万6260円）を負担する予定であったことから、原告に対し、本件契約について、賃料を30万円、期間を10年としたいとの提案をした。原告は、賃料が高いとの印象を受けたが、設備投資をしたり、敷金を差し入れるなどの必要がないことに魅力を感じ、被告の提案に応じて、本件契約を締結した。その際、原告の要望に応じて、リース料の支払終了後には、リース物件を原告の所有とするとの特約が交わされた。

このような本件契約締結に至る経過によれば、賃料には、リース物件のリース料が含まれていた（いわば、本件建物固有の賃料相当額に、リース料が加算されていた）というべきである。すなわち、原告としては、被告に代わってリース料を負担するのと同じことであるから、その支払終了後には原告がリース物件の所有権を取得したいと要望し、これに基づき、その趣旨の特約が交わされたものと考えられる。そうすると、リース料の支払いが終了し、リース物件の所有権が原告に移転した以上、リース料を考慮に入れて賃料を定める必要はない。したがって、賃料は、本件建物固有の賃料相当額の程度まで減額されるべきである。」

裁判例 331　東京地判平成15年6月26日（判例秘書L05832618）

賃料等を3年ごとに約9パーセント自動的に値上げする旨の特約がある建物の賃貸借契約において、全国の基準地価やオフィスビルの賃貸料の下落傾向が続く状況の中で、

「こうした事情の下においては、本件自動増額約定に従い、契約で定められた3年ごとの期日である平成12年3月29日の時点で、賃料及び共益費を自動的に増額することは、その約定が前提とした地代、家賃の堅調な値上がりを支えていたバブル経済の崩壊後の経済事情の変動の程度を考慮すると、著しく不合理な結果を招来するというほかなく、平成12年3月29日時点においては、事情変更の原則により、賃料自動増額約定は、適用されないと解すべきである。」として、結果的に賃借人からの賃料等の減額請求を認めた事例

(不減額特約等)

　借地借家法 11 条 1 項ただし書及び 32 条 1 項ただし書は，増額しない特約のみを規定し，減額しない特約の規定を置いていない。これは，賃借人保護の趣旨から，増額しない特約のみを有効とし，減額しない特約の効力を認めない趣旨と解されるが，次のような判例がある。

裁判例 332　最判平成 16 年 6 月 29 日（判時 1868 号 52 頁，判タ 1159 号 127 頁）

　「本件各賃貸借契約には，3 年ごとに賃料を消費者物価指数の変動等に従って改定するが，消費者物価指数が下降したとしても賃料を減額しない旨の本件特約が存する。しかし，借地借家法 11 条 1 項の規定は，強行法規であって，本件特約によってその適用を排除することができないものである。〔略〕したがって，本件各賃貸借契約の当事者は，本件特約が存することにより，上記規定に基づく賃料増減額請求権の行使を妨げられるものではないと解すべきである。」

裁判例 333　東京地判平成 16 年 7 月 20 日（判例秘書 L 05933036）

　「原告は，本件賃貸借契約で賃料改定は 5 年おきに限定し，平成 13 年 9 月 6 日に賃料を減額した際にもその後 5 年間は賃料の改定をしない旨合意したと主張するが，一定の期間賃料を減額しない旨の特約は効力を有しない。

　また，原告は，被告の賃料減額請求は信義則に反すると主張するが，原告・被告間で協議を重ねた結果平成 13 年 9 月 6 日に賃料減額の合意が成立し，その 1 年余の後に被告が賃料減額請求をしたとの本件の事実経過を考慮しても，平成 13 年 9 月 6 日に合意された賃料が不相当になった以上，被告が減額請求したことが信義則に反するとは認められない。」

(直近合意賃料と減額請求)

裁判例 334　最判平成 20 年 2 月 29 日（判時 2003 号 51 頁，判タ 1267 号 161 頁）

　「したがって，本件各減額請求の当否及び相当純賃料の額は，本件各減額請求の直近合意賃料である本件賃貸借契約締結時の純賃料を基にして，同純賃料が合意された日から本件各減額請求の日までの間の経済事情の変動等を考慮して判断されなければならず，その際，本件自動増額特約の存在及びこれが定められるに至った経緯等も重要な考慮事情になるとしても，本件自動増額特約によって増額された純賃料を基にして，増額前の経済事情の変動等を考慮の対象から除外し，増額された日から減額請求の日までの間に限定して，その間の経済事情の変動等を考慮して判断することは許されないものといわなければならない。本件自動増額特約によって増額された純賃料は，本件賃貸契約締結時における将来の経済事情等の予測に基づくものであり，自動増額時の経済事情等の下での相当な純賃料として当事者が現実に合意したものではないから，本件各減額請求の当否及び相当純賃料の額を判断する際の基準となる直近合意賃料と認めることはできない。」

6 サブリース契約

(1) サブリース契約と借地借家法の適用及び同法32条1項の適用について

サブリース契約について，後掲の東京地判平成10年8月28日（裁判例343）は，「サブリース事業とは，土地の有効活用を目的として，それについて豊富なノウハウを有する受託者が，土地の利用方法の企画，事業資金の提供，建設する建物の設計，施工及び監理，完成した建物の賃貸営業及び管理運営等，その業務の全部又は大部分を地権者から受託し，土地及び建物の双方について地権者に所有権等を残したまま，受託者が建物一括借受等の方法により事業収益を保証する共同事業をいい，中でも受託者による賃料等としての事業収益の保証はその本質的要素であると考えられていた。」と，その契約内容について述べているが，サブリース契約といっても様々な態様があり，その法的性質については見解が分かれている（内田勝一「サブリース契約における賃料保証・賃料自動改定特約の効力」ジュリスト1150号52頁，賃料評価実務研究会「賃料評価の理論と実務」177頁（小林昌三）参照）。

そして，サブリース契約の内容として，賃借人（不動産会社など）から賃貸人（土地所有者である建物のオーナー）に対する賃料保証特約が設けられているが，バブル崩壊に伴い，賃借人（転貸人）である不動産会社などの事業収益が上がらず，逆に，賃貸人に支払う賃料の方が高くなり，借地借家法32条1項による賃料減額請求訴訟が増加してきた経緯があった。

そこで，そもそもサブリース契約に借地借家法の適用があるかどうか，さらに借地借家法32条1項（借賃増減請求権）の適用があるかどうかが問題になった（松波重雄，最高裁判所判例解説民事篇平成15年度（下）535頁以降の詳細な解説を参照されたい。）。

次に掲げるのは，借地借家法の適用の適否を前提として，借地借家法32条1項の適用を肯定した事例と，否定した事例であるが，最高裁は，平成15年10月21日，同月23日，平成16年11月8日の判決で，サブリース契約にも借地借家法32条1項の適用があるとした。

ア 借地借家法32条1項の適用を肯定した事例

裁判例 335 東京地決平成7年10月30日（判夕898号242頁）

「仮にその経済的機能，効果に着目して，相手方が主張するような契約類型を設定し，こうした契約に対しては，借地借家法32条の適用を否定するという法解釈が許容されるとしても，賃貸借当事者に対し建物の賃料額の増減請求を認めた同条の適用を排除するには，特に慎重を期する必要があると考えられる。また本件記録によれば，当事者間では，右賃料の定めにもかかわらず平成5年10月の改定時には，現行賃料を当分の間据え置くとの合意が成立していることも認められる。結局これらの事情に，前記認定の本件契約の締結時期，本件契約書記載の賃料額をも勘案すれば，本件契約日の定めを機械的に適用して申立人の減額請求を排斥することには多大の疑義があり，また申立人の本件申立が権利の濫用ないし信義則違反に当たるともいえない。前記認定の申立人及び相手方の会社としての地位ないし規模，あるいは本件契約締結時の事情につき当事者，特に相手方がるる主張する事情も，右結論を左右するものではない。

したがって，当裁判所は，本件調停による解決としては，相当と認められる継続賃料額を算

出し，現行賃料の減額の要否を判断することとする。もっとも，前記認定の申立人及び相手方の地位，規模，本件契約書の記載内容等の諸事情は，具体的な金額を決定するに当たってこれを斟酌することとする。」とした上で，賃借人からの賃料減額請求を一部認めた。

裁判例 336 東京地判平成 8 年 6 月 13 日（判時 1595 号 87 頁，判タ 933 号 266 頁）

「右認定事実に基づいて考えると，本件の当事者においても，本件の現行賃料額が合意された平成 3 年 11 月の時点では既にバブル景気が崩壊し，景気の後退がみられてはいたものの，右時点ではなお，現在までの長期に及ぶ不動産市況の低迷と地価や賃料相場の著しい下落傾向が継続することになるものとは予測し得なかったものといわざるを得ない。

そして，この点については，被告が大手の不動産賃貸借業者であるにしても，右のような経済事情の変動までをも見通した上で，本件自動増額特約を合意したものとまでは認め難い。

したがって，右のような事情のもとでは，本件自動増額特約に基づき，原告主張のように約定の 2 年後である平成 6 年 10 月 10 日の時点において，本件賃料が機械的に 5 パーセント増額されたものとすることは，前記バブル景気崩壊後の経済事情の変動の程度や同種ビルの賃料水準との比較において著しくかけ離れた不合理な結果になるものというべきである。

それゆえ，本件自動増額特約は，事情変更の原則により，右時点以降の賃料の改定に当たっては適用されないものといわざるを得ない（なお，一定の特約どおりの賃料改定が認められなかった最高裁の判例として，最高裁第一小法廷昭和 44 年 9 月 25 日判決〔判例時報 574 号 31 頁〕がある）。」とし，さらに，サブリース契約における賃料減額請求権について，

「また，サブリース契約については，賃借人である不動産賃貸借業者がビルを一括して賃借の上，これを自己の採算をもって他に転貸するという実態と経済的機能に照らし，賃借人からの賃料減額請求権は原則として認められないとする見解が存するが，少なくとも，本件では，前記のとおり事情変更の原則が適用されるものである以上，被告は，原告に対して賃料減額請求権を失うことはないというべきである（なお，サブリース契約について，賃借人からの賃料減額請求権が認容された最近の事例として，東京地裁平成 7 年 10 月 30 日決定〔判タ 898 号 242 頁〕がある）。

したがって，被告には賃料減額請求権がないとする原告の前記主張は採用できない。」とした事例

参考裁判例　東京地判平成 9 年 6 月 10 日（判時 1637 号 59 頁，判タ 979 号 230 頁）
　　　　　　東京地判平成 10 年 2 月 26 日（判時 1661 号 102 頁，金法 1527 号 59 頁）

（借地借家法 32 条 1 項の適用を肯定した上で，本件の場合には，借賃減額請求をすることは，信義則に違反するとした事例）

裁判例 337 東京地判平成 10 年 3 月 23 日（判時 1670 号 37 頁，判タ 980 号 188 頁）

「本件サブリースにおいては，最低保証賃料額が最低限確保されることが本件事業のキーポイントとなっており，これが崩れると，事業収支自体が成り立たない関係にあることに着目すれば，本件サブリースに借地借家法 32 条の規定は適用されないと解する方が事柄の実質に即して

いると思われる。しかしながら，同条は，その適用範囲について除外規定を設けていないこと及び本件建物の賃貸借契約書には，3条2項に賃料の改定条項が置かれており，同条の適用を排除していないと解されることにかんがみ，同条の適用を一応肯定した上で論述する。このように解すると，右合意は，不減額の合意としての側面においてはその効力を有しないことになるから，賃料減額請求の要件が存在するか否かについて検討を進める。」とした上で，

「本件サブリースの最低保証賃料が月額坪当たり2万2000円と合意され，これを当初の賃料額と定めた賃貸借契約が締結された平成5年4月は，不動産価額の下落がかなり鮮明になっていた時期であること，契約期間も約10年であること及び被告Yは日本で最大手の不動産業者であることを併せ考慮すれば，賃貸借契約の締結から2年余りで本件事業の事業収支が成り立たなくなるような借賃の減額請求をすることは，信義則に違反すると言わざるを得ない。」とした事例

参考裁判例　東京高判平成10年12月3日（金法1537号55頁）
　　　　　　東京高判平成10年12月25日（金判1071号43頁）
　　　　　　東京高判平成11年2月23日（金判1071号36頁）
　　　　　　東京高判平成11年10月27日（判時1697号59頁，判タ1017号278頁）

（本件契約は，建物の賃貸借契約であるから，借地借家法が適用され，同法32条の規定も適用されるが，建物の使用収益の開始前に，同条により当初賃料の額の増減を求めることはできない。）

裁判例 338　最判平成15年10月21日（平12(受)123号，裁判集民211号55頁，判時1844号50頁，判タ1140号75頁）

「前記確定事実によれば，本件契約における合意の内容は，上告人が被上告人に対して本件賃貸部分を使用収益させ，被上告人が上告人に対してその対価として賃料を支払うというものであり，本件契約は，建物の賃貸借契約であることが明らかであるから，本件契約には，借地借家法が適用され，同法32条の規定も適用されるものというべきである。

本件契約には本件賃料自動増額特約が存するが，借地借家法32条1項の規定は，強行法規であって，本件賃料自動増額特約によってもその適用を排除することができないものであるから（最高裁昭和28年(オ)第861号同31年5月15日第三小法廷判決・民集10巻5号496頁，最高裁昭和54年(オ)第593号同56年4月20日第二小法廷判決・民集35巻3号656頁参照），本件契約の当事者は，本件賃料自動増額特約が存するとしても，そのことにより直ちに上記規定に基づく賃料増減額請求権の行使が妨げられるものではない。

なお，前記の事実関係によれば，本件契約は，不動産賃貸等を目的とする会社である被上告人が，上告人の建築した建物で転貸事業を行うために締結したものであり，あらかじめ，上告人と被上告人との間で賃貸期間，当初賃料及び賃料の改定等についての協議を調え，上告人が，その協議の結果を前提とした収支予測の下に，建築資金として被上告人から234億円の敷金の預託を受けて，上告人の所有する土地上に本件建物を建築することを内容とするものであり，いわゆるサブリース契約と称されるものの一つであると認められる。そして，本件契約は，被上告人の転貸事業の一部を構成するものであり，本件契約における賃料額及び本件賃料自動増額特約等に係る約定は，上告人が被上告人の転貸事業のために多額の資本を投下する前提と

なったものであって，本件契約における重要な要素であったということができる。これらの事情は，本件契約の当事者が，前記の当初賃料額を決定する際の重要な要素となった事情であるから，衡平の見地に照らし，借地借家法 32 条 1 項の規定に基づく賃料減額請求の当否（同項所定の賃料増減額請求権行使の要件充足の有無）及び相当賃料額を判断する場合に，重要な事情として十分に考慮されるべきである。

〔略〕

借地借家法 32 条 1 項の規定に基づく賃料増減額請求権は，賃貸借契約に基づく建物の使用収益が開始された後において，賃料の額が，同項所定の経済事情の変動等により，又は近傍同種の建物の賃料の額に比較して不相当となったときに，将来に向かって賃料額の増減を求めるものと解されるから，賃貸借契約の当事者は，契約に基づく使用収益の開始前に，上記規定に基づいて当初賃料の額の増減を求めることはできないものと解すべきである。」

参考裁判例　最判平成 15 年 10 月 21 日（平 12（受）573 号・平 12（受）574 号，民集 57 巻 9 号 1213 頁，裁判集民 211 号 131 頁，判時 1844 号 37 頁，判タ 1140 号 68 頁）

裁判例 339　最判平成 15 年 10 月 23 日（裁判集民 211 号 253 頁，判時 1844 号 54 頁，判タ 1140 号 79 頁，金判 1187 号 21 頁，金法 1844 号 54 頁）

「本件契約が建物賃貸借契約に当たり，これに借地借家法の適用があるという以上，特段の事情のない限り，賃料増減額請求に関する同法 32 条も本件契約に適用があるというべきである。

本件契約には賃料保証特約が存し，上告人の前記賃料減額請求は，同特約による保証賃料額からの減額を求めるものである。借地借家法 32 条 1 項は，強行法規であって，賃料保証特約によってその適用を排除することができないものであるから（最高裁昭和 28 年(オ)第 861 号同 31 年 5 月 15 日第三小法廷判決・民集 10 巻 5 号 496 頁，最高裁昭和 54 年(オ)第 593 号同 56 年 4 月 20 日第二小法廷判決・民集 35 巻 3 号 656 頁参照），上告人は，本件契約に賃料保証特約が存することをもって直ちに保証賃料額からの減額請求を否定されることはない。

ところで，本件契約は，不動産賃貸業等を営む会社である上告人が，土地所有者である被上告人の建築したビルにおいて転貸事業を行うことを目的とし，被上告人に対し一定期間の賃料保証を約し，被上告人において，この賃料保証等を前提とする収支予測の下に多額の銀行融資を受けてビルを建築した上で締結されたものであり，いわゆるサブリース契約と称されるものの一つである。そして，本件契約は，上告人の転貸事業の一部を構成するものであり，それ自体が経済取引であるとみることができるものであり，また，本件契約における賃料保証は，被上告人が上告人の転貸事業のために多額の資本投下をする前提となったものであって，本件契約の基礎となったものということができる。しかし，このような事情は，本件契約に借地借家法 32 条が適用されないとする特段の事情ということはできない。また，本件契約に転貸借承継合意が存することによって，被上告人が解約の自由を有するということはできないし，仮に賃貸人が解約の自由を有するとしても，賃借人の賃料減額請求権の行使が排斥されるということもできない。ただし，賃料減額請求の当否や相当賃料額を判断するに当たっては，賃貸借契約の当事者が賃料額決定の要素とした事情を総合考慮すべきであり，特に本件契約においては，上記の賃料保証特約の存在や保証賃料額が決定された事情をも考慮すべきである。」

第 12　賃料等に関する特約／6　サブリース契約／(1)　サブリース契約と借地借家法の適用及び同法 32 条 1 項の適用について／ア　借地借家法 32 条 1 項の適用を肯定した事例

裁判例 340　最判平成 16 年 11 月 8 日（裁判集民 215 号 555 頁，判時 1883 号 52 頁，判タ 1173 号 192 頁）

「原審の上記判断（上記 3(5)の判断部分は除く。）は是認することができない。その理由は，次のとおりである。

(1)前記の事実関係によれば，本件契約は，被上告人が上告人に対して本件各建物部分を賃貸し，上告人が被上告人に対してその対価として賃料を支払うというものであり，建物の賃貸借契約であることが明らかであるから，本件契約には借地借家法 32 条の規定が適用されるべきものである。

借地借家法 32 条 1 項の規定は，強行法規と解されるから，賃料自動増額特約によってその適用を排除することができないものである（最高裁昭和 28 年(オ)第 861 号同 31 年 5 月 15 日第三小法廷判決・民集 10 巻 5 号 496 頁，最高裁昭和 54 年(オ)第 593 号同 56 年 4 月 20 日第二小法廷判決・民集 35 巻 3 号 656 頁，最高裁平成 14 年（受）第 689 号同 15 年 6 月 12 日第一小法廷判決・民集 57 巻 6 号 595 頁，最高裁平成 12 年（受）第 573 号，第 574 号同 15 年 10 月 21 日第三小法廷判決・民集 57 巻 9 号 1213 頁参照）。したがって，本件契約の当事者は，本件賃料自動増額条項が存することにより上記規定に基づく賃料増減額請求権の行使を妨げられるものではないから（上記平成 15 年 10 月 21 日第三小法廷判決参照），上告人は，上記規定により，本件各建物部分の賃料の減額を求めることができるというべきである。

なお，前記の事実関係によれば，本件契約締結に至る経緯，取り分け本件業務委託協定及びこれに基づき締結された本件契約中の本件賃料自動増額特約に係る約定の存在は，本件契約の当事者が，前記の契約締結当初の賃料額を決定する際の重要な要素となった事情と解されるから，衡平の見地に照らし，借地借家法 32 条 1 項の規定に基づく賃料減額請求の当否（同項所定の賃料増減額請求権行使の要件充足の有無）及び相当賃料額を判断する場合における重要な事情として十分に考慮されるべきである。

(2)以上によれば，本件契約への借地借家法 32 条 1 項の規定の適用を極めて制限的に解し，同項による賃料減額請求権の行使を認めることができないとして，上告人の請求を棄却し，被上告人の反訴請求中，主位的請求の一部を認容した原審の判断には，判決の結論に影響を及ぼすことが明らかな法令の違反がある。」

（大型スーパーストアの店舗であっても，通常の建物賃貸借契約と異なるものではなく，賃料減額請求の当否を判断するに当たっては，諸般の事情を総合的に考慮すべきであり，賃借人の経営状態など特定の要素を基にした上で，当初の合意賃料を維持することが公平を失し，信義に反するというような特段の事情があるか否かを見るなどの独自の基準を設けて，これを判断することは許されない。）

裁判例 341　最判平成 17 年 3 月 10 日（裁判集民 216 号 389 頁，判時 1894 号 14 頁，判タ 1179 号 185 頁，金判 1226 号 47 頁，金法 1746 号 126 頁）

「借地借家法 32 条 1 項の規定は，強行法規であり，賃料自動改定特約等の特約によってその適用を排除することはできないものである（最高裁昭和 28 年(オ)第 861 号同 31 年 5 月 15 日第三小法廷判決・民集 10 巻 5 号 496 頁，最高裁昭和 54 年(オ)第 593 号同 56 年 4 月 20 日第二小法廷判決・民集 35 巻 3 号 656 頁，最高裁平成 14 年(受)第 689 号同 15 年 6 月 12 日第一小法廷判決・民集 57 巻 6 号 595

頁，最高裁平成12年(受)第573号，第574号同15年10月21日第三小法廷判決・民集57巻9号1213頁，最高裁平成14年(受)第852号同15年10月23日第一小法廷判決・裁判集民事211号253頁参照）。そして，同項の規定に基づく賃料減額請求の当否及び相当賃料額を判断するに当たっては，同項所定の諸事情（租税等の負担の増減，土地建物価格の変動その他の経済事情の変動，近傍同種の建物の賃料相場）のほか，賃貸借契約の当事者が賃料額決定の要素とした事情その他諸般の事情を総合的に考慮すべきである（最高裁昭和43年(オ)第439号同44年9月25日第一小法廷判決・裁判集民事96号625頁，上記平成15年10月21日第三小法廷判決，上記平成15年10月23日第一小法廷判決参照）。

前記事実関係によれば，本件建物は，上告人の要望に沿って建築され，これを大型スーパーストアの店舗以外の用途に転用することが困難であるというのであって，本件賃貸借契約においては，被上告人が将来にわたり安定した賃料収入を得ること等を目的として本件特約が付され，このような事情も考慮されて賃料額が定められたものであることがうかがわれる。しかしながら，本件賃貸借契約が締結された経緯や賃料額が決定された経緯が上記のようなものであったとしても，本件賃貸借契約の基本的な内容は，被上告人が上告人に対して本件建物を使用収益させ，上告人が被上告人に対してその対価として賃料を支払うというもので，通常の建物賃貸借契約と異なるものではない。したがって，本件賃貸借契約について賃料減額請求の当否を判断するに当たっては，前記のとおり諸般の事情を総合的に考慮すべきであり，賃借人の経営状態など特定の要素を基にした上で，当初の合意賃料を維持することが公平を失し信義に反するというような特段の事情があるか否かをみるなどの独自の基準を設けて，これを判断することは許されないものというべきである。

原審は，上記特段の事情の有無で賃料減額請求の当否を判断すべきものとし，専ら公租公課の上昇及び上告人の経営状態のみを参酌し，土地建物の価格等の変動，近傍同種の建物の賃料相場等賃料減額請求の当否の判断に際して総合考慮すべき他の重要な事情を参酌しないまま，上記特段の事情が認められないとして賃料減額請求権の行使を否定したものであって，その判断は借地借家法32条1項の解釈適用を誤ったものというべきである。」

（いわゆるサブリース契約において，賃貸人と賃借人の間では，従前から，協議により，増額だけではなく，賃料の据え置き及び減額もされてきたとして，賃借人（転貸人）からの賃料減額請求の一部を認めた事例）

裁判例 342　東京地判平成18年9月8日（判例秘書L06133585）

「上記1に認定の各事実関係によれば，本件賃貸借契約は，A信託が，委託者らから本件建物の敷地について信託を受け，同土地の管理及び運用として，本件建物を建築し，原告との間で，本件建物部分を原告が転貸する前提で，あらかじめ賃料額，その改定等について協議を整え，その結果に基き，原告において，賃料増額に関する約定のもとに本件建物部分を一体として賃借してこれを転貸することにより利益を図る目的で締結したものであって，いわゆるサブリース契約（以下単に「サブリース契約」という。）と称される類型の一種であると認められる。サブリース契約においては賃料増額特約条項が定められた場合であっても，借地借家法32条に基づく賃料減額請求権の行使は妨げられないと解するべきであるが，賃料減額請求の当否や相当賃

料額を判断するに当たって、賃貸借契約の当事者が賃料額決定の要素とした事情を総合考慮すべきであり、特に賃料に関する改定条項がある場合には、当該特約の趣旨や当該特約が合意された事情をも考慮すべきである（最高裁平成15年10月21日第三小法廷判決・民集57巻9号1213頁参照）。

これを本件について見ると、本件賃料改定条項は、あくまで当事者の協議による決定を賃料増額の要件としているから、賃料を自動的に増額する旨の特約でないことは明らかであり、かつ、上記認定のとおり、従前、協議により、増額だけでなく、賃料の据え置き及び減額もされてきたものであり、また、本件賃料改定条項が合意された背景事情である上記認定の信託事実と原告による長期間の転借事実からすると、原告においていわゆる空き室保証の趣旨で、本件賃貸借契約を締結したものであると認められるものの、本件全証拠によっても、賃料額等と銀行借入金等の返済額との関係等、転貸益の減額リスクを全て原告において負担させることを相当とする具体的事情は、これを認めるに足りない。以上によれば、本件賃料改定条項それ自体を賃料減額請求の当否を決する上で重要視することは相当ではないというべきである。」として、賃料減額請求の一部を認めた事例

> 参考裁判例　東京高判平成18年10月12日（金判1265号46頁）
> 　　　　　　横浜地判平成19年3月30日（金判1273号44頁）
> 　　　　　　東京高判平成23年3月16日（金判1368号33頁）

イ　借地借家法32条1項の適用を否定した事例

（サブリース事業において、賃料自動増額特約とともに、経済事情の変動があったときは、双方で利害調整をすることを予定していたものであり、このような場合には、借地借家法32条の適用を排除していたということができるとした事例）

裁判例 343　東京地判平成10年8月28日（判時1654号23頁、判タ983号291頁）

「サブリース事業とは、土地の有効活用を目的として、それについて豊富なノウハウを有する受託者が、土地の利用方法の企画、事業資金の提供、建設する建物の設計、施工及び監理、完成した建物の賃貸営業及び管理運営等、その業務の全部又は大部分を地権者から受託し、土地及び建物の双方について地権者に所有権等を残したまま、受託者が建物一括借受等の方法により事業収益を保証する共同事業をいい、中でも受託者による賃料等としての事業収益の保証はその本質的要素であると考えられていた。

サブリース事業は、一方で、いわゆるバブル期に賃貸ビルの需要が急増していた状況のもとにおいて、当時異常な高値となっていた土地に資本投下することなく、ビルの供給が可能となる点で、大手不動産会社（受託者）にとって有利なビル供給方法であり、他方で、信頼できる不動産会社等に一括賃貸し、賃料は若干低額となるものの、事業リスクを回避できる点で、地権者（委託者）にとっても有利な賃貸方法であり、共同事業者の双方にメリットのあるビル賃貸事業の形態として注目されていた。

〔略〕

(二)前述したとおり、原告と被告は、本件契約締結時において、経済事情の変動があったとき

にも本件契約第6条に基づいて利益調整することを予定していたものであり，そもそも原被告のいずれか一方が借地借家法32条による賃料増減請求をする可能性を排除していたということができる。

仮に，本件契約第6条が借地借家法32条に反し無効であり，賃料増減請求が認められると考えれば，本件契約において原被告間で合意した合理的な利益調整条項が無意味なものとなってしまうのみならず，互いに相当の企業規模を有し，法律的にもかなりの素養あると思しき原告と被告の担当者が当初から重要な点で無効に帰すべき契約を締結したことになってしまい，原被告双方の意思に大きく反することが明らかである。

〔略〕

㈢借地借家法32条は，借家関係が長期的かつ継続的な法律関係であることに鑑み，いったん合意された賃料が，経済事情等の変更により不相当となった場合に，公平の観点から，当事者に賃料の増減を請求する権利を付与した規定であり，いわば一般の事情変更の原則を借家関係という特殊な関係に即して類型的に構成したものということができる。また，同条ただし書が，明文上，賃料不増額特約についてのみ，その有効性を規定していることをも考慮すれば，同条もまた，社会的弱者としての賃借人の居住権を保護するという借地借家法の目的を背景とするものと理解することができる。

しかし，本件契約の賃借人である被告が我が国でも有数の大手不動産会社であることは公知であり，被告には，本件建物を自ら使用する意思は全くなく，被告は，被告賃借部分を第三者に転貸して転貸料と原賃料との差額を利益として取得することを企図していたにすぎない。また，本件契約は，もともと本件土地を有効利用するために，被告が原告に対して提案した共同事業としての性格を色濃く有しており，社会的弱者としての賃借人の居住権を保護するという視点は重要ではない。

2　以上考察したところによれば，本件契約第6条を借地借家法32条に反し無効と解することはできない。すなわち，サブリース契約が，将来，二度と利用されるべきでない不当な契約類型であるというならともかく，それが，賃借人（大手不動産会社等）にとっては，土地に自ら直接資本を投下することなく，賃貸ビルを供給できるというメリットを有し，賃貸人（地権者）にとっても，大手不動産会社等にビルを賃貸して，賃料補償による長期安定収入が得られるというメリットを有し，そうであるからこそ被告をはじめとする大手不動産会社により大規模に採用されて社会的に肯認されていたと目されることをも考慮すれば，事後的な司法審査の場で安易に私的自治に介入して当事者間で当初から予定されたその効力を否定することは妥当ではなく，その他前認定の本件契約の趣旨，目的等に照らせば，借地借家法32条は，本件契約には適用されないと解すべきである。そして，その結果，たとえ本件契約後の賃料相場の変動が予想に反したことにより被告が損害を被ったとしても，その予想を誤ったことによる不利益は，賃料保証と全リスクの負担を標榜した被告において甘受すべき筋合いとされてもやむを得ないというべきである。

したがって，本件契約第6条は有効であり，原告は，本件賃料自動増額特約に基づき，値上げ後の賃料と支払賃料との差額分について，敷金の補充を請求でき，被告は，借地借家法32条に基づいて，賃料の減額を請求することはできないといわざるを得ない。

3　もっとも，この点について，被告は，「建物の使用，収益」と「それに対する対価の支払」という賃貸借契約の要素がある以上，本件契約には当然に借地借家法が適用されるべきであると主張する。

　しかしながら，前述してきたところから明らかなように，本件契約が借地借家法が典型的に予定する借家契約とは異なる面があることは否定しようがなく，本件契約に借地借家法の規定が適用されるかどうかは，本件契約締結の経緯，契約条項の実質的な意義内容等を検討し，当事者の意思に照らして，本件契約が借地借家法の予定する建物賃貸借としての実体を備えているかどうか，という観点から実質的に判断すべきである。本件契約は，前述のとおり原被告間であらかじめ賃料保証を前提とした利益調整を行っており，これには一定の合理性があること，当事者間において借地借家法 32 条の適用の余地を排除していたこと，本件では，借地借家法 32 条の背後にある，社会的弱者としての賃借人保護という要請が働かないこと等の事情を考慮すれば，少なくとも同条が適用を予定する建物賃貸借としての実体を備えていないというべきである。」

（事業受託方式によるサブリース契約において，賃料値上げ条項と賃料見直し条項の合意は，経済事情の変動があったときにも，両条項に基づいて利益調整を予定していたものであり，借地借家法 32 条による賃料増減請求をする可能性を排除していたものと認定した事例）

裁判例 344　東京高判平成 15 年 2 月 13 日（判タ 1117 号 292 頁，金判 1164 号 42 頁，金法 1672 号 32 頁）

「3 年経過毎に 5 パーセントを基準に改定する。ただし，賃料が土地若しくは建物に対する公租公課，土地若しくは建物の価格，その他の経済的事情の変動により，又は近傍同種の建物の賃料に比較して著しく不相当となったときは，賃料の改定について協議する。」旨の賃料改定条項がある，いわゆるオーダーメイド賃貸において，「借地借家法 32 条 1 項本文は，建物賃料が不相当となったときは，契約の条件にかかわらず，当事者が賃料の増減を請求できる旨を定めており，上記のように「著しく不相当となったとき」に限定していない。しかし，上記イのような本件賃貸借契約の特殊性，すなわち，貸主において汎用性を欠く建物を多額の費用で建築し，その投下資本を回収するリスクを負担していることを考慮すれば，それを通常の建物賃貸借の場合と同様に考えることはできない。借地借家法 32 条も，結局は，貸主・借主双方の事情を踏まえた公平の原則に基づくものであるから，本件のような「オーダーメイド賃貸」の場合に，その賃料改定条項を上記のような経済的実体に即して解釈したからといって，それが同条の趣旨に反することになるものではない。」として，結果的に，賃料減額請求を認めなかった事例

参考裁判例　東京地判平成 10 年 10 月 30 日（判時 1660 号 65 頁，判タ 988 号 187 頁）

(2)　サブリース契約の終了と転貸借

　転借権は，賃借権の上に成立しているものであるから，賃借権が消滅すれば，転借権は，その存在意義を失い，元の賃貸借契約の期間満了や賃借人の債務不履行により契約が解除されたときは，賃貸人に対し，転借権を主張し得ないが，賃借権の放棄や合意解除の場合には，

賃借権の消滅を転借人に対抗できないとされる（我妻榮「民法講義債権各論中巻一」463頁）。

そこで，原賃貸借契約の期間満了による終了，あるいは賃借人の債務不履行により原賃貸借契約が解除された場合，賃貸人はその解除の効果を転借人に主張し得るのか，また，逆に，賃借人（転貸人）が賃借権を放棄したとみられる場合や賃貸人と賃借人（転貸人）による原賃貸借契約の合意解除があった場合には，賃貸人は解除の効果を転借人に主張し得ないのかなどについて，それぞれ判例を挙げてみた。

ア　期間満了の場合

いわゆるサブリース契約における期間満了の場合であるが，次のような判例がある。

（いわゆるサブリース契約も，その本質において，賃貸借契約であるから，通常の賃貸借契約ないし転貸借と同様に取り扱われるべきであり，信義則上，転貸借契約を終了させるのを相当としない特段の事情がないとして，賃貸人は建物の賃貸借の終了を転借人に対抗できるとした事例）

裁判例 345　東京高判平成11年6月29日（判時1694号90頁，金判1151号10頁）

「借地借家法34条は，1項で『建物の転貸借がされている場合において，建物の賃貸借が期間の満了…によって終了するときは，建物の賃貸人は，建物の転借人にその旨の通知をしなければ，その終了を建物の転借人に対抗することができない。』と定め，2項で『建物の賃貸人が前項の通知をしたときは，建物の転貸借は，その通知がされた日から6月を経過することによって終了する。』と規定する。

右の規定は，当該転貸借が賃貸人の承諾を得た転貸借である（賃貸人の承諾を得ない建物の転借人は，同条の規定をまつまでもなく，そもそも賃貸人に対抗することができない。なお，民法612条参照。）こと及び賃貸借が期間の満了によって終了するときは転貸借も履行不能となって終了する（最高裁第一小法廷昭和36年12月21日判決，民集15巻12号3243頁参照）ことを前提にしながら，建物の転貸借に限ってその転借人に不測の損害を与えないように，賃貸人の通知義務及び転貸借の終了時期を定めたものと解される。

そうとすると，建物の賃貸人は，賃借権の放棄（民法398条参照），賃貸借の合意解除（民法538条，545条1項但書，最高裁第一小法廷昭和37年2月1日判決，裁判集民事58号441頁，最高裁第一小法廷昭和38年2月21日判決，民集17巻1号219頁参照）など信義則上建物の転貸借関係を終了させるのを相当としない特段の事情がない限り，賃貸人は，建物の賃貸借の終了をもってその転借人に対抗することができると解される。被控訴人Y1及び同Y2管財人らは，本件のような場合にも賃貸人が賃貸借の終了を転借人に対抗するためには，旧借家法1条ノ2の「正当ノ事由」ないし借地借家法の「正当の事由」があることが必要であると主張するが，借地借家法34条の文理等に照らし，採用することができない。

2　本件賃貸借の終了と転貸借の帰すう

そこで，以下，本件において，信義則上建物の転貸借関係を終了させるのを相当としない特段の事情が存在するかどうかについて検討する。

(1)　本件賃貸借契約の特質

さきに認定した事実関係によれば，本件賃貸借契約は，建物の管理及び賃貸を業とする訴外

会社が，その建設協力金を拠出した上，本件ビル全体を一括して借り受け，当初から，控訴人の承諾の下に，本件ビルの各室を小口に分割して多数の第三者に店舗又は事務所として転貸することを予定したもの（いわゆるサブリース契約）であって，賃貸人は，賃借人を介して収益を得るが，賃借人も自ら建物の使用収益をしないで，もっぱらその転貸による収益を目的とする，そして，転借人が建物の具体的な使用収益をするという特質があった。

　しかし，そもそも，①本件のようなサブリース契約も，その本質において，賃貸借契約と選ぶところはないから，通常の賃貸借契約ないし転貸借と同様に取り扱われるべきところ，賃貸人（控訴人）と転借人（被控訴人Ｙ３）ないし再転借人（その余の被控訴人ら）との間で格別の合意がされたと認めるに足りる証拠はないし，②賃貸人（控訴人）のした承諾も，通常の承諾と同様に，賃借人（訴外会社）ないし転借人（被控訴人Ｙ３）に対し，転貸借ないし再転貸借の限度で，本件１，２の建物を使用収益させる権限を付与したものにすぎないから，転貸借ないし再転貸借に基づいて建物の使用収益がされた故をもって賃貸借契約を解除することができない（民法612条2項。したがってその故をもって転貸借契約も再転貸借契約も終了しない。）という意義を有するに止まり，それを越えて賃貸借が終了した後にも転貸借を存続させるという意義を有することを認めるに足りる証拠はない。その上，③本件賃貸借契約の存続期間は民法604条の認める最長の20年とされ，かつ，転貸借契約の期間はその範囲内でこれと同一の時期と定められているから，転借人も再転借人も使用収益をするに足りる十分な期間を有するところ，④訴外会社は，その採算が悪化したため，右の期間が満了する際に，本件賃貸借契約の更新をしない旨の通知をしたものであって，そこに控訴人の意思の介入する余地はない。被控訴人Ｙ３は，本件においては合意解除に準ずる事情があると主張するが，本件全証拠によっても，右の事情を認めることはできない。

　そうすると，本件賃貸借契約の期間が満了した場合に，その転貸借契約ないし再転貸借契約が借地借家法34条に従って終了することが想定されていないということはできない。」
（なお，この原審判決について，後掲の最判平成14年3月28日〔裁判例353〕は，信義則上，賃貸借契約の終了をもって，再転借人に対抗できないと判示している。）

イ　賃借人の債務不履行

参考判例として借地契約についての判例であるが，賃借人の債務不履行を理由とする賃貸借契約解除により，転貸借契約も終了するとした判例がある。

（賃借人がその債務不履行により，賃貸人から賃貸借契約を解除されたときは，転貸借契約は当然にその効力を失うことはないが，賃貸人には対抗できず，賃貸人から返還請求があれば，転借人は応じなければならず，結果的に，転借人は義務の履行が不能となり，転貸借契約は当然に終了する。）

裁判例 346　最判昭和36年12月21日（民集15巻12号3243頁）

「原判決が『およそ賃借人がその債務の不履行により賃貸人から賃貸借契約を解除されたときは，賃貸借契約の終了と同時に転貸借契約も，その履行不能により当然終了するものと解するを相当とする』と判示して所論昭和10年11月18日言渡の大審院判決を引用したことは正当である。そして，所論は，原判決が右判決を引用したのは同判決を誤解したものであるというが，

同判決は，転貸借の終了するに先だち賃貸借が終了したときは爾後転貸借は当然にその効力を失うことはないが，これをもって賃貸人に対抗し得ないこととなるものであって，賃貸人より転貸人に対し返還請求があれば転貸人はこれを拒否すべき理由なく，これに応じなければならないのであるから，その結果転貸人は，転貸人としての義務を履行することが不能となり，その結果として転貸借は終了に帰するものである旨を判示していることは，同判例の判文上明らかである。しからば，右判例は，本件につき原審の確定した事実関係には適切なものであって，原審がこれを引用判示したことには，何ら所論の違法はない。」

同様に，借地契約に関する判例であるが，賃借人の賃料延滞に際し，転借人に対しても催告をして，賃料支払いの機会を与えなければならないものではないとした判例がある。

（賃貸人が，賃借人の賃料延滞を理由として，催告及び契約解除の手続をする場合，転借人に対しても催告をして，賃料支払いの機会を与えなければならないものではない。）

裁判例 347　最判昭和37年3月29日（民集16巻3号662頁，裁判集民59号671頁）

「原判決は，所論転貸借の基本である訴外Aと亡Bとの間の賃貸借契約は，同人の賃料延滞を理由として，催告の手続を経て，昭和30年7月4日解除された事実を確定し，かかる場合には，賃貸人は賃借人に対して催告するをもって足り，さらに転借人に対してその支払いの機会を与えなければならないというものではなく，また賃借人に対する催告期間がたとえ3日間であったとしても，これをもって直ちに不当とすべきではないとして，上告人の権利濫用，信義則違反等の抗弁を排斥した原判決は，その確定した事実関係及び事情の下において正当といわざるを得ない。」

借地契約について，同様の最高裁判例がある。

裁判例 348　最判平成6年7月18日（裁判集民172号1007頁，判時1540号38頁，判タ888号118頁，金判984号18頁，金法1435号44頁）

「土地の賃貸借契約において，適法な転貸借関係が存在する場合に，賃貸人が賃料の不払を理由に契約を解除するには，特段の事情のない限り，転借人に通知等をして賃料の代払の機会を与えなければならないものではない（最高裁昭和33年(オ)第963号同37年3月29日第一小法廷判決・民集16巻3号662頁，最高裁昭和49年(オ)第71号同49年5月30日第一小法廷判決・裁判集民事112号9頁参照）。原審の適法に確定した事実関係の下においては，賃貸人であるA（被上告人らの先代）が，転借人である上告人に対して賃借人であるBの賃料不払の事実について通知等をすべき特段の事情があるとはいえないから，本件賃貸借契約の解除は有効であり，被上告人らの上告人に対する建物収去土地明渡請求を認容すべきものとした原審の判断は，正当として是認することができる。」

いわゆるサブリース契約において，賃借人（転貸人）の債務不履行による賃貸人の解除が，

転借人に対抗できるとした判例がある。

（賃借人の債務不履行による賃貸人の賃貸借契約の解除は，いわゆるサブリース契約であっても，転借人に対抗できるとした事例）

裁判例 349　東京地判平成 19 年 12 月 25 日（判例秘書 L 06235830）

「前記当事者間に争いのない事実及び弁論の全趣旨によれば，本件賃貸借契約は賃料の支払が度々遅延したこと（債務不履行）を理由に解除されたものと認められるが，一般に，賃借人の賃料不払等の債務不履行により賃貸借契約が解除された場合は，賃貸人は，原則として，転借人に対し賃貸借契約の終了を対抗できると解されている（最判昭和 37 年 3 月 29 日民集 16 巻 3 号 662 頁，最判平成 6 年 7 月 18 日判時 1540 号 38 頁等）。

これに対し，被告は，本件賃貸借契約がサブリースであることを強調し，平成 14 年最判も引用して，原告が訴外会社の賃料不払の危険を負うべきであるなどと主張するが，仮に本件賃貸借契約がサブリースであったとしても，平成 14 年最判の説示からも明らかなように，原告と訴外会社との間の法律関係の性質は飽くまで賃貸借契約であると認められるから，そうであれば，上記一般論が本件でも妥当すると解すべきである。平成 14 年最判は，賃貸借契約の終了事由が賃借人からの更新拒絶による期間満了である場合の事例判断を示したものであって，その射程は，終了原因が債務不履行による契約解除である場合にも当然に及ぶものとは解されない。

以上より，原告は本件賃貸借契約の解除を被告に対し対抗でき，本件転貸借契約に基づく被告の占有権原は，その存立基盤を失うこととなる。」

ウ　賃借権の放棄

参考判例として，借地契約の場合であるが，土地賃借権の放棄が転借人に対抗できないとされた事例がある。

（借地権者が，自ら借地権を放棄したとみるべき場合において，一般に権利の放棄は，正当に成立した他人の権利を害する場合には許されるべきではないとして，借地権の放棄が地上建物の賃借人（転借人）に対抗できないとした事例）

裁判例 350　広島地判昭和 47 年 2 月 18 日（判時 668 号 71 頁，判タ 277 号 294 頁，金判 314 号 13 頁）

「右事実をもとにして按ずるに，本件建物の代物弁済契約，本件土地の借地契約等にはじまる原告と被告 Y 1 間の賃貸借関係がことごとく原告の被告 Y 2，同 Y 3 を本件建物から追い立てるための擬装工作だとまでは断じ難いけれども，被告 Y 1 は被告 Y 2，同 Y 3 が本件建物に賃借人として居住していることを承知の上で本件建物の権利を譲り受けながら，本件建物を自ら使用することができず被告 Y 2，Y 3 が賃料の増額にもすんなりと応じないとなるや本件土地の賃貸借関係を正常に推持して本件建物の賃貸人としての責務を果す気持をも失い，本件土地の地代を支払わず契約解除の結果を自ら招来したものと認められる。

そうすると，これは実質において被告 Y 1 が本件土地の借地権を自ら放棄したものと解する

のが相当である。
　ところで一般に権利の放棄はそれが正当に成立した他人の権利を害する場合には許さるべきでないから，被告Ｙ１のなした右借地権の放棄は正当の理由がない限り地上建物の賃借人たる被告Ｙ２，Ｙ３らには対抗できないものといわなくてはならない。本件において，被告Ｙ１のとった右行動に被告Ｙ２，Ｙ３らの権利を害しても信義誠実の原則に反しないような特段の事情があったとは本件証拠上認め難い。却って，被告Ｙ２，Ｙ３は賃料増額の要求にこそそのまま応じなかったとは言え，賃料の供託を続け賃借人としての義務の履行に欠けるところはなかったし，他方被告Ｙ１の支払うべき地代が右被告Ｙ２，Ｙ３の家賃の範囲内で十分まかないうる筈だったこと等をみても，被告Ｙ２，Ｙ３の供託した賃料がたとい適正賃料以下だったとしても，これをもって直ちに被告Ｙ１の権利放棄を正当化する，被告Ｙ２，Ｙ３の不信行為と目するを得ないといわざるを得ない。
　尤も右の如く借地人の不当な借地権放棄からその借地上の建物の賃借人を保護する必要があるとしても，そのことは直ちに地代の支払を受けなかった地主の解除権を制約する理由にならないから，本件においても原告が昭和43年8月以後地代の支払を受けなかった以上，原告のなした借地契約の解除は有効であり，被告Ｙ２，Ｙ３は本件建物からの退去明渡を余儀なくされるということも考えられる。しかし，本件においては本件建物を賃貸したものがもとはといえば原告であったことなど前認定の事態の推移その他本件証拠にあらわれた諸事情を考慮すると借地上の建物の賃借人を保護するために地主たる原告の権利が制約されてもやむを得ないとみられるから，本件被告Ｙ１の債務不履行が前述のように単純不履行ではなくむしろ借地人の借地権放棄とみるべきである以上，右債務不履行から直ちに機械的に原告の被告Ｙ２，Ｙ３に対する明渡請求を肯認するのは相当でない。
　よって，原告のなした本件土地の賃貸借契約の解除が実質は賃借権の放棄ないし合意解約であって，被告Ｙ２，Ｙ３には対抗しえないとの同被告らの抗弁は理由があると認められる。」

エ　合意解除

　借家契約において，原賃貸借契約が合意解除されても転借人の権利は消滅しないとした次の最高裁判例がある。
　最判昭和37年2月1日（裁判集民58号441頁）は，
　「賃借人が賃借家屋を第三者に転貸し，賃貸人がこれを承諾した場合には，転借人に不信な行為があるなどして賃貸人と賃借人との間で賃貸借を合意解除することが信義，誠実の原則に反しないような特段の事由がある場合のほか賃貸人と賃借人とが賃貸借解除の合意をしてもそのため転借人の権利は消滅しない旨の原判決の見解は，これを正当として是認する。」と判示している。
　また，同様に借地契約についてであるが，借地契約の合意解除が建物の賃借人に対抗できないとした最高裁判例がある。

(賃貸人と賃借人との間で，借地契約を合意解除しても，特段の事情がない限り，土地の賃貸人は合意解除の効果を建物の賃借人に対抗し得ない。)

裁判例 351 最判昭和38年2月21日（民集17巻1号219頁，裁判集民64号505頁，判時331号23頁，判タ144号42頁）

「本件借地契約は，右の如く，調停により地主たる上告人と借地人たる訴外Aとの合意によって解除され，消滅に至ったものではあるが，原判決によれば，前叙の如く，右Aは，右借地の上に建物を所有しており，昭和30年3月からは，被上告人がこれを賃借して同建物に居住し，家具製造業を営んで今日に至っているというのであるから，かかる場合においては，たとえ上告人と訴外Aとの間で，右借地契約を合意解除し，これを消滅せしめても，特段の事情がない限りは，上告人は，右合意解除の効果を，被上告人に対抗し得ないものと解するのが相当である。

なぜなら，上告人と被上告人との間には直接に契約上の法律関係がないにもせよ，建物所有を目的とする土地の賃貸借においては，土地賃貸人は，土地賃借人が，その借地上に建物を建築所有して自らこれに居住することばかりでなく，反対の特約がないかぎりは，他にこれを賃貸し，建物賃借人をしてその敷地を占有使用せしめることをも当然に予想し，かつ認容しているものとみるべきであるから，建物賃借人は，当該建物の使用に必要な範囲において，その敷地の使用収益をなす権利を有するとともに，この権利を土地賃貸人に対し主張し得るものというべく，右権利は土地賃借人がその有する借地権を放棄することによって勝手に消滅せしめ得ないものと解するのを相当とするところ，土地賃貸人とその賃借人との合意をもって賃貸借契約を解除した本件のような場合には賃借人において自らその借地権を放棄したことになるのであるから，これをもって第三者たる被上告人に対抗し得ないものと解すべきであり，このことは民法398条，538条の法理からも推論することができるし，信義誠実の原則に照しても当然のことだからである。（昭和9年3月7日大審院判決，民集13巻278頁，昭和37年2月1日当裁判所第一小法廷判決，最高裁判所裁判集民事58号441頁各参照）。」

さらに，借地契約において，賃貸人と賃借人が契約を合意解除しても，転借人に対抗できないとする最高裁判例がある。

(借地契約において，借地人が土地の無断転貸をしても，賃貸人に対する背信行為と認めるに足りない特段の事情があるときは，賃貸人は借地契約の合意解除をもってしても，転借人に対抗できない。)

裁判例 352 最判昭和62年3月24日（裁判集民150号509頁，判時1258号61頁，判タ653号85頁，金判785号21頁，金法1177号47頁）

「土地の賃借人が賃貸人の承諾を得ることなく右土地を他に転貸しても，転貸について賃貸人に対する背信行為と認めるに足りない特段の事情があるため賃貸人が民法612条2項により賃貸借を解除することができない場合において，賃貸人が賃借人（転貸人）と賃貸借を合意解除しても，これが賃借人の賃料不払等の債務不履行があるため賃貸人において法定解除権の行使ができるときにされたものである等の事情のない限り，賃貸人は，転借人に対して右合意解除の効果を対抗することができず，したがって，転借人に対して賃貸土地の明渡しを請求すること

はできないものと解するのが相当である。けだし，賃貸人は，賃借人と賃貸借を合意解除しても，特段の事情のない限り，転貸借について承諾を与えた転借人に対しては右合意解除の効果を対抗することはできないものであるところ（大審院昭和8年(オ)第1249号同9年3月7日判決・民集13巻4号278頁，最高裁昭和34年(オ)第979号同37年2月1日第一小法廷判決・裁判集民事58号441頁，同昭和35年(オ)第893号同38年2月21日第一小法廷判決・民集17巻1号219頁参照），賃貸人の承諾を得ないでされた転貸であっても，賃貸人に対する背信行為と認めるに足りない特段の事情があるため，賃貸人が右無断転貸を理由として賃貸借を解除することができない場合には，転借人は承諾を得た場合と同様に右転借権をもって賃貸人に対抗することができるのであり（最高裁昭和39年(オ)第25号同年6月30日第三小法廷判決・民集18巻5号991頁，同昭和40年(オ)第537号同42年1月17日第三小法廷判決・民集21巻1号1頁，同昭和43年(オ)第1172号同45年12月11日第二小法廷判決・民集24巻13号2015頁参照），したがって，賃貸人が賃借人との間でした賃貸借の合意解除との関係において，賃貸人の承諾を得た転貸借と賃貸人の承諾はないものの賃貸人に対する背信行為と認めるに足りない特段の事情がある転貸借とを別異に取り扱うべき理由はないからである。」

そして，前述した東京高判平成11年6月29日（裁判例345）に対する上告審である最判平成14年3月28日（裁判例353）は，次のように，高裁判決とは異なり，再転借人に対抗できないと判示した。

(事業用ビルの賃貸借契約において，賃貸人は再転貸借を承諾したにとどまらず，再転貸借契約の締結に加功し，再転借人の占有の原因を作出したものというべきであるから，賃借人の方から賃貸人に対して，更新拒絶の通知をし，元の賃貸借契約が期間満了により終了しても，賃貸人は，信義則上，賃貸借契約の終了をもって，再転借人に対抗できない。)

裁判例 353　最判平成14年3月28日（民集56巻3号662頁，判時1787号119頁，判タ1094号111頁，金判1151号3頁，金法1655号41頁）

「三　しかしながら，原審の上記判断は是認することができない。その理由は，次のとおりである。

前記事実関係によれば，被上告人は，建物建築，賃貸，管理に必要な知識，経験，資力を有する訴外会社と共同して事業用ビルの賃貸による収益を得る目的の下に，訴外会社から建設協力金の拠出を得て本件ビルを建築し，その全体を一括して訴外会社に貸し渡したものであって，本件賃貸借は，訴外会社が被上告人の承諾を得て本件ビルの各室を第三者に店舗又は事務所として転貸することを当初から予定して締結されたものであり，被上告人による転貸の承諾は，賃借人においてすることを予定された賃貸物件の使用を転借人が賃借人に代わってすることを容認するというものではなく，自らは使用することを予定していない訴外会社にその知識，経験等を活用して本件ビルを第三者に転貸し収益を上げさせるとともに，被上告人も，各室を個別に賃貸することに伴う煩わしさを免れ，かつ，訴外会社から安定的に賃料収入を得るためにされたものというべきである。他方，X〔上告人・転借人〕も，訴外会社の業種，本件ビルの種類や構造などから，上記のような趣旨，目的の下に本件賃貸借が締結され，被上告人による

転貸の承諾並びに被上告人及び訴外会社による再転貸の承諾がされることを前提として本件再転貸借を締結したものと解される。そして、Xは現に本件転貸部分2を占有している。

このような事実関係の下においては、本件再転貸借は、本件賃貸借の存在を前提とするものであるが、本件賃貸借に際し予定され、前記のような趣旨、目的を達成するために行われたものであって、被上告人は、本件再転貸借を承諾したにとどまらず、本件再転貸借の締結に加功し、Xによる本件転貸部分2の占有の原因を作出したものというべきであるから、訴外会社が更新拒絶の通知をして本件賃貸借が期間満了により終了しても、被上告人は、信義則上、本件賃貸借の終了をもってXに対抗することはできず、Xは、本件再転貸借に基づく本件転貸部分2の使用収益を継続することができると解すべきである。このことは、本件賃貸借及び本件転貸借の期間が前記のとおりであることや訴外会社の更新拒絶の通知に被上告人の意思が介入する余地がないことによって直ちに左右されるものではない。

これと異なり、被上告人が本件賃貸借の終了をもってXに対抗し得るとした原審の判断には法令の解釈適用を誤った違法があり、この違法は判決に影響を及ぼすことが明らかである。」

(3) サブリース契約と正当事由

ところで、サブリース契約については借地借家法の適用がないとする見解を採った場合、当然に、賃貸人から賃借人(転貸人)に対する更新拒絶や解約申入れには、借地借家法28条(正当事由)の適用もないということになるのであろうか。

この点について、サブリース契約においては借地借家法32条の適用はないが、転借人保護のために、正当事由が必要であるとする見解がある(鈴木禄彌「いわゆるサブリースの法的性質と賃料減額請求の可否」ジュリスト1151号90頁)。

その一方、サブリース契約についても借地借家法の適用があるから、同法28条が適用され、正当事由を判断すべきであるとする見解がある(前掲松波重雄・最高裁判所判例解説民事篇平成15年度(下)574頁(補説))。

以下は、賃貸人から賃借人(転貸人)に対する更新拒絶や解約申入れについての正当事由の存否に関する判例である。

ア 正当事由あり

(転貸目的の賃貸借において、賃貸借が終了しても、賃貸人が転貸借契約を承継して、転借人が建物の使用を従前どおり継続できる場合は、賃貸人の解約申入れには、特別の事情がない限り、正当事由が肯定されるとした事例)

裁判例 354 東京高判平成14年3月5日(判時1776号71頁、判夕1087号280頁、金判1138号20頁、金法1642号60頁)

「5 転貸目的の賃貸借と解約の正当事由

借地借家法では、転借人の地位は、賃貸借の成否に係り、賃貸借が終了するときは、原則として転貸借も終了する(借地借家法34条)。そのため、転貸借がある場合には、借地借家法28条は、転借人が建物を使用する必要があるかどうかを正当事由の判断要素にすることにより、転借人の保護を図っている。

このような法の趣旨からして，転貸目的の賃貸借において，賃貸借が終了しても，賃貸人が転貸借契約を承継して，転借人が建物の使用を従前どおり継続できる場合には，賃貸人が賃借人兼転貸人に対して賃貸借の解約を申し入れるについて，特別の事情のない限り，解約の正当事由が肯定されるものと解するのが相当である。

6 転借人の承継に関する合意と正当事由

本件の場合には，前記認定のとおり，賃貸人が転貸借契約を承継して，転借人が建物の使用を従前どおり継続できる旨合意されている。したがって，転貸目的の賃貸借の賃貸人である被控訴人が，賃貸借の解約を申し入れるとすれば，それには正当事由が肯定されるものと解され，この判断を左右すべき特別の事情は認められない。」

（いわゆるサブリース契約において，当該契約が終了した場合，賃貸人は，転貸人としての地位を承継することが約定されていることなどを考慮すると，賃貸人の更新拒絶には，正当事由が具備されているとした事例）

裁判例 355　東京地判平成15年11月17日（判例秘書L05834736）

「(1)イないしエの各賃貸借契約については，借地借家法の適用があるが，これらは転貸借を目的とする契約であるから，そのような事情は正当事由の判断においても重要な要素として考慮されるべきところ，借地借家法は，元来賃借人による建物使用の利益を保護するものであり，本件各賃貸借契約では，契約が終了した場合，原告は，当然に被告と転借人との転貸借契約における被告の転貸人としての地位を承継することが約定されており，現実に建物を使用する転借人の利益は保護されている。

(2)被告は，本件各賃貸借契約を継続することで，建物を転貸してこれを管理することにより，転借人から賃料収入を得，そのうちから原告に賃料を支払った差額の金銭的利益を得ており，このような主として不動産管理によって得る利益について，借地借家法による保護を全く否定することはできないにしても，これは同法の本来の保護する利益とは異質なものであるから，そのような限度で保護されるにすぎないというべきである。

(3)そして，上記のような被告の利益は，本件各賃貸借契約における約定の上では，2か月の予告期間を置いて失うことが予定されており，そのような条項は，不動産の管理を業とする被告において作成したものである〔略〕から，被告自身，本件各賃貸借契約締結に当たり，その継続の利益をさほど重視していなかったものとみられても，やむを得ないところである。

(4)他方，原告は，本件各賃貸借契約を終了させ，各建物を自らの希望する方法で管理することを希望しており，本件各賃貸借契約における約定により，2か月の予告期間で解約し得るものと考え，原告代理人弁護士も，本件各賃貸借契約に借地借家法の適用がないことを前提とする更新拒絶の通知又は解約申入れをした（いわゆるサブリース契約に借地借家法が適用されるかどうかについては争いがあるが，本訴係属中に賃料増減請求に関し借地借家法の適用を肯定した最高裁判所判決が出たため，原告も，本件への同法の適用を争わないこととしたにすぎない。）ところ，被告から，借地借家法30条により無効である旨の返答に接した〔証拠〕のであるから，原告にとって，被告の態度を不信としたとしても，無理からぬ面があることは否定することができない。

(5)本件各賃貸借契約は、転貸を目的とするものであり、その実体は主として原告の所有する賃貸用建物を管理することにあり、準委任に近い側面を有するものであるから、賃貸人と賃借人兼転貸人との間の信頼を基礎とする部分が大きく、自己の信頼する者と契約したいという原告の希望も保護に値するものとして相応に考慮すべきであると解される。

(6)以上のとおり、原告と被告との本件各建物についての必要性は、いずれも収益物件としての利益であり、そのようないわゆるサブリース契約としての特殊性に加え、その他本件に現れた前記のような諸事情を考慮すれば、原告が本訴の維持によってした更新拒絶通知には、正当事由が具備されていたものと解すべきである。」

(賃貸人が主張するいわゆるサブリース契約も建物の賃貸借契約であるから、借地借家法の適用対象にほかならず、同法28条も当然適用されるとして、賃貸人が50万円の立退料を支払うことにより、正当事由が補完されるとして、指図による占有移転を命じた事例)

裁判例 356 東京地判平成27年8月5日（判時2291号79頁）

「1　争点1（借地借家法28条の適用の有無）について

前提事実(2)のとおり、本件契約は、原告から本件建物を賃借した被告が第三者に転貸することを目的としている点、満室保証契約が一体化している点に特徴があるが、本件契約で合意されていた中核的な内容は、原告が被告に対して本件建物を使用収益させ、被告が原告に対してその対価として賃料を支払うというものであるから、建物の賃貸借契約であることは明らかである（原告自身、このことを前提とする主張をしている）。

したがって、本件契約は借地借家法の適用対象にほかならず、同法28条の規定も当然に適用されるというべきである。

原告は、本件契約第22条4項は借地借家法28条を適用しない旨の特約を当事者間で定めたものであると主張するが、同法30条に反するものであって、主張自体失当である。

また、原告は、本件契約に借地借家法28条を適用することは信義則や禁反言に反する旨主張するが、原告の主張する事実を前提にしても、本件契約に同条を適用することが信義則や禁反言に反するなどと認めることはできない。

したがって、本件契約には借地借家法28条の適用があり、本件契約の更新拒絶には正当事由の具備が必要となる。

2　争点2（正当事由の有無）について

〔略〕

(3)　以上のとおり、原告側の事情(本件建物を占有負担のない形で売却するために本件契約を終了させる必要性)は、本来的な意味での自己使用の必要性をいうものではなく、それだけで正当事由を充足するということはできないが、他方、被告側にとっても本件建物を使用する強い必要性があるわけではなく、これらの事情を総合すれば、相当額の立退料を支払わせることで、正当事由を補完することができるというべきである。そして、その立退料の額は、これまでに認定した一切の事情及び後記4の賃料相当損害金の支払義務の状況等を総合勘案して、50万円と認めるのが相当である。」

イ　正当事由なし

(いわゆるサブリース契約において，本件賃貸借契約は 20 年間で満了することが従前合意した賃料値下げの前提条件であるということをうかがわせるものは一切なく，借家法が適用される本件契約においては，法定更新があり得るのは当然であり，諸般の事情を総合勘案しても，賃貸人の更新拒絶には，正当事由は認められないとした事例）

裁判例 357　東京地判平成 19 年 5 月 16 日（判例秘書 L 06232148）

「被告は，本件賃貸借契約が 20 年間で完了することを前提に，賃料の値下げに応じてきたにもかかわらず，原告が今になって契約完了しないなどと述べるのは背信行為であり，禁反言の原則にも反するものであって，正当事由を基礎づける事情の一つである旨主張し，乙 12，13 には，原告が本件賃貸借契約は 20 年で終了すると述べていたので，そのことを前提に被告は賃料値下げに応じてきた旨の記載がある。

〔略〕

原告は，被告に対し，平成 6 年以降，収支面において困難な事態に立ち至っている，売上げが大幅に減少し厳しい運営を強いられている，転借人から強い値引き要求が出されている，賃借料と転貸料が逆ざや状態になっている，原告の収支状況が改善されず経営が切迫しているなどとして，賃料の値下げを要望し，原被告間で交渉が行われた結果，その都度覚書を作成して賃料の値下げを合意してきたことが認められる。そして，原告からの賃料値下げの申入れには，本件賃貸借契約が 20 年間で満了することを前提に値下げを申し入れる旨の記載はなく，その申入れを受けて原被告間で締結された覚書にも，値下げ後の賃料額の記載があるのみであって，本件賃貸借契約が 20 年間で満了することが賃料値下げの前提条件とされたことをうかがわせる記載は一切ない。そして，前記のとおり，本件賃貸借契約には借家法が適用されるものと解されるところ，借家法の適用される賃貸借契約において法定更新があり得るのは当然のことである。そうすると，前記の乙 12，13 の記載から，賃料の値下げを要求してきた原告が，本件賃貸借契約の法定更新を主張することが，禁反言に該当し許されないものと認めることはできない。

〔略〕

被告は，転借人には本件建物を明け渡す旨表明している者がいるほか，明渡しを表明していない転借人がいるとしても，原告が明渡交渉を行わないためであり，また，転借人のうちに当面本件建物を使用する必要がある者がいれば，被告はそれらの者と直接賃貸借契約を締結する用意があるから，転借人の使用の必要性は正当事由の有無の判断材料たり得ず，原告には本件建物使用の必要性がない旨主張する。

しかし，前記争いのない事実等のとおり，原告は，自己所有倉庫を賃貸するほかに，賃借した倉庫を事業用の倉庫等として転貸することを主たる業務とする会社であるところ，被告から賃借した本件建物について，原告の営業所並びに営業倉庫として使用することができ，被告の書面による承諾なしには第三者に転貸できないものの，原告の転貸が本件建物の一部について倉庫営業の目的での荷主と直接の契約であるときは，荷主がその建物部分につき，被告に対し占有権原を主張しないことを条件に，被告は原則として承諾をなすものとされており，被告は

本件賃貸借契約の範囲内で本件建物を転貸することを承諾したものである。したがって，原告としては，自己使用の必要性のほか，被告が転貸を承諾した転借人に対する転貸を継続すること，あるいは，原則として被告が承諾をするとされている倉庫営業の目的での荷主に対する転貸を行うことによって，転貸利益を上げられることをもって，本件建物の使用の必要性を基礎づけることができるというべきである。

よって，原告には本件建物使用の必要性がないとする被告の主張は採用することができない。」などとして，賃貸人の更新拒絶に正当事由は認められないとした事例

(いわゆるサブリース契約も建物の賃貸借契約であることが明らかであるから，借地借家法が適用され，同法28条も適用されるが，一切の事情を勘案しても，賃貸人から契約書上の違約金相当額が供託されただけであるとして，賃貸人からの解約には正当事由はないとした事例)

裁判例 358 東京地判平成19年12月7日（判例秘書L06235507）

「(1)前提事実によれば，本件契約における合意の内容は，原告が被告に対して本件貸室を使用収益させ，被告が原告に対してその対価としての賃料を支払うというものであり，本件契約は，建物の賃貸借契約であることが明らかであるから，本件契約には借地借家法が適用され，同法28条も適用されるというべきである。

〔略〕

前記認定事実によれば，本件解約は，不動産の管理業者でもある原告が，同じく不動産の管理業者である被告から，転借人(各テナント)との転貸借関係を承継するために行われたもので，当事者双方の使用の必要性，特に，被告から転貸借を受けて店舗又は事務所として利用している転借人の事情のほか，被告による本件貸室の管理業務の状況なども斟酌すれば，原告が本件貸室を自己使用する必要性は低いというべきである。このほか，本件契約の合意解除に向けて違約金額の交渉が行われた経緯など本件に顕れた一切の事情を勘案したとしても，本件契約書上の違約金相当額が供託されただけで，本件解約に正当事由が具備されることはない。

以上によれば，本件解約には正当事由が具備されておらず，原告の主張は理由がない。」

(いわゆるサブリース契約にも借地借家法の適用はあり，本件賃貸借契約の特約の内容が，期間満了の1か月前までの賃貸人の更新拒絶を容認する結果をもたらす規定となっており，賃借人に不利益であることが明らかであるから，借地借家法30条により無効であるとし，他の更新拒絶の理由も正当事由には当たらないとした事例)

裁判例 359 東京地判平成20年4月22日（判例秘書L06331238）

「(2)さきに認定した事実によれば，本件賃貸借契約は，マンションの所有者である原告が被告に対して本件建物を固定賃料で賃貸し，被告は本件建物を第三者(現実の入居者)に転貸し，被告は入居者から賃料を回収するとともに，マンションの管理を行うことにより，原告に固定した賃料収入を得させる目的のいわゆるサブリース契約であったということができる。しかしながら，このような賃貸借契約であっても，本件賃貸借契約における合意の内容は，原告が被告

に対して本件建物を使用収益させ，被告が原告に対してその対価として賃料を支払うというものであるから，本件賃貸借契約は，建物の賃貸借契約であることが明らかであって，借地借家法の適用は免れないというべきである（最高裁判所第三小法廷平成15年10月21日判決，民集57巻9号1213頁参照）。

〔略〕

イ　原告は，賃貸人が管理業務の不履行を理由として解約を争う本件のような事案については，借地借家法が適用されないと主張するが，本件では更新拒絶の予告期間が問題となっているのであり，原告の主張はまずその前提を欠いている。仮に原告の主張を更新拒絶については，借地借家法の適用がない旨をいうものと理解したとしても，これを採用することはできない。なぜなら，いわゆるサブリース契約により，賃貸人である原告は，被告から固定した賃料収入を得ることができ，入居者が少なかったり，入居者に賃料不払があったりしても，賃料収入は下がらないという利益を享受することができる反面，被告は入居者からの賃料の多寡にかかわらず，一定賃料を原告に支払わなければならなくなるのであって，また，入居者の転借権も法律的には賃借人の賃借権に依拠するものであって，賃借権が消滅すれば，入居者の転借権も失われることになるのであって，建物賃借人を保護すべきであるという前提については，いわゆるサブリース契約も通常の建物賃貸借契約も変わりはないからである。

(4)再抗弁(2)について

ア　さきに認定した事実によれば，本件賃貸借契約の3条は，期間満了の1か月前までの更新拒絶を容認する結果をもたらす規定となっており，6か月前までの更新拒絶の通知を要求する借地借家法26条1項の規定に比べ，賃借人に不利益であることが明らかであるから，借地借家法30条により無効であり，原告が6か月前までに更新拒絶を通知していない以上，原告の更新拒絶は無効といわざるを得ない。

イ　この点を措いたとしても，原告が更新拒絶の理由とすることはいずれも失当であり，更新拒絶の正当事由には当たらない。」

（サブリース事業を目的とする賃貸借契約にも借地借家法は適用され，賃貸借期間内に解約を認める特約については，正当事由がある場合に限り，解約を認めるものであるなどとして，結果的に，賃貸人の解約申入れには，正当事由はないとした事例）

裁判例 360　東京地判平成20年8月29日（判例秘書L06332337）

「前記認定事実によれば，本件賃貸借契約には，賃貸借期間内といえども，賃貸人より本件賃貸借契約を解約する場合は，預託済みの保証金に加え，更に違約金として保証金同額を被告に支払うものとする旨の期間内解約条項があったことが認められるが，サブリース事業を目的とする賃貸借契約にも借地借家法が適用されるというべきであって，期間の定めのある建物賃貸借契約において，期間内解約を認める特約については，正当事由がある場合に限り解約を認める特約であると解することにより，その有効性が肯定されるものというべきである。

この点につき，原告は，サブリース契約の特質と借地借家法の趣旨を合わせ考慮すると，サブリース契約における賃借人は，借地借家法上保護の対象となる賃借人として想定されておら

ず，その契約関係も，むしろ対等な当事者間における私的自治にゆだねれば足りるから，サブリース契約の解約申入れにおいては，そもそも厳格な正当事由は必要とされない旨主張する。しかし，サブリース契約における賃借人の建物使用目的が専ら収益を上げることにあるとはいえるが，そのことから，借地借家法上保護の対象となる賃借人として想定されていないとか，解約申入れにおいて厳格な正当事由は必要とされないと解することはできない。

〔略〕

以上によれば，原告が主張する本件建物の自己使用の必要性とは，将来校舎として使用したい希望があるという程度にとどまるものといわざるを得ず，本件賃貸借契約の期間内解約を正当化するほどの正当事由とはいえないというべきである。

(5)これに対し，原告は，本件賃貸借契約には，期間内であっても違約金を支払うことにより解約できるという期間内解約条項があり，原告は，契約上定められた立退料の3,546万6,900円を既に供託しているところ，同金額は，被告が本件賃貸借契約の解約に際して必要にして十分な金額として自ら規定したものであるから，原告の解約申入れに正当事由が存在することは明らかである旨主張する。

しかし，前記のとおり，期間の定めのある建物賃貸借契約において，期間内解約を認める特約については，正当事由がある場合に限り解約を認める特約であると解することにより，その有効性が肯定されるものというべきである。そして，前記のとおり，本件賃貸借契約における期間内解約の条項とは，賃貸借期間内といえども，賃貸人より本件賃貸借契約を解約する場合は，預託済みの保証金に加え，更に違約金として保証金同額を被告に支払うものとする旨の条項であって，正当事由のある解約であっても期間内解約であることから違約金の支払が前提条件となっていると解されるのであり，違約金の支払をしさえすれば当然に正当事由があるものとするとの条項であると解することはできない。

そうすると，原告の本件建物に対する自己使用の必要性が，本件賃貸借契約の期間内解約を正当化するほどの正当事由には該当しない以上，原告において期間内解約条項に基づく違約金を供託したからといって，それにより解約の正当事由が補完されるものということはできない。」

(いわゆるサブリース契約についても，その契約の性質は建物の賃貸借契約であるから，借地借家法が適用され，同法28条の規定も適用されると解すべきであり，結果的に，賃貸人の更新拒絶には正当事由はないとした事例)

裁判例 361 札幌地判平成21年4月22日（判タ1317号194頁）

「(2)前記2(1)の事実及び上記事実によれば，本件契約は，平成4年9月1日から平成9年8月31日までA社が原告から本件建物賃貸部分を賃借してB社（平成9年3月1日以降は被告）に転貸していた期間も，その後被告が原告から本件建物賃貸部分を賃借していた時期も，原告がA社ないしB社（平成9年3月1日以降は被告）に対して本件建物賃貸部分を使用収益させ，その対価としてA社ないしB社（平成9年3月1日以降は被告）が原告に対して，賃料を支払うというものであって，その契約の性質は建物の賃貸借契約と認められるので，本件契約には借地借家法

が適用され，同法28条の規定も適用されると解される。さらに，借地借家法は，建物の賃貸借が居住目的であると事業目的であるとに係わらず適用されるものであり，また，賃貸人又は賃借人の属性(商人，大企業，社会的弱者等)によって適用に相違があるものでもないので，本件契約が，被告においてテナントに転貸して収益を上げることを目的とするサブリース契約であることによって，同法28条の規定の適用があるとの前記の結論が否定されることにはならないというべきである。そして，同法28条の規定は強行法規であるから，たとえ，本件契約において，賃貸人の一方的意思によって契約の更新を拒絶しうる旨の特約を設けたとしても，その特約は，同法30条の規定により無効と解される。

　このような前提に立てば，本件契約の更新拒絶について同法28条の『正当の事由』が認められるか否かを判断するにあたっては，同条に規定されている『建物の賃貸人及び賃借人（転借人も含む。以下この条において同じ。）が建物の使用を必要とする事情のほか，建物の賃貸借に関する従前の経緯，建物の利用状況及び建物の現況並びに建物の賃貸人が建物の明け渡しと引換に建物の賃借人に対して財産上の給付をする旨の申出をした場合におけるその申出』などの事情を考慮して判断することになるのであって，本件契約がサブリースであることが，上記の『建物の賃貸人及び賃借人が建物の使用を必要とする事情』の一要素として考慮されることはあっても，サブリース契約であること自体が，同法28条の『正当の事由』を認める方向での独立の考慮要素となるものではない。そして，原告が，本件建物賃貸部分の使用を必要とする理由は，本件建物賃貸部分を直接テナントに賃貸することによって，本件契約の賃料以上の収益を上げようとすることにあるというべきところ，被告は，本件契約の契約期間中，自らの企業努力によってテナントを確保し，本件建物賃貸部分の転貸を企業の主要な収入源としているのであるから，本件建物賃貸部分の使用についての原告と被告の必要性の比較の観点からは，直ちに，同法28条の『正当の事由』を認めることにはならないというべきである。

　したがって，サブリース契約が，賃貸人である建物所有者と賃借人である管理会社の共同事業としての性格を有するものであり，賃借人が賃貸人に比べて経済的弱者であることを前提に賃借人の保護をその理念としている借地借家法の理念には整合性を有しない面があることを理由に，同法28条の『正当の事由』の適用について，本件契約がサブリースであることが重要な考慮要素となるとの原告の主張は失当といわざるを得ない。

　(3)原告は，本件契約の契約書〔略〕の第6条1項には『本賃貸借契約の期間は，第2条(イ)に定めた期間とする。契約期間満了にあたって甲（原告），乙（A社）及び丙（B社）異議なき場合は，同一条件でさらに3年間自動的に更新されるものとし，その後も同様とする。』との約定が定められていることも，本件契約の更新拒絶について同法28条の『正当の事由』が認められる根拠としているが，この約定を，契約期間満了にあたって賃貸人である原告に異議がない場合にのみ更新される趣旨のものと解釈した場合には，この約定は，同法28条の規定に反する特約として無効と解されるのであるから，このような約定が定められていることをもって，原告による本件契約の更新拒絶について同法28条の『正当の事由』が認められる根拠とすることはできず，原告の上記主張は失当といわざるを得ない。

　もっとも，原告の本件契約の更新拒絶について同法28条の『正当の事由』が認められるか否かを判断するにあたっては，本件契約の契約期間が決定されるに至った経緯なども，判断の一

要素として考慮されるべきである。しかし，前記(1)の認定事実によれば，本件契約の締結にあたっては，契約期間について，当初，原告が20年を，A社及びB社が10年をそれぞれ希望し，最終的に調整がなされて15年に決定したものであり，15年が経過した時点で，契約を更新するか否かを当事者間で協議するということが話し合われたものの，15年の契約期間が終了した場合に契約の更新をしないことが確定的に合意されていたということはないのであるから，本件契約の契約期間が決定されるに至った経緯から，直ちに，原告の本件契約の更新拒絶について同法28条の『正当の事由』が認められることにもならないというべきである。」

(いわゆるサブリース契約についても，借家法1条の2が適用されるべきであり，賃貸人の建物使用の必要性は賃借人よりも低いことなどから，賃貸人の更新拒絶には正当事由があるとはいえないとした事例)

裁判例 362 東京地判平成24年1月20日（判時2153号49頁）

「1 争点(1)（本件契約の更新を拒絶するには借家法1条の2の正当事由が必要か。）について
(1)前提事実(2)アによれば，原被告間に承継された本件契約の合意の内容は，原告が被告に対して本件建物部分を賃貸し，被告が原告に対してその対価として賃料を支払うというものであり，建物の賃貸借契約であることが明らかであるから，本件契約には借家法1条の2が適用されるべきものである（いわゆるサブリース契約に借地借家法32条1項が適用されるとしたものとして，最高裁平成15年10月21日第三小法廷判決・民集57巻9号1213頁参照）。したがって，本件契約の更新を拒絶するには同条の正当事由が必要である。
(2)ア 原告は，『本件契約のようなサブリース契約は，実質的には業務委託契約の性格を有するから，借家法1条の2を適用すべきでない。』旨を主張するが，上記(1)のとおり，本件契約の合意内容が建物の賃貸借であることは明らかであるから，本件契約に借家法1条の2の適用があるというべきである。
イ 原告は，『借家法は，現に居住している借家人等の保護を目的とするものであり，賃料差益を収受する経済的利益の保護を目的とするものではないから，本件契約に同法1条の2を適用すべきではない。』旨を主張するが，転貸目的の賃貸借であっても借家法の適用が排除されるものではなく，原告の上記主張も採用することができない。
〔略〕
2 争点(2)（本件更新拒絶には借家法1条の2の正当事由があるか。）について
(1)ア 借家法1条の2の正当事由とは，賃貸借契約の当事者双方の利害関係その他諸般の事情を考慮し，社会通念に照らして妥当と認めるべき理由をいうものであるところ（最高裁判所昭和25年6月16日第二小法廷判決・民集4巻6号227頁参照），具体的には，当事者双方の建物を使用する必要性の有無，程度に関する事情を最も重要な要素とし，これに加え，賃貸借に関する従前の経過，建物の利用状況，建物の現況，契約期間中の賃借人の不信行為，立退料の提供の申出（最高裁判所昭和46年11月25日第一小法廷判決・民集25巻8号1343頁参照）などを従たる要素として考慮して，正当事由の有無を決すべきものと解される。
イ この点，原告は，『本件契約では，特に元所有者において，金融機関への返済計画と賃貸借の契約期間を不可分一体のものと考えて約定したことからすれば，サブリース契約である本

件契約における正当事由の判断は，契約期間が満了したことを重視すべきである。』旨，『サブリース契約においては，賃貸人及び賃借人とも，自ら建物を使用することは予定しておらず，双方の経済的利益の調整が本質的な問題であるから，立退料の申出は，通常の賃貸借契約のように正当事由の補完事由でなく，重要な要素というべきである。』旨を主張するが，原告の主張する契約期間や立退料の申出が正当事由の考慮要素となることは当然としても，原告の主張する正当事由の判断基準自体を採用することはできない。

〔略〕

(4)以上のことからすれば，被告(転借人を含む。)には本件建物部分を使用する必要性があるのに対し，原告には，被告における必要性に比して，本件建物部分を使用する必要性は低いものということができるから，原告の主張するその余の事情(サブリース契約の契約期間の満了や立退料の申出等)を考慮しても，原告による本件更新拒絶には正当事由があるとはいえない。」

(4) その他の問題（フリーレント（賃料の一定期間免除）について）

(いわゆるサブリース契約において，賃借人（転貸人）が転借人に対し，賃料を一定の期間免除するフリーレントは，賃貸人に著しい不利益が生じない限り，賃貸人に対し，対抗できるとした事例)

裁判例 363 東京地判平成18年8月31日（金判1251号6頁）

「2 いわゆるフリーレントは，事務所あるいは居室等の移転に伴って，入居当初に過大な費用の負担を余儀なくされる賃借人の負担を軽減することで，入居を誘致するための方策として，賃貸人が賃借人に対する賃料を賃貸借契約の当初の一定の期間免除することによって，一定の賃料を維持したまま，実質的に賃料を値下げする手法である。それは，賃貸借契約の当事者間においては，格別問題になることはないが，本件のように，転貸借において行われた場合においては，本件賃貸借契約がいわゆるサブリースであって，賃借人の転貸事業による収益から賃料収入が確保され，かつ，賃料が転借料に連動して決定される旨の合意があるときは，実質的には，転借人に対する転借料が，賃貸人の権利の対象と同視できるから，法的に，転借人に対する転借料の一部免除とみられるフリーレントは，それを許容する合意がある場合は格別，賃貸人に著しい不利益が生じない等の特段の事情がない限り，賃貸人には対抗できないものと解するのが相当である。被告は，この点，フリーレントは，賃料の一部免除ではなく，一部の賃料の支払猶予の合意である旨主張するが，そうであれば，フリーレントの期間中の賃料も定まっているはずであるところ，本件転貸借契約上は，賃料は0円とされている上，フリーレントの期間のどの賃料がどのように支払期限の猶予をしたのかも契約上不明であるから，被告のこのような主張は，フリーレントの法的性質をいうものとはいえず，単に経済的効果をいうものに過ぎないというべきである。被告の主張は理由がない。

そこで，本件のフリーレントが賃貸人である原告に著しい不利益が生じない等の特段の事情があるかどうかについて検討する。

前記認定のとおり，本件のフリーレントは，転貸借契約の期間が平成17年4月5日から平成19年6月30日までの約2年3か月であるのに対し，平成17年4月5日から同年6月30日までの約3か月程度の期間のものであること，平準化した転借料を基に算出した賃料は月額41万

第12 賃料等に関する特約／6 サブリース契約／(4) その他の問題（フリーレント（賃料の一定期間免除）について）

6,497円(消費税を含む。)となること，これは，直前に原告が取得していた月額賃料43万1,865円(消費税を含む。)の96.4パーセントに相当すること，本件転貸借契約の転借料は，平成17年度における東京都港区の平均月額賃料と近似していること，フリーレントによらない結果，転借料の減額を余儀なくされた場合には，新たに転貸借契約を締結する際に，本件賃料連動条項によって，月額賃料は46万6,246円ではなく41万6,497円となり，結果的に賃料が減額されることなどが認められる。そして，原告が，本件建物を購入した際，その購入資金を銀行等から借入れをせず，賃料収入を借入金の返済に充てる必要などもなかったこと，本件賃貸借契約に賃料の最低額を保証する旨の合意がないことをもしん酌すると，本件のフリーレントは，その期間，賃料の実質的値下げの程度，平準化された転借料と東京都港区の平均月額賃料との差額等に照らし，原告に著しい不利益が生じないものというべきである。

また，原告は，被告の転貸事業によって，安定的に収益が得られるものと信頼をして，本件建物を購入したものであり，本件変更契約に至る協議においても，被告からフリーレントの話は全く出ていなかったのであるから，一方的にフリーレントとして転借料を0円とし，その結果，原告の賃料収入も0円として原告に損害を与えたことは，信義則違反である旨主張する。しかしながら，本件賃貸借契約は，いわゆるサブリース契約であり，被告の知識，経験等を活用することによって，転貸事業から収益を上げさせ，自ら個別に賃貸することに伴う煩わしさを免れるとともに，安定的に賃料収入を確保することを目的とするものであるため，転貸事業の内容等については被告にすべて委ねられており，最低賃料を保証する旨の合意もない。また，本件変更契約が締結されたのは，平成16年7月20日であり，A社との転貸借契約について当初の転借料を0円と決定したのは，平成17年4月のことであるから，被告が本件変更契約を締結した当時からフリーレントを決めていたものでもない。そして，前記のとおり，フリーレントによって原告に著しい不利益を与えるものでもないから，被告が約3か月の期間フリーレントとしたことは，信義則に反するものとはいえないものというべきである。

原告は，フリーレントの期間は，実質的には，賃料が発生しないから，空室と同視すべきであり，本件空室保証条項により，直前の転貸借契約における月額賃料の60パーセント相当額の支払義務を負うものと主張する。しかしながら，本件空室保証条項は，本件賃貸借契約及び本件変更契約がいわゆるサブリース契約であることから，転貸借契約が終了し，新たに転貸借契約が締結されるまでの間，賃貸人に対して一定の収益の確保を保証するとともに，転借料が得られないにもかかわらず，賃貸人に対して賃料を支払うことを余儀なくされた賃借人の転借人獲得の促進を企図したものであって，現に転貸借契約が存在している場合における賃貸人の賃料保証のための規定ではない。したがって，フリーレントの期間をおよそ賃貸借契約が存在しない空室の場合と同視することはできない。原告の主張は採用できない。」

第13　賃料不払いと無催告解除特約

　民法541条は,「当事者の一方がその債務を履行しない場合において,相手方が相当の期間を定めてその履行の催告をし,その期間内に履行がないときは,相手方は,契約の解除をすることができる。」と規定し,解除するに当たっては,相当の期間をおいた催告を要件としている。そのため,賃借人に賃料の不払いがあったときは,賃貸人は催告なしで解除できる旨の特約を設けることが多い。もっとも,この点については,特約がなくても,当事者間の信頼関係がなくなったときは,催告を要しないで賃貸借契約を解除できるとした判例がある。

（特約なし，無催告解除を認めた事例）

裁判例 364　最判昭和27年4月25日（民集6巻4号451頁）

　「およそ,賃貸借は,当事者相互の信頼関係を基礎とする継続的契約であるから,賃貸借の継続中に,当事者の一方に,その信頼関係を裏切って,賃貸借関係の継続を著しく困難ならしめるような不信行為のあった場合には,相手方は,賃貸借を将来に向って,解除することができるものと解しなければならない,そうして,この場合には民法541条所定の催告は,これを必要としないものと解すべきである。」として,無催告解除を認めた事例

裁判例 365　最判昭和47年2月18日（民集26巻1号63頁，判時661号37頁，判タ275号203頁）

　「そして,賃借人がその責に帰すべき失火によって賃借にかかる建物に火災を発生させ,これを焼燬することは,賃貸人に対する賃借物保管義務の重大な違反行為にほかならない。したがって,過失の態様および焼燬の程度が極めて軽微である等特段の事情のないかぎり,その責に帰すべき事由により火災を発生せしめたこと自体によって賃貸借契約の基礎をなす賃貸人と賃借人との間の信頼関係に破綻を生ぜしめるにいたるものというべく,しかして,このような場合,賃貸人が賃貸借契約を解除しようとするに際し,その前提として催告を必要であるとするのは事柄の性質上相当でなく,焼燬の程度が大で原状回復が困難であるときには無意味でさえあるから,賃貸人は催告を経ることなく契約を解除することができるものと解すべきである。」

裁判例 366　最判昭和49年4月26日（民集28巻3号467頁，判時742号55頁，判タ310号143頁）

　賃借人が,約9年10か月の間賃料を支払わなかったことや,その間,賃貸借関係そのものの存在さえ否定してきた事情のもとでは,賃貸人が賃借人に対し,催告を要しないで本件賃貸借契約を解除することができるとした原審の判断を正当とした事例

　以下は,特約がある場合についての判例である。

（特約に基づく解除を認めた事例）

| 裁判例 367 | 最判昭和37年4月5日（民集16巻4号679頁，判タ130号58頁） |

借家人の滞納家賃が3か月分以上に達するときは，催告なく直ちに賃貸借を解除できる旨の特約は，借家法6条の「前7条ノ規定ニ反スル特約」に当たらないとした事例

| 裁判例 368 | 最判昭和43年11月21日（民集22巻12号2741頁，判時542号48頁，判タ229号145頁） |

「家屋の賃貸借契約において，一般に，賃借人が賃料を1箇月分でも滞納したときは催告を要せず契約を解除することができる旨を定めた特約条項は，賃貸借契約が当事者間の信頼関係を基礎とする継続的債権関係であることにかんがみれば，賃料が約定の期日に支払われず，これがため契約を解除するに当たり催告をしなくてもあながち不合理とは認められないような事情が存する場合には，無催告で解除権を行使することが許される旨を定めた約定であると解するのが相当である。したがって，原判示の特約条項は，右説示のごとき趣旨において無催告解除を認めたものと解すべきであり，この限度においてその効力を肯定すべきものである。」として契約解除の意思表示の効力を認めた事例

| 裁判例 369 | 最判昭和48年3月22日（金法685号26頁） |

「本件建物賃貸借契約におけるような所論の催告不要の特約は，契約を解除するにあたり催告をしなくてもあながち不合理とは認められない事情がある場合に，催告を要しないで，賃貸借契約を解除することができる旨を定めたものとして有効と解されることは，当裁判所の判例とするところである（昭和42年(オ)第1104号同43年11月21日第一小法廷判決・民集22巻12号2741頁）。原審の確定するところによれば，上告人A建設株式会社は，本件建物のうち被上告人が賃貸人の地位を承継した1階部分につき，被上告人に対し10年以上の長期にわたり全く賃料を支払っていない（その趣旨は，有効な供託をもしていないことを含むと解される。）というのであるから，かような事情のもとでは，前記特約に基づき無催告で解除権を行使することもあながち不合理とは認められず，被上告人のした本件建物部分の賃貸借契約の解除を有効と解するに妨げない。」

参考裁判例　東京地判平成7年6月30日（金判995号18頁）
　　　　　東京地判平成16年6月21日（判例秘書L05932595）

| 裁判例 370 | 東京地判平成16年9月17日（判例秘書L05933797） |

賃借人が賃料その他の債務の支払を2か月以上延滞した場合には，賃貸人は催告なしに本契約を解除することができる旨の特約がある建物（老人介護施設）の賃貸借契約において，「以上の検討を総合すれば，被告Y1について本件賃貸借契約に係る賃料不払等を正当化するに足る事情は乏しいといえるから，被告Y1の賃料不払等の義務違反は同被告の背信事由を構成し，か

つ，これにより本件賃貸借契約に係る原告と被告Ｙ１との間の信頼関係は破壊されたと評価するのが相当である。よって，本件無催告解除は有効であり，これにより本件賃貸借契約は終了したといえるから，被告Ｙ１は，原告に対し，本件賃貸借契約に基づく目的物返還義務として本件建物の明渡義務及び本件無催告解除までに生じた未払賃料及び同解除後から本件建物明渡済みまで賃料相当損害金の支払義務があるというべきである。」

裁判例 371　東京地判平成16年12月7日（判例秘書Ｌ05934949）

「そして，本件契約書第6条には，被告が賃料の支払を怠った場合には何ら催告を要せず，本件契約を解除することができる旨の規定が存するところ，継続的契約関係である賃貸借契約においても，信頼関係を破壊する特段の事情が認められる場合には，かかる無催告解除特約も有効であると解される。そこで，信頼関係を破壊する特段の事情の存否について見るに，被告は，目黒区から生活保護を受給し，賃料相当分についても同区から受領しているにもかかわらず，平成15年5月11日以降，原告に対し，賃料ないし賃料相当損害金を一切支払っておらず，現時点において，その不払期間は約1年6か月にもなること，前記認定のとおり，被告は，不適切な使用により何度もブレーカーを落としてＡ荘全体の電気の使用に支障を来したり，水漏れを発生させたばかりか，ごみを玄関先から隣家等に投げ捨てるなどして近隣住民に対し，多大な迷惑を掛けていること，しかるに，被告は，原告あるいはケースワーカーとの接触を避けており，原告側から被告に対し，連絡を取ることが極めて困難であること等の事情が認められ，これらに照らせば，被告には，本件賃貸借契約の継続を困難ならしめる程度の信頼関係を破壊する特段の事情が認められるというべきである。」

参考裁判例　東京地判平成17年8月26日（判例秘書Ｌ06033093）
　　　　　　東京地判平成18年4月13日（判例秘書Ｌ06131602）

（特約に基づく解除を認めなかった事例）

裁判例 372　最判昭和51年12月17日（民集30巻11号1036頁，判時848号65頁，判タ348号191頁）

「訴訟上の和解については，特別の事情のない限り，和解調書に記載された文言と異なる意味にその趣旨を解釈すべきものではないが，賃貸借契約については，それが当事者間の信頼関係を基礎とする継続的債権関係であることにともなう別個の配慮を要するものがあると考えられる。すなわち，家屋の賃借人が賃料の支払を1か月分でも怠ったときは，賃貸借契約は当然解除となり，賃借人は賃貸人に対し直ちに右家屋を明け渡す旨を定めた訴訟上の和解条項は，和解成立に至るまでの経緯を考慮にいれても，いまだ右信頼関係が賃借人の賃料の支払遅滞を理由に解除の意思表示を要することなく契約が当然に解除されたものとみなすのを相当とする程度にまで破壊されたとはいえず，したがって，契約の当然解除の効力を認めることが合理的とはいえないような特別の事情がある場合についてまで，右賃料の支払遅滞による契約の当然解除の効力を認めた趣旨の合意ではないと解するのが相当である。」として，賃貸借契約が当然に解除されたものとは認められないとした事例

参考裁判例　東京地判平成 14 年 11 月 21 日（判例秘書 L 05730935）

裁判例 373　東京地判平成 14 年 11 月 28 日（判例秘書 L 05731131）

「以上の観点から本件について検討すると，確かに，原告が本件賃貸借契約の解除を通告した段階では，形式的には 3 か月分の賃料の滞納が生じているけれども，その間，原告から被告らに対して滞納賃料の支払を督促したことがなかったこと，原告代理人からの解除通知が被告らに到達した 5 日後に，原告が未払額であると指摘した賃料 5 か月分相当額である 175 万円を一括して原告代理人の指定する口座に振り込んで支払っていること，それ以降，約定どおりの賃料の支払を継続していることが認められ，かつ，本件審理の過程において，被告らは，原告に対し，従前は差し入れていなかった敷金を新たに差し入れること，新たな保証人を付することなどを和解の条件として提示していることが当裁判所に顕著である。これらの事情を総合考慮すると，被告らの前記の賃料滞納が，客観的かつ実質的な信頼関係の破壊を招来したと認めることはできないというべきである。」

裁判例 374　東京地判平成 18 年 9 月 29 日（判例秘書 L 06133989）

「そうすると，被告は，平成 17 年 12 月 1 日から平成 18 年 6 月 30 日までの間，原告の修繕義務の不履行により，少なくとも本件建物の一部が使用できない状態にあったことが認められる。そして，賃借人は，賃貸人が修繕義務を履行しないときは，民法 611 条 1 項の規定を類推して，賃料減額請求権を有すると解されるところ，上記修繕の対象は窓であり，本件建物の使用収益に及ぼす障害の程度，被告が A 町の友人宅に居住せざるを得なかったことなど，諸般の事情にかんがみると，本件賃貸借契約においては，減額されるべき家賃等は 50 パーセントをもって相当とする。また，前掲証拠によると，本件賃貸借契約においては，3 か月分以上の家賃等の遅滞を理由に無催告解除を許容する特約があるが，これは催告がなくとも不合理とは認められない事情があるときは有効であると解される（最高裁判所昭和 43 年 11 月 21 日判決・民集 22 巻 12 号 2741 頁）。しかしながら，上記のとおり被告には家賃等の 50 パーセントの減額を求めることができるのであるから，本件における被告の家賃等の遅滞については，賃貸人である原告に対する信頼関係を破壊するおそれがあると認めるに足りないというべきであるので，原告の被告に対する本件賃貸借契約の無催告解除は許されないというべきである。」

裁判例 375　東京地判平成 19 年 6 月 27 日（判例秘書 L 06232804）

「以上によれば，被告は，過去において信頼関係を破壊するに足りる程度の賃料の滞納を反復継続していたが，その後滞納の解消に努め，平成 17 年末から平成 18 年始めにかけて多額の支払をすることにより滞納状態を賃料 1 か月分に満たないまで改善し，同年 6 月には滞納を解消したものであるところ，本件契約解除の意思表示がされた同年 3 月 21 日の時点では，その滞納は未だ本件契約における原告被告間の信頼関係を破壊するに至らない程度にまで回復させてい

たということができる。したがって，原告の本件契約解除の意思表示は，解除権が発生していない状態で行われたものであって，その効力を有しないというべきであるから，上記解除が有効なことを前提とする原告の本訴請求はいずれも理由がない。」

（信頼関係破壊理論）

借地借家契約における紛争において示されている法理論で，いわゆる「信頼関係破壊理論」とか「信頼関係の法理」といわれるものがある。この理論は，賃料不払いによる契約解除や，使用目的や用法等に関する特約に違反した場合など，多くの場面でこの理論が展開されており，一般的には，賃貸借契約における債務不履行があっても，未だ信頼関係を破壊していないというように，いわばフィルターの役目としての機能を果たしていると言っても過言ではない。なお，賃貸借契約における債務不履行とは別に，特約に違反し，信頼関係を破壊したことを理由に解除権の発生を認める見解，すなわち，解除権の発生原因の拡大を認める見解（『借地・借家法』114 頁）があり，判例もある（名古屋高判昭和 50 年 5 月 29 日金判 488 号 37 頁，東京地判平成 10 年 5 月 12 日判時 1664 号 75 頁，東京地判平成 17 年 2 月 28 日判例秘書，第 17（その他の特約）を参照されたい。）。以下は，借家に関する若干の判例である（最判昭和 27 年 4 月 25 日民集 6 巻 4 号 451 頁，第 14（使用目的や用法等に関する特約）も参照されたい。）。

裁判例 376　東京地判昭和 37 年 6 月 26 日（判時 312 号 31 頁）

「右事実によれば，被告Ｙ１，Ｙ２の言動は賃貸人である原告Ｘ１の家庭生活の平穏を執拗に攪乱阻害し同原告夫婦を脅かしたり侮辱すること甚しいものというべきであり，同被告らがこのような行動に出るについて原告らに責められるべき原因又は右行動に出ることがやむを得ないと見るべき事情を認むべき証拠は何もない。そして被告Ｙ１の言動は賃借人の行動でないけれども右認定事実によれば同被告の言動が被告Ｙ２の意思に反するものとは認められないところであるので，賃借人の内縁の夫の右背信行為について賃借人がその責任を問われてもやむを得ないというべきである。右被告Ｙ２夫婦の言動は格別の理由なく賃貸人の生活の平穏を常識では考えられない程執拗に阻害するものであり，かつ賃貸人を甚だしく侮辱するものであって，かかる賃借人側の言動により賃貸借契約上の信頼関係は完全に破壊されたという外はない。

ところで建物の賃貸借関係は信頼関係を基調とするものであるから賃借人側の事由により信頼関係を完全に破壊するときは賃貸人は即時に賃貸借契約を解除することができるものというべきである。してみれば，賃貸人である原告のなした前記契約解除の意思表示は賃借人側の背信行為の故に適法であって，これにより本件賃貸借契約は終了したものと判断すべきである。」

裁判例 377　最判昭和 39 年 7 月 28 日（民集 18 巻 6 号 1220 頁，判時 382 号 23 頁，判タ 165 号 76 頁）

賃借人の延滞賃料額は合計 3000 円にすぎなかったことを前提に，「同被上告人は昭和 16 年 3 月上告人先代から本件家屋賃借以来これに居住しているもので，前記催告に至るまで前記延滞額を除いて賃料延滞の事実がなかったこと，昭和 25 年の台風で本件家屋が破損した際同被上告

人の修繕要求にも拘らず上告人側で修繕をしなかったので昭和29年頃2万9000円を支出して屋根のふきかえをしたが，右修繕費について本訴が提起されるまで償還を求めなかったこと，同被上告人は右修繕費の償還を受けるまでは延滞賃料債務の支払を拒むことができ，従って昭和34年5月分から同年8月分までの延滞賃料を催告期間内に支払わなくても解除の効果は生じないものと考えていたので，催告期間経過後の同年11月9日に右延滞賃料弁済のためとして4800円の供託をしたことを確定したうえ，右催告に不当違法の点があったし，同被上告人が右催告につき延滞賃料の支払もしくは前記修繕費償還請求権をもってする相殺をなす等の措置をとらなかったことは遺憾であるが，右事情のもとでは法律的知識に乏しい同被上告人が右措置に出なかったことも一応無理からぬところであり，右事実関係に照らせば，同被上告人にはいまだ本件賃貸借の基調である相互の信頼関係を破壊するに至る程度の不誠意があると断定することはできないとして，上告人の本件解除権の行使を信義則に反し許されないと判断しているのであって，右判断は正当として是認するに足りる。」

参考裁判例　最判昭和50年2月20日（民集29巻2号99頁，判時770号42頁，判タ319号132頁）➡裁判例393

裁判例 378　名古屋高判昭和59年2月28日（判時1114号56頁，判タ525号122頁）

「以上のような事情を勘案するならば，控訴人の前記態度をもって賃料支払につき不誠実ときめつけることは困難であって，むしろ，被控訴人側の態度に問題があった事案というべきであり，昭和53年4月にされた催告に対する延滞賃料不払いの事実があったとしても，なお，賃貸借関係における信頼関係を破壊するに至らない特段の事情が存在したものというべきであって，この点をいう控訴人の抗弁は理由があるといわざるをえない。」

参考裁判例　東京北簡判昭和62年9月22日（判タ669号170頁）➡裁判例416

裁判例 379　東京地判昭和63年6月28日（判タ687号184頁）

「⑤しかし，被告は，原告から本件解除の意思表示がなされた昭和60年10月の4箇月後である昭和61年2月から現在まで賃料の供託を続けていること，⑥被告が㈠の建物及び㈢の土地を明け渡せば，被告の事業は解体し，被告の従業員はその職を失うことになるが，その結果は，220万円という不払賃料の金額に比して余りにも重大であること，以上の事実が認められ，これらの事実によれば，原告主張の220万円の賃料不払が本件賃貸借契約の当事者間の信頼関係を破壊するような不誠実なものということはできず，原告が右賃料不払を理由に解除権を行使することは信義則上許されないものというべきであるから，本件解除はその効力を有しない。」

参考裁判例　大阪高判平成5年4月21日（判時1471号93頁）➡裁判例419
　　　　　東京地判平成10年11月25日（判時1685号58頁）

裁判例 380　東京地判平成17年8月30日（判例秘書L06033183）

「上記前提事実によれば，被告Aは平成16年8月から賃料の不払を繰り返し，原告ないしDの催告に対し，支払の意思を示すこともあったものの，約した期日までに支払を完了せず，賃料の不払を継続したことが明らかであり，不払に係る金額も少額とはいえない。したがって，かかる事情に照らせば，被告ら主張の事実をもって，信頼関係を破壊するに足りない特段の事情があると認めることは到底できず，本件解除が権利の濫用に該当するとはいえないことも明白である。」

裁判例 381　東京地判平成18年3月23日（判例秘書L06130359）

「しかしながら，被告は，共用部分への洗濯機，乾燥機の設置を認めない意思を明確にして，これらの設置が共用部分の無断使用となるという原告X1からの指摘を受けても，前所有者の了承があったことを主たる論拠として洗濯機，乾燥機を正当に設置し続けることができるという主張を本件訴訟においても繰り返しているところである。このような所有者の正当な権原を無視し，かつ，全否定して，洗濯機，乾燥機を設置し続ける行為は，賃貸借関係における信頼関係を破壊するものである。同様に，平成4年に締結された被告と前所有者Bとの間の契約（甲2）が賃貸借であるとしても，その対象は専有部分に限られるものというべきであるから，前所有者の了承を得たからといって敷地部分を駐車場として利用したり，敷地部分に飲料自動販売機を設置したりする権原を原告X1に対抗できる筋合いのものではない。仮に前所有者Bが被告に対して駐車場や自動販売機設置のための敷地の使用許諾をしたとしても，弁論の全趣旨によれば，せいぜい建物所有を目的としない土地の一部の使用貸借契約があったものと認められるにすぎないから，被告は，敷地部分の占有権原を競落人である原告X1に対抗することはできないことに帰する。しかしながら，被告は，敷地部分への飲料自動販売機の設置を認めない意思を明確にして，これらの設置が敷地部分の無断使用となるという原告X1からの指摘を受けても，前所有者の了承があったことを主たる論拠として飲料自動販売機を正当に設置し続けることができるという主張を本件訴訟においても繰り返しているところである。このような所有者の正当な権原を無視し，かつ，全否定して，飲料自動販売機を設置し続ける行為は，賃貸借関係における信頼関係を破壊するものである。」

裁判例 382　東京地判平成19年7月3日（判例秘書L06232947）

被告は，平成18年12月26日までに原告に預託すべき追加保証金1000万円を預託せず，平成19年2月分以降の賃料につき，同年1月31日に150万円，同年2月5日に50万円，同月28日に150万円，同年3月7日に50万円，同年4月2日に200万円を支払ったが，その余の支払をせず，原告は，平成19年2月2日に被告に到達した書面及び同年3月22日に被告に到達した書面により，それぞれ追加保証金及び未払賃料の支払を催告し，同年4月24日に被告に到達した書面により，追加保証金及び未払賃料並びに同年5月分の賃料を同年4月末日までに支払

うよう催告し，その支払がないときは本件契約を解除する旨の意思表示をし，同日が経過したとの原告の主張について，「請求原因事実については当事者間に争いがなく，被告の本件契約（賃料設定を含む。）が無効であるとの主張は，これを認めるに足りる的確な証拠がなく，理由がない。また，原・被告間の信頼関係は破壊されていないとの主張も，賃料不払いの期間及び金額並びに本件契約が商取引としてされたものであることを考慮すると，採用することはできず，他に信頼関係が破壊されていないと判断すべき特別の事情を認めるに足りる証拠もない。」

参考裁判例　東京地判平成19年7月17日（判例秘書L 06233113）
　　　　　東京地判平成19年8月24日（判例秘書L 06233590）

第14　使用目的や用法等に関する特約

　建物の賃貸借において，建物の使用目的を制限したり，造作，模様替えを禁止したりする特約がある場合に，賃借人がこの特約に違反したとき，賃貸人は特約違反を理由に賃貸借契約を解除できるかが問題となる。以下は，特約がない場合とある場合の賃貸借契約解除の肯定例と否定例の判例である。

（特約なし，解除を認めた事例）

裁判例 383　最判昭和27年4月25日（民集6巻4号451頁）

　「およそ，賃貸借は，当事者相互の信頼関係を基礎とする継続的契約であるから，賃貸借の継続中に，当事者の一方に，その信頼関係を裏切って，賃貸借関係の継続を著しく困難ならしめるような不信行為のあった場合には，相手方は，賃貸借を将来に向って，解除することができるものと解しなければならない，そうして，この場合には民法541条所定の催告は，これを必要としないものと解すべきである。

　本件において原判決の確定するところによれば，被上告人は上告人に対し昭和10年9月25日本件家屋を畳建具等造作一式附属のまま期間の定めなく賃貸したのであるが，上告人は昭和13年頃出征し，一時帰還したこともあるが終戦後まで不在がちでその間本件家屋には上告人の妻及び男子3人が居住していたが，妻は職業を得て他に勤務し昼間は殆んど在宅せず，留守中を男子3人が室内で野球をする等放縦な行動を為すがままに放置し，その結果建具類を破壊したり，又これ等妻子は燃料に窮すれば何時しか建具類さえも燃料代りに焼却して顧みず，便所が使用不能となればそのまま放置して，裏口マンホールで用便し，近所から非難の声を浴びたり，室内も碌々掃除せず塵芥の推積するにまかせて不潔極りなく，昭和16年秋たまたま上告人が帰還した時なども，上告人宅が不潔の故を以て隣家に一泊を乞うたこともあり，現に被上告人の原審で主張したごとき格子戸，障子，硝子戸，襖等の建具類（第一審判決事実摘示の項参照）は，全部なくなっており，外壁数ヶ所は破損し，水洗便所は使用不能の状態にある。そして，

これ等はすべて，上告人の家族等が多年に亘って，本件家屋を乱暴に使用した結果によるものであるというのである（上告人主張の不可抗力の抗弁は原審は排斥している）。かつ，被上告人は上告人に対し，昭和22年6月20日，14日の期間を定めて，右破損箇所の修覆を請求したけれども，上告人がこれに応じなかったことも，また，原判決の確定するところである。

とすれば，如上上告人の所為は，家屋の賃借人としての義務に違反すること甚しく（賃借人は善良な管理者の注意を以て賃借物を保管する義務あること，賃借人は契約の本旨又は目的物の性質に因って定まった用方に従って目的物の使用をしなければならないことは民法の規定するところである）その契約関係の継続を著しく困難ならしめる不信行為であるといわなければならない。従って，被上告人は，民法541条の催告を須いず直ちに賃貸借を解除する権利を有するものであることは前段説明のとおりであるから，本件解除を是認した原判決は，結局正当である。」

裁判例 384　最判昭和38年9月27日（民集17巻8号1069頁，判時354号28頁）

「原審認定の事実関係のもとで，建物の賃借人は賃貸人の所有にかかる敷地又はこれに接続する賃貸人所有地上に賃貸人に無断で建物を建築し得ないとした原判決の判断は，正当であり，本件無断建築にかかる建物の建坪が約6坪であることを考え併せて，右無断建築行為を以て賃貸人の信頼を裏切り本件建物賃貸借の継続を著しく困難ならしめる不信行為と解するを妨げないとし，該不信行為のあったことを理由とする被上告人の上告人に対する賃貸借解除の意思表示を有効とした原審判断は首肯できる。」

裁判例 385　最判昭和40年8月2日（民集19巻6号1368頁，判時424号34頁，判タ181号114頁）

「しかして，原審が適法に認定したところによれば，上告人は，被上告人からその所有の本件建物の一部であるACE部分を賃貸し，また，D部分の使用をも黙認され，これらを店舗兼居宅として使用してきたが，昭和28年10月頃本件建物中のEF部分の賃借人である訴外 a が該部分から立ち退くや，被上告人に無断で該部分を占拠するの挙に出，あまつさえ，階上のG部分も同様に不法に占拠し，右EFG部分を前記賃借物件使用の便宜に宛てているというのであり，その他原審が確定した一切の事実関係を斟酌すれば，上告人の右行為は，本件建物の賃貸借契約の基礎にある当事者相互の信頼関係を裏切って，賃貸借関係の継続を著しく困難ならしめる不信行為であるといわざるをえない。かかる場合に，被上告人が右不信行為を理由に，賃貸借を解除できるとした原審の判断は正当である。」

参考裁判例　松江地判昭和45年2月9日（下民21巻1・2号275頁）
　　　　　　横浜地判昭和50年2月10日（判タ329号168頁）

裁判例 386　東京地判昭和62年2月25日（判タ657号134頁）

「してみると，被控訴人は，本件建物部分の所有者ではなく，賃借人にすぎないにもかかわらず，本件建物部分の老朽化を主たる理由として控訴人から明渡しを求められている本件調停事

件の手続の進行中に，賃貸人である控訴人に何ら連絡することなく，賃借物である本件建物部分につき，その老朽化の程度に重要な影響を及ぼすべき大規模な補修工事に着手し，しかも，控訴人からの申請に基づく仮処分決定により本件建物部分について取壊し，増築，大修理等を禁じられているにもかかわらず，自己の申請に基づき妨害禁止の仮処分を受けた本件建物部分の西側外壁のみならず，南側外壁についても補修工事をしてしまったものであるから，他の被控訴人主張の事情を考慮しても，なお，被控訴人の右行為により，控訴人と被控訴人との間の信頼関係は破壊されたものというべく，したがって，控訴人のした本件解除は，直ちに効力が生ずるというべきである。」

参考裁判例　東京地判平成3年7月31日（判時1416号94頁）

（特約なし，解除を認めなかった事例）

裁判例 387　名古屋高判昭和50年5月29日（金判488号37頁）

「そこで信頼関係の破壊に基づく賃貸借契約解除の主張について判断するに賃貸借契約の解除には，約定解除権に基づくものでなければ民法541条（543条）の法定解除の規定が適用され，賃貸借の当事者間における信頼関係の破壊は，その一方が賃貸借契約の義務不履行かあるいは賃貸借契約に基づき信義則上要求される義務（例えば賃貸人が不当に損害や迷惑を受けるような行為をしない義務）に反する行為によって生じた場合において，解除原因となるものと解するを相当とする。」として，本件においては，賃借人の行為は，賃貸人に対し，本件賃貸借契約における義務あるいはその信義則上要求される義務に反した行為とはいえず，信頼関係が破壊されたものとはいえないとして契約解除の意思表示を認めなかった事例

裁判例 388　東京地判平成17年10月21日（判例秘書L06033895）

「そして，本件更新契約書においては，本件賃貸借契約書に存在した『被告は，本件店舗において，喫茶店業以外を営んではならない。』との文言が変更されないまま存続しているものの，他方において，『本件店舗にてカラオケ・スナック等を営んではならない。』との文言が二重線で抹消されているのであって，これによれば，本件更新契約においては，原告と被告との間で，本件賃貸借契約において合意されていたカラオケ・スナック等の営業の禁止を解除する旨の合意があったものと認めるほかなく，被告が本件店舗においてカラオケを使用して客にアルコール類を提供する営業を行ったことが直ちに本件賃貸借契約に定める用法に違反したとまでは認めることができない。加えて，前記争いのない事実等のとおり，原告及びAが，平成16年8月20日，被告を相手方として，カラオケ装置使用禁止仮処分命令の申立てをし，かつ，原告が，被告に対し，同年9月1日到達の内容証明郵便により，同郵便到達後7日以内に，カラオケ装置，アルコール類を撤去することなどを求めたのに対し，被告が株式会社Dとの間の同年6月7日付け取引契約書に基づくカラオケ装置の賃貸借契約及び情報サービス契約を同年8月28日付けで解約してカラオケ装置一式を撤去するに至った経緯等にかんがみれば，本件賃貸借契約における原告と被告との信頼関係が破壊されたものと認めることも困難である。してみると，

被告には原告との信頼関係を破壊する用法違反の債務不履行があったものとは認められない。」

裁判例 389　東京地判平成18年5月18日（判例秘書L06132001）

「上記1(7)認定のとおり，被告会社は本件建物3階部分の使用方法を変更しているが，事務室としての使用や，中古パチンコ機の保管場所，パチンコの景品商品の保管場所として使用することが本件賃貸借契約の使用目的（パチンコ店）に違反するとはいえないし，従業員を被告会社の関連会社から派遣を受けていたとしても，無断転貸に当たらないことはいうまでもない。この点を債務不履行とする原告らの主張は失当である。」

（特約違反による解除を認めた事例）

裁判例 390　最判昭和29年12月21日（民集8巻12号2199頁，判タ46号28頁）

「しかしながら，前記構造変更禁止の特約は，判示のように賃貸人のこうむることあるべき損害を避けようとする動機に出る場合が多いであろうが，それのみには限らないのみならず，それは飽くまで動機に過ぎないのであって，特約の内容は賃貸人の所有家屋の構造が，賃貸人が欲しないのにその意思にかかわらず賃借人により勝手に変更されたり造作加工されたりすることを避けようとするものであること字句上明かである。従って，賃借人が賃借家屋の構造を無断で変更した場合には，その変更の態様が，社会通念上特約にいう構造変更と認められないような場合のほかは，変更禁止の特約に違反することになるとともに，特段の事情がない限り，特約に基く解除権が発生するものと解すべきである。」

参考裁判例　東京高判昭和31年8月7日（下民7巻8号2108頁，判タ62号68頁）
　　　　　　大阪地判昭和39年12月16日（判時413号73頁）
　　　　　　東京地八王子支判昭和40年1月27日（判タ174号155頁）→裁判例432

裁判例 391　最判昭和42年4月20日（裁判集民87号229頁）

使用目的として法律事務所以外には使用しない旨の使用目的限定の特約を無効と解すべき根拠はなく，右特約が上告人の居住，職業選択の自由を制約する趣旨のものとは解せられないとした事例

裁判例 392　東京高判昭和49年10月30日（判時767号35頁）

「しかし，建物の賃貸借において，賃借人は，賃貸借契約上善良な管理者として賃借物を保管する義務を負っていて賃借人による無断増改築は，この契約上の義務に違反するばかりでなく，既存の建物に変更，損傷等を加える限りにおいて契約目的物そのものの毀損であり，賃貸人がその所有者である通常の事例においては，所有権の侵害をも伴う行為にほかならない。従って，増改築等の程度がごく小規模で建物に加えられる損傷等もすくなく，原状回復も比較的容易で

ある場合とか，建物の用途に応じた使用上，改築，補修等が必要やむを得ないものであってそれにより建物の利用価値がむしろ増加する場合等，特段の事情のある場合のほか，無断増改築禁止の特約があると否とにかかわらず，賃貸人の承諾なくして目的建物にした賃借人の増改築等の行為は，それじたい賃貸借の基礎たる信頼関係を破壊するものとして，契約解除の原因となるものといわなければならない。そしてこの理は，無催告解除の特約がある場合にも，基本的には異ならないが，ただ，該特約に基づき催告をすることなくしてした解除の効力を認めるについては，増改築等の結果，原状回復が不可能又は著しく困難となった場合，原状回復しても建物に加えられた損傷が著しい場合，増改築等が反覆して行なわれた場合，増改築等が賃貸人の阻止を冒して行なわれた場合等，一たん破壊された信頼関係が回復しがたい場合に限るものと解すべきである。」として，特約違反による契約解除を認めた事例

裁判例 393　最判昭和50年2月20日（民集29巻2号99頁，判時770号42頁，判タ319号132頁）

特約として，①粗暴な言動を用い，又は濫りに他人と抗争したとき，②策略を用い，又は他人を煽動して，本ショッピングセンターの秩序を紊し，あるいは運営を阻害しようとする等不穏の言動をしたと認められたとき，③多数共謀して賃貸人に対して強談威迫をしたときは，賃貸人は無催告で賃貸借契約を解除することができるとの契約内容がある場合において，

「ショッピングセンター内の一区画を賃貸借する際，賃借人に対し，ショッピングセンターの運営を阻害するような行為を禁止し，それらに違反したときは，無催告で賃貸借契約を解除できる旨の特約は合理的な理由があり，借家法6条により無効とすることはできず，本件についてはすでに信頼関係が破壊されているので，解除にあたっては催告を要しない。」とした事例

裁判例 394　東京地判昭和51年5月27日（判時844号48頁）

「認定した事実に基づいて判断すると，被告が本件土地内に小型貨物自動車を駐車せしめたこと自体は，原告との間の本件建物部分に対する賃貸借契約の際認められていたのであって，これをもって債務不履行ということはできない。しかし乍ら，前認定のとおり，本件土地が他のアパート居住者の共用に供せられていたのであるから，右車両を駐車せしめるについても，できる限りこれを妨げないような位置，状態で駐車するよう配慮すべきであるのに，本件土地を排他的に使用し得べきものとして何らそれらの配慮をしなかった点において債務不履行の責を問われるべきものと考えられる。また，東側私道への出入口部分に資材等を積み上げた点および第一建物出入口部分に道具類等を置いた点は，前認定のとおり，多少の量を，他のアパート居住者の使用に支障を生じない範囲内で認められていたものであるところ，被告は明らかにこれに違反してなしたものというべきである。そして，被告は原告および他のアパート居住者の再三にわたる改善の要求を一切拒否し，長期間にわたってこれを継続しているもので，このような被告の行為は，その用法に反し，賃貸借契約における信頼関係を破壊するもので賃貸人である原告において賃貸借契約を解除するに足りる債務不履行ということができる。」

| 裁判例 395 | 東京地判昭和54年10月3日（判時962号89頁，判タ403号132頁）

「本件賃貸借契約において特約された請求原因一項・3の約束は，要するに賃借人である被告が本件建物を使用収益する用法について特に付せられた制約であって，それ自体不合理な制約とはいえないから，被告がこれに違反したときには，債務不履行の責任を問われてもやむをえないところである。そして，前記三項において認定した被告の言動は，同じ前記二項に認定した本件建物と隣家との位置関係等を合わせ考えると，まさに右特約において制約された騒音ないし大声を発して他人に迷惑を及ぼす行為にほかならず，隣人らが通常の隣人関係において受忍すべき限度を超えるものと認めてよい。また，前記三項に認定したように，原告が被告に右のような言動を止めるようにしばしば注意したが，被告がこれをまったく聞きいれず今日に及んでいるから，原告と被告との間で本件賃貸借を継続していくに足りる信頼関係は，今や著しく破壊されているというべきである。このようにして，遅くとも本件訴訟記録から明らかな本訴が提起された昭和53年10月28日には，原告が請求原因一項4の約束に従って解除権を行使する根拠が備わったといえる。そして，本件訴訟記録によれば，原告が本件訴状をもって，被告に対し，右約束に従い本件賃貸借契約を解除する旨の意思表示をし，本件訴状が同年11月5日に被告に送達されたことを認めることができるから，これにより，原告と被告との間の本件賃貸借は終了したというべきである。」

参考裁判例　東京高判昭和55年6月20日（判時971号55頁，判タ424号98頁）
　　　　　　東京高判昭和59年3月7日（判時1115号97頁）

| 裁判例 396 | 名古屋地判昭和59年9月26日（判タ540号234頁）

「被告Yが，本件居室の使用目的に関し，原告との間で，金融業を営むことにつき合意がなかったにも拘らず，被告会社を設立して本件居室で金融業を行ったことは前示のとおりである。

本件建物の如き賃貸ビルの店舗の賃貸借契約においては，店舗の営業目的は，他の店舗賃借人の営業との関係や賃料の確保の点からみても，賃貸人にとって重要な事項と解されるから，業種指定の特約に明白に違反する営業を賃借人が行った場合は，特段の事情がある場合を除き債務不履行として解除事由に当たると解されるところ，被告Yの前認定の行為は明らかに店舗使用目的（業種の指定）に関する原告・被告Y間の特約に違反しているから，解除事由に該当するということができる。」

| 裁判例 397 | 東京地判昭和60年1月30日（判時1169号63頁，判タ554号227頁）

「以上の認定事実のうち前記2の㈢の事実を被告の原告に対する背信的行為と評価するわけにはいかないが，同㈣の事実は，本件賃貸借契約における『麻雀屋の営業のみに使用する』という合意，『本件店舗を現状のまま使用する』という合意，並びに『本件店舗には，出入口通路部分（表玄関）を含まない。』という合意にそれぞれ違背する行為であり，同㈠，㈤の事実は，『近隣の迷惑となる営業を本件店舗において行なわない。』という合意に違背する行為であると

いわなければならない。また前記2の(二)の事実も，賃貸人である原告に対する背信的行為であるといわなければならない。そして，右事由を，総合すると，本件店舗の賃貸借契約の基盤となっている原被告間の信頼関係は，被告の所為によって，既に回復し難いほど，破壊されているものと判断せざるを得ない。」

裁判例 398　東京高判昭和60年3月28日（判タ571号73頁）

「右事実によれば，被控訴人Y1及び同Y2は，自らが暴力団又はその関係者であることを秘匿して，組員のひとりである被控訴人Y3を介して，本件建物を同被控訴人の営むじゅうたんの販売，洗濯等の営業の場所として使用すると言って控訴人を欺き，賃貸借名下に本件建物に入り込んだものと推認するに十分であり，被控訴人Y2が，本件建物を被控訴人Y1の事務所に供したことは，控訴人との間の本件建物の使用目的に関する約定に反するものであり，右説示したところに照らせば，このことは賃貸人である控訴人との信頼関係を破壊し，賃貸借関係の継続を著しく困難にするものであるということができる。したがって，控訴人と被控訴人Y2間の本件建物についての賃貸借契約は，前認定のとおり，控訴人が昭和57年10月22日に口頭でした右のことを理由とする賃貸借契約解除の意思表示により終了したというべきである。」

参考裁判例　東京高判昭和61年2月28日（判タ609号64頁）

裁判例 399　東京地判昭和60年10月9日（判タ610号105頁）

「賃借人が本件建物の模様替え，付属施設の新設，その他すべて原形を変更しようとするときは予め賃貸人の承諾を得た上，賃貸人の指示に従って施工するものとし，その費用は賃借人の負担とする。」旨の特約がある建物の賃貸借契約において，賃借人が，多数の電球が配備されている自動点滅装置付きの看板を設置したことが，「付属設備の新設」に当たり，当該看板設置行為が，いまだ背信行為と認めるに足りない特段の事情があるとは，到底，認め難いとした事例

裁判例 400　宇都宮地判昭和62年11月27日（判時1272号116頁）

「右事実によれば，被告は，食品販売業のための店舗兼事務所という用途に反して本件建物を暴力団事務所として使用しているもので，防御壁のようなコンクリート壁を設置したり，本件建物内で暴力事件を起こしている等の前認定事実を考慮すれば，本件賃貸借契約を継続しがたい重大な事由があるものということができる。原告が本訴状により本件賃貸借契約解除の意〔思〕表示をなし，本訴状が昭和62年6月12日被告に送達されていることは記録上明らかであるから，本件賃貸借契約は同日解除されたもので，賃貸借契約の終了にともなう返還義務，原状回復義務の履行として，本件建物の明け渡しとコンクリート壁の撤去を求めるとともに，昭和62年9月1日から明け渡しまでの賃料相当損害金の支払を求める本訴請求は理由がある。」

参考裁判例　東京地判昭和63年12月5日（判時1322号115頁，判タ695号203頁）
　　　　　　東京地判平成元年1月27日（判タ709号211頁）

東京地判平成 3 年 7 月 9 日（判時 1412 号 118 頁）
東京地判平成 3 年 11 月 28 日（判時 1438 号 85 頁）
東京地判平成 10 年 11 月 25 日（判時 1685 号 58 頁）
東京地判平成 17 年 10 月 18 日（判例秘書 L 06033842）

（特約違反による解除を認めなかった事例）

裁判例 401　最判昭和 36 年 7 月 21 日（民集 15 巻 7 号 1939 頁）

「原判決の認定によれば，右増築部分は，賃借建物の構造を変更せずしてこれに附属せしめられた一日で撤去できる程度の仮建築であって，賃借建物の利用を増加こそすれその効用を害するものではなく，しかも，本件家屋は，被上告人が昭和 3 年頃これを賃借した当時既に相当の年月を経た古家であって，被上告人において自ら自己の費用で理髪店向その他居住に好都合なように適宜改造して使用すべく，家主においては修理をしない約定で借受け，その当時所要の修理をして使用を始めたような経緯もあり，上告人は昭和 24 年 4 月頃前記増築がなされていることを発見したけれども，当時においては特に抗議もしなかった，というのであるから，被上告人の所論の増築行為をもって上告人に対する背信行為に当たら〔ない〕」として契約解除を認めなかった事例

参考裁判例　東京地判昭和 31 年 12 月 14 日（判時 108 号 11 頁，判タ 73 号 81 頁）
　　　　　　東京地判昭和 38 年 7 月 19 日（判時 344 号 43 頁，判タ 154 号 67 頁）

裁判例 402　京都地判昭和 41 年 1 月 26 日（判時 447 号 84 頁，判タ 187 号 147 頁）

「家屋の賃貸借において，家屋の増改築，構造の変更等をなすことを禁止し，これに違反するときは直ちに賃貸借契約を解除しうる旨の特約がある場合に，賃借人が無断増築したときでも，増築の構造と規模，賃借人の増築事情，増築の賃貸人に与える結果等より考えて，賃貸人賃借人相互の信頼関係の破壊にあたると認めるに足りない特段の事情があるときは，右無断増築を理由とする賃貸借の解除は信義則に反し許されないものと解すべきであり，本件の場合，上記認定の本件増築の構造と規模，賃借人の増築事情，増築の賃貸人に与える結果等より考えて，信頼関係の破壊にあたると認めるに足りない特段の事情があると解するのが相当である。」

参考裁判例　東京高判昭和 41 年 6 月 17 日（判タ 196 号 159 頁）
　　　　　　東京高判昭和 50 年 7 月 24 日（判タ 333 号 195 頁）

裁判例 403　東京地判昭和 56 年 3 月 26 日（判タ 454 号 123 頁）

「そうすると，本件工事によって控訴人会社の受ける損害とこれによって被控訴人の享受する利益等を比較考量すると，本件において，被控訴人が控訴人に無断でなした本件工事については，いささか強引にすぎるきらいがあったといえないこともないが，当事者間の賃貸借契約締結時の経緯と，その後の関係からすると未だ，当事者間の信頼関係を破壊したと認めることは

できないというべきである。」

裁判例 404　東京高判昭和 56 年 9 月 22 日（判時 1021 号 106 頁）

「賃借人は特定物の引渡しを内容とする債務を負う者として善良な管理者の注意をもって賃借物を保存する義務を負う（民法 400 条）から，建物の賃借人が建物の模様替えをするなど賃借物に変更を加えることは原則として許されないところであり，したがって，これを禁止，制限するとともに，違反があった場合には，賃貸人が契約を解除しうるものとする特約は，その効力を是認すべきである。」としたが，建物の賃借人は，賃借建物の原状を維持する範囲の修繕をすることができるとして，賃貸人からの賃貸借契約の解除を否定した事例

参考裁判例　東京地判昭和 61 年 10 月 31 日（判時 1248 号 76 頁）

裁判例 405　東京地判平成 3 年 12 月 19 日（判時 1434 号 87 頁）

「右の認定の事実によれば，被告がした写真印刷作業所への用法変更及び本件工事は，その目的，内容及び本件建物に及ぼす影響等を総合すると，いずれも，被告が印刷の仕事を継続していく上でなしたいわば不可避的ともいうべき変更であり，本件建物に恒久的かつ重大な影響を加えるものではないと認められる。そうすると，これらの行為は，近い将来活版印刷が継続できなくなって本件建物の明渡しを受けることができるであろうとの原告らの期待に反するものではあるが，なお，賃借人としての信頼関係を破壊しない特段の事情があると認めるのが相当である。したがって，これらの違反を理由とする原告らの債務不履行解除の主張は，結局理由がない。」

裁判例 406　東京地判平成 5 年 9 月 27 日（判時 1494 号 119 頁，判タ 865 号 216 頁）

「ところで，（書証番号省略）によれば，本件賃貸借契約の特約条項は，多数の店舗が並列して営業を行う地下街のショッピングセンターとしての特殊性を反映して，実体的にも手続的にも詳細を極めたものとなっているところであって，それは，多数のテナントを集団的に規律し，全体としての秩序やショッピングセンター全体の統一的なイメージを維持して，各店舗の共存を図り，あるいは，安全性を確保するという合理的で首肯し得る側面を有するけれども，他方，賃借人が特約条項に違背したとして賃貸借契約を解除することができるものとするためには，当該義務違背が背信的かつ重大なものであって，右のような地下街のショッピングセンターの店舗という特殊性を正当に考慮したうえでの賃貸人と賃借人との信頼関係を破壊するようなものでなければならず，単なる集団的な規律のための手続的な条項への違背をもっては，直ちに賃貸借契約を解除することはできないものと解するのが相当である。また，本件賃貸借契約は，その 1 か月当たりの賃料及び諸経費の合計が 600 万円を超えるような高額なものであって，その解除に伴って生じる経済的な効果も著しく大きいのであるから，その解除原因となり得る義務違反の程度も，それに相応した重大なものでなければならないものというべきである。」とし

て，被告の義務違背の内容及び程度は，個別的にみても全体として評価しても，未だ本件賃貸借契約の解除原因を構成するほどには背信的かつ重大なものとはいえないとした事例

裁判例 407　東京地判平成6年12月16日（判時1554号69頁）

「以上の諸事情を総合すれば，本件工事は，その規模，内容ともに軽微なものとはいえないが，被告としては，本件工事を行う緊急性，必要性，合理性があり，増改築部分の復旧も比較的容易であって，本件建物の用途目的に適っており，従前から本件建物の維持，管理，補修は専ら被告が行ってきたものであり，被告が原告の制止を無視して本件工事を強行したような事情は認め難く，原告も本件建物の価値の増加による利益を受けるのであるから，本件工事が原告，被告間の信頼関係を破壊するものとはいえず，原告，被告間の信頼関係を破壊するに足りないと認める特段の事情があるというべきである。」

参考裁判例　東京地判平成13年3月7日（判タ1102号184頁）→裁判例329

第15　ペットの飼育禁止特約

　マンションや住宅の密集する地域での賃貸借においては，ペットの飼育禁止特約を有効とする判例が多くあるが，この特約に違反したからといって，直ちに賃貸借契約を解除できるかどうかは，賃貸人と賃借人の信頼関係が破壊されるに至ったかどうかで判断すべきであるとする判例もある（河村浩「ペットをめぐる民事紛争と要件事実」判例時報2101号3頁を参照されたい。）。また，ペットの飼育が許されるマンションもあり，その場合には，ペットを飼育しない場合と比べて，敷金が高くなるという特約が結ばれることがある。このような特約について，消費者契約法10条に違反せず，有効であるとする東京高裁判決（平成21年12月16日，公刊物未登載）がある。
　以下は，特約違反による賃貸借契約の解除を肯定した判例と否定した判例である。

(特約違反に基づく解除を認めた事例)

裁判例 408　東京高判昭和55年8月4日（判タ426号115頁）

「被控訴人のした本件賃貸借契約の更新拒絶は控訴人が本件部屋のベランダで犬2匹を飼育することによって昭和51年秋頃から本件部屋付近居住者に犬の糞尿とか吠声等による被害を発生させて多大の迷惑を及ぼし，被控訴人から再三に亘り犬の飼育中止を求められたにもかかわらず，頑なにこれを拒んだことをその理由とするものであって，本件更新拒絶は居住者に静穏な住居を供給すべき義務を有する共同住居の賃貸人である被控訴人において前記契約条項の有無にかかわらず，これをなし得るものというべきであるうえに，前述のとおり本件のような

共同住宅にあっては賃貸人は賃借人に対し静穏に居住させる義務を有しているのみならず，賃借人相互間においても危険，不潔その他近隣に迷惑を及ぼす行為は厳にこれを慎まなければならないことは今更いうまでもないところであるから，賃貸人においてこれが実効を確保するため前記のような条項を設けることは当然になし得るものといわなければならない。従って前記条項はもとより借家法 6 条に反するものでも，公序良俗に反するものでもないし，また本件全証拠を検討するも被控訴人が本件賃貸借契約において右条項を適用する意思が全くなかったにもかかわらず，これを設けたと認めるに足るものはないから右条項が民法 93 条但書により効力を有しないとすることはできない。」

裁判例 409　東京地判昭和 58 年 1 月 28 日（判時 1080 号 78 頁，判タ 492 号 95 頁）

本件のような多数の居住者を擁する賃貸マンションにおいては，猫の飼育を禁止するような特約がなされざるを得ないものということができ，賃借人が右特約を遵守しているものとは言い難く，すでに賃貸人と賃借人の信頼関係は失われているものということができるから，本件賃貸借契約は，解除により終了したといわなければならないとした事例

裁判例 410　東京地判昭和 59 年 10 月 4 日（判時 1153 号 176 頁）

賃借人が，本件部屋内において，犬，猫等の動物を飼育してはならず，これに違反したときは，賃貸人は，本件賃貸借契約を解除することができる旨の特約に違反して，本件部屋を犬，猫等の飼育及び飼料，器具等の保管場所として使用していた賃借人の行為について，背信行為と認めるに足りない特段の事情もないとして，賃貸人からの解除の意思表示を有効とした事例

裁判例 411　名古屋地判昭和 60 年 12 月 20 日（判時 1185 号 134 頁，判タ 588 号 81 頁）

「本件鳩舎が本件賃貸建物の敷地に基礎を置く鉄骨柱及び木柱を支えの一部とする点で本件賃貸建物の敷地を利用していることは明らかであり，かつ，本件鳩舎の規模を考えれば，右が賃借人の敷地利用方法を逸脱するものとみるべきことは明らかである。一方，被告 Y が本件鳩舎において約 100 羽の鳩を飼育していることは前記のとおりであり，仮に被告ら主張のとおり鳩の鳴き声が低音かつ小音であり鳩の糞は臭いが殆んどないものとしても，その騒音，臭気が絶無のものとは到底考えられないのであって，殊に本件賃貸建物の如き共同住宅にあっては，他の居住者に対する配慮の点からも右の如き多数の鳩の飼育は慎まなければならない行為であることはいうまでもない（現に弁論の全趣旨によれば，被告 Y の飼育する鳩を原因として被告らと近隣住民との間で軋轢を生じ，近隣住民から被告らに対する訴えが提起されるまでに至っていることが認められる。）。従って，右の如き多数の鳩の飼育は愛玩用小動物を少数飼育する場合と全く異なるものというべく，居住を目的とする建物賃貸借契約において当然に賃貸借契約の内容として許容されるものとはいい難いものである。」として，被告らの各義務違反行為を総合すれば，被告らの背信行為とみて差し支えないとした事例

裁判例 412 新宿簡判昭和61年10月7日（判時1221号118頁，判タ624号189頁）

「貸室内において風紀衛生上，若しくは火災等危険を引起こすおそれのあること，又は近隣の迷惑となるべき行為其の他犬猫等の家畜を飼育してはならない」旨の特約に違反し，そのため，賃貸借契約の基礎となる賃貸人，賃借人間の信頼関係が破壊されるに至ったとして，本件賃貸借契約は解除により終了し，賃借人は賃貸人に対し，本件貸室を明け渡すべきものであるとした事例

（ペット飼育と用法違反）

裁判例 413 東京地判昭和62年3月2日（判時1262号117頁）

「ところで，居住用の目的でした建物の賃貸借契約において，当該建物内で猫等の家畜を飼育してはならないとの特約がない場合であっても，猫等の家畜を飼育することによって，当該建物を汚染，損傷し，更には，近隣にも損害ないし迷惑をかけることにより賃貸人に苦情が寄せられるなどして，賃貸人に容易に回復し難い損害を与えるときは，当該家畜の種類及び数，飼育の態様及び期間並びに建物の使用状況，地域性等をも考慮したうえで，なお，家畜の飼育が居住に付随して通常許容される範囲を明らかに逸脱していて，賃貸借契約当事者間の信頼関係を破壊する程度に至っていると認められる限り，右家畜の飼育は，賃貸借契約における用方違反に当たるというべきである。」として，解除による賃貸借契約終了に基づき，本件賃貸部分の明渡しを認めた事例

裁判例 414 東京地判平成7年7月12日（判時1577号97頁）

「したがって，被告Yが本件建物内で本件犬を飼育していることは賃貸借契約における特約違反といわざるをえない。確かに，犬を飼育すること自体は何ら責められるべきことではないが，賃貸の共同住宅においては，犬の飼育が自由であるとすると，その鳴き声，排泄物，臭い，毛等により当該建物に損害を与えるおそれがあるほか，同一住宅の居住者に対し迷惑又は損害を与えるおそれも否定できないのであって，そのような観点から，建物内における犬の飼育を禁止する特約を設けることにも合理性がある。そうすると，被告Yが，本件建物内での本件犬の飼育の仕方に意を払っていることはうかがわれるとしても，動物等飼育禁止の特約がある以上は，賃借人として右特約を守らなければならないというべきである。」として，契約解除に基づく建物明渡しを認めた事例

裁判例 415 東京地判平成8年7月5日（判時1585号43頁）

マンションにおける「小鳥及び魚類以外の動物を飼育することを禁止する」規約に違反して犬猫を飼育する者がいたため，当時の管理組合は，一代限りの飼育を認めることを管理組合総会に諮り，賛成多数で承認されたが，管理組合の執った右措置は，区分所有者の共同の利益の

保護実現を目指しつつ，既に飼育していた犬猫が寿命を全うできるように配慮した経過措置であって，その内容を公表したことと併せて十分合理的なものであるということができ，権利の濫用にも該当しないとした事例

（特約違反に基づく解除を認めなかった事例）

裁判例 416 東京北簡判昭和 62 年 9 月 22 日（判タ 669 号 170 頁）

犬猫飼育禁止及び石油ストーブ使用禁止の特約について，「過去の契約更新の度毎に貸主側によってそれが強調され，被告もその特約の存在を認めているから特約は一応有効に成立しているものと解することができる。そうして賃貸人が，特約違反を理由に賃貸借を解除できるのは，賃借人が右特約に実質的に違反するような行為をなし，そのため賃貸借契約関係の基礎となる賃貸人，賃借人間の信頼関係が破壊されるに至ったときに限ると解するのが相当である（最高裁判所昭和 50 年 2 月 20 日判決，民集 29 巻 2 号 99 頁参照）。〔略〕また，被告の石油ストーブの使用について，火災等の危険を引起こすおそれのある問題となる行為についてこれを認めるに足りる証拠はない。3 以上の各事実認定を総合して被告は特約上の義務違反として借家人として遵守すべき信義則上の義務違反はなく，信頼関係が破壊されるに到ったと認めることはできない。」

第16　賃借権の譲渡，転貸に関する特約

賃借権を他に譲渡，転貸するには，賃貸人の書面による承諾を要するとの特約がなされることが多くあるが，その特約の有効性と，有効であるとしても特約に違反した場合，賃貸借契約を解除することができるかどうかについては次のような判例がある。

（特約がある場合）

裁判例 417 最判昭和 41 年 7 月 1 日（判時 457 号 35 頁，判タ 195 号 78 頁）

「そして，本件賃貸借契約中の賃借人のする転貸等については賃貸人の書面による承諾を要する旨の特約が，継続的な賃貸借契約関係において賃貸人の承諾の有無についての法律関係を明確にし，将来の紛争を避けんとするにあり，したがって，このような合理的な目的をもってされた法律行為の方式の制限についての合意は，有効であるとする旨の原判決の判断は，当審も正当としてこれを支持することができる。」

裁判例 418 最判昭和44年2月13日（民集23巻2号316頁，判時551号46頁，判タ233号77頁）

「賃借権譲渡に賃貸人の書面による承諾を要する旨の特約は，賃貸借契約において賃貸人の承諾の有無についての法律関係を明確にし将来の紛争を避けることを目的とするものであって，かかる合理的目的をもってなされる法律行為の方式の制限についての合意は有効であると解すべきである（最高裁判所昭和41年(オ)第483号，同41年7月1日第二小法廷判決，裁判集民事84巻7頁参照）。しかしながら，かかる特約がなされたにもかかわらず賃借人が賃貸人の書面による承諾を得ないで賃借権を譲渡した場合であっても，前記特約の成立後にこれを変更し右書面による承諾を不要とする旨の合意が成立するか，または，前記書面による承諾を必要とした特約の趣旨その他諸般の事情に照らし，右譲渡が賃貸人に対する背信的行為であると認めるに足りない特段の事情が存する事実について，賃借人から立証がなされた場合には，賃貸人は前記特約に基づき賃貸借を解除することは許されないと解するのが相当である。

ところで，原審は，本件土地賃借権譲渡につき，昭和39年6月3日，原判示の黙示の承諾のなされた事実を確定し，右によれば，上告人主張の本件土地賃貸借の解除権は発生しないと判断している。しかし，本件賃貸借において，賃借権を譲渡するには書面による承諾を要する旨の特約がなされたことは原審の確定するところであるから，原判示の前記黙示の承諾のなされるに際し右書面による承諾を不要とする旨の合意が成立したか，ないしは前記特段の事情の存在する事実について立証のなされた場合でなければ，上告人主張の解除権の発生を否定できないことは，前記の理由により明らかである。したがって，原審が，右の事実を認定することなく，原判示の黙示の承諾の存在することを理由に，上告人主張の解除権の発生を否定したのは違法であり，原判決は，この点において破棄を免れない。」として，結果的に原審に差し戻した事例

参考裁判例　東京地判昭和47年10月30日（判時697号66頁）
　　　　　　東京地判昭和61年6月27日（判タ641号158頁）

裁判例 419 大阪高判平成5年4月21日（判時1471号93頁）

「そして，（証拠省略）によれば，控訴人と被控訴人Y1の本件建物賃貸借契約において，被控訴人Y1は控訴人の書面による承諾がなければ，本件建物を他に転貸できない旨の特約がなされていることが認められるところ，被控訴人Y1は，本件建物を被控訴人Y2に転貸しながら，控訴人に右転貸の承諾を求めたことはなく，被控訴人Y2との契約により，本件賃貸借の賃料の2倍を上回る利益を毎月収得していたのであり，加えて，控訴人と信頼関係もなく，また，控訴人の制肘の及ばない経営者が，本件建物を使用することを控訴人において甘受しなければならない理由はないこと等を考慮すると，本件建物の転貸借には，信頼関係を破壊すると認めるに足りない特段の事情があるということはできない。」

参考裁判例　東京地判平成15年5月16日（判例秘書L05832025）

裁判例 420　東京地判平成 18 年 5 月 15 日（判時 1938 号 90 頁）

「しかしながら，本件特約条項は，その文言上も，借主における株券譲渡，商号，役員変更等が直ちに賃借権の譲渡に当たると規定しているものではなく，このような手段による脱法的無断賃借権の譲渡が賃借権の譲渡に含まれる旨を記載しているにすぎない。また，実質的にみても，建物賃貸借関係においては，賃料の支払いの下に建物の使用を認めるものであるから，賃料の支払いの確実性と建物使用の態様が重視されるべき要素となるところ，本件においては，賃料の支払状況に変動はなく，将来の賃料支払の確実性についても，前述のようにAが東証一部上場企業であることに照らせば，確実性が高まりこそすれ，低くなることは考え難い。建物使用の態様についても，従前と同一の店名でラーメン・中華料理店を営業しているものと認められ，店長をはじめ従業員の大部分において交代が生じたとしても，もともと営業を目的として法人に店舗の賃貸をしている以上，従業員の交代等は借主の都合により当然に許容されるべきものであり，これをもって建物使用の態様に変更が生じたものと認めることもできず，他に使用形態自体に変更があることを認めるに足りる証拠はない。さらに，Aによる被告買収の主たる目的が承諾料等を支払うことなく，本件賃貸借による賃借権を取得することにあるものと認めることはできず，経営実権に変動が生じた借主が本件建物を賃借することになったとしても，それは，被告の法人組織全体がM＆Aを受けたことにより，結果的に生じたものにすぎず，このような一連の流れにおいて被告の脱法的な意思の存在を窺わせるに足りる証拠もない。以上の事情を総合すれば，本件における被告の株券譲渡，商号，役員変更等が本件特約条項が規定する脱法的無断賃借権の譲渡に当たると解することはできない。三　したがって，その余の点について判断するまでもなく，原告による，本件賃借権の無断譲渡を理由とする本件解除に基づく本件建物明渡等の請求はいずれも理由がない。」

（特約がない場合）

裁判例 421　最判昭和 28 年 9 月 25 日（民集 7 巻 9 号 979 頁，判時 12 号 11 頁，判タ 34 号 45 頁）

賃借人が賃貸人の承諾を得ないで賃借権の譲渡又は賃借物の転貸をした場合であっても，賃借人の右行為を賃貸人に対する背信行為と認めるに足りない特段の事情があるときは，賃貸人に民法 612 条 2 項による解除権は発生しないものと解するを相当とするとした事例

裁判例 422　最判昭和 30 年 9 月 22 日（民集 9 巻 10 号 1294 頁，判タ 52 号 42 頁）

「民法 612 条 2 項が，賃借人が賃貸人の承諾を得ないで賃借権の譲渡又は賃借物の転貸をした場合，賃貸人に解除権を認めたのは，そもそも賃貸借は信頼関係を基礎とするものであるところ，賃借人にその信頼を裏切るような行為があったということを理由とするものである。それ故，たとえ賃借人において賃貸人の承諾を得ないで上記の行為をした場合であっても，賃借人の右行為を賃貸人に対する背信行為と認めるに足りない特段の事情のあるときは，賃貸人は同条同項による解除権を行使し得ないものと解するを相当とする。しかるに本件においては，原

審の認定した事実関係の下においては，賃借権の譲渡に関する諸般の事情は，まさに上記賃貸人に対する背信行為と認めるに足りない特段の事情と認めうるのであって，従って本件の場合に，原審が民法612条2項による解除権の行使を認めなかったことは正当である。」

裁判例 423　最判昭和31年5月8日（民集10巻5号475頁）

「賃借人が賃貸人の承諾を得ないで賃借物の転貸をした場合であっても，賃借人の右行為を賃貸人に対する背信行為と認めるに足りない特段の事情あるときは，賃貸人は民法612条2項による解除権を行使し得ないことは当裁判所の判例とするところである（昭和25年(オ)第140号同28年9月25日第二小法廷判決，集7巻9号979頁。昭和28年(オ)第1146号同30年9月22日第一小法廷判決，集9巻10号1294頁各参照）。そして原審の認定した一切の事実関係を綜合すれば，被上告人の本件無断転貸は賃貸人に対する背信行為と認めるに足りない特段の事情があると解するのが相当であって，原判決が右解除を無効と判断したのは正当である。」

裁判例 424　最判昭和36年4月28日（民集15巻4号1211頁）

「賃借人が賃貸人の承諾を得ないで第三者をして賃借物を使用させた場合においても，賃借人の当該行為が賃貸人に対する背信的行為と認めるに足らない特段の事情がある場合においては，賃貸人は，民法612条2項により契約の解除をなし得ないこと，当裁判所屡次の判例の趣旨とするところである（昭和25年(オ)第140号同28年9月25日第二小法廷判決民集7巻979頁，昭和28年(オ)第1146号同30年9月22日第一小法廷判決民集9巻1294頁，昭和29年(オ)第521号同31年5月8日第三小法廷判決民集10巻475頁）。そして原審の認定した一切の事実関係(殊に，本件賃貸借成立の経緯，本件家屋の所有権は上告人にあるが，その建築費用，増改築費用，修繕費等の大部分は被上告人Aが負担していること，上告人は多額の権利金を徴していること，被上告人Aが共同経営契約に基き被上告人Bに使用させている部分は，階下の極く一小部分であり，ここに据え付けられた廻転式「まんじゅう」製造機械は移動式のもので家屋の構造には殆ど影響なく，右機械の取除きも容易であること，被上告人Bは本件家屋に居住するものではないこと，本件家屋の階下は元来店舗用であり，右転貸に際しても格別改造等を行なっていないこと等)を綜合すれば，被上告人Aが家屋賃貸人たる上告人の承諾を得ないで被上告人Bをして本件家屋の階下の一部を使用させたことをもって，原審が家屋賃貸人に対する背信的行為と認めるに足らない特段の事情があるものと解し，上告人のした本件賃貸借契約の解除を無効と判断したのは正当である。」

裁判例 425　最判昭和39年11月19日（民集18巻9号1900頁，判時396号37頁，判タ170号122頁）

賃借人が個人企業を会社組織に改め，賃貸人の承諾なくして当該会社に賃借家屋を使用させている場合でも，賃貸人に対する背信行為と認めるに足りない特段の事情があり，したがって，民法612条による解除権は発生しないとした事例

参考裁判例　東京地判昭和57年5月21日（金判668号38頁）

裁判例 426 東京地判平成 17 年 1 月 25 日（判例秘書 L 06030204）

「そうすると，本件建物のゲストハウスとしての使用は，無断転貸となり，原被告間の信頼関係を破壊する程度のものであるから，解除原因となるべきものである。確かに，契約書上は転貸（被告の社員寮としての使用）が認められており，また，語学学校A講師への転貸も口頭で許容したことは原告の自認するところであって，原告は，本件建物の転貸を全く禁止していたわけではない。しかしながら，原告により許容されていた転貸借は，いずれも，転借人が，被告の従業員又は有名な語学学校Aの従業員であって，賃貸人である原告にとっても相応の信用のある人物が転借人となり，転借人の非違行為も被告やAの影響力によりある程度抑止できると予想することができるものであった。他方，被告が一般の女性を対象にインターネットで転借人を募集するというのは，賃貸人である原告にとってどのような転借人が出現するか予想し難く，転借人の非違行為を被告の影響力により抑止することも原告の目からみるとあまり期待できないものである。結局のところ，被告は，契約上許容されていた転貸借とは異質の転貸借を，貸主の承諾を得ずに行っていたものというべきである。そして，このような転貸借は，通常，賃貸人と賃借人との間の信頼関係を破壊するものというべきである（信頼関係を破壊するとはいえない特段の事情を認めるに足りる証拠はない。）。本件においては，被告は，信頼関係を破壊する転貸借を行っていたものというほかはなく，本件賃貸借契約には解除事由がある。」

参考裁判例 東京地判平成 18 年 8 月 28 日（判例秘書 L 06133303）

第17 その他の特約

　建物の賃貸借契約を締結するに当たっては，建物の周囲環境等によって様々な特約が締結されることがある。次のような判例がある。

（店舗の変更等に関し，「本契約時の本店舗の位置，面積などが建物の設計・店舗レイアウト，法規制などの関係上変更の必要が生じたときは，賃貸人は，位置，面積，賃貸借料，共益費，建設協力預託金，敷金などの額を改定するものとし，賃借人はこれに対し異議を述べない」旨の特約）

裁判例 427 名古屋高判平成 9 年 6 月 25 日（判時 1625 号 48 頁，判タ 981 号 147 頁）

「そうすると，一審原告に賃借人としての義務違反があり，それが賃貸人との間の信頼関係を破壊するに足りるものであることは明らかであるから，一審被告Yの平成 6 年 2 月 10 日付け法定解除の主張は，理由がある。」

(賃借人は騒音をたてたり風紀を乱すなど近隣の迷惑となる一切の行為をしてはならない旨の特約)

裁判例 428 東京地判平成10年5月12日（判時1664号75頁）

「被告らの右各行為は，本件賃貸借契約の特約において，禁止事項とされている近隣の迷惑となる行為に該当し，また，解除事由とされている共同生活上の秩序を乱す行為に該当するものと認めることができる。そして，被告らの右各行為によって，506号室の両隣りの部屋が長期間にわたって空室状態となり，原告が多額の損害を被っていることなど前記認定の事実関係によれば，被告らの右各行為は，本件賃貸借における信頼関係を破壊する行為に当たるというべきである。」

(賃借人は，近隣の迷惑となる行為をしてはならない旨の特約)

裁判例 429 東京地判平成17年2月28日（判例秘書L06030847）

「これらの認定事実によれば，前記(1)ないし(3)の被告の行動は，前提となる事実1の特約に規定された『近隣の迷惑となる行為』にあたり，このような行為によって，原，被告間の信頼関係は破壊されたものと認められるから，本件解除の解除原因があるということができ，本件賃貸借契約は，無催告でなされた本件解除により終了したものといえる。」

(乙は他の入居者の営業に支障を及ぼすような宣伝・広告・装飾および陳列をしてはならない。甲において乙が前項の規定に違背すると認めるときは直ちにこれを中止，変更又は撤去させることができる旨の特約)

裁判例 430 東京地判平成18年6月9日（判時1953号146頁）

「ところで，多数の賃借人が入居するビルにおいて，個々の賃借人がビルの共用部分に任意に看板等を設置できるとすれば，ビルの所在，外観及び個々の賃借物件の形状等諸般の状況を考慮して当該賃貸借契約を締結した賃借人の営業にとって支障が生ずるし，実際，他の入居者から苦情を受けている上，被告自身も，他の賃借人の看板撤去を求めていたことからすれば，本件袖看板及び本件メニュー板は，『他の入居者の営業に支障を及ぼすような』ものであるということができる。また，Aの相談を契機としてではあるものの，B区役所が本件置き看板の道路不適正使用是正の協力依頼をしており，本件置き看板の設置が道路の不適正使用に該当することは明らかであること，また，本件ビルの電源を無断使用することで本件ビル全体の電気系統に支障が出るおそれがあることからすれば，本件置き看板の設置も，『他の入居者の営業に支障を及ぼすような』ものであるということができる。以上によれば，被告が主張する本件置き看板設置に係る電気代の支払の事実や本件看板等の設置時間等を考慮しても，本件看板等は『他の入居者の営業に支障を及ぼすような宣伝・広告・装飾および陳列』にあたるということができる。」

(賃借人は，年末年始を除き，連続3日間を超えて本件建物における営業を休業するときは，予め賃貸人に対し書面で申入れをし，賃貸人の書面による承諾を得なければならず，賃借人がこれに反した場合，賃貸人は通知催告することなく本件賃貸借契約を解除することができる旨の特約）

裁判例 431 東京地判平成22年10月28日（判時2110号93頁）

賃貸人と賃借人は，種々の業種の賃借人が入って相互に本件建物全体としての客の入りを向上させることを前提として本件契約を締結し，これを担保するために特約が定められたものと認められる。したがって，本件特約は，賃借人の休業を事前に告知して他の賃借人との調整を図るために設けられた規定にすぎないものではなく，賃貸人の承諾なく本件店舗を閉店することは，本件特約に違反するとして，賃借人の債務不履行を認め，賃貸人の損害賠償請求を肯定した事例

第18 自力救済と特約

私力の行使は，原則として法の禁止するところであるが，法律に定める手続によったのでは，権利に対する違法な侵害に対抗して現状を維持することが不可能又は著しく困難であると認められる緊急やむを得ない特別の事情が存する場合においてのみ，その必要の限度を超えない範囲内で，例外的に許されるものと解することを妨げないとされている（最判昭和40年12月7日，民集19巻9号2101頁，判時436号37頁，判タ187号105頁）。

そして，賃貸借契約における自力救済の是非について争われたものとしては，次のような判例がある。

（自力救済を認めた事例）

裁判例 432 東京地八王子支判昭和40年1月27日（判タ174号155頁）

一般的に，賃貸借契約の約旨ないし本旨に違反し信義則に違反する賃借人の使用行為に対して，これを阻止するための自救行為について，当該自救行為が不法行為を構成するかどうかは，違反行為と阻止するための自救行為とのそれぞれの態容，結果その他諸般の事情を総合し衡量して衡平の原則によって判定されるべきものであるとして，賃貸人の賃借人に対する部屋の窓ガラスへの新聞紙の糊貼り及び賃借人らの共同の扉に貼ってあった貼り紙を取り除いた行為は，不法行為を構成しないとした事例

裁判例 433 東京高判昭和41年9月26日（判時465号46頁，判タ202号177頁）

上記東京地裁八王子支部判決の控訴審であるが，第一審と同様に，賃貸人の行為は，許され

るべき自救行為であって，違法性を認めがたいとした事例
参考裁判例 東京高判昭和42年3月9日（判時482号48頁）

裁判例 434　東京高判昭和51年9月28日（判タ346号198頁）

　被控訴人である賃貸人の方で，本件建物の戸口にベニヤ板の告知板を立てたり，戸口の鍵を取り替えた点につき，「以上の事実関係に照らすと，被控訴人としては，従来の行動等から控訴人に対する信頼の念を全く失い，本件建物の明渡義務の円滑な履行について危惧の念を抱き，この際1日も早く自己の権利を実現して損害の拡大化を防止し，あわせて保安上の問題をも解決する必要があるとの考えから前記のような措置に出たものと推認され，右のような考えに至ったことについてあながち被控訴人を責めることはできないものというべく，このことと，先に認定した右措置の具体的態様も，右認定の事実関係の下では，契約解除により明渡請求権を有する賃貸人の権利行使として社会通念上著しく不相当なものとまではいえないこととをあわせ考慮すると，被控訴人が前記のような措置をとったことをもって直ちに違法であるということはできないと解すべきである。」

（自力救済を認めなかった事例）

裁判例 435　東京地判昭和47年3月29日（判時679号36頁）

　「ところで，被告Yの右行為は前記合意解除の際における明渡の約定に基づく，被告会社の原告に対する本件建物の明渡請求権を保全するため自力によってなされた明渡し行為というべきものであり，いわゆる自力救済としてなされたものであるところ，原告にも右明渡しの約定に反した点はあるにせよ，被告Yの前記認定のような実力行使の態様にあわせ，被告会社の自力救済によって守らるべき権利と原告のこれによって失う利益を比較考量すると，前認定の被告Yの行為は社会的に是認された範囲を逸脱し，したがって違法性を有し不法行為を構成するものというべきであり，被告Yは前認定のとおり被告会社の取締役であってその被用者であり，その前記行為は貸金業，不動産売買および斡旋に関する事業等を営む被告会社〔略〕の事業の執行につきなされたものというべきであるから，被告Yは直接の不法行為者として民法第709条により，被告会社はその使用者として民法第715条により，原告の受けた後記損害を連帯して賠償する義務がある。」

裁判例 436　東京地判昭和47年5月30日（判時683号102頁）

　本件賃貸借契約の期間満了後，賃借人が本件建物の猶予期限を徒過したため，賃貸人が，本件建物部分表側扉の内部からベニヤ板を打ち付け，かつ施錠を破損して出入りを不能にしたり，裏側廊下から非常口階段上端に通ずる途中にベニヤ板のバリケードを設置して通行を妨害したり，配電盤を操作して送電を中止させたりした行為につき，「右認定事実によれば，被告は自力をもって本件建物部分明渡請求権の実現を違法に遂行しようとして，右認定の行為に出たもの

と認められ，これにより原告の本件建物部分および什器備品に対する占有権，付帯設備（消火液）の所有権ならびに営業権を侵害したものであるから，たとえ原告が本件建物部分の賃借権を喪失し，被告に対する明渡義務を負担していた者であったとしても，なお不法行為責任を免れない。」

裁判例 437　大阪高判昭和62年10月22日（判時1267号39頁，判タ667号161頁）

「まず，賃借人控訴人らは，被控訴人職員Ａが本件建物の施錠を破壊し立ち入り一連の措置をとった当時，すでに生活の本拠を他に移し，事実上本件建物に居住せず，また賃料の支払いを怠る等の約定違反も存したことは明らかであるが，他方，控訴人らとしては当時なお内部の電話，ガス，水道，電気は継続利用可能の状態にしており（またそれゆえ，その基本料金も負担し，または少くとも負担する義務のある状態にあったことが推認せられ），かつ内部には従来使用していた家具，日用生活品等を多数存置したうえ閉め切り，建物に施錠していたのであるから，控訴人らは，必ずしも通常の用法とは言い難い点もあるが，なお賃借人として本件建物の占有を確保継続し一定のプライバシーを保有する状態で使用収益をしていたものと解すべきである。〔略〕したがって，当時屋内の管理が悪く，残置物も乱雑に放置されていたからといって，直ちに控訴人らがこれらすべての所有権を放棄したものと解することはできない。また，残置物がすべて客観的，主観的に無価値のものと解することも困難である。そうすると，少くとも被控訴人公団職員Ａが職務上本件建物内にあった控訴人ら所有の有価の残置物をすべて本件建物から搬出し，玄関の錠を取り替えて新しい錠の鍵を被控訴人の公団で保管し，さらには右の残置物をすべて廃棄処分した所為は違法であるというほかない。右Ａの所為は，要するに，本来債務名義に基づき公権力の行使としてなされるべき建物明渡しの強制執行を自力をもって私的に行ない，あわせて控訴人ら所有の一部有価の動産を無断で廃棄してその所有権を侵害したものとも解せられ，このような所為をたやすく容認することは現行法制上も許されないところであって，いま右のような所為についてその違法性を阻却すべき特段の事情も本件においてはこれを認めることが困難である」

裁判例 438　大阪簡判平成21年5月22日（判時2053号70頁，判タ1307号183頁）

賃貸人の賃借人に対する未払賃料の請求について，「被告は，鍵を交換し原告を本件建物から閉め出すことによって，間接的に未払賃料の支払いを促そうとしたものと推認されるが，被告のこうした行為は通常許される権利行使の範囲を著しく超えるもので，原告の平穏に生活する権利を侵害する行為であり，原告に対する不法行為を構成するのは明らかである。」とした事例

裁判例 439　姫路簡判平成21年12月22日（消費者法ニュース83号60頁）

被告である不動産管理会社が，その社員Ａをして，賃借人である原告に対し，「荷物は全て出しました」との貼り紙をドアに貼ったり，ドアの鍵の部分にカバーを掛け，入室できない状況

にしたため，原告は部屋を使用できず，自分の車での寝泊まりを余儀なくされたとして，不動産管理会社と賃貸人に不法行為責任を認めた事例

(特約あり，自力救済を認めなかった事例)
　以上の判例は，賃貸借契約書面に，自力救済に関する特約のない場合であるが，以下に掲げるのは，特約のある場合であり，いずれにおいても不法行為に当たるとし，自力救済を認めていない。

(賃貸借終了後，借主が建物内の所有物件を貸主の指定する期限内に搬出しないときは，貸主はこれを搬出保管又は処分の処置をとることができる旨の特約)

裁判例 440　東京高判平成3年1月29日（判時1376号64頁）

「右合意は本件建物の明渡し自体に直接触れるものではなく，また物件の搬出を許容したことから明渡しまでも許容したものと解することは困難であるから，右合意があることによって，本件建物に関する控訴人の占有を排除した被控訴人の前示行為が控訴人の事前の承諾に基づくものということはできない。また，什器備品類の搬出，処分については，右合意は，本件建物についての控訴人の占有に対する侵害を伴わない態様における搬出，処分（例えば，控訴人が任意に本件建物から退去した後における残された物件の搬出，処分）について定めたものと解するのが賃貸借契約全体の趣旨に照らして合理的であり，これを本件建物についての控訴人の占有を侵害して行う搬出，処分をも許容する趣旨の合意であると解するのは相当ではない。これが後者の場合をも包〔含〕するものであるとすれば，それは，自力執行をも許容する合意にほかならない。そして，自力執行を許容する合意は，私人による強制力の行使を許さない現行私法秩序と相容れないものであって，公序良俗に反し，無効であるといわなければならない。これに対して，前者は，控訴人の支配から離れた動産の所有権の処分に関する問題にすぎず，これを他人に委ねることに何らの妨げもないというべきである。したがって，右合意は，前者のように解する限りにおいてのみ効力を有するものと解するのが相当である。そうすると，前説示のとおり，被控訴人による前示搬出，処分の行為は，本件建物についての控訴人の占有に対する侵害を伴って行われたものであるところ，右合意の存在によりその違法性が阻却されるものではないことが明らかである。」

(賃借人が本契約の各条項に違反し賃料を1か月以上滞納したとき又は無断で1か月以上不在のときは，敷金保証金の有無にかかわらず，本契約は何らの催告を要せずして解除され，賃借人は即刻室を明け渡すものとする。明渡しできないときは室内の遺留品は放棄されたものとし，賃貸人は，保証人又は取引業者立会いの上，随意遺留品を売却処分のうえ債務に充当しても異議がない旨の特約)

裁判例 441　浦和地判平成6年4月22日（判タ874号231頁）

「(1)前記1に認定の事実からすれば他に特別の事情がない限り被告らの関与した本件廃棄処分は違法というべきである。(2)被告らは，仮に本件廃棄処分について被告らに何らかの関与が

あるとしても，右処分は本件条項に基づいて行なわれたものであるから適法であると主張し，本件契約書に本件条項が記載されていることは当事者間に争いがない。しかし本件条項は，要するに賃借人が賃料を1か月以上滞納した場合若しくは無断で1か月以上不在のときは，無催告で解除され，賃借人の室内の遺留品の所有権は放棄されたものとして，法の定める手続きによらず処分することができるというものであり，賃借人が予め賃貸人による自力救済を認める内容であると考えられるところ，自力救済は，原則として法の禁止するところであり，ただ，法律に定める手続きによったのでは権利に対する違法な侵害に対して現状を維持することが不可能又は著しく困難であると認められる緊急やむを得ない特別の事情が存する場合において，その必要の限度を超えない範囲内でのみ例外的に許されるに過ぎない。従って，被告らが主張するように本件廃棄処分が本件条項にしたがってなされたからといって直ちに適法であるとはいえない。」

（賃借人が賃借料の支払いを7日以上怠ったときは，賃貸人は，直ちに賃貸物件の施錠をすることができる。また，その後，7日以上経過したときは，賃貸物件内にある動産を賃借人の費用負担において賃貸人が自由に処分しても，賃借人は，異議の申立てをしないものとする旨の特約）

裁判例 442　札幌地判平成11年12月24日（判時1725号160頁，判タ1060号223頁）

「㈠　本件特約の文言〔略〕によれば，本件特約は，賃料の支払を怠った賃借人に対してその履行を強制することを目的としたものと認められる。そして，本件特約に基づいて行われる措置（本件居室への立入り及び錠の取り替え）が賃借人の平穏に生活する権利を侵害することを内容とするものであることは明らかである。もっとも，未払賃料の支払を催告するなどの行為も，賃借人の生活の平穏を一定程度脅かす面があることは否定できないが，本件特約に基づく措置は，催告のように金銭債権の行使方法として社会通念上通常のものであると認められる範囲を大きく超えているものといわざるを得ない（だからこそ，被告会社側は，敢えて特約という形式で本件特約条項を設けたのであると思われる。なお，被告らも，本件行為が本件特約に基づいて行われたということを本件行為の違法性を阻却する事情と捉えて主張を構成している。）。㈡　そうだとすると，本件特約は，賃貸人側が自己の権利（賃料債権）を実現するため，法的手続によらずに，通常の権利行使の範囲を超えて，賃借人の平穏に生活する権利を侵害することを内容とするものということができるところ，このような手段による権利の実現は，近代国家にあっては，法的手続によったのでは権利の実現が不可能又は著しく困難であると認められる緊急やむを得ない特別の事情が存する場合を除くほか，原則として許されないものというほかなく，本件特約は，そのような特別の事情がない場合に適用される限りにおいて，公序良俗に反し，無効であるといわざるを得ない。」

（被告は本ビル又は本物件の保安管理上その他の必要ある場合には，事前に通告し，原告又は原告の使用人の立会いのもとに本物件内に立ち入り，点検または必要な措置を講ずることができる。緊急の必要がある場合には，被告は事前の通告なしに本物件内に立ち入ることができるものとし，この場合には被告は事後原告に報告する旨の特約）

裁判例 443　東京地判平成16年6月2日（判時1899号128頁）

「前記認定のとおり，本件鍵交換は，被告において，原告の実質的経営者であるAが身柄拘束中であり，本件建物明渡の要否について判断することが困難な状況にあることを了知した上でなされたものであり，本件解除通知において予告はされていたものの，本件解除通知到達から僅か6日後に事前に具体的な日時の指定をなすことなく，本件建物内の動産類の持ち出しの機会を与えることなく，たまたま居合わせた原告の関係会社の従業員を立ち会わせて行われたものであり，前後の経過に照らせば，原告代表者がこれを事前事後において，承諾ないし容認したものとは認められないことからすると，本件鍵交換は，未払賃料債務等の履行を促すために行われた，原告の占有権を侵害する自力救済に当たるものと認めるのが相当である。そして，自力救済は，原則として法の禁止するところであり，ただ，法律に定める手続によったのでは，権利に対する違法な侵害に対して現状を維持することが不可能又は著しく困難であると認められる緊急やむを得ない特別の事情が存する場合において，その必要の限度を越えない範囲内でのみ例外的に許されるにすぎない（最判昭和40年12月7日民集19巻9号2101頁）。この点，被告は，原告の賃料滞納を理由に原告との間の本件建物に関する賃貸借契約を解除する旨の通知をしたが，原告から連絡もなく，家賃の支払もなされなかったため，鍵を交換した旨述べる。しかし，前記のとおり，本件賃貸借契約が解除され，その後の原告による本件建物の占有が権限に基づかないものであることを前提にしても，単に本件建物の鍵を交換して原告による利用を妨害することは，現状を維持して原告の権利を保護することにはならないし，本件においては，法律に定める手続によったのでは権利に対する違法な侵害に対して現状を維持することが不可能又は著しく困難であると認められる緊急やむを得ない特別の事情は何ら認められない。したがって，本件鍵交換は違法な自力救済に当たり，不法行為が成立するものと認められる。」

（賃借人が賃料を滞納した場合，賃貸人は，賃借人の承諾を得ずに本件建物内に立ち入り適当な処置をとることができる旨の特約）

裁判例 444　東京地判平成18年5月30日（判時1954号80頁）

「本件特約は，賃借人に対して，賃料の支払や本件建物からの退去を強制するために，法的手続によらずに，賃借人の平穏に生活する権利を侵害することを許容することを内容とするものというべきところ，このような手段による権利の実現は，法的手続によったのでは権利の実現が不可能又は著しく困難であると認められる緊急やむを得ない特別の事情がある場合を除くほかは，原則として許されないというべきであって，本件特約は，そのような特別の事情があるとはいえない場合に適用されるときは，公序良俗に反して，無効であるというべきである。」として，マンションの管理会社が賃料を滞納した賃借人の部屋に立ち入るなどしたことが不法行

為に当たるとされた事例

第19 特約の承継等

特約の承継については，特に敷金や保証金等の承継が問題になり，次のような最高裁等の判例がある。

裁判例 445 大判昭和10年3月16日（新聞382号7頁）

敷金返還義務及び旧賃貸人が付加することに同意した造作買取義務の承継を認めた事例

裁判例 446 大判昭和11年11月28日（新聞407号9頁）

敷金及び権利金を賃料に充当する旨の特約の承継を認めた事例

裁判例 447 大判昭和12年6月5日（新聞415号4頁）

隣接浴場の工事中，賃料を免除し新たにこれを協定すべき旨の特約の承継を認めた事例

（家屋の賃借人が賃貸人に支払うべき賃料を，賃貸人の当該敷地の大家に対し，賃借人が支払う旨の特約）

裁判例 448 大判昭和15年8月5日（大審院民集19巻1320頁）

当該特約は，通常賃貸借の内容をなす事項とはみられないとして，借家法1条により，家屋の賃貸人の地位を承継した物件取得者に対して，その効力を生じないものとした事例

（賃料前払いという内容の承継）

裁判例 449 最判昭和38年1月18日（民集17巻1号12頁，判時330号36頁，判タ142号49頁）

「借家法1条1項により，建物につき物権を取得した者に効力を及ぼすべき賃貸借の内容は，従前の賃貸借契約の内容のすべてに亘るものと解すべきであって，賃料前払のごときもこれに含まれる」

（建物の賃貸借契約において，賃借権の譲渡，転貸を許容する旨の特約）

裁判例 450　最判昭和38年9月26日（民集17巻8号1025頁，判時353号26頁，判タ154号59頁）

「所論は，所論のいわゆる概括的転貸許容の特約は賃貸借契約の本来的（実質的）事項でないから，その登記なくしては，家屋の新所有者に対抗できないと主張して，これと異る原判決の判断を攻撃する。しかし，借家法1条1項の規定の趣旨は，賃貸借の目的たる家屋の所有権を取得したる者が旧所有者たる賃貸人の地位を承継することを明らかにしているのであるから，それは当然に，旧所有者と賃借人間における賃貸借契約より生じたる一切の権利義務が，包括的に新所有者に承継せられる趣旨をも包含する法意である。右と同趣旨の原判決の判断は正当であり，所論は独自の見解であって，採用できない。」

（建物の賃貸人の交替と有益費償還義務）

裁判例 451　最判昭和46年2月19日（民集25巻1号135頁，判時622号76頁，判タ260号207頁）

「建物の賃借人または占有者が，原則として，賃貸借の終了の時または占有物を返還する時に，賃貸人または占有回復者に対し自己の支出した有益費につき償還を請求しうることは，民法608条2項，196条2項の定めるところであるが，有益費支出後，賃貸人が交替したときは，特段の事情のないかぎり，新賃貸人において旧賃貸人の権利義務一切を承継し，新賃貸人は右償還義務者たる地位をも承継するのであって，そこにいう賃貸人とは賃貸借終了当時の賃貸人を指し，民法196条2項にいう回復者とは占有の回復当時の回復者を指すものと解する。そうであるから，上告人が本件建物につき有益費を支出したとしても，賃貸人の地位を訴外Aに譲渡して賃貸借契約関係から離脱し，かつ，占有回復者にあたらない被上告人に対し，上告人が右有益費の償還を請求することはできないというべきである。」

（賃貸借契約に基づく賃借人の一切の権利を第三者に譲渡してはならない旨の特約）

裁判例 452　東京高判平成7年7月27日（判タ910号157頁）

「本件設備の買取代金債権は，本件訴訟において本件放棄特約が効力を生じないと判断された結果として発生が認められるものであるから，当該債権についてまで本件譲渡禁止特約の効力が及んでいたとの控訴人の主張は失当というほかなく，被控訴人は，本件譲渡禁止特約の効力を検討するまでもなく，少なくとも本件設備の買取代金債権の取得を控訴人に対抗することができるものというべきである。〔略〕次に，敷金返還債権につき検討すると，本件譲渡禁止特約は，本件賃貸借契約書中に当該特約の占める位置及びその文言からして，当事者間の信頼関係を必要する賃貸借契約が存続していることを前提とした約定であって，賃貸借契約が終了した後まで効力を有するものとは解されない。しかるところ，本件債権譲渡は，本件賃貸借契約が終了した後，その対象となった前記各債権を譲渡したものであって，敷金返還債権も既に具体的に発生していた残額の返還債権を譲渡したものであるから，本件譲渡禁止特約によって，その譲渡が制限されることはなく，被控訴人の本件譲渡禁止特約に対する認識の有無及び過失の

有無・程度を検討するまでもなく，控訴人が被控訴人に対し敷金返還債権の譲渡が禁止されていた旨を対抗する余地はないものというべきである。」

（敷金の承継）

裁判例 453 最判昭和 39 年 6 月 19 日（民集 18 巻 5 号 795 頁，判時 379 号 27 頁，判タ 166 号 103 頁）

「本件建物賃貸借が民法第 395 条の短期賃貸借に該当し，従って，右賃貸借を抵当権者（競落人）に対抗しうると解する以上，競落人たる上告人は，競落による所有権移転とともに，右賃貸借の賃貸人たる地位を承継するのであるから，旧賃貸人に差入れられた敷金に関する法律関係は，旧賃貸人に対する賃料の延滞のないかぎり，前記賃貸人たる地位の承継とともに，当然，旧賃貸人から上告人に移転すると解するのが相当であり，所論のごとく，敷金返還請求権のみ競落人に承継されないと解するのは正当でない。」

裁判例 454 最判昭和 44 年 7 月 17 日（民集 23 巻 8 号 1610 頁，判時 569 号 39 頁，判タ 239 号 153 頁）

「思うに，敷金は，賃貸借契約終了の際に賃借人の賃料債務不履行があるときは，その弁済として当然これに充当される性質のものであるから，建物賃貸借契約において該建物の所有権移転に伴い賃貸人たる地位に承継があった場合には，旧賃貸人に差し入れられた敷金は，賃借人の旧賃貸人に対する未払賃料債務があればその弁済としてこれに当然充当され，その限度において敷金返還請求権は消滅し，残額についてのみその権利義務関係が新賃貸人に承継されるものと解すべきである。」

裁判例 455 最判昭和 48 年 2 月 2 日（民集 27 巻 1 号 80 頁，判時 704 号 44 頁，判タ 294 号 337 頁）

「家屋賃貸借における敷金は，賃貸借存続中の賃料債権のみならず，賃貸借終了後家屋明渡義務履行までに生ずる賃料相当損害金の債権その他賃貸借契約により賃貸人が賃借人に対して取得することのあるべき一切の債権を担保し，賃貸借終了後，家屋明渡がなされた時において，それまでに生じた右の一切の被担保債権を控除しなお残額があることを条件として，その残額につき敷金返還請求権が発生するものと解すべきであり，本件賃貸借契約における前記条項もその趣旨を確認したものと解される。しかしながら，ただちに，原判決の右の見解を是認することはできない。すなわち，敷金は，右のような賃貸人にとっての担保としての権利と条件付返還債務とを含むそれ自体一個の契約関係であって，敷金の譲渡ないし承継とは，このような契約上の地位の移転にほかならないとともに，このような敷金に関する法律関係は，賃貸借契約に付随従属するのであって，これを離れて独立の意義を有するものではなく，賃貸借の当事者として，賃貸借契約に関係のない第三者が取得することがあるかも知れない債権までも敷金によって担保することを予定していると解する余地はないのである。したがって，賃貸借継続中に賃貸家屋の所有権が譲渡され，新所有者が賃貸人の地位を承継する場合には，賃貸借の従たる法律関係である敷金に関する権利義務も，これに伴い当然に新賃貸人に承継されるが，賃

貸借終了後に家屋所有権が移転し，したがって，賃貸借契約自体が新所有者に承継されたものでない場合には，敷金に関する権利義務の関係のみが新所有者に当然に承継されるものではなく，また，旧所有者と新所有者との間の特別の合意によっても，これのみを譲渡することはできないものと解するのが相当である。このような場合に，家屋の所有権を取得し，賃貸借契約を承継しない第三者が，とくに敷金に関する契約上の地位の譲渡を受け，自己の取得すべき賃借人に対する不法占有に基づく損害賠償などの債権に敷金を充当することを主張しうるためには，賃貸人であった前所有者との間にその旨の合意をし，かつ，賃借人に譲渡の事実を通知するだけでは足りず，賃借人の承諾を得ることを必要とするものといわなければならない。」

裁判例 456　最判昭和48年3月22日（金法685号26頁）

「論旨は，訴外Aが上告人X会社に対し本件建物階上部分の引渡義務を履行しなかったことにより，本件建物賃貸借契約の特約に基づき，右上告人のAに対する所論保証金の返還請求権が発生したことを前提として，その返還義務が，本件建物所有権の移転に伴い賃貸人の地位を承継した被上告人に承継される旨主張するものであるが，すでに具体化した右返還義務が当然に被上告人に承継される理由のないことは明らかであり，たとえ，右保証金が敷金の性質を有するとしても，敷金について右のような新賃貸人が承継するのは，いまだ返還義務の具体化しない敷金についての権利義務関係にすぎないのであるから（最高裁昭和43年（オ）第483号同44年7月17日第一小法廷判決・民集23巻8号1610頁参照），その理は異ならない。原判決に所論の違法はなく，論旨は採用することができない。」

裁判例 457　最判昭和53年12月22日（民集32巻9号1768頁，判時915号49頁，判タ377号78頁）

借地の場合ではあるが，「土地賃貸借における敷金契約は，賃借人又は第三者が賃貸人に交付した敷金をもって，賃料債務，賃貸借終了後土地明渡義務履行までに生ずる賃料額相当の損害金債務，その他賃貸借契約により賃借人が賃貸人に対して負担することとなる一切の債務を担保することを目的とするものであって，賃貸借に従たる契約ではあるが，賃貸借とは別個の契約である。そして，賃借権が旧賃借人から新賃借人に移転され賃貸人がこれを承諾したことにより旧賃借人が賃貸借関係から離脱した場合においては，敷金交付者が，賃貸人との間で敷金をもって新賃借人の債務不履行の担保とすることを約し，又は新賃借人に対して敷金返還請求権を譲渡するなど特段の事情のない限り，右敷金をもって将来新賃借人が新たに負担することとなる債務についてまでこれを担保しなければならないものと解することは，敷金交付者にその予期に反して不利益を被らせる結果となって相当でなく，敷金に関する敷金交付者の権利義務関係は新賃借人に承継されるものではないと解すべきである。」

裁判例 458　東京地判平成2年11月5日（金判871号21頁）

「ところで，建物の賃貸借が存続中に建物所有権が譲渡された場合において，賃借人が旧所有

者に差し入れていた敷金は，賃借人がその賃借権を新所有者に対抗できるときには，新所有者に当然に承継される（最判昭和44年7月17日民集23巻8号1610頁）が，この理は，譲渡担保に基づき建物所有権が移転し，譲渡担保権者がその所有権移転登記を受けた後に賃貸借が終了した場合にも妥当し，譲渡担保権者は，右登記を経た後は，譲渡担保についての清算が未了であり，担保設定者との間では確定的に所有権を取得していないことを理由として，敷金の返還義務を免れることができないと解すべきである。なぜなら，譲渡担保権者は，所有権移転登記を経ることによって，対外的にはその物件の所有者として扱われるべきであることのほか，譲渡担保の被担保債権についての弁済期の定め，あるいはその他の債務者の履行遅滞の有無，譲渡担保権者と設定者との間の清算手続の有無及びその進行の程度について，当事者ではない建物賃借人においてこれを把握することは，一般的にいって容易ではなく，しかも，右清算手続において清算の必要あるいは清算額をめぐって争いを生ずる場合(本件もその場合であるが，そのような場合が少なくないことは当裁判所に顕著である。)や，清算終了時までに設定者からいわゆる受戻権が行使されることもある（その要件をめぐって当事者間にしばしば紛争を生ずることもまた当裁判所に顕著である。）ことを考えると，建物の所有権が譲渡担保者に確定的に移転する時期は，事後的に明らかになることは別として，その当時においては必ずしも明確でないことが多く，被告主張のように，譲渡担保権者が，清算手続を経て確定的に建物所有権を取得するまでは賃貸人としての地位を承継せず，敷金の返還義務も負わないとすることは，賃借人が新所有者に敷金返還を求めることができるようになる時期及び要件が不明確となり，その地位を不安定にして，新所有者に敷金返還義務が当然承継されるとする前記法理を没却することになるからである。」

参　考

和解条項例，調停条項例

(建物賃貸借契約の合意解除，敷金返還請求権の放棄の例)

和 解 条 項 1

1 原告及び被告は，賃貸人を原告，賃借人を被告とする別紙物件目録記載の建物（以下「本件建物」という。）についての賃貸借契約を，平成○○年○○月○○日，合意解除したことを相互に確認する。
2 原告は，被告に対し，本件解決金として金○○万円の支払義務があることを認める。
3 原告は，被告に対し，本件建物の明渡しを，平成○○年○○月○○日まで猶予する。
4 被告は，原告に対し，平成○○年○○月○○日限り，原告から第2項の金員の支払を受けるのと引換えに本件建物を明け渡す。
5 原告は，被告に対し，平成○○年○○月○○日限り，被告から本件建物の明渡しを受けるのと引換えに第2項の金員を支払う。
6 被告が，平成○○年○○月○○日限り，本件建物を明け渡さなかったときは，被告は，原告に対し，平成○○年○○月○○日から本件建物の明渡しに至るまで，1日金○○○○円の割合による賃料相当損害金を支払う。
7 原告が，第5項の金員の支払を怠ったときは，原告は，被告に対し，残額及びこれに対する平成○○年○○月○○日から支払済みまで年5パーセントの割合による遅延損害金を支払う。
8 原告は，被告に対し，平成○○年○○月○○日から平成○○年○○月○○日までの本件建物に係る未払賃料及び賃料相当損害金の支払義務を免除する。
9 被告は，原告に対し，本件賃貸借契約に基づく敷金返還請求権を放棄する。
10 被告は，被告が本件建物を明け渡した後に本件建物内に残置した動産については，その所有権を放棄し，原告が自由に処分することに異議はない。
11 原告と被告は，本条項に定めるもののほか，何らの債権債務のないことを相互に確認する。
12 訴訟費用は各自の負担とする。

(注1) 本和解条項のうち，第4項と5項は，解決金の支払いと建物明渡しの引換給付の条項である。
(注2) 第8項は，未払賃料の多寡などにもよるが，これまでの未払賃料と賃貸借契約を解除した日の翌日から建物明渡しまでの賃料相当損害金を免除する条項である。
(注3) 敷金については，当事者間で精算について話し合われている場合が多いが，明確にしておくためにも，例えば，第9項のような記載方法や，「原告と被告は，（被告の原告に対する）未払賃料債務と（原告の被告に対する）敷金返還債務とを対当額で相殺する。」などのように，条項として明確に記載しておくことが望ましい。この際，未払賃料額と敷金返還額の具体的な金額を記載した上，相殺するという形が良い。
(注4) 以下，和解条項及び調停条項の別紙物件目録はすべて省略する。

（未払賃料の支払と賃料相当損害金の免除の例）

和 解 条 項 2

1 原告及び被告は，当事者間の別紙物件目録記載の建物（以下「本件建物」という。）についての本件賃貸借契約を，本日，合意解除する。
2 原告は，被告に対し，本件建物の明渡しを，平成〇〇年〇〇月〇〇日まで猶予する。
3 被告は，原告に対し，平成〇〇年〇〇月〇〇日限り，本件建物を明け渡す。
4 被告は，原告に対し，本件賃貸借契約に基づく平成〇〇年〇〇月〇〇日から平成〇〇年〇〇月〇〇日までの未払賃料として，金〇〇万円の支払義務があることを認める。
5 被告は，原告に対し，前項の金員を次のとおり分割して，〇〇銀行〇〇支店の原告名義の普通預金口座（口座番号〇〇〇〇〇〇〇）に振り込む方法により支払う。
　(1) 平成〇〇年〇〇月から平成〇〇年〇〇月まで毎月末日限り，金〇万円ずつ
　(2) 平成〇〇年〇〇月末日限り，金〇万円
6 被告が，前項の支払を2回以上怠り，かつ，その額が〇〇万円に達したときは，当然に期限の利益を失い，被告は，原告に対し，第4項の残額及びこれに対する期限の利益を失った日の翌日から支払済みまで年〇パーセントの割合による遅延損害金を直ちに支払う。
7 被告が，前項により期限の利益を失ったときは，被告は，原告に対し，第2項及び第3項の定めにかかわらず，本件建物を直ちに明け渡す。
8 原告は，被告に対し，平成〇〇年〇〇月〇〇日から平成〇〇年〇〇月〇〇日までの本件建物に係る賃料相当損害金の支払義務を免除する。
9 被告が，平成〇〇年〇〇月〇〇日限り，本件建物を明け渡さなかったときは，被告は，原告に対し，平成〇〇年〇〇月〇〇日から本件建物の明渡しに至るまで，1日金〇〇〇〇円の割合による賃料相当損害金を支払う。
10 被告は，被告が本件建物を明け渡した後に本件建物内に残置した動産については，その所有権を放棄し，原告が自由に処分することに異議はない。
11 原告と被告は，本条項に定めるもののほか，何らの債権債務のないことを相互に確認する。
12 訴訟費用は各自の負担とする。

(注1) 本和解条項のうち，第8項は，賃貸借契約を合意解除した日の翌日から建物明渡しに至るまでの間の被告が原告に対して支払うべき賃料相当損害金を免除する条項である。この場合，期限までに建物を明け渡したときは，賃料相当損害金の支払いを免除するということもある。
(注2) 本和解条項のうち，第9項は，被告が建物を期限までに明け渡さなかった場合のペナルティとしての賃料相当損害金の支払いである。その額は，事案にもよるが，一般の居住用の場合，月額賃料の1.5倍から2倍程度が多く見受けられる。

(引換給付，賃借人からの供託金の取戻しの例)

　　　　　　　　　　　　　和　解　条　項　3

1　原告と被告は，別紙物件目録記載の建物（以下「本件建物」という。）についての賃貸借契約を，平成○○年○○月○○日をもって合意解約する。
2　原告は，被告に対し，本件解決金として金○○万円の支払義務があることを認める。
3　原告は，被告に対し，本件建物の明渡しを，平成○○年○○月○○日まで猶予する。
4　被告は，原告に対し，平成○○年○○月○○日限り，原告から第2項の金員の支払を受けるのと引換えに，被告が本件建物に設置した物件を撤去した上，本件建物を明け渡す。
5　原告は，被告に対し，平成○○年○○月○○日限り，被告から本件建物の明渡しを受けるのと引換えに第2項の金員を支払う。
6　被告が，平成○○年○○月○○日限り，本件建物を明け渡さなかったときは，被告は，原告に対し，平成○○年○○月○○日から本件建物の明渡しに至るまで，1日金○○○○円の割合による賃料相当損害金を支払う。
7　原告が，第5項の金員の支払を怠ったときは，原告は，被告に対し，残額及びこれに対する平成○○年○○月○○日から支払済みまで年5パーセントの割合による遅延損害金を支払う。
8　原告は，被告に対し，平成○○年○○月○○日から平成○○年○○月○○日までの本件建物に係る賃料相当損害金の支払義務を免除する。
9　原告は，被告に対し，被告が本件建物の賃料として，○○地方法務局に，平成○○年○○月から平成○○年○○月まで1か月金○○万円ずつ供託した金員を，被告が取り戻すことに同意する。
10　被告は，被告が本件建物を明け渡した後に本件建物内に残置した動産については，被告においてその所有権を放棄したものとみなし，原告が自由に処分することに異議を述べない。
11　原告と被告は，本条項に定めるもののほか，何らの債権債務のないことを相互に確認する。
12　訴訟費用は各自の負担とする。

(注1)　本和解条項中，第9項については，賃借人が賃料として供託していた金員について，当事者間で，賃借人が取り戻すことに合意し，それを明確にしたものである。

（建物賃貸借契約の合意解除，未払賃料債務と敷金返還債務との相殺の例）

和 解 条 項 4

1　原告及び被告は，当事者間の別紙物件目録記載の建物（以下「本件建物」という。）についての本件賃貸借契約を，本日，合意解除する。
2　原告は，被告に対し，本件建物の明渡しを，平成○○年○○月○○日まで猶予する。
3　被告は，原告に対し，平成○○年○○月○○日限り，本件建物を明け渡す。
4　被告は，原告に対し，本件賃貸借契約に基づく平成○○年○○月○○日から平成○○年○○月○○日までの未払賃料として，金○○万円の支払義務があることを認める。
5　原告は，被告に対し，本件賃貸借契約終了に基づく敷金返還債務として，金○○万円の支払義務があることを認める。
6　原告及び被告は，第4項の債務と前項の債務を対等額で相殺する。
7　被告が，本件建物を第3項の期日までに明け渡したときは，原告は，被告に対し，相殺後の未払賃料の支払義務を免除する。
8　被告が，平成○○年○○月○○日限り，本件建物を明け渡さなかったときは，被告は，原告に対し，平成○○年○○月○○日から本件建物の明渡しに至るまで，1日金○○○○円の割合による賃料相当損害金を支払う。
9　被告は，被告が本件建物を明け渡した後に本件建物内に残置した動産については，その所有権を放棄し，原告が自由に処分することに異議はない。
10　原告及び被告は，原告と被告との間には，本和解条項に定めるもののほか，他に何らの債権債務のないことを相互に確認する。
11　訴訟費用は各自の負担とする。

（注1）　第6項は，未払賃料債務と敷金返還債務を対当額で相殺する条項である。

(建物賃貸借契約存続の確認，賃料不払と無催告解除特約の例)

和 解 条 項 5

1　原告及び被告は，賃貸人を原告，賃借人を被告とする，平成○○年○○月○○日に締結した別紙物件目録記載の建物(以下「本件建物」という。)についての賃貸借契約(以下「本件賃貸借契約」という。ただし，本条項に抵触する部分を除く。)が，本日現在，存続していることを相互に確認する。
2　被告は，原告に対し，本件賃貸借契約に基づく平成○○年○○月○○日から平成○○年○○月○○日までの未払賃料○○万円の支払義務があることを認める。
3　被告は，原告に対し，前項の金員を，平成○○年○○月○○日限り，株式会社○○銀行○○支店の原告名義の普通預金口座(口座番号○○○○○○○)に振り込む方法により支払う。ただし，振込手数料は被告の負担とする。
4　被告が，前項の金員の支払を怠ったときは，被告は，原告に対し，第2項の金員から既払金を控除した残額及びこれに対する平成○○年○○月○○日から支払済みまで年5パーセントの割合による遅延損害金を直ちに支払う。
5　被告が，平成○○年○○月分以降の賃料の支払いを○回以上怠り，かつ，その額が○○万円に達したときは，原告は，何らの通知催告を要せず，本件賃貸借契約を解除することができる。
6　前項により，原告が本件賃貸借契約を解除したときは，
　(1)　被告は，原告に対し，本件建物を直ちに明け渡す。
　(2)　被告は，原告に対し，前項の未払賃料及びこれに対する契約解除の日の翌日から支払済みまで，年○パーセントの割合による遅延損害金を支払う。
　(3)　被告は，原告に対し，契約解除の日の翌日から本件建物の明渡済みまで，1日につき○○○○円の割合よる賃料相当損害金を支払う。
7　被告は，被告が本件建物を明け渡した後に本件建物内に残置した動産については，その所有権を放棄し，原告が自由に処分することに異議はない。
8　原告及び被告は，原告と被告との間には，本件に関し，本和解条項に定めるもののほか，他に何らの債権債務のないことを相互に確認する。
9　訴訟費用は各自の負担とする。

(注1)　第1項は，賃貸借契約が和解時に存続していることの確認である。
(注2)　第5項は，未払賃料が発生した場合の無催告解除特約である。

（賃料増額の確認条項，不増額特約，賃料額差額分の免除の例）

調　停　条　項　1

1　申立人及び相手方は，別紙目録記載の建物（以下「本件建物」という。）にかかる賃料が，平成〇〇年〇〇月〇〇日以降，1か月金〇〇万円に増額されたことを確認する。
2　申立人は，相手方に対し，平成〇〇年〇〇月〇〇日から平成〇〇年〇〇月〇〇日までの前項による改定された賃料額と，従前の賃料額との差額合計金〇〇万円の支払義務を免除する。
3　相手方は，申立人に対し，平成〇〇年〇〇月〇〇日から平成〇〇年〇〇月〇〇日までの間の未払賃料額合計金〇〇万円を，次のとおり分割して〇〇銀行〇〇支店の申立人名義の普通預金口座（口座番号〇〇〇〇〇〇〇）に振り込んで支払う。
　(1)　平成〇〇年〇〇月末日限り，金〇万円
　(2)　平成〇〇年〇〇月から平成〇〇年〇〇月まで毎月末日限り，金〇万円ずつ
4　相手方が前項の分割金の支払いを怠り，その額が〇万円に達したときは，相手方は当然に期限の利益を失う。
5　相手方が前項により期限の利益を失ったときは，申立人は，相手方に対し，第3項の残額及びこれに対する期限の利益を失った日の翌日から支払済みまで，年5パーセントの割合による遅延損害金を付加して支払う。
6　申立人は，相手方に対し，第1項による改定された賃料額を，平成〇〇年〇〇月〇〇日までは増額請求しない。
7　申立人及び相手方は，申立人と相手方との間には，本調停条項に定めるもののほかに何らの債権債務がないことを相互に確認する。
8　調停費用は各自の負担とする。

（注1）　第1項は，形成条項の形をとらないで，改定された賃料額の確認条項という形をとっている。
（注2）　第6項は，不増額特約条項である。この特約条項については，借地契約における不増額特約の判例を参照されたい。

(形成条項，差額分の利息の免除，賃貸人からの供託金の還付請求の例)

調 停 条 項 2

1 申立人及び相手方は，別紙物件目録記載の土地（以下「本件土地」という。）の賃料を，平成○○年○○月○○日以降，1か月金○万円に改定する。
2 相手方は，申立人に対し，第1項の改定賃料額と相手方の供託した賃料額との差額合計金○○万円を，平成○○年○○月○○日限り，○○銀行○○支店の申立人名義の普通預金口座（口座番号○○○○○○）に振り込む方法により支払う。
3 申立人は，相手方に対し，前項の差額金について，その各支払日の翌日から支払済みまで年10パーセントの割合による各利息の支払義務を免除する。
4 申立人及び相手方は，相手方が賃料として，○○地方法務局に平成○○年○○月から平成○○年○○月まで1か月金○○万円ずつ供託した金員について，申立人が還付請求するものとし，相手方はこれを承諾する。
5 申立人及び相手方は，申立人と相手方との間には，本調停条項に定めるもののほか，何らの債権債務がないことを相互に確認する。
6 調停費用は各自の負担とする。

（注1） 第1項は，形成条項の形をとっている。
（注2） 第3項は，賃料が確定した場合，その差額に借地借家法に規定する年1割の利息を付して支払う義務があるが，その支払義務を免除した条項である。

(給付条項，賃料等差額分の支払，合意による更新料の支払の例)

調 停 条 項 3

1 申立人と相手方は，申立人が相手方に賃貸している別紙物件目録記載の建物（以下，「本件建物」という。）について，平成○○年○○月○○日以降の賃料及び管理共益費（以下，「賃料等」という。）を1か月金○○万○○○○円（内訳は以下のとおり）に改定する。
 (内訳)
  (1) 賃料　　月額金○○万円
  (2) 賃料に対する5パーセントの消費税相当額　　金○万○○○○円
  (3) 管理共益費　　月額金○万○○○○円
  (4) 管理共益費に対する5パーセントの消費税相当額　　金○○○○円
2 相手方は，申立人に対し，前項の賃料等改定前の賃料等の差額金として，金○○万○○○○円の支払義務があることを認める。
3 相手方は，申立人に対し，前項の金員を，平成○○年○○月○○日限り，株式会社○○銀行○○支店の申立人名義の普通預金口座（○○○○○○○）に振り込む方法により支払う。なお，振込送金手数料は相手方の負担とする。
4 申立人と相手方は，申立人と相手方間の平成○○年○○月○○日付け賃貸借契約の更新料及びこれに対する消費税相当額を，本調停の成立日以降，金○○万円○○○○円に改定する。
5 相手方は，申立人に対し，平成○○年○○月○○日付けで本件賃貸借契約を更新したことに基づく更新料として，金○○万円○○○○円の支払義務があることを認める。
6 相手方は，申立人に対し，前項の金員を，平成○○年○○月○○日限り，株式会社○○銀行○○支店の申立人名義の普通預金口座（○○○○○○○）に振り込む方法により支払う。なお，振込送金手数料は相手方の負担とする。
7 調停費用は各自の負担とする。

(注1) 建物の賃貸借契約における改定された賃料の内訳を記載した条項である。
(注2) 合意による更新料の給付条項である。

（地代の増額改定，更新料の支払義務がない例）

調 停 条 項 4

1 申立人と相手方は，申立人が相手方に賃貸している別紙物件目録記載の土地（以下，「本件土地」という。）の賃料が，平成○○年○○月以降，1か月金○万○○○○円に改定されたことを相互に確認する。
2 相手方は，申立人に対し，前項の改定された賃料の翌月分を，毎月末日限り，株式会社○○銀行○○支店の申立人名義の普通預金口座（口座番号○○○○○○○）に振り込む方法により支払う。
3 申立人と相手方は，相手方が本件土地の賃料として，○○地方法務局に平成○○年○○月分から平成○○年○○月分まで供託した金員について，申立人が還付請求をするものとし，相手方はこれを承諾する。
4 相手方は，申立人に対し，平成○○年○○月分から平成○○年○○月分までの第1項の改定された賃料の合計額から前項の供託額を差し引いた金○万○○○○円の支払義務があることを認め，これを平成○○年○○月○○日限り，第2項記載の申立人名義の口座に振り込む方法により支払う。
5 申立人と相手方は，平成○○年○○月○○日に更新された本件賃貸借契約にかかる更新料について，相手方は，申立人に対し，支払義務のないことを相互に確認する。
6 調停費用は各自の負担とする。

（注1） 土地の賃貸借契約における賃料の増額改定である。調停成立までの間に賃借人が供託した金員について，賃貸人が還付請求をする内容の条項になっている。
（注2） 更新料については，賃借人に支払義務がない内容となっている。

(建物賃貸借契約の合意解除，立退料と建物明渡しとの引換給付，未払賃料と賃料相当損害金の免除の例)

調 停 条 項 5

1　申立人と相手方は，賃貸人を申立人，賃借人を相手方とする別紙物件目録記載の建物（以下「本件建物」という。）についての賃貸借契約を，本日，合意解除する。
2　申立人は，相手方に対し，立退料として金〇〇万円の支払義務があることを認める。
3　申立人は，相手方に対し，本件建物の明渡しを，平成〇〇年〇〇月〇〇日まで猶予する。
4　相手方は，申立人に対し，平成〇〇年〇〇月〇〇日限り，申立人から第2項の金員の支払を受けるのと引換えに本件建物を明け渡す。
5　申立人は，相手方に対し，平成〇〇年〇〇月〇〇日限り，相手方から本件建物の明渡しを受けるのと引換えに第2項の金員を支払う。
6　相手方が，平成〇〇年〇〇月〇〇日限り，本件建物を明け渡さなかったときは，相手方は，申立人に対し，平成〇〇年〇〇月〇〇日から本件建物の明渡しに至るまで，1日金〇〇〇〇円の割合による賃料相当損害金を支払う。
7　申立人が，第5項の金員の支払を怠ったときは，申立人は，相手方に対し，第2項の金員から既払金を控除した残額及びこれに対する平成〇〇年〇〇月〇〇日から支払済みまで年5パーセントの割合による遅延損害金を支払う。
8　申立人は，相手方に対し，平成〇〇年〇〇月〇〇日から平成〇〇年〇〇月〇〇日までの本件建物に係る未払賃料及び賃料相当損害金の支払義務を免除する。
9　相手方は，申立人に対し，本件賃貸借契約に基づく敷金返還請求権を放棄する。
10　相手方は，相手方が本件建物を明け渡した後に本件建物内に残置した動産については，その所有権を放棄し，申立人が自由に処分することに異議はない。
11　申立人と相手方は，申立人と相手方との間には，本調停条項に定めるもののほか，他に何らの債権債務のないことを相互に確認する。
12　調停費用は各自の負担とする。

(注1)　立退料の支払と建物明渡しが引換給付になっている。
(注2)　第8項は，未払賃料と契約解除後の賃料相当損害金を免除する条項である。

(建物賃貸借契約の一部解除と保証金の改定の例)

調 停 条 項 6

1 申立人と相手方は、別紙物件目録記載の建物（以下「本件建物」という。）について、申立人を賃貸人、相手方を賃借人とする賃貸借契約（以下「本件賃貸借契約」という。）の一部（本件建物の二階部分、以下「二階部分」という。）を、本日、合意解除する。
2 相手方は、申立人に対し、平成○○年○○月○○日限り、本件建物のうち二階部分を明け渡す。
3 申立人と相手方は、本件賃貸借契約の一部解除に伴い、平成○○年○○月○○日から、本件賃貸借契約における賃料を、月額○○万円から月額○○万円に改定する。
4 申立人と相手方は、本件賃貸借契約の一部解除に伴い、平成○○年○○月○○日から、本件賃貸借契約における保証金（以下「本件保証金」という。）を○○○万円から○○○万円に改定する。
5 申立人は、相手方に対し、本件賃貸借契約の一部解除に伴い、本件保証金の返金分として、○○万円の支払義務があることを認める。
6 申立人は、相手方に対し、第2項により、相手方から本件建物のうち二階部分の明渡しを受けたときは、第5項の30万円を平成○○年○○月○○日限り、○○銀行○○支店の相手方名義の普通預金口座（口座番号○○○○○○○）に振り込んで支払う。
7 申立人と相手方は、本件賃貸借契約の一部解除に伴う本件保証金の償却が○○万円であることを相互に確認する。
8 申立人は、その余の請求を放棄する。
9 申立人と相手方は、申立人と相手方との間には、本件に関し、本調停条項に定めるもののほか、他に何らの債権債務がないことを相互に確認する。
10 調停費用は各自の負担とする。

(注1) 建物賃貸借契約の一部解除（二階部分について）に伴う保証金の返却等に関する条項である。

（土地賃貸借契約の更新と更新料の支払，新築及び増改築時の承諾料の支払の例）

調 停 条 項 7

1 申立人及び相手方は，賃貸人を申立人○○，賃借人を相手方○○とする，別紙物件目録1記載の土地についての賃貸借契約が，平成○○年○○月○○日に別紙土地賃貸借契約書（以下「本件土地賃貸借契約書」という。）記載の内容及び以下の内容で，更新されたことを相互に確認する。
　(1) 賃貸借期間　平成○○年○○月○○日から平成○○年○○月○○日まで
　(2) 賃料　月額金○万○○○○円
　(3) 相手方は，申立人に対し，本件土地賃貸借契約の更新（ただし，法定更新及び合意更新を問わない。）時には，相当額の更新料を支払う。
　(4) 相手方が新築及び増改築をするに当たっては，申立人の承諾を得るとともに，相手方は，申立人に対し，相当額の承諾料を支払う。
2 相手方は，申立人に対し，本件解決金として金○○万円の支払義務があることを認める。
3 相手方は，申立人に対し，前項の金員を，平成○○年○○月末日限り，株式会社　　　銀行　　　支店の申立人名義の普通預金口座（　　　　）に振り込む方法により支払う。なお，振込手数料は相手方の負担とする。
4 申立人及び相手方は，本調停条項の内容について，第三者に口外しないことを相互に確認する。
5 調停費用は各自の負担とする。

（注1）　第1項の更新料と新築及び増改築の際の支払額については，あらかじめ，決めないことにした内容である。
（注2）　第2項の解決金については，内容の内訳を記載しない内容になっている。

判 例 索 引

大判大正 9.10.16 民録 26－1530（裁判例 79） ………………………………………………… 34
大判昭和 10.3.16 新聞 382－7（裁判例 445） …………………………………………………… 211
東京地判昭和 11.10.27 評論 26－諸法 291（裁判例 157） ……………………………………… 70
大判昭和 11.11.28 新聞 407－9（裁判例 446）…………………………………………………… 211
大判昭和 12.6.5 新聞 415－4（裁判例 447）……………………………………………………… 211
大判昭和 12.11.16 大審院民集 16－1615 ………………………………………………………… 34
大判昭和 13.3.1 大審院民集 17－318（裁判例 281） …………………………………………… 129
大判昭和 15.8.5 大審院民集 19－1320（裁判例 448）…………………………………………… 211
名古屋地判昭和 25.5.4 下民 1－5－678（裁判例 273） ………………………………………… 126
函館地判昭和 27.4.16 下民 3－4－516 …………………………………………………………… 34
最判昭和 27.4.25 民集 6－4－451（裁判 364, 383） ………………………………………… 180,187
最判昭和 27.12.25 民集 6－12－1271, 判タ 27－51（裁判例 264） …………………………… 123
岐阜地大垣支判昭和 28.3.5 下民 4－3－335（裁判例 282） …………………………………… 129
佐賀地判昭和 28.3.7 下民 4－3－348（裁判例 226） …………………………………………… 109
最判昭和 28.5.7 民集 7－5－510, 判タ 31－61（裁判例 265） ………………………………… 123
最判昭和 28.9.25 民集 7－9－979, 判時 12－11, 判タ 34－45（裁判例 142, 421）……… 61,201
最判昭和 29.3.11 民集 8－3－672, 判タ 39－53（裁判例 283）………………………………… 129
最判昭和 29.6.25 民集 8－6－1224, 判時 31－5, 判タ 41－33（裁判例 292）………………… 134
大阪高判昭和 29.9.3 判時 37－12 ………………………………………………………………… 9
最判昭和 29.11.16 民集 8－11－2047, 判時 40－9, 判タ 45－31（裁判例 236） …………… 112
最判昭和 29.12.21 民集 8－12－2199, 判タ 46－28（裁判例 390）…………………………… 190
東京高判昭和 29.12.25 東高時報民 5－13－309（裁判例 256, 274） ……………………… 119,126
最判昭和 30.5.13 民集 9－6－711, 判タ 50－21（裁判例 237） ……………………………… 112
東京高判昭和 30.5.30 判時 57－8, 判タ 54－29 ………………………………………………… 16
最判昭和 30.9.22 民集 9－10－1294, 判タ 52－42（裁判例 422）……………………………… 201
東京地判昭和 31.3.14 判時 81－13（裁判例 244）……………………………………………… 115
最判昭和 31.5.8 民集 10－5－475（裁判例 423）………………………………………………… 202
最判昭和 31.6.19 民集 10－6－665（裁判例 26, 158） ……………………………………… 12,70
最判昭和 31.6.26 民集 10－6－730（裁判例 61） ………………………………………………… 27
東京高判昭和 31.8.7 下民 7－8－2108, 判タ 62－68…………………………………………… 190
神戸地判昭和 31.10.3 下民 7－10－2806（裁判例 227）………………………………………… 109
最判昭和 31.10.9 民集 10－10－1252, 判タ 65－81（裁判例 266） …………………………… 124
最判昭和 31.11.16 民集 10－11－1453, 判タ 66－55（裁判例 238） ………………………… 112
名古屋高金沢支判昭和 31.12.5 下民 7－12－3562（裁判例 27） ……………………………… 13
東京地判昭和 31.12.14 判時 108－11, 判タ 73－81 …………………………………………… 194
高松高判昭和 31.12.15 下民 7－12－3634 ……………………………………………………… 2
最判昭和 32.2.7 民集 11－2－240, 判タ 68－85………………………………………………… 2
最判昭和 32.6.6 判タ 72－58（裁判例 267）……………………………………………………… 124
東京地判昭和 32.7.17 判時 123－14（裁判例 110）……………………………………………… 47
最判昭和 32.7.30 民集 11－7－1386（裁判例 1）………………………………………………… 2
最判昭和 32.9.3 民集 11－9－1467（裁判例 317）……………………………………………… 147
最判昭和 32.11.15 民集 11－12－1978, 判タ 77－29（裁判例 2） ……………………………… 2
最判昭和 33.1.23 判時 140－14, 判タ 79－91（裁判例 36） …………………………………… 16
東京地判昭和 33.2.21 判時 151－26（裁判例 257）……………………………………………… 119
最判昭和 33.3.13 民集 12－3－524, 判時 147－22（裁判例 284）……………………………… 129
札幌高判昭和 33.5.21 判時 157－20 ……………………………………………………………… 3
最判昭和 33.9.18 民集 12－13－2040（裁判例 318）…………………………………………… 147
最判昭和 33.10.14 民集 12－14－3078, 判時 165－26（裁判例 285）………………………… 130
最判昭和 33.11.27 民集 12－15－3300（裁判例 3）……………………………………………… 3
山口地判昭和 34.4.30 判時 189－23, 判タ 90－72（裁判例 28） ……………………………… 13

最判昭和 35.5.19 民集 14-7-1145（裁判例 268） ……………………………………………………… 124
最判昭和 35.6.28 民集 14-8-1547（裁判例 130） ……………………………………………………… 56
東京高判昭和 35.6.30 判タ 108-47 …………………………………………………………………… 13
最判昭和 36.2.24 民集 15-2-304（裁判例 319） ………………………………………………………… 147
最判昭和 36.4.28 民集 15-4-1211（裁判例 424） ……………………………………………………… 202
最判昭和 36.7.6 民集 15-7-1777, 民商法 46-2-97（裁判例 4） ……………………………………… 3
最判昭和 36.7.21 民集 15-7-1939（裁判例 64, 401） ……………………………………………… 28,194
松山地判昭和 36.9.14 判時 276-22（裁判例 228） …………………………………………………… 110
最判昭和 36.10.10 民集 15-9-2294（裁判例 245） ……………………………………………………… 116
最判昭和 36.12.21 民集 15-12-3243（裁判例 346） …………………………………………………… 163
松山地判昭和 37.1.17 判時 306-22（裁判例 320） …………………………………………………… 147
最判昭和 37.2.6 民集 16-2-233, 判時 288-21（裁判例 5） ………………………………………… 3
最判昭和 37.3.29 民集 16-3-662, 裁判集民 59-671（裁判例 347） ………………………………… 164
最判昭和 37.4.5 民集 16-4-679, 判タ 130-58（裁判例 367） ……………………………………… 181
最判昭和 37.4.10 裁判集民 60-41（裁判例 286） ……………………………………………………… 130
東京地判昭和 37.6.26 判時 312-31（裁判例 376） …………………………………………………… 184
最判昭和 38.1.18 民集 17-1-12, 判時 330-36, 判タ 142-49（裁判例 449） ……………………… 211
最判昭和 38.2.21 民集 17-1-219, 裁判集民 64-505, 判時 331-23, 判タ 144-42（裁判例 351） … 167
長野地判昭和 38.5.8 判時 340-43, 判タ 147-120（裁判例 275） …………………………………… 126
東京地判昭和 38.7.19 判時 344-43, 判タ 154-67 …………………………………………………… 194
東京地判昭和 38.7.26 判タ 148-95 …………………………………………………………………… 116
最判昭和 38.9.26 民集 17-8-1025, 判時 353-26, 判タ 154-59（裁判例 450） …………………… 212
最判昭和 38.9.27 民集 17-8-1069, 判時 354-28（裁判例 384） …………………………………… 188
最判昭和 38.11.14 民集 17-11-1346, 判時 359-20（裁判例 100） …………………………………… 44
東京地八王子支判昭和 39.1.13 判タ 157-125（裁判例 65） ………………………………………… 28
最判昭和 39.6.19 民集 18-5-806, 判タ 165-65（裁判例 101） ……………………………………… 45
最判昭和 39.6.19 民集 18-5-795, 判時 379-27, 判タ 166-103（裁判例 453） …………………… 213
最判昭和 39.6.30 民集 18-5-991, 判時 380-70, 判タ 164-94（裁判例 143） ……………………… 61
最判昭和 39.7.3 判タ 165-69（裁判例 6） …………………………………………………………… 3
最判昭和 39.7.28 民集 18-6-1220, 判時 382-23, 判タ 165-76（裁判例 377） …………………… 184
最判昭和 39.11.19 民集 18-9-1900, 判時 396-37, 判タ 170-122（裁判例 425） ………………… 202
横浜地判昭和 39.11.28 判タ 172-212（裁判例 81, 308） ………………………………………… 36,143
大阪地判昭和 39.12.16 判時 413-73 ………………………………………………………………… 190
福岡高判昭和 39.12.22 ジュリ 320-6 ………………………………………………………………… 124
大阪地判昭和 40.1.21 判タ 172-149（裁判例 276） ………………………………………………… 127
東京地八王子支判昭和 40.1.27 判タ 174-155（裁判例 432） …………………………………… 190,205
横浜地判昭和 40.2.9 判タ 176-139（裁判例 102） …………………………………………………… 45
岐阜地判昭和 40.3.8 判時 406-65, 判タ 174-127（裁判例 29） …………………………………… 14
京都地判昭和 40.4.22 判時 414-44, 判タ 176-149 ………………………………………………… 127
最判昭和 40.6.4 裁判集民 79-323（裁判例 137） ……………………………………………………… 58
東京地判昭和 40.6.15 判時 410-6, 判タ 176-222（裁判例 240） …………………………………… 113
最判昭和 40.6.18 民集 19-4-976, 判時 418-39, 判タ 179-124（裁判例 144） …………………… 62
東京地判昭和 40.6.19 判時 420-39 …………………………………………………………………… 34
最判昭和 40.7.2 民集 19-5-1153, 判時 420-30, 判タ 180-95（裁判例 117） ……………………… 51
東京高判昭和 40.7.8 下民 16-7-1193（裁判例 277） ………………………………………………… 127
最判昭和 40.8.2 民集 19-6-1368, 判時 424-34, 判タ 181-114（裁判例 385） …………………… 188
最判昭和 40.9.21 民集 19-6-1550, 判時 426-35, 判タ 183-101（裁判例 145） …………………… 62
東京高判昭和 40.12.25 判タ 187-173（裁判例 241） ………………………………………………… 113
京都地判昭和 41.1.26 判時 447-84, 判タ 187-147（裁判例 402） ………………………………… 194
最判昭和 41.4.5 裁判集民 83-27（裁判例 229） ……………………………………………………… 110
最判昭和 41.4.21 民集 20-4-720, 判時 447-57, 判タ 191-82（裁判例 66） ……………………… 28
東京高判昭和 41.6.17 判タ 196-159 ………………………………………………………………… 194

最判昭和 41.7.1 判時 457-35, 判タ 195-78 (裁判例 417) ………………………… 199
最判昭和 41.7.15 判時 455-38, 判タ 195-78 (裁判例 146) ………………………… 62
東京高判昭和 41.9.26 判時 465-46, 判タ 202-177 (裁判例 433) ………………… 205
最判昭和 41.10.27 判時 467-36, 判タ 199-127 (裁判例 246) ……………………… 116
東京地判昭和 41.11.11 判タ 202-181 (裁判例 269) ………………………………… 124
最判昭和 41.11.22 裁判集民 85-243, 金判 47-8 (裁判例 93) ……………………… 40
東京高判昭和 42.3.9 判時 482-48 ……………………………………………………… 206
最判昭和 42.4.20 裁判集民 87-229 (裁判例 391) …………………………………… 190
大阪地判昭和 42.6.24 ジュリ 390-6 …………………………………………………… 128
東京高判昭和 42.9.29 東高時報民 18-9-142 (裁判例 270) ……………………… 125
最判昭和 43.1.25 判時 509-34 (裁判例 247) ………………………………………… 116
最判昭和 43.1.25 判時 513-33 (裁判例 293) ………………………………………… 134
最判昭和 43.3.28 民集 22-3-692, 判時 518-50, 判タ 221-125 (裁判例 7) ……… 4
東京地判昭和 43.5.31 判時 534-58 (裁判例 248) …………………………………… 116
最判昭和 43.6.27 民集 22-6-1427, 判時 523-37, 判タ 224-145 (裁判例 204) …… 97
東京高判昭和 43.6.28 判時 542-60 (裁判例 147) …………………………………… 63
最判昭和 43.11.19 判時 545-61, 判タ 229-148 (裁判例 8) ………………………… 4
最判昭和 43.11.21 民集 22-12-2726, 判時 542-51, 判タ 229-149 (裁判例 230) … 110
最判昭和 43.11.21 民集 22-12-2741, 判時 542-48, 判タ 229-145 (裁判例 368) … 52,181
最判昭和 44.1.31 判時 548-67, 金判 153-9 (裁判例 67, 134) ……………………… 29,57
最判昭和 44.2.13 民集 23-2-316, 判時 551-46, 判タ 233-77 (裁判例 135, 418) … 58,200
最判昭和 44.2.18 民集 23-2-379, 判時 550-58, 判タ 233-78 (裁判例 136) ……… 58
東京地判昭和 44.3.27 判時 568-57, 判タ 237-284 (裁判例 138) ………………… 59
最判昭和 44.4.24 民集 23-4-855, 判時 556-45, 判タ 235-111 (裁判例 148) …… 63
東京高判昭和 44.5.19 判時 558-60, 判タ 239-236 …………………………………… 56
最判昭和 44.5.20 民集 23-6-974, 判時 559-42, 判タ 236-117 (裁判例 30, 279) … 14,128
最判昭和 44.7.17 民集 23-8-1610, 判時 569-39, 判タ 239-153 (裁判例 454) …… 213
最判昭和 44.7.31 判時 568-46, 金判 180-7 (裁判例 9) ……………………………… 5
最判昭和 44.9.25 判時 574-31, 金判 186-4 (裁判例 91) …………………………… 40
最判昭和 44.10.7 判時 575-33, 判タ 241-70 (裁判例 159) ………………………… 70
東京地判昭和 44.12.24 金判 471-14 (裁判例 111) ………………………………… 47
松江地判昭和 45.2.9 下民 21-1・2-275 ……………………………………………… 188
東京地判昭和 45.2.10 判時 603-62 (裁判例 205) …………………………………… 97
最判昭和 45.3.12 判時 593-39 (裁判例 10) …………………………………………… 5
最判昭和 45.3.24 判時 593-37, 判タ 247-174 (裁判例 25) ………………………… 12
横浜地小田原支判昭和 45.6.10 判タ 253-193 (裁判例 98) ………………………… 43
最判昭和 45.7.21 民集 24-7-1091, 判時 601-57, 判タ 252-148 (裁判例 19) …… 8
東京高判昭和 45.10.29 金判 240-11 …………………………………………………… 29
東京高判昭和 45.12.18 判時 616-72, 判タ 260-216 (裁判例 46, 60, 196) ……… 20,26,90
東京高判昭和 45.12.25 判タ 260-287 ………………………………………………… 144
千葉地判昭和 46.1.21 判例秘書 L02650023 (裁判例 239) ………………………… 113
東京地判昭和 46.1.25 判時 633-81, 判タ 263-299 (裁判例 47) …………………… 20
京都地判昭和 46.1.28 判時 637-80, 判タ 261-230 (裁判例 232) ………………… 111
最判昭和 46.2.19 民集 25-1-135, 判時 622-76, 判タ 260-207 (裁判例 451) …… 212
東京地判昭和 46.8.25 判時 650-82, 判タ 270-331 ………………………………… 29
東京地判昭和 46.12.23 判タ 276-308 (裁判例 289) ………………………………… 132
東京高判昭和 46.12.23 判タ 275-313 ………………………………………………… 125
最判昭和 47.2.10 判時 662-42, 金判 308-2 …………………………………………… 5
東京地判昭和 47.2.15 金判 317-15 (裁判例 139) …………………………………… 59
最判昭和 47.2.18 民集 26-1-63, 判時 661-37, 判タ 275-203 (裁判例 365) …… 180
広島地判昭和 47.2.18 判時 668-71, 判タ 277-294, 金判 314-13 (裁判例 350) … 165
福岡地小倉支判昭和 47.3.2 判タ 277-229 (裁判例 76) …………………………… 32

東京地判昭和 47.3.29 判時 679-36（裁判例 435）……………………………………………… 206
最判昭和 47.3.30 民集 26-2-294，判時 663-62，判タ 276-143（裁判例 233）……………… 111
東京地判昭和 47.5.30 判時 683-102（裁判例 436）……………………………………………… 206
最判昭和 47.6.23 判時 675-51，金判 324-2（裁判例 31，280）……………………………… 14,128
東京地判昭和 47.10.30 判時 697-66 …………………………………………………………… 200
高松高判昭和 47.10.31 判時 689-80，判タ 286-231 …………………………………………… 47
最判昭和 47.11.16 民集 26-9-1603，判時 689-70，判タ 286-223（裁判例 112）……………… 47
東京地判昭和 48.1.27 判時 709-53（裁判例 48）………………………………………………… 20
最判昭和 48.2.2 民集 27-1-80，判時 704-44，判タ 294-337（裁判例 455）………………… 213
東京地判昭和 48.3.20 判時 724-50（裁判例 113）………………………………………………… 48
最判昭和 48.3.22 金法 685-26（裁判例 369，456）……………………………………………… 181,214
大阪高判昭和 48.8.20 判時 719-47，判タ 300-218（裁判例 124）……………………………… 54
東京高判昭和 48.10.30 判時 728-52（裁判例 103）……………………………………………… 45
東京地判昭和 49.1.28 判時 740-66，判タ 308-235（裁判例 45）……………………………… 19
最判昭和 49.3.14 裁判集民 111-303（裁判例 290）……………………………………………… 132
最判昭和 49.4.26 民集 28-3-467，判時 742-55，判タ 310-143（裁判例 366）……………… 180
東京高判昭和 49.6.27 判時 753-21（裁判例 278）………………………………………………… 128
東京高判昭和 49.8.29 判時 759-37，判タ 316-197（裁判例 206）…………………………… 98
福岡高判昭和 49.9.30 判時 784-73，判タ 320-188 …………………………………………… 64
東京高判昭和 49.10.30 判時 767-35（裁判例 392）……………………………………………… 190
東京高判昭和 49.11.12 判時 768-42（裁判例 11）………………………………………………… 5
東京地判昭和 50.1.29 判時 785-89（裁判例 207）………………………………………………… 98
横浜地判昭和 50.2.10 判タ 329-168 …………………………………………………………… 188
最判昭和 50.2.20 民集 29-2-99，判時 770-42，判タ 319-132（裁判例 393）……………… 185,191
広島地判昭和 50.3.27 判タ 325-252（裁判例 149）……………………………………………… 63
東京地判昭和 50.3.31 判時 795-58（裁判例 104）………………………………………………… 45
東京地判昭和 50.6.30 判時 327-233（裁判例 105）……………………………………………… 46
名古屋高判昭和 50.5.29 金判 488-37（裁判例 387）……………………………………………… 189
東京地判昭和 50.6.26 判時 798-61（裁判例 32）………………………………………………… 14
東京高判昭和 50.7.17 判タ 333-194（裁判例 80）………………………………………………… 34
東京高判昭和 50.7.24 判タ 333-195 ……………………………………………………………… 194
東京地判昭和 50.7.28 判時 807-61（裁判例 150）………………………………………………… 64
大阪地判昭和 50.8.13 判タ 332-303（裁判例 315）……………………………………………… 146
東京高判昭和 50.8.22 金判 482-7（裁判例 118）………………………………………………… 52
名古屋地判昭和 50.9.19 判時 809-77，判タ 333-280 ………………………………………… 5
東京地判昭和 50.9.22 判時 810-48（裁判例 189，197）………………………………………… 87,90
東京地判昭和 50.9.22 判時 812-82 ……………………………………………………………… 116
東京地判昭和 50.9.23 判時 814-127（裁判例 49）……………………………………………… 21
東京地判昭和 50.10.28 判タ 334-247 …………………………………………………………… 99
最判昭和 50.11.6 金法 782-27（裁判例 119）…………………………………………………… 52
大阪高判昭和 50.12.12 判時 815-59 …………………………………………………………… 29
東京地判昭和 51.3.15 判時 831-54 ……………………………………………………………… 54
東京高判昭和 51.3.24 判時 813-46，判タ 335-192 …………………………………………… 21
東京高判昭和 51.3.30 判時 813-38（裁判例 106）……………………………………………… 46
東京高判昭和 51.4.13 判時 819-43，判タ 340-169（裁判例 20）……………………………… 9
東京地判昭和 51.5.13 判時 843-79（裁判例 68）………………………………………………… 29,49
東京地判昭和 51.5.27 判時 844-48（裁判例 394）……………………………………………… 191
最判昭和 51.6.3 金法 803-31（裁判例 69）……………………………………………………… 30
東京高判昭和 51.8.31 判タ 344-202（裁判例 234）……………………………………………… 111
東京地判昭和 51.9.14 判時 858-85，判タ 351-275 …………………………………………… 21
東京高判昭和 51.9.14 東高時報民 27-9-208，判タ 346-193（裁判例 294）………………… 134
東京高判昭和 51.9.28 判タ 346-198（裁判例 434）……………………………………………… 206

最判昭和 51.10.1 判時 835－63, 金判 516－42（裁判例 50） ··· 21
最判昭和 51.12.17 民集 30－11－1036, 判時 848－65, 判タ 348－191（裁判例 125, 372） ············ 55,182
東京高判昭和 52.2.24 判タ 354－267, 金判 525－16 ·· 30
札幌地判昭和 52.3.30 判タ 365－306（裁判例 92） ··· 40
東京高判昭和 52.4.7 判時 856－42, 判タ 357－236 ··· 116
神戸地判昭和 52.8.8 判時 884－94 ·· 56
東京地判昭和 52.11.7 判時 892－82, 判タ 365－285（裁判例 33） ·· 15
東京地判昭和 52.11.29 判時 894－92（裁判例 126） ··· 55
大阪地判昭和 52.11.29 判時 884－88 ·· 99
最判昭和 52.12.19 判時 877－41, 金判 540－20（裁判例 43） ··· 18
名古屋高判昭和 52.12.20 判時 893－51, 判タ 366－209（裁判例 21） ·· 9
名古屋高判昭和 53.1.31 判時 902－72, 金判 549－45（裁判例 62） ··· 27
東京地判昭和 53.7.19 判タ 371－104 ··· 21
東京高判昭和 53.7.20 判時 904－68, 判タ 370－77（裁判例 171） ··· 78
東京高判昭和 53.9.21 判時 907－59, 判タ 373－67（裁判例 37） ·· 16
大阪高判昭和 53.10.5 判タ 375－93（裁判例 309） ··· 144
最判昭和 53.11.30 判時 914－54（裁判例 131） ·· 56
東京高判昭和 53.12.18 判時 919－65, 判タ 378－98（裁判例 127） ··· 55
最判昭和 53.12.22 民集 32－9－1768, 判時 915－49, 判タ 377－78（裁判例 457） ···················· 214
東京高判昭和 54.1.24 判タ 383－106（裁判例 57） ·· 25
東京高判昭和 54.2.9 判時 927－200, 金判 576－45（裁判例 179） ·· 82
名古屋高判昭和 54.6.27 判時 943－68 ·· 30
東京高判昭和 54.6.29 判時 938－46, 判タ 395－60 ··· 21
東京高判昭和 54.7.11 東高時報民 30－7－194（裁判例 70） ··· 30
東京高判昭和 54.7.30 判タ 400－163（裁判例 63） ·· 27
東京地判昭和 54.9.3 判タ 402－120（裁判例 190） ·· 87
東京地判昭和 54.9.18 判時 955－99, 判タ 416－167（裁判例 258） ·· 120
東京地判昭和 54.10.3 判時 962－89, 判タ 403－132（裁判例 395） ·· 192
札幌高判昭和 54.10.15 判タ 403－120（裁判例 85） ··· 38
東京地判昭和 54.10.19 判タ 416－166 ··· 56
東京高判昭和 54.12.12 判時 958－68, 判タ 413－114（裁判例 38, 44） ·· 17,18
東京高判昭和 54.12.18 判時 956－65, 判タ 407－85（裁判例 132） ··· 56
東京地判昭和 55.2.12 判時 965－85, 判タ 416－154（裁判例 235, 259） ···································· 111,120
大阪地判昭和 55.2.14 判タ 416－168 ··· 49
東京高判昭和 55.5.27 判タ 419－100 ··· 21
最判昭和 55.5.30 判時 971－48, 判タ 417－81（裁判例 242） ·· 114
東京高判昭和 55.6.20 判時 971－55, 判タ 424－98 ··· 192
東京高判昭和 55.8.4 判タ 426－115（裁判例 408） ·· 196
東京地判昭和 55.8.28 判時 992－87, 判タ 440－121（裁判例 271） ··· 125
札幌高判昭和 55.9.29 判タ 426－146 ··· 49
大阪高判昭和 55.11.14 判タ 444－128（裁判例 39） ·· 17
東京高判昭和 56.2.12 判時 1003－98, 判タ 441－123（裁判例 295） ·· 135
東京地判昭和 56.3.26 判タ 454－123（裁判例 403） ·· 194
最判昭和 56.4.20 民集 35－3－656, 判時 1002－83, 判タ 442－99（裁判例 94） ····························· 41
東京地判昭和 56.4.27 判時 1006－26, 判タ 449－118 ··· 82
東京地判昭和 56.6.17 判時 1027－88（裁判例 151） ·· 64
東京地判昭和 56.7.15 判タ 465－139 ··· 57
東京高判昭和 56.7.15 東高時報民 32－7－166（裁判例 180） ··· 82
東京地判昭和 56.7.22 判時 1030－60, 判タ 465－135（裁判例 316） ·· 146
東京高判昭和 56.9.22 判時 1021－106（裁判例 404） ··· 195
東京高判昭和 56.10.20 判タ 459－64（裁判例 310） ··· 144
名古屋高判昭和 56.10.27 判タ 460－111 ·· 53

東京地判昭和 56.11.24 判タ 467－122（裁判例 191） …………………………………………… 87
東京地判昭和 56.12.16 判時 1042－109，判タ 470－143 ………………………………………… 55
東京地判昭和 57.3.25 判タ 478－86（裁判例 40） ……………………………………………… 17
東京地判昭和 57.5.21 金判 668－38 ……………………………………………………………… 202
大阪高判昭和 57.6.9 判タ 500－152，金判 682－22（裁判例 95） …………………………… 41
東京地判昭和 57.6.25 判時 1067－66，判タ 482－104（裁判例 34） ………………………… 15
東京地判昭和 57.10.20 判時 1077－80，判タ 489－83（裁判例 172，194） ……………… 79,89
東京地判昭和 58.1.26 ジュリ 804－6 …………………………………………………………… 83
東京地判昭和 58.1.28 判時 1080－78，判タ 492－95（裁判例 409） ………………………… 197
東京地判昭和 58.2.16 判タ 498－121（裁判例 22） …………………………………………… 10
東京高判昭和 58.3.9 判時 1078－83，判タ 497－120（裁判例 41） ………………………… 17
名古屋地判昭和 58.3.14 判時 1084－107（裁判例 96） ………………………………………… 42
名古屋地判昭和 58.4.22 判時 1085－107（裁判例 107） ……………………………………… 46
大阪地判昭和 58.5.31 判タ 503－92（裁判例 287） …………………………………………… 130
福岡地判昭和 58.7.1 判タ 509－192 …………………………………………………………… 121
東京高判昭和 58.7.19 判時 1089－49，判タ 509－139（裁判例 58） ………………………… 25
名古屋高判昭和 58.10.27 判タ 521－140 ……………………………………………………… 57
東京高判昭和 58.12.23 判時 1105－53（裁判例 51） …………………………………………… 21
浦和地判昭和 59.1.31 判時 1124－202，判タ 527－126（裁判例 208） ……………………… 99
名古屋高判昭和 59.2.28 判時 1114－56，判タ 525－122（裁判例 378） …………………… 185
東京高判昭和 59.3.7 判時 1115－97 ……………………………………………………………… 192
最判昭和 59.4.20 民集 38－6－610，判時 1116－41，判タ 526－129（裁判例 59） ………… 25
東京高判昭和 59.4.26 判時 1118－186（裁判例 71） …………………………………………… 30
東京地判昭和 59.4.26 判タ 531－173 …………………………………………………………… 99
東京地判昭和 59.6.7 判時 1133－94，判タ 549－215（裁判例 52） ………………………… 22
名古屋地判昭和 59.9.26 判タ 540－234（裁判例 396） ……………………………………… 192
東京地判昭和 59.10.4 判時 1153－176（裁判例 410） ………………………………………… 197
最判昭和 59.12.13 民集 38－12－1411，判時 1141－58，判タ 546－85（裁判例 243） …… 114
東京地判昭和 60.1.30 判時 1169－63，判タ 554－227（裁判例 397） ……………………… 192
大阪地判昭和 60.2.8 判タ 611－75（裁判例 72，156） ……………………………………… 31,67
東京地判昭和 60.3.18 判時 1168－87，判タ 565－120（裁判例 12） ………………………… 6
東京高判昭和 60.3.28 判タ 571－73（裁判例 398） …………………………………………… 193
大阪地判昭和 60.3.29 判タ 588－78（裁判例 23） …………………………………………… 10
東京地判昭和 60.4.25 判時 1176－110，判タ 574－70（裁判例 209） ……………………… 99
京都地判昭和 60.5.28 金判 733－39（裁判例 311） …………………………………………… 145
札幌高判昭和 60.6.25 判タ 565－116（裁判例 73） …………………………………………… 31
東京高判昭和 60.7.25 東高時報民 36－6・7－132（裁判例 297） …………………………… 136
浦和地判昭和 60.9.30 判時 1179－103，判タ 570－57（裁判例 140） ……………………… 60
東京地判昭和 60.10.9 判タ 610－105（裁判例 399） ………………………………………… 193
東京高判昭和 60.10.30 判時 1172－66（裁判例 249） ………………………………………… 117
浦和地判昭和 60.11.12 判タ 576－70（裁判例 210） ………………………………………… 100
名古屋地判昭和 60.12.20 判時 1185－134，判タ 588－81（裁判例 411） …………………… 197
東京高判昭和 61.2.28 判タ 609－64 …………………………………………………………… 193
東京地判昭和 61.6.27 判タ 641－158 …………………………………………………………… 200
東京地判昭和 61.7.28 判タ 624－186（裁判例 77） …………………………………………… 33
東京高判昭和 61.9.17 判時 1210－54，判タ 629－164（裁判例 128） ……………………… 55
新宿簡判昭和 61.10.7 判時 1221－118，判タ 624－189（裁判例 412） ……………………… 198
大阪地判昭和 61.10.14 判タ 652－161 …………………………………………………………… 6
東京地判昭和 61.10.15 判時 1244－99，判タ 645－203（裁判例 192） ……………………… 87
千葉地判昭和 61.10.27 判時 1228－110（裁判例 121） ………………………………………… 53
東京高判昭和 61.10.30 判時 1214－70，判タ 640－179（裁判例 24） ……………………… 10
東京地判昭和 61.10.31 判時 1248－76 ………………………………………………………… 195

判例索引　237

東京地判昭和 61.11.18 判時 1250－55（裁判例 291）·· 132
名古屋地判昭和 62.1.30 判時 1252－83（裁判例 326）·· 149
東京地判昭和 62.2.25 判タ 657－134（裁判例 386）··· 188
東京地判昭和 62.3.2 判時 1262－117（裁判例 413）··· 198
最判昭和 62.3.24 裁判集民 150－509，判時 1258－61，判タ 653－85，金判 785－21,
　　金法 1177－47（裁判例 352）··· 167
大阪地判昭和 62.4.16 判時 1286－119（裁判例 86）·· 38
横浜地判昭和 62.4.20 判時 1256－71，判タ 657－229（裁判例 35）······························ 16
東京高判昭和 62.5.11 金判 779－33 ·· 22
東京北簡判昭和 62.9.22 判タ 669－170（裁判例 416）··· 185,199
大阪高判昭和 62.10.22 判時 1267－39，判タ 667－161（裁判例 437）·························· 207
宇都宮地判昭和 62.11.27 判時 1272－116（裁判例 400）··· 193
横浜地判昭和 62.12.11 判時 1289－99 ·· 53
東京高判昭和 63.2.10 判時 1270－87 ··· 110
東京高判昭和 63.5.24 判タ 695－194（裁判例 13）·· 6
東京地判昭和 63.5.31 判時 1300－68（裁判例 74）·· 32
東京高判昭和 63.6.23 金判 809－36 ··· 128
東京地判昭和 63.6.28 判タ 687－184（裁判例 379）·· 185
大阪高判昭和 63.9.14 判タ 683－152（裁判例 288）··· 131,133
東京地判昭和 63.12.5 判時 1322－115，判タ 695－203·· 193
東京地判平成元.1.26 判時 1329－170（裁判例 312）··· 145
東京地判平成元.1.27 判タ 709－211·· 193
東京地判平成元.3.6 判時 1343－75（裁判例 122）··· 53
東京地判平成元.5.25 判時 1349－87，金判 841－30（裁判例 14）···································· 6
東京地判平成元.8.28 判タ 726－178·· 121
東京地判平成元.8.29 判時 1348－96（裁判例 87）·· 39,46
東京地判平成元.9.5 判時 1352－90（裁判例 313）·· 145
神戸地判平成元.12.26 判時 1358－125，判タ 734－176（裁判例 88）····························· 39
東京地判平成元.12.27 判時 1361－64，金判 854－34（裁判例 108）······························ 46
東京地判平成元.12.27 判時 1359－78·· 57
東京高判平成 2.4.26 判時 1351－59（裁判例 114，152）··· 49,65
東京地判平成 2.7.30 昭 63（ワ）12161 号，判時 1385－75（裁判例 181）····················· 83
東京地判平成 2.7.30 平元（ワ）3598 号，判時 1389－102（裁判例 260）····················· 121
東京地判平成 2.11.5 金判 871－21（裁判例 458）··· 214
東京地判平成 2.11.30 判時 1395－97（裁判例 173）·· 79
東京地判平成 2.12.14 判時 1397－40，判タ 765－216·· 57
東京地判平成 2.12.25 判タ 761－215（裁判例 250）·· 117
東京高判平成 3.1.29 判時 1376－64（裁判例 440）·· 208
東京地判平成 3.2.25 判時 1403－39 ·· 46
東京地判平成 3.3.27 判時 1392－104，判タ 754－213（裁判例 15）································· 7
東京地判平成 3.3.29 判時 1391－152，判タ 768－172·· 42
東京地判平成 3.5.9 判時 1407－80（裁判例 182）··· 83
東京地判平成 3.5.29 判時 1408－89，判タ 774－187（裁判例 296）······························ 135
東京地判平成 3.7.9 判時 1412－118 ·· 194
東京地判平成 3.7.25 判時 1416－98（裁判例 261）··· 121
東京高判平成 3.7.30 金法 1313－26 ·· 83
東京地判平成 3.7.31 判タ 774－195（裁判例 42）··· 18
東京地判平成 3.7.31 判時 1416－94·· 189
東京地判平成 3.10.11 判時 1438－85·· 117
東京地判平成 3.11.28 判時 1438－85·· 194
最判平成 3.11.29 判時 1443－52，判タ 805－53（裁判例 306）···································· 142
大阪地判平成 3.12.10 判タ 785－166·· 121

東京地判平成 3.12.19 判時 1434－87（裁判例 405）·· 49,195
東京地判平成 4.1.8 判時 1440－107，判タ 825－260（裁判例 183）·························· 83
東京地判平成 4.1.23 判時 1440－109（裁判例 174）·· 80
福井地判平成 4.2.24 判時 1455－136 ·· 54
横浜地判平成 4.5.8 判タ 798－190（裁判例 251）··· 117
東京地判平成 4.5.29 判時 1446－67 ·· 121
高松高判平成 4.6.29 判時 1446－67，判タ 799－191（裁判例 262）·························· 122
東京地判平成 4.7.16 判時 1459－133（裁判例 115）·· 49
東京地判平成 4.7.23 判時 1459－137（裁判例 211）·· 100
名古屋地判平成 4.9.9 判タ 805－154 ·· 122
東京地判平成 4.9.25 判タ 825－258（裁判例 193）·· 80,88
東京高判平成 5.1.21 判タ 871－229（裁判例 263）·· 122
最判平成 5.2.18 判時 1456－96，判タ 816－189（裁判例 82）·································· 36
東京地判平成 5.3.29 判タ 871－252（裁判例 153）·· 66
大阪高判平成 5.4.21 判時 1471－93（裁判例 419）·· 185,200
東京地判平成 5.5.17 判時 1481－144，判タ 840－140（裁判例 212）························· 100
東京地判平成 5.7.20 判タ 862－271 ·· 123
東京地判平成 5.7.28 判タ 861－258（裁判例 272）·· 125
東京地判平成 5.8.25 判時 1502－126，判タ 865－213（裁判例 175, 195）·················· 80,89
東京地判平成 5.8.30 判時 1504－97，判タ 871－225··· 146
東京地判平成 5.9.24 判時 1496－105（裁判例 16）··· 7
東京地判平成 5.9.27 判時 1494－119，判タ 865－216（裁判例 406）························ 195
松山地判平成 5.10.26 判時 1524－113（裁判例 123）·· 54
東京高判平成 5.12.20 判タ 874－199（裁判例 17）··· 7
東京地判平成 6.1.25 判時 1517－78，判タ 872－229（裁判例 109）·························· 47
東京高判平成 6.3.28 判時 1505－65 ·· 54
浦和地判平成 6.4.22 判タ 874－231（裁判例 441）·· 208
東京地判平成 6.7.1 市民と法 65－33 ·· 138
東京地判平成 6.7.6 判時 1534－65，判タ 880－227（裁判例 18）······························ 8
最判平成 6.7.18 裁判集民 172－1007，判時 1540－38，判タ 888－118，金判 984－18,
　金法 1435－44（裁判例 348）·· 164
東京地判平成 6.10.20 判時 1559－61（裁判例 322）·· 148
東京地判平成 6.11.28 判時 1544－73，判タ 886－183（裁判例 89）··························· 39,56
大阪高判平成 6.12.13 判時 1540－52 ·· 101
東京地判平成 6.12.16 判時 1554－69（裁判例 407）·· 196
東京地判平成 7.1.23 判時 1557－113 ·· 146
東京地判平成 7.1.24 判タ 890－250 ·· 146
大阪地判平成 7.2.27 判時 1542－104，判タ 894－187（裁判例 223）························· 107
東京地判平成 7.6.30 金判 995－18 ··· 181
東京地判平成 7.7.12 判時 1577－97（裁判例 414）·· 198
伏見簡判平成 7.7.18 市民と法 65－34 ·· 138
東京高判平成 7.7.27 判タ 910－157（裁判例 452）·· 212
神戸地判平成 7.8.8 判時 1542－94，判タ 896－168（裁判例 221）····························· 106
神戸簡判平成 7.8.9 判時 1542－101 ·· 107
大阪地判平成 7.10.25 判時 1559－94，判タ 898－236（裁判例 224）························· 107
東京地決平成 7.10.30 判タ 898－242（裁判例 335）·· 153
東京地判平成 8.6.13 判時 1595－87，判タ 933－266（裁判例 336）··························· 154
神戸地尼崎支判平成 8.6.28 判タ 929－217 ··· 108
東京地判平成 8.7.5 判時 1585－43（裁判例 415）·· 198
最判平成 8.7.12 民集 50－7－1876，判時 1579－77，判タ 922－212（裁判例 83）········ 37
東京地判平成 8.8.29 判時 1606－53，判タ 933－262 ··· 18
東京地判平成 8.9.26 判時 1605－76，判タ 955－277··· 117

最判平成 8.10.14 民集 50-9-2431，判時 1586-73，判タ 925-176（裁判例 154） ････････････ 66
東京高判平成 8.11.13 判時 1589-50，判タ 940-200 ････････････････････････････････････ 10
東京高判平成 8.11.26 判時 1592-71（裁判例 129） ･･････････････････････････････････････ 56
仙台簡判平成 8.11.28 市民と法 65-34 ･･･ 138
東京地判平成 9.1.28 判タ 942-146（裁判例 184） ･･･････････････････････････････････････ 84
大阪高判平成 9.1.29 判時 1593-70，判タ 954-165 ･･････････････････････････････････････ 108
東京地判平成 9.1.31 判タ 952-220（裁判例 327） ･･･････････････････････････････････････ 150
大阪高判平成 9.5.7 民集 52-6-1488（裁判例 222） ･････････････････････････････････････ 107
東京地判平成 9.6.5 判タ 967-164（裁判例 176） ･･ 81
東京地判平成 9.6.10 判時 1637-59，判タ 979-230 ･･････････････････････････････････････ 154
名古屋高判平成 9.6.25 判時 1625-48，判タ 981-147（裁判例 427） ･･････････････････････ 203
最判平成 9.7.17 民集 51-6-2882（裁判例 155） ･･ 66
東京地判平成 9.10.29 判タ 981-281（裁判例 84，323） ･････････････････････････････ 37,148
東京地判平成 10.2.23 判タ 1013-174 ･･ 67
東京地判平成 10.2.26 判時 1653-124 ･･ 42
東京地判平成 10.2.26 判時 1661-102，金法 1527-59 ･･･････････････････････････････････ 154
東京地判平成 10.3.10 判タ 1009-264（裁判例 160） ･･････････････････････････････････ 72,81
東京地判平成 10.3.23 判時 1670-37，判タ 980-188（裁判例 337） ････････････････････････ 154
東京地判平成 10.5.12 判時 1664-75（裁判例 428） ･････････････････････････････････････ 204
東京地判平成 10.5.29 判タ 997-221（裁判例 324） ･･････････････････････････････････ 37,149
東京高判平成 10.6.18 判タ 1020-198（裁判例 325） ･････････････････････････････････ 37,149
東京地判平成 10.7.15 判タ 1020-193 ･･ 117
東京地判平成 10.8.28 判時 1654-23，判タ 983-291（裁判例 343） ･･･････････････････････ 159
最判平成 10.9.3 民集 52-6-1467，判時 1653-96，判タ 985-131（裁判例 225） ･･･････････ 108
東京地判平成 10.9.30 判時 1673-111（裁判例 328） ････････････････････････････････････ 150
東京地判平成 10.10.30 判時 1660-65，判タ 988-187 ･･･････････････････････････････････ 161
東京地判平成 10.11.25 判時 1685-58 ･･･ 185,194
東京高判平成 10.12.3 金法 1537-55 ･･･ 155
東京地判平成 10.12.18 金判 1077-49（裁判例 53） ･･････････････････････････････････････ 22
東京高判平成 10.12.25 金判 1071-43 ･･ 155
東京高判平成 11.2.23 金判 1071-36 ･･ 155
東京高判平成 11.6.28 金判 1077-46 ･･ 23
東京高判平成 11.6.29 判時 1694-90，金判 1151-10（裁判例 345） ････････････････････････ 162
東京簡判平成 11.7.29 市民と法 65-34 ･･･ 138
東京高判平成 11.10.6 金判 1079-26（裁判例 314） ･････････････････････････････････････ 146
東京高判平成 11.10.27 判時 1697-59，判タ 1017-278 ･･････････････････････････････････ 155
札幌地判平成 11.12.24 判時 1725-160，判タ 1060-223（裁判例 442） ･･･････････････････ 209
東京地判平成 12.12.18 判時 1758-66（裁判例 298） ････････････････････････････････････ 136
東京高判平成 12.12.27 判タ 1095-176（裁判例 300） ･･･････････････････････････････････ 137
東京地判平成 13.2.26 判タ 1072-149（裁判例 307） ････････････････････････････････････ 143
東京地判平成 13.3.7 判タ 1102-184（裁判例 329） ･･････････････････････････････････ 150,196
東京高判平成 14.3.5 判時 1776-71，判タ 1087-280，金判 1138-20，
　金法 1642-60（裁判例 354） ･･･ 169
最判平成 14.3.28 民集 56-3-662，判時 1787-119，判タ 1094-111，金判 1151-3，
　金法 1655-41（裁判例 353） ･･ 168
神戸地判平成 14.6.14 裁判所ウェブサイト，判例秘書 L 05750702（裁判例 198） ････････････ 91
東京地判平成 14.10.18 判例秘書 L 05730361（裁判例 252） ･････････････････････････････ 117
東京地判平成 14.10.25 判例秘書 L 05730493（裁判例 330） ･････････････････････････････ 151
東京地判平成 14.11.21 判例秘書 L 05730935 ･･･ 183
東京地判平成 14.11.28 判例秘書 L 05731131（裁判例 373） ･････････････････････････････ 183
大阪高判平成 15.2.5 金判 1201-25（裁判例 90） ･･ 39
東京高判平成 15.2.13 判タ 1117-292，金判 1164-42，金法 1672-32（裁判例 344） ･･･････ 161

東京地判平成 15.2.26 判例秘書 L 05830799（裁判例 75）	32
東京地判平成 15.5.16 判例秘書 L 05832025	200
最判平成 15.6.12 民集 57−6−595, 判時 1826−47, 判タ 1126−106（裁判例 97）	42,144
東京地判平成 15.6.26 判例秘書 L 05832618（裁判例 331）	151
東京地判平成 15.8.28 判例秘書 L 05833467（裁判例 120）	52
最判平成 15.10.21 平 12（受）123, 裁判集民 211−55, 判時 1844−50, 判タ 1140−75（裁判例 338）	44,155
最判平成 15.10.21 平 12（受）573・平 12（受）574, 民集 57−9−1213, 裁判集民 211−131, 判時 1844−37, 判タ 1140−68	156
最判平成 15.10.23 裁判集民 211−253, 判時 1844−54, 判タ 1140−79, 金判 1187−21, 金法 1844−54（裁判例 339）	156
神戸地尼崎支判平成 15.10.31 市民と法 65−34	138
東京地判平成 15.11.17 判例秘書 L 05834736（裁判例 355）	170
大阪高判平成 15.11.21 判時 1853−99（裁判例 301）	138
東京地判平成 15.12.25 判例秘書 L 05835435（裁判例 54）	23
大津地判平成 16.2.24 市民と法 65−35	138
京都地判平成 16.3.16 判例秘書 L 05950195, 市民と法 65−35	138
京都地判平成 16.5.18 判例秘書 L 05950267（裁判例 185）	85
東京地判平成 16.6.2 判時 1899−128（裁判例 443）	210
京都地判平成 16.6.11 市民と法 65−36	138
東京地判平成 16.6.21 判例秘書 L 05932595	181
最判平成 16.6.29 判時 1868−52, 判タ 1159−127（裁判例 99, 332）	43,152
東京簡判平成 16.7.5 裁判所ウェブサイト, 判例秘書 L 05960011（裁判例 214）	102
東京地判平成 16.7.14 判例秘書 L 05932960（裁判例 186）	85
東京地判平成 16.7.20 判例秘書 L 05933036（裁判例 333）	152
東京地判平成 16.8.20 判例秘書 L 05933337（裁判例 253）	118
東京地判平成 16.9.17 判例秘書 L 05933797（裁判例 370）	181
東京地判平成 16.10.12 判例秘書 L 05934068（裁判例 254）	118
東京地判平成 16.10.28 判例秘書 L 05934321（裁判例 55）	23
最判平成 16.11.8 裁判集民 215−555, 判時 1883−52, 判タ 1173−192（裁判例 340）	157
東京地判平成 16.11.19 判例秘書 L 05934665	8
東京地判平成 16.12.7 判例秘書 L 05934949（裁判例 255, 371）	119,182
大阪高判平成 16.12.17 判時 1894−19（裁判例 302）	138
東京地判平成 17.1.25 判例秘書 L 06030204（裁判例 426）	203
大阪高判平成 17.1.28 市民と法 65−36	139
東京地判平成 17.2.28 判例秘書 L 06030847（裁判例 429）	204
最判平成 17.3.10 判時 1895−60, 判タ 1180−187（裁判例 78）	34
最判平成 17.3.10 裁判集民 216−389, 判時 1894−14, 判タ 1179−185, 金判 1226−47, 金法 1746−126（裁判例 341）	157
東京簡判平成 17.3.11 裁判所ウェブサイト, 判例秘書 L 06060059（裁判例 177）	81
東京地判平成 17.4.26 判例秘書 L 06031683（裁判例 178）	81
神戸地判平成 17.7.14 判時 1901−87（裁判例 200）	92
東京地判平成 17.8.26 判例秘書 L 06033093	182
東京地判平成 17.8.30 判例秘書 L 06033183（裁判例 380）	186
東京地判平成 17.10.18 判例秘書 L 06033842	194
東京地判平成 17.10.21 判例秘書 L 06033895（裁判例 388）	189
東京地判平成 17.10.26 判例秘書 L 06033987（裁判例 161）	72
東京地判平成 17.11.30 判例秘書 L 06034580	8
最判平成 17.12.16 判時 1921−61, 判タ 1200−127（裁判例 303）	139
東京地判平成 18.3.15 判例秘書 L 06130250（裁判例 133）	57
東京地判平成 18.3.17 判タ 1257−316（裁判例 321）	148
東京地判平成 18.3.23 判例秘書 L 06130359（裁判例 381）	186

東京地判平成 18.4.13 判例秘書 L 06131602 …………………………………………………… 182
東京地判平成 18.5.15 判時 1938－90（裁判例 420）…………………………………………… 201
東京地判平成 18.5.18 判例秘書 L 06132001（裁判例 389）…………………………………… 190
東京地判平成 18.5.30 判時 1954－80（裁判例 444）…………………………………………… 210
東京地判平成 18.6.9 判時 1953－146（裁判例 430）…………………………………………… 204
東京地判平成 18.8.28 判例秘書 L 06133303 …………………………………………………… 203
東京地判平成 18.8.30 判例秘書 L 06133407（裁判例 304）…………………………………… 139
東京地判平成 18.8.31 金判 1251－6（裁判例 363）……………………………………………… 178
東京地判平成 18.9.8 判例秘書 L 06133585（裁判例 342）…………………………………… 158
東京地判平成 18.9.29 判例秘書 L 06133989（裁判例 374）…………………………………… 183
東京高判平成 18.10.12 金判 1265－46 …………………………………………………………… 159
京都地判平成 18.11.8 裁判所ウェブサイト，判例秘書 L 06150317 …………………………… 92
東京高判平成 18.11.30 判タ 1257－314 …………………………………………………………… 148
東京地判平成 18.12.19 判例秘書 L 06135135（裁判例 162）…………………………………… 73
東京地判平成 18.12.26 判タ 1020－193 …………………………………………………………… 119
大阪地判平成 19.3.30 判タ 1273－221（裁判例 201）…………………………………………… 92
横浜地判平成 19.3.30 金判 1273－44 ……………………………………………………………… 159
東京地判平成 19.4.13 判例秘書 L 06231760（裁判例 213）…………………………………… 101
京都地判平成 19.4.20 消費者法ニュース 73－121 ……………………………………………… 92
東京地判平成 19.5.16 判例秘書 L 06232148（裁判例 357）…………………………………… 172
東京地判平成 19.6.27 判例秘書 L 06232804（裁判例 375）…………………………………… 183
東京地判平成 19.7.3 判例秘書 L 06232947（裁判例 382）…………………………………… 186
東京地判平成 19.7.17 判例秘書 L 06233113 …………………………………………………… 187
東京地判平成 19.8.24 判例秘書 L 06233590 …………………………………………………… 187
東京地判平成 19.12.7 判例秘書 L 06235507（裁判例 358）…………………………………… 173
東京地判平成 19.12.25 判例秘書 L 06235830（裁判例 349）…………………………………… 165
京都地判平成 20.1.30 判時 2015－94，判タ 1279－225（裁判例 163）……………………… 73
最判平成 20.2.29 判時 2003－51，判タ 1267－161（裁判例 334）…………………………… 152
東京地判平成 20.4.22 判例秘書 L 06331238（裁判例 359）…………………………………… 173
京都地判平成 20.4.30 判時 2052－86，判タ 1281－316（裁判例 215）……………………… 103
東京地判平成 20.8.29 判例秘書 L 06332337（裁判例 360）…………………………………… 174
京都地判平成 20.9.30 裁判所ウェブサイト，判例秘書 L 06350391（裁判例 216）………… 103
京都地判平成 20.11.26 金判 1378－37 …………………………………………………………… 91
東京地判平成 20.12.25 判例秘書 L 06332566（裁判例 56）…………………………………… 24,43
東京地判平成 21.1.16 金法 1892－55（裁判例 231）…………………………………………… 110
大津地判平成 21.3.27 判時 2064－70 ……………………………………………………………… 74
札幌地判平成 21.4.22 判タ 1317－194（裁判例 361）………………………………………… 175
大阪簡判平成 21.5.22 判時 2053－70，判タ 1307－183（裁判例 438）……………………… 207
名古屋簡判平成 21.6.4 判タ 1324－187 ………………………………………………………… 92
大阪高判平成 21.6.19 金判 1378－34 ……………………………………………………………… 91
京都地判平成 21.7.23 判時 2051－119，判タ 1316－192（裁判例 166）…………………… 75,92
京都地判平成 21.7.30 金判 1378－50 ……………………………………………………………… 92
大阪高判平成 21.8.27 判時 2062－40，金判 1327－26（裁判例 167）……………………… 75
横浜地判平成 21.9.3 判例秘書 L 06450542（裁判例 199）…………………………………… 91
京都地判平成 21.9.25 判時 2066－81，判タ 1317－214（裁判例 168）……………………… 75
大阪高判平成 21.10.29 判時 2064－65，金法 1887－130（裁判例 164）…………………… 74
大阪高判平成 21.12.15 金判 1378－46 …………………………………………………………… 92
東京地判平成 21.12.16 判例秘書 L 06430689（裁判例 187）………………………………… 86
姫路簡判平成 21.12.22 消費者法ニュース 83－60（裁判例 439）…………………………… 207
大阪高判平成 22.2.24 金判 1372－14，消費者法ニュース 84－233（裁判例 169，217）…… 76,104
さいたま地判平成 22.3.18 裁判所ウェブサイト，判例秘書 L 06550508（裁判例 218）…… 104
東京地判平成 22.4.26 判例秘書 L 06530276 …………………………………………………… 74

東京地判平成 22.10.28 判時 2110－93（裁判例 431） ································· 205
京都地判平成 22.10.29 判タ 1334－100（裁判例 165） ······························· 74
神戸地尼崎支判平成 22.11.12 判タ 1352－186 ··· 91
東京地判平成 23.2.24 判例秘書 L 06630142（裁判例 188, 219） ············· 86,105
東京高判平成 23.3.16 金判 1368－33 ··· 159
大阪簡判平成 23.3.18 消費者法ニュース 88－276（裁判例 220） ················· 105
最判平成 23.3.24 判時 2128－33，判タ 1356－87，金判 1378－41，NBL 952－10・954－13,
　　市民と法 70－33，消費者法ニュース 88－228, 230（裁判例 202） ············· 93
最判平成 23.7.12 判時 2128－43，判タ 1356－87，金判 1378－41，市民と法 70－33（裁判例 203） ······ 95
最判平成 23.7.15 民集 65－5－2269，金判 1372－7，市民と法 72－34（裁判例 170） ························ 76
東京地判平成 24.1.20 判時 2153－49（裁判例 362） ································· 177
東京地判平成 24.6.8 判タ 1392－355（裁判例 305） ································· 140
東京地判平成 25.8.8 判例秘書 L 06830628（裁判例 141） ··························· 60
東京地判平成 27.2.4 判例秘書 L 07030397（裁判例 299） ························· 137
東京地判平成 27.8.5 判時 2291－79（裁判例 356） ··································· 171
東京地判平成 28.6.15 判例秘書 L 07131391（裁判例 116） ························· 51

著者略歴

伊藤 秀城（いとう・ひでき）

1948 年	秋田県生まれ
1983 年	最高裁判所民事局第一課
1989 年	水戸地方裁判所総務課長
1995 年	東京家庭裁判所事務局次長
1997 年	最高裁判所経理局参事官
1998 年	最高裁判所経理局監査課長
1999 年	千葉家庭裁判所事務局長
2001 年	東京高等裁判所刑事首席書記官
2004 年	最高裁判所第三小法廷首席書記官
2006 年	東京簡易裁判所判事
2007 年	市川簡易裁判所判事
2010 年	東京簡易裁判所判事
2013 年	町田簡易裁判所判事
2017 年	東京簡易裁判所判事

（平成 30 年 3 月 31 日現在）

〈主著書〉

実務裁判例
借地借家契約における各種特約の効力（日本加除出版，2012）

実務裁判例
交通事故における過失相殺率
―自転車・駐車場事故を中心にして―（日本加除出版，2013）

実務裁判例
交通事故における過失割合
―自動車事故及び消滅時効，評価損等の諸問題―（日本加除出版，2014）

実務裁判例
借地借家契約における信頼関係の破壊（日本加除出版，2015）

実務裁判例
〔第 2 版〕交通事故における過失相殺率
―自転車・駐車場事故を中心にして―（日本加除出版，2016）

実務裁判例
借地借家契約における原状回復義務（日本加除出版，2016）

実務裁判例
借地借家契約における正当事由・立退料（日本加除出版，2017）

第 2 版　実務裁判例
借地借家契約における各種特約の効力
　　　　　　　　　　　　　定価：本体 3,200 円（税別）

平成 24 年 3 月 30 日　初版発行
平成 30 年 4 月 9 日　第 2 版発行

　　　著　者　　伊　藤　秀　城
　　　発行者　　和　田　　　裕

発行所　　日本加除出版株式会社
本　　社　郵便番号　171-8516
　　　　　東京都豊島区南長崎 3 丁目 16 番 6 号
　　　　　　ＴＥＬ　(03) 3953-5757（代表）
　　　　　　　　　　(03) 3952-5759（編集）
　　　　　　ＦＡＸ　(03) 3953-5772
　　　　　　ＵＲＬ　http://www.kajo.co.jp/
営　業　部　郵便番号　171-8516
　　　　　東京都豊島区南長崎 3 丁目 16 番 6 号
　　　　　　ＴＥＬ　(03) 3953-5642
　　　　　　ＦＡＸ　(03) 3953-2061

組版・印刷・製本　㈱アイワード

落丁本・乱丁本は本社でお取替えいたします。
© H. Ito 2018
Printed in Japan
ISBN978-4-8178-4467-5　C2032　¥3200E

JCOPY　〈出版者著作権管理機構　委託出版物〉

本書を無断で複写複製（電子化を含む）することは，著作権法上の例外を除き，禁じられています。複写される場合は，そのつど事前に出版者著作権管理機構（JCOPY）の許諾を得てください。
また本書を代行業者等の第三者に依頼してスキャンやデジタル化することは，たとえ個人や家庭内での利用であっても一切認められておりません。

〈JCOPY〉　ＨＰ：http://www.jcopy.or.jp/，e-mail：info@jcopy.or.jp
　　　　　電話：03-3513-6969，FAX：03-3513-6979

実務裁判例 借地借家契約における 正当事由・立退料

伊藤秀城 著
2017年7月刊 B5判 224頁 本体2,700円+税 978-4-8178-4405-7 商品番号:40681 略号:借正

- 「借地」「借家」ごとに、「正当事由」と「立退料」、「正当事由以外の終了事由」に分類し、判断基準となる241裁判例を収録した、画期的な一冊。
- 裁判例を迅速かつ容易に検索できるよう、「正当事由」に関する要旨別の索引や年月日順の総索引も収録。

実務裁判例 借地借家契約における 原状回復義務

伊藤秀城 著
2016年6月刊 B5判 160頁 本体2,000円+税 978-4-8178-4311-1 商品番号:40630 略号:借原

- 原状回復義務、賃貸人修繕義務、必要費・有益費償還請求権、造作買取請求権に関する裁判例につき、義務・請求等を「認めた判例」「認めなかった判例」に分類した上でコンパクトに解説。
- 各判例の概要・要点・裁判例要旨が一目で確認できるよう、体裁を工夫。

実務裁判例 借地借家契約における 信頼関係の破壊

伊藤秀城 著
2015年4月刊 B5判 348頁 本体3,700円+税 978-4-8178-4225-1 商品番号:40584 略号:借信

- 信頼関係が破壊されたか否か「実際には、どう判断されているのか?」。関係する430裁判例を、借地契約と借家契約に分類し、類型別に整理。
- 実務上重要な項目ごとに、肯定した事例、否定した事例に区別した上で年月日順に配列しているため、迅速かつ容易な検索が可能。

第2版 実務裁判例 交通事故における過失相殺率
自転車・駐車場事故を中心にして

伊藤秀城 著 2016年2月刊 B5判 424頁 本体4,200円+税 978-4-8178-4287-9 商品番号:40500 略号:自転車

実務裁判例 交通事故における過失割合
自動車事故及び消滅時効、評価損等の諸問題

伊藤秀城 著 2014年2月刊 B5判 392頁 本体4,100円+税 978-4-8178-4143-8 商品番号:40542 略号:自動車

日本加除出版
〒171-8516 東京都豊島区南長崎3丁目16番6号
TEL(03)3953-5642 FAX(03)3953-2061(営業部)
http://www.kajo.co.jp/